T0207939

Sin ir
más lejos

Sin ir más lejos

Memorias

CARLOS ALBERTO MONTANER

Primera edición: octubre de 2019

© 2019, Carlos Alberto Montaner
© 2023, Penguin Random House Grupo Editorial USA, LLC.
8950 SW 74th Court, Suite 2010
Miami, FL 33156

Diseño de cubierta: Ramón Navarro
Fotografía del autor: Carlos Montaner
Fotografías interiores: cortesía de Carlos Alberto Montaner

ISBN: 978-1-644730-67-6

Impreso en Estados Unidos – *Printed in USA*

∎

Para Linda, Gina, Carlos, Paola,
Gabriela y Claudia, tal vez interesados
en saber dónde, cuándo y por qué.

Índice

Segunda parte
Miami

Tercera parte
Puerto Rico

Cuarta parte
España

Milonga de Manuel Flores

Manuel Flores va a morir,
eso es moneda corriente;
morir es una costumbre
que sabe tener la gente.

Y sin embargo me duele
decirle adiós a la vida,
esa cosa tan de siempre,
tan dulce y tan conocida.

Letra de Jorge Luis Borges
Música de Aníbal Troilo

La mayoría de los libros están compuestos de información que no le importa a casi nadie. Ese es el principal motivo de que se escriban: la esperanza de que con el tiempo lo que allí se recoge adquiera algún sentido para una cantidad mayor de personas que las que se aluden directamente en ellos.
Enrique Del Risco / *Siempre nos quedará Madrid*, 2012

La memoria es como esos espejos que han perdido el azogue, o esas fotos en sepia, deslavadas, mutiladas e incompletas, que nos muestran el difuminado beso entre lo que ocurrió y lo que parece que ocurrió. No hay otra forma de rescatar el pasado. No sirven ni la visión oficial de la historia, porque es unilateral, ni la historia que narran todos sus actores al unísono, pues su infinitud la triza y fragmenta. Solo queda hacer esto que me he propuesto ahora: narrar cuanto sucedió [...], consciente de las limitaciones de mi memoria y subjetividad, y del riesgo de que estas cosas se olviden. Más que un memorialista, soy aquí un juglar medieval que carga con su mermada memoria hasta la plaza del mercado para compartirla con otros, que también irán confundiendo y olvidando lo que yo les diga.
Roberto Ampuero / *Detrás del Muro*, 2015

Prólogo para un epílogo

Llegó la hora de recapitular. Hay que ir haciendo las maletas. Desaparecer es una actividad ingrata que solo se justifica porque es la única prueba irrefutable de que hemos vivido. Si la vida fuera eterna, sería otra cosa muy cercana a las pesadillas. Lo dice Borges en su famosa milonga, utilizada como uno de los exergos de este libro: "morir es una costumbre que sabe tener la gente". Como, al menos hasta ahora, es inevitable persistir en esa costumbre, lo más saludable es que no nos sorprenda sin los deberes hechos.

Lo que voy a contar es lo que he visto u oído, lo que he creído, lo que recuerdo de lo que me pareció percibir en su momento. Tal vez haya pasajes involuntariamente inventados. No lo sé. Los psicólogos registran e investigan esos curiosos procesos de realidades forjadas por la imaginación. A veces, incluso, los sueños se mezclan con la realidad y es difícil saber dónde terminan unos y comienza la otra. Las memorias no son estudios históricos, sino el reflejo de las percepciones y estas se desdibujan o se transforman con el tiempo de manera inexorable.

Pensé demorar la redacción de estos papeles hasta ver el fin de la dictadura de los Castro, que incluso ha resistido la muerte de Fidel, pero todo parece indicar que el régimen conseguirá prolongar su existencia mucho más que yo la mía, aunque mi médico, sabio e incorregiblemente optimista, me augura una larga vejez. Si acierta, y si el tiempo no me ha castigado las neuronas excesivamente, acaso entonces le agregaré el capítulo final a lo que ahora escribo. Siempre será interesante relatar cómo acabó o cambió radicalmente el manicomio cubano. Por mucho que dure, lo que sucede en ese país es un disparate condenado a desaparecer.

Advierto que utilizaré estos recuerdos para incursionar en el juicio histórico y político. Me tocó vivir en medio de la vorágine de la Revolución cubana y quiero contarlo, aunque solo sea una parte del relato. Tenía quince años cuando Fidel Castro, tras la fuga del dictador Fulgencio Batista, entró en La Habana a bordo de un *jeep* rodeado de barbudos y de ilusiones. Como nos sucede a todos los cubanos que presenciamos aquellos hechos, se trata de unos recuerdos inolvidables, ya sea para bien o para mal.

Entonces mi punto de vista era el de un precoz adolescente habanero perteneciente a los sectores sociales medios que, como la mayor parte de los jóvenes, detestaba al gobierno que acababa de colapsar y soñaba con un régimen que respetara la ley y protegiera las libertades de los cubanos, como habían prometido los líderes opositores, incluido Fidel Castro, el más notable de todos ellos.

Aquella primera quincena de 1959 fue imborrable. Experimenté intensamente una suerte de felicidad cívica a la que solo volví a asomarme un par de veces: cuando comenzó la transición hacia la democracia en España tras la muerte de Franco —país al que me había trasladado en 1970— y, en noviembre de 1989, cuando los alemanes, llenos de ilusiones, derribaron el Muro de Berlín y comenzó oficialmente el desguace del comunismo europeo. (Aunque ya habíamos visto el primer capítulo en Polonia, en el momento en que Solidaridad, el movimiento fundado por el obrero católico Lech Walesa, barrió a los comunistas en unas elecciones legislativas en el verano de ese mismo año).

La Revolución cubana, en fin, modeló mi vida, a mi pesar, aunque estuviera en la acera de enfrente, tras advertir que forjaban una dictadura comunista. Seguramente, mi existencia hubiera sido otra de haber transcurrido en un país predecible en el que las querellas y pugnas entre sus ciudadanos se hubieran dirimido dentro de las instituciones de derecho, pero no fue así. Desde el inicio de la República, en 1902, imperaba en la Isla la "razón testicular". Quizás era la herencia de una sociedad que se había creado admirando la valentía de los *mambises* que lucharon denodadamente por nuestra independencia.

Los cambios, pues, se inducían, con frecuencia, a punta de pistola. Existía una especie de sorda reverencia a la violencia y un aprecio suicida por quienes la practicaban.

Como síntesis previa, advierto que crecí en Cuba, un país entonces hermoso y bronco, protestón y levantisco, hoy dócil y taimado. Me exilié a los dieciocho años, y estudié, maduré y envejecí en el exilio, donde probablemente muera. Viví en Miami, en Puerto Rico, en España y, finalmente, otra vez en Miami, siempre con un pie en un avión, a la sombra distante de Fidel Castro, un dictador que destrozó mi país con el pretexto de reformarlo, y condicionó la vida de millones de personas con sus incesantes caprichos, arbitrariedades y su patológica necesidad de imponer su voluntad a los cubanos a sangre y fuego.

Una curiosa observación antes de entrar en materia: pese a haber vivido fuera de Cuba las cuatro quintas partes de mi existencia, no recuerdo un solo día en el que esa isla no hubiera estado presente en mí de alguna forma. Siempre ha existido una llamada, una noticia, un visitante, un artículo, un libro, una entrevista, una firma colectiva, una conversación, algo que me obligaba a recordar mi condición de exiliado y me retrotraía al centro del conflicto.

Eso no ha sido bueno ni ha sido sano, pero es lo que ha ocurrido. Ni siquiera he podido olvidar a Cuba, aunque ha pasado tanto tiempo que, desde hace muchos años, ya no sufro ninguna clase de nostalgia. No guardo rencor contra el gobierno comunista cubano, sino el inevitable desprecio que me provoca un régimen que ha gobernado rematadamente mal a lo largo de tanto tiempo con el consecuente daño para tanta gente. Parodiando a Churchill: nunca tantos han sufrido tanto por culpa de tan pocos.

Comencemos.

Primera parte

Cuba

1

De dónde son los cantantes

¿Existe algo así como el linaje? En realidad, todo el mundo tiene uno. Todos procedemos de una pareja, y de otra, y de otra, así hasta la mítica ameba, o lo que fuera, que sintió el impulso de multiplicarse y, al cabo de millones de años de incesante transformación, Darwin *dixit*, el descendiente de aquel diminuto bicho caprichoso acabó tomando café en un Starbucks mientras esperaba la hora de acudir al dentista.

¿Le interesan al lector estos antecedentes? Quizás. No lo sé. Si no es así, puede saltarse este breve capítulo. No obstante, el éxito de los *reality shows* y de las revistas del corazón me hace pensar que hay un componente de curiosidad vecino al chismorreo en la psiquis de muchas personas. Nos gusta husmear en la vida de los otros. Saber quiénes son, de dónde proceden, qué piensan, cómo juzgan la realidad, o lo que creen que es la realidad, y por qué se comportan como lo hacen.

LOS MONTANER

Comencemos por el principio. Mis dos apellidos —Montaner y Surís— remiten al Pirineo franco-catalán. Todos mis antecedentes inmediatos proceden de ese vecindario. En Cataluña y Aragón lo mismo escriben Montaner o Muntaner. La etimología de Montaner revela que es el que "cuida la montaña o vive en ella". Una especie de guardabosque. Es un apellido que comenzó siendo un oficio humilde. En la Aquitania francesa, una de las comunas se denomina Montaner, como el castillo medieval que la preside.

La primera persona con ese apellido que apareció en los papeles fue Ramón Muntaner. Se trataba de un escritor nacido en Perelada, Gerona, en la frontera actual con Francia, capitán y cronista de la expedición de los llamados almogávares contra los turcos en el siglo XIV. Debió ser un tipo audaz e inteligente. Cuando en Barcelona me han preguntado si tengo algún parentesco con el personaje, he afirmado que sí, pero no tengo la menor certeza de que eso sea cierto. Mi padre lo aseguraba, pero también sin ninguna convicción. Mi impresión es que se trataba de un interesado abuso de la onomástica.

Los almogávares fueron unos durísimos mercenarios catalanes y aragoneses de las zonas rurales que, al servicio de Constantinopla y bajo el liderazgo de Roger de Flor, a caballo entre los siglos XIII y XIV, derrotaron a los otomanos. Fueron los únicos que lo consiguieron en aquella época. De paso, masacraron a tres mil genoveses y a varios millares de alanos que también acampaban por aquellos lugares. Durante varias décadas, se dedicaron al pillaje en algunas islas griegas. Gobernaron en Atenas contra la voluntad del papa, quien tuvo la descortesía teológica de excomulgarlos.

Los Montaner de la zona catalana —casi todos— al parecer eran unos laboriosos contrabandistas que se movían frenéticamente en las montañas traficando mercancías sin pagar aduanas. Eso me resulta inspirador. De alguna manera, eran veloces liberales que promovían el libre intercambio, siempre perseguidos de cerca por los implacables agentes del fisco empeñados en encarecer los bienes con sus impuestos.

En Andorra existe "el paso de los Montaner". Utilicé el paraje para situar a unos personajes en una novela que publiqué en el 2014 (*Tiempo de canallas*). Me venía muy bien. Por ahí, hace siglos, desfilaban las recuas de mulas cargadas de objetos apreciados por los consumidores. Me lo contó un historiador local con cierto aire de apenada confidencia cuando le pregunté por el origen del apellido:

—La guardia civil ahorcó a unos cuantos Montaner para acabar con el contrabando en la región. Algunos escaparon a Mallorca y otros a América.

En efecto, en Mallorca existe, en Alaró, un *can* Montaner, ininterrumpidamente habitado durante varios siglos por descendientes de los Montaner. El embajador de Israel en Madrid me contó que eran judíos conversos. Uno de ellos, muy vinculado a la Iglesia católica (era una de las formas de salvar el pellejo), llegó a Cuba en el siglo XIX y se unió a una dama de apellido Pulgarón.

No sé mucho más, salvo de la existencia de Domingo Montaner Pulgarón, un médico-farmacéutico de Guanabacoa, poblado muy cercano a La Habana, hermano de mi abuelo paterno y capitán del ejército mambí. Pero el mejor de sus títulos es que se trató del padre de Rita Montaner Facenda, acaso la *vedette* más notable de los primeros cincuenta años de la República.

De Domingo se contaba en la familia una curiosa historia de amor que conviene dar por cierta porque es hermosa. Él se había enamorado de una linda y distinguida mulata llamada Mercedes Facenda, pianista clásica, y fue con su novia a un barco español en el que ofrecían una especie de recepción. Un oficial no quiso dejarlos entrar por el color de Mercedes —era una mulata *clara*, pero mulata al fin y al cabo— y Domingo le dio una bofetada. El oficial fue a sacar su pistola y Domingo, que estaba desarmado y era rápido y precavido, se lanzó por la borda prudentemente y alcanzó la orilla a nado.

Este episodio debió haber ocurrido en 1896 o 1897, época en que los españoles aplicaban la pena de muerte con mucha liberalidad contra los cubanos que desafiaban la autoridad, así que Domingo se alzó junto a los mambises rebeldes y, cuando terminó la guerra, en 1898, tenía los grados de capitán. Continuó sus relaciones con Mercedes —fueron felices, según contaban quienes los conocieron— y de esa relación surgieron dos hijos, Rita, la cantante y actriz, y Otmaro, quien fuera oficial de la policía, lo que acabó costándole la vida.

Rita, la *vedette*, llevaba el nombre de una tía suya, Rita Montaner Pulgarón, hermana de su padre Domingo (y hermana de mi abuelo Pedro María, claro), casada con otro cubano-catalán, de apellido Ginjauma. Vale la pena retener este apellido porque volverá a aparecer destacadamente en estas memorias. Era el de José de Jesús (Pepe Jesús) Ginjauma Montaner, cuasianarquista y fundador de la Unión Insurreccional Revolucionaria (UIR) junto a Emilio Tro, una violenta organización de "tira-tiros" a la que, a regañadientes y para salvar su vida, perteneció Fidel Castro en su etapa de estudiante universitario en la segunda mitad de los años cuarenta del siglo pasado.

De mi abuelo paterno, Pedro María Montaner Pulgarón, también tengo poca información. Murió unos cuantos años antes de que yo naciera y mi padre jamás me habló de él. En realidad, mi padre hablaba muy poco de su familia, aunque lo recuerdo como una persona cariñosa y táctil. Nunca tuve con él una conversación sobre su pasado, que era el mío. Sé, porque me lo contó mi madre, que mi abuelo paterno era un tipo pequeño y cascarrabias, algo pendenciero y enamoradizo, con un rostro agraciado, profesor de matemáticas, dato insólito en una familia negada a las ciencias.

Cuentan que escribió un método en verso para enseñar aritmética, pero no confiaba demasiado en la pedagogía rítmica, ni siquiera porque fuera suya. Me dijeron que solía repetir la bárbara frase "la letra con sangre entra", como tituló Goya el cuadro en el que pintó a un maestro azotando las enrojecidas nalgas de un alumno. Mi abuelo le agregaba una sádica coda: "y especialmente los números".

De él me contaron, en voz alta, que fue el primer maestro oficialmente habilitado por la república en 1902, y, en voz baja, que era muy mujeriego, pese a su corta estatura, o quizás por ella, y que por eso alguna vez tuvo ciertos problemas con la justicia, nunca aclarados del todo, de los que se salvó por los pelos.

Mi abuela paterna, Herminia Hernández Rivas, su mujer, a quien tampoco conocí, era una norteamericana de origen cubano (en esa época no existía la extraña clasificación de *hispana*), nacida en el destierro en el siglo XIX, que hablaba el español con acento de neoyorquina, cuyo único rastro de su paso por la vida, en lo que a mí concierne, es un pequeño retrato ovalado que muestra a una mujer bonita, de ojos y cabellos claros, que debió lamentar intensamente el día que decidió visitar la patria de sus padres.

Por lo que sé, viajó a Cuba a alguna gestión trivial y casualmente conoció a Pedro María en un parque, encuentro que dio paso a un noviazgo instantáneo. Eventualmente, se casaron y tuvieron varios hijos, entre ellos mi padre, Ernesto, que era el más pequeño de una familia de tres hermanos, dos varones y una muchacha.

De mi abuelo Pedro María, mi padre heredó la costumbre de ser un inveterado mujeriego, y de su madre, Herminia, un puñado de canciones folclóricas que él cantaba en inglés, pese a ser incapaz de hablar esa lengua. Se las había escuchado a su madre desde la cuna, durante años, sin saber a ciencia cierta qué cosas decían.

Hay una foto en la que todos los hermanos están en fila, de mayor a menor —el más pequeño era mi padre, notablemente cabezón y paticorto—, vestidos de marineros, con los brazos sobre los hombros del que tienen delante, mientras miran a la cámara severamente, como si les molestara el ritual. Curiosa pose, típica de una época en que la fotografía nunca era espontánea, sino coreografiada y solemne.

Casi todos, menos mi padre y un medio hermano, murieron de tuberculosis rápidamente, una enfermedad que hizo estragos en Cuba y en medio planeta antes de la aparición de los antibióticos.

Herminia, la madre, mi abuela, irresponsablemente, sin ningún respeto por los microbios, les demostraba su amor a los dos hijos enfermos alimentándose con la misma cuchara con que les daba la comida. Todos se contagiaron y desaparecieron en un breve periodo. Mi abuelo resistió un poco más, pero lo alcanzó la tosferina o el tétano, no sé muy bien, y lo liquidó de manera fulminante. En los años treinta del siglo XX morir era relativamente fácil. Todavía la medicina era cosa de percutir la espalda y escuchar los latidos del corazón como se hacía desde el siglo XVIII, con la sospecha de que esos oscuros ruidos no servían para casi nada, salvo para avisar que era muy poco lo que se podía hacer.

En esa época, fines de los años treinta, mi abuelo Pedro María, cuando murió, además de maestro, era administrador del cementerio de Guanabacoa. Mi padre, entonces un joven poeta que soñaba con ser cantante de ópera o actor, heredó el fúnebre empleo, algo muy frecuente en la época, que no estaba fundado precisamente en la meritocracia, sino en el clientelismo y en las relaciones personales. Los empleos públicos a veces —en el mejor de los casos— se transmitían de padres a hijos. En el peor, solían venderse con poca discreción.

El medio hermano de mi padre, Pedro, mi tío —no creo que exista el parentesco "medio tío"—, fue una sorpresa para mi abuela. Una tarde en que Herminia visitaba a su marido preso coincidió con otra mujer, la secreta amante de mi abuelo, quien llevaba a un niño de la mano. Así descubrió la existencia de esa relación extramatrimonial de su marido y tomó nota de la existencia de "Pedrito", a quien para siempre llamarían por el sobrenombre de Guigui, creo que porque fue la primera palabra que se le oyó pronunciar.

Cuando la amante de mi abuelo murió, también de tuberculosis, el hijo, Guigui, fue a parar a la casa de Herminia, quien, por lo visto, era una mujer bondadosa, sufrida o comprensiva, o las tres cosas simultáneamente. Les adelanto que se trataba de un notable "maromero". Vivía de hacer complicadas cabriolas gimnásticas en los circos y teatros que lo contrataban junto a otros dos forzudos y una señora estupenda en traje de baño. Eran cuatro, pero se hacían llamar "el Trío de Ases", no sé si porque no sabían contar con precisión, por desprecio a Pitágoras o porque la dama no se incluía en la ecuación. Supongo que era lo tercero.

Los Surís

A mi familia materna, los Surís, los conocí mejor. Tuvieron la cortesía de vivir muchos más años. Procedían de un pueblo playero catalán, Lloret del Mar, en el que todavía abundan los parientes no tan lejanos.

El primer Surís que marchó a Cuba a "hacer las Américas" llegó dotado de alguna educación y ciertos recursos. Era un alto oficial de la marina española llamado José Surís Domenech. Con él viajaba un vecino y amigo, Juan Gelats, quien procrearía una familia dedicada a la banca. Muchos catalanes viajaron a Cuba en esa segunda mitad del siglo XIX. La familia más conocida de esa exitosa tribu es de apellido Bacardí, los creadores del famoso ron y de un *trago* que fuera del país se conoce como "cubalibre", pero en la Isla, melancólicamente, le llaman "mentirita".

Mi abuelo, José Surís Álvarez, como toda su familia, fue una persona notablemente instruida para los estándares de la época. Se parecía a Harry Truman, aunque con un rostro más suave. Lo enviaron, junto a sus hermanos y hermanas, a estudiar a Halifax, Canadá, donde aprendió inglés, francés y cuestiones empresariales, pero era más gerente y administrador que emprendedor.

Mis recuerdos de él son escasos y remotos. No era, al menos conmigo, muy expresivo. Tenía unos ojos azules apacibles y acogedores

con los que me miraba con cierta perplejidad y una explicable desconfianza. Yo debía parecerle como un incordio inquieto y pequeño,
como alambrado, que no cesaba de correr por la casa persiguiendo
a otro primo o huyendo de alguna travesura cometida por mi hermano Ernesto.

El abuelo Surís administraba un puerto azucarero llamado Manatí, a mil kilómetros de La Habana, consignado a la familia Rionda,
lo que le confería una especie de apetecible estatus burocrático dentro
de la *sacarocracia* cubana. Ganaba lo suficiente como para vivir cómo-
damente en Manatí y mantener a su familia en La Habana con un
buen nivel de vida. Con los años, sospeché que nuestra visita vera-
niega para pasar las vacaciones en sus predios interrumpía una rutina
en la que se sentía cómodo. Mi madre, que era una mujer muy buena,
hablaba de él con mucho cariño, pero, en realidad, todos sus hijos lo
querían mucho. Aunque ausente, debió ser un buen padre.

Surís murió víctima de la espantosa diabetes que ha rondado a
mi familia materna con la siniestra tenacidad de las auras tiñosas. (Las
auras tiñosas son unos buitres calvos y voraces, endémicos de Cuba,
que sobrevuelan en círculo a la espera de descubrir algún cadáver).
Esto debió suceder en los primeros años de la década de los cincuenta
del siglo XX. Antes de morir le amputaron unos dedos, o un pie, no
estoy seguro, pero sé que lo talaron inútil y cruelmente.

Mis recuerdos de Manatí son gratos y vívidos: un caserón blanco de madera —la típica casa del sur de Estados Unidos trasplantada
a Cuba— con un enorme majá en el ático que se comía a los ratones,
según todos contábamos con miedo; la playa agradable y soleada; un
rústico cine al aire libre; un yate muy bonito —propiedad de la empresa— que usaba mi abuelo; la primera niña a la que amé a los siete
años, y una bandera cubana izada en un mástil que tenía para mí una
incomprensible leyenda: "Comunismo, no". ¿Por qué esa advertencia redactada en una gramática breve y retorcida? Nunca lo supe.
Mi abuelo, evidentemente, se olía algo, pero, afortunadamente para él, murió antes de confirmar la validez de su azorada intuición.

Surís se casó a principios del siglo XX con mi abuela María
(Maricusa) Altagracia Lavastida, una señora con una fuerte personalidad, muy inteligente, lectora de Herbert Spencer, lo que no era muy

frecuente en Cuba y mucho menos por mujeres, quien desmintió con su vida poco saludable todo lo que nos dicen los médicos. No hacía ejercicio, tenía sobrepeso, se alimentaba de café con leche, tomaba agua con bicarbonato incesantemente, se pasaba la vida sentada, tuvo seis hijos y vivió casi cien años.

La hermana de mi abuela se llamaba Graciela y le decían Chicha. Era una legendaria maestra de primaria, habilísima, bondadosa y reñidora. Vivía con nosotros en justa represalia porque ella había criado a mi madre, dado que mi abuela —nunca supe si por generosidad, por negligencia o porque era una costumbre de la época— tuvo la extraña amabilidad de endilgarles algunos de sus hijos a sus parientas solteras. A mi tío Carlos, por ejemplo, lo criaron sus tías "las Surís".

A Chicha le tocó mi madre. O viceversa. La señora, que era una magnífica mujer, se quedó soltera porque medía seis pies de estatura, pesaba 250 libras, tenía un grueso bozo cercano al mostacho, carecía de algunos dientes frontales, y padecía de una flatulencia pertinaz e irreprimible, casi rítmica, como si sus esfínteres se hubieran decantado por el *jazz* u otra música parecida.

Los hijos del matrimonio Surís-Lavastida (mis abuelos maternos) fueron Jesús, José (Pepe), mi madre Manuela (Manola), Carlos, Elizabeth (Lila) y Francisco (Paquito). Menos Paquito, que murió muy joven devastado por la diabetes, todos fueron profesionales, porque tanto los Surís como los Lavastida vivían convencidos de la necesidad de estudiar y adquirir un título universitario como un seguro contra las catástrofes sociales. La frase que más veces escuché en mi niñez fue: "estudia, idiota, que lo único que nunca te podrán quitar son los conocimientos".

En todo caso, veía con más frecuencia a las cinco hermanas de mi abuelo José Surís que a los Lavastida, hermanos de mi abuela Maricusa, varones, casi todos abogados, lánguida y silenciosamente radicados en otra provincia. Debo haber coincidido con alguno de estos Lavastida un par de veces, pero todo lo que recuerdo es que eran unos tipos altos y taciturnos vestidos con ropas oscuras.

Generalmente, la cita con las tías-abuelas Surís, "las Surís", consistía en un almuerzo sabatino en la casona del Vedado. Se llamaban Dolores (Lola), Rosario, Josefina, Concha y Rosa, y eran militantemente catalanas, al extremo de que ese era el lenguaje secreto de la casa. Se les notaba que pertenecían a una burguesía venida a menos por las lámparas de Tiffany y la cubertería de plata junto a buenos muebles raídos por el uso y el tiempo.

Rosa era la más joven y tal vez la más bonita. Se trataba de una pobre esquizofrénica que semanalmente y durante años me hizo la misma pregunta sobre mis estudios. Le interesaba obsesivamente saber si yo había estudiado *estenografía*. No decía taquigrafía, sino estenografía. Le explicaba que no, pero era inútil. Volvía a la carga la semana siguiente, acaso con la esperanza de que un día le diera otra respuesta más satisfactoria de la que pudiera desprenderse una nueva pregunta.

Rosa le sacaba la lengua al sol convencida de que era un error que esa parte de su anatomía viviera siempre en la penumbra húmeda de la boca. Era una teoría rara parida por su mente enferma de la que no la rescataban las frecuentes llagas ni las advertencias de sus hermanas.

Aunque tal vez —ahora me doy cuenta— se trataba de una secreta venganza porque solían cepillarle la lengua con jabón cada vez que decía una mala palabra. A veces, en una muestra máxima de rebeldía, súbitamente atacada por el síndrome de Tourette, pero en versión casta, se desataba y corría triunfalmente por la casa gritando "caca-culo-pipi" —la mayor cantidad de obscenidades que cabían en su pobre cabecita trastocada de niña buena y católica cuando se le manifestó la enfermedad— mientras alguna de sus hermanas la perseguía con el cepillo punitivo en una mano y el jabón en la otra para limpiar aquel tenue pecado oral sin que dejara huella.

Todas estas mujeres, que fueron bellas en la juventud y extremadamente religiosas, de comunión diaria y confesiones inútiles, se quedaron solteras en La Habana y fueron envejeciendo como en un drama de Lorca porque no encontraron un catalán que las amara. Es el único caso de nacionalismo genital que registra la historia. Mi primer libro de cuentos se tituló *Póker de brujas* y está malvada e injustamente inspirado en ellas.

Los Lavastida

No obstante, el componente familiar más interesante no proviene de Cataluña, sino de la República Dominicana. Esto lo supe hace pocos años gracias a mi hermano menor, Roberto Alex Montaner, de quien hablaré cuando le llegue el turno de nacer.

En los años setenta y ochenta, Roberto se había ido a estudiar medicina a República Dominicana y, de pronto, en un ascensor, se tropezó con una persona muy parecida a él. Era su *doppelgänger*, o él era el *doppelgänger* del otro. Este hermano es rubio, tiene los ojos verdes, y puede pasar por polaco o ruso, dada la estructura ósea de su rostro, extrañamente eslava o nórdica.

Los dos preguntaron al unísono:

—¿Y tú quién eres?

—Yo soy Montaner, de La Habana, Cuba —le dijo mi hermano con cierta prevención.

—Y yo soy Landestoy, de Baní, República Dominicana —le respondió el otro igualmente extrañado.

Ambos estaban perplejos y desconfiados.

Mi hermano recordó entonces que entre los apellidos de nuestra abuela materna, María Altagracia Lavastida, estaba el Landestoy. En ese apellido estaba el secreto genético de su propia apariencia. Entonces él y todos nosotros ignorábamos que nuestra abuela y su hermana Graciela, Chicha, habían nacido en República Dominicana, donde el Landestoy se les había enquistado en los genes, y, posteriormente, se habían trasladado a Cuba, muy niñas, donde las inscribieron como cubanas en un juzgado apartado de la capital, probablemente por medio de algún soborno. Todo esto lo supimos después.

Mi hermano se puso a investigar y descubrió que el primer familiar de esa rama materna había llegado a América, a Santo Domingo, en el segundo viaje de Colón. Se llamaba Rodrigo de Bastidas, era un importante conquistador y uno de sus descendientes directos se casó con la hija de Gonzalo Fernández de Oviedo, el primer "cronista de Indias", como se les llamó a aquellos curiosos y asombrados protoperiodistas del siglo XVI. Ahí comenzó esa saga, por lo menos por la rama familiar materna. Si el vínculo con el cronista Ramón Muntaner era dudoso, el que existe con el cronista Fernández de Oviedo resultaba indudable.

2

La familia surge en medio de la violencia

Mis padres, Ernesto y Manuela, se conocieron en un velorio. Ignoro quién era el difunto, pero los velorios cubanos servían para todo: unos lloraban, otros reían, todos comían e, incluso, se enamoraban. El dato, por los malos augurios, era como para no casarse. Ella tenía unos veinte años y él un par más. Se trataba de dos personas totalmente diferentes, aunque ambas eran físicamente atractivas.

Mi madre, Manola, era alta, rubia, de ojos verdes, muy bonita, seria (aunque divertida), responsable y estudiosa. Procedía, como he dicho, de una familia que predicaba la necesidad de pasar por la universidad. Ella obtuvo un doctorado en Pedagogía y logró que la nombraran profesora en una de las llamadas Escuela del Hogar, institución impensable en nuestros tiempos de feminismo, igualdad y *MeToo*.

Mi padre era de corta estatura —más por las piernas que por el tórax—, cabello negro, bien parecido, con un bigotillo recortado a la manera de la época, bohemio, simpático, gran jugador de póker y supremamente halagador. Pese a su inteligencia y enorme memoria, había dejado los estudios tras pasar los grados de primaria. Una de sus fallas de carácter era la falta de perseverancia.

En cambio, era un seductor nato que utilizaba todos los recursos a su alcance para conquistar a las mujeres, generalmente halagándolas y recitándoles versos —elemento de la época—, mientras concitaba la admiración de los hombres por medio del humor, los epigramas que construía súbitamente —era un *repentista*—, y por las anécdotas que solía contar con mucha gracia. Era un hombre educado y podía, sin serlo, dar la sensación de que era una persona muy culta.

Mi abuelo Surís, el padre de Manola, advirtió enseguida que Ernesto era un personaje ideal para divertirse un rato, pero que sería un pésimo marido para su hija. Lógicamente, se lo dijo:

—Ernesto es un tipo muy divertido y encantador, pero no te cases con él. Te llevará por la calle de la amargura.

Lo de "la calle de la amargura" era un cubanismo que todos en la Isla conocían porque, en efecto, había una calle en La Habana a la que le habían puesto ese nombre truculento. Mi madre, perdidamente enamorada, no quiso creerlo. ¿Cómo un tipo tan agradable podía ser un pésimo marido?

En cierta manera, la generación de mi madre había sido la primera que cultivó la desobediencia como una seña de identidad. Como estaba enamorada, desoyó el consejo de sus mayores y se casó con Ernesto, mi padre. Ella había nacido en 1916 y, junto a sus hermanos y al resto de la sociedad, había vivido la primera revolución triunfante que experimentó el país.

La historia sucinta es esta: en 1924, tras unas elecciones razonablemente limpias, a los pocos meses comenzó a gobernar el general mambí Gerardo Machado, representando al mayoritario Partido Liberal. Era un tipo nacionalista, fundamentalmente honrado, con la mano dura y pocos escrúpulos democráticos. Su primera víctima fue el periodista Armando André, cuyo asesinato ordenó a los pocos meses de comenzar a gobernar porque había publicado algo impropio de una hija suya. Había llegado al poder para meter en cintura a los cubanos —fue parte de su imagen de hombre severo, el general cubano más joven de cuantos lucharon contra España— y para llevar a cabo las grandes obras públicas que el país necesitaba a gritos.

Machado, en efecto, como buen nacionalista, frenó la inmigración española —que había sido muy positiva para el país—, construyó la larguísima carretera central —su lema era "agua, caminos y escuelas"— y edificó el suntuoso Capitolio para albergar a la Cámara de Representantes y el Senado, cuidándose mucho de que fuera ligeramente más alto que el de Washington, como para subrayar sutilmente la superioridad de su tribu y, acaso, como una forma de protesta contra la Enmienda Platt —un anexo a la Constitución de 1901 que le confería poderes especiales a Washington sobre Cuba—, a la que él se oponía.

En esa época, habían llegado a la Isla con intensidad las tres grandes y nefastas influencias políticas europeas: el fascismo y el comunismo, precedidas por el anarquismo, a lo que se sumaban el pistolerismo, muy en boga en la Cataluña de aquellos tiempos y en las historias de los gánsteres de Chicago. El país estaba listo para ensayar alguna catástrofe.

No puede olvidarse que Cuba era profundamente española para lo bueno y lo malo. En 1902, cuando se inauguró la República, apenas había 1 300 000 cubanos. Entre ese año y la llegada de Machado, un cuarto de siglo más tarde, entraron al país algo menos de un millón de inmigrantes, casi todos laboriosos españoles de Canarias, Galicia y Asturias. Ello explica que los dos palacios más imponentes de La Habana fueran el Centro Gallego y el Centro Asturiano. La arquitectura, como se sabe, expresa el poder.

Entre los gallegos que migraron a Cuba, por cierto, volvió a la Isla un joven campesino gallego alto y silencioso, laborioso como una hormiga, llamado Ángel Castro Argiz, quien luego sería padre de una decena de cubanos y, entre ellos, de Fidel y Raúl Castro. Primero había arribado dedicado a tratar de aplastar la insurrección de los cubanos de 1895, como otro soldadito español que no tuvo el dinero para comprar y evitar la conscripción obligatoria.

Al terminar la guerra en 1898, debido a la derrota española a manos de Estados Unidos, Ángel fue repatriado a su aldea cercana a Lugo, pero ya estaba decidido a regresar a Cuba tan pronto como pudiera. Cuba lo había deslumbrado. Había visto unas oportunidades tremendas que no existían en su Galicia natal, y él era, aunque todavía no lo sabía, un emprendedor nato.

La Isla, en efecto, progresaba, pero sin poder evitar gravísimos brotes de violencia política entre "liberales" y "conservadores", unas etiquetas que ocultaban rivalidades políticas, raciales y regionales mucho más humanas que ideológicas.

En 1906 se produjo el primer conato de guerra civil provocado por un fraude electoral cometido en las elecciones de 1905, conflicto que fue resuelto por medio de una intervención militar norteamericana que el presidente Teddy Roosevelt trató de evitar (hay una carta suya de ese periodo donde muestra su desesperación con los cubanos), pero le fue imposible porque el presidente Tomás Estrada Palma abandonó su cargo, precisamente para forzar la injerencia de Washington, como ordenaba la Enmienda Platt.

En 1909, una vez pacificada la Isla, los norteamericanos celebraron unas nuevas elecciones y se retiraron a Estados Unidos tras dejar instalado en el poder al general José Miguel Gómez, popular caudillo del Partido Liberal que había ganado limpiamente las elecciones. Escogieron para marcharse la fecha del 28 de enero, natalicio de José Martí, acaso como cortesía con los cubanos.

En 1912 la guerra se desató nuevamente, pero esta vez por cuestiones raciales. Algunos militares negros trataron de crear un partido político para "personas de color", lo impidieron en el Parlamento, y eso derivó en una insurrección aplastada a sangre y fuego que se saldó con varios millares de muertos, casi todos negros veteranos de la guerra de independencia.

Otra vez, Estados Unidos —entonces gobernaba William Taft— medió entre los cubanos —a ruego de los negros, que estaban siendo masacrados—, aunque en esa oportunidad no se vieron obligados a ocupar el país. La historia recoge este triste episodio como la "guerrita de los negros". El diminutivo no le hace justicia al episodio. Murieron o fueron asesinadas entre tres y seis mil personas, casi todas negras. Muchísimas, a la escala de la población cubana de ese momento: dos millones de habitantes.

En 1917, otro fraude de los conservadores provocó un nuevo alzamiento de los liberales. Se conoció como la rebelión de la *Chambelona* por una pegajosa canción que solían entonar los insurrectos. Aparentemente, el general García Menocal —un ingeniero graduado en Cornell— se había hecho reelegir como presidente mediante trampas electorales. Washington, sin embargo, que acababa de declararle la guerra a Alemania, no tenía tiempo ni paciencia para desviarse de su esfuerzo bélico y necesitaba el azúcar de la Isla para surtir a sus tropas y a sus aliados, de manera que impuso la paz, pactó un precio favorable para el azúcar y exigió que se respetaran los dudosos resultados de los comicios.

En definitiva, todos los gobiernos de la república mambisa —1902-1933-hasta el derrocamiento y fuga de Machado— tuvieron que encarar levantamientos militares y diversos actos de violencia que fueron pudriendo los cimientos del Estado de derecho mientras se abría paso la dañina costumbre de confiar en las pistolas, los sobornos y la corrupción para solucionar los conflictos del país.

SE INICIA LA FAMILIA

Fue en esa atmósfera en la que nació mi hermano mayor, Ernesto, en 1940, en medio de un drama social propio de países peligrosos del tercer mundo.

Mi padre, como he escrito, había heredado el tétrico cargo de administrador del cementerio de Guanabacoa, aunque, en realidad, no estaba dotado para la gerencia de ningún negocio (y el cementerio lo era), si bien los usuarios directos de las tumbas no podían protestar, pero lo hacían sus parientes vivos. No obstante, mi padre era —también lo he dicho— enormemente inteligente y tenía una extraordinaria memoria, pero había abandonado los estudios prematuramente, a poco de haber terminado la primaria, y lo dominaban la desorganización y la indolencia.

Quizás padecía la paradójica desventaja de tener diversas vocaciones vinculadas a actitudes múltiples, lo que acababa por paralizarlo. Suele suceder. En ese momento de su vida, en torno a los veinticinco años, era un bohemio irredento, se sentía periodista, poeta, actor y, además, cantante de ópera, como en su momento había sido su prima Rita. Le faltaban, eso sí, método y perseverancia, pero acabaría decantándose por el periodismo, en el que se destacaría como un notable articulista.

En realidad, era un buen tenor lírico, pero la fecha elegida para debutar, una tarde de 1936, probablemente en verano, no resultó adecuada. El general Gerardo Machado había sido derribado unos años antes y los revolucionarios estaban a la búsqueda y captura de los policías y militares que habían servido al dictador. Uno de ellos era Otmaro Montaner (hermano mayor de Rita, la cantante y *vedette*), un oficial de la policía con fama de tener malas pulgas que debió esconderse tras el fin de la tiranía, aunque algunos años más tarde fue asesinado.

La confusión no se hizo esperar. Cuando mi padre comenzó a entonar un aria de Donizetti, alguien desde el público gritó: "Es el esbirro Otmaro Montaner", y el joven cantante, sin poder explicar que era otro Montaner, incluso antimachadista, tuvo que huir del teatro perseguido por una turba ciega que trataba de alcanzarlo.

Fue el fin de su carrera operática, pero no de sus prácticas para afinar la voz. Diez años más tarde yo me preguntaba por qué mi padre repetía como un obseso, cambiando de tonalidad, *ahahahohohoh*. Era un procedimiento para mantener en buen estado las cuerdas vocales que se convertía en una siniestra forma de tortura familiar.

En todo caso, a sus veintipocos años ya tenía fama de bohemio, poeta, mujeriego y jugador (aunque no probaba gota de alcohol), a lo que se agregaba el rumor (infundado) de que se trataba de una persona violenta, lo que en Cuba era visto con benevolencia y, si se quiere, con cierta admiración.

No era nada pendenciero. Por el contrario, gozaba de un carácter apacible y gentil, teñido por el humor. Sin embargo, a los catorce años, tras recibir una paliza de dos vecinos mayores por una cuestión de faldas —una muchachita a la que había querido enamorar con unos poemas—, fue a su casa, tomó el revólver de su padre y vengó la golpiza hiriendo a los jóvenes agresores, unos hermanos que hoy calificaríamos de *bullies*. Creo que uno, para desgracia de todos, pero especialmente de sí mismo, quedó cojo para siempre.

Esa lamentable anécdota de crónica roja —recogida en los diarios de la época—, propia de una sociedad machista que lavaba con sangre las ofensas, y los dimes y diretes de una comunidad en la que todos se conocían lo convertirían en el chivo expiatorio perfecto para lo que ocurriría muchos años más tarde: un crimen terrible.

Desde el siglo XVIII existían en Guanabacoa unas fiestas pueblerinas muy bullangueras que comenzaban con la procesión de la Virgen de la Asunción, la Tutelar, la que protegía al pueblo, acompañada por verbenas, juegos de feria, rifas y comidas populares. La recaudación, que para la época solía ser considerable, se guardaba en la caja fuerte de la alcaldía.

La noche del domingo posterior a la Tutelar de ese año, unos desconocidos entraron en la alcaldía, se robaron el dinero colectado y mataron al alcalde, que trató de impedirlo. Al día siguiente, mi padre, ignorante de lo que había sucedido, marchaba a su trabajo en el desvencijado tranvía de siempre, cuando un amigo subió al vehículo y le dijo, sorprendido:

—Ernesto, ¿a dónde vas?

—Al cementerio, a mi trabajo, como Drácula, ¿por qué me lo preguntas?

No podía evitar mencionar a Drácula porque le parecía chistoso y porque era una sorda manera de quejarse de su lóbrego trabajo.

—Anoche mataron al alcalde, se robaron la recaudación de la Tutelar, y los jefes de la policía y del cuartel dicen que tú eres el sospechoso, que vas armado y que eres peligroso.

Mi padre se bajó apresuradamente del tranvía y decidió esconderse. Era evidente que lo eliminarían para borrar las huellas del delito. Él suponía, como todo el mundo en Guanabacoa, que los jefes locales de la policía y el ejército probablemente eran los responsables del crimen. Se trataba de unos tipos deshonestos que exigían coimas hasta por respirar. Volver a su hogar hubiera sido una locura. El mejor lugar para esconderse era en la casa de su primo Pepe Jesús, quien ya tenía fama de ser una persona que no conocía el miedo.

Allí iría a verlo mi madre, cautelosamente, con siete meses de embarazo. Fue la primera vez —me contaría— que comenzó a pensar en que acaso su padre tenía razón cuando le pidió que no se casara con su novio Ernesto, porque, aunque era inocente y se trataba de un joven simpático y romántico, buen mozo, que le hacía y declamaba versos amorosos, y que era capaz de cantar con una bella voz de tenor, no era el tipo de persona para fundar una familia, sino una timba de póker o una tertulia de actores bohemios.

Pronto se averiguó, en efecto, que estos corruptos oficiales eran los autores del crimen. Fue un largo juicio que exculparía totalmente a mi padre e inculparía a los militares, quienes, pese a todo, se salvaron de ser castigados, lo que reflejaba la precaria justicia con que contaban los cubanos de entonces (y de siempre).

El 7 de diciembre de 1941, antes de terminar el proceso judicial, los japoneses atacaron Pearl Harbor en Hawái. Cuba, aliada de Estados Unidos, inmediata y formalmente entró en guerra contra el Eje, y los juicios de los uniformados pasaron a disposición de tribunales militares en los que el delito se fue disolviendo lentamente hasta que la sentencia les garantizó una total impunidad a los encartados.

El 2 de octubre de 1940 mi madre tuvo su primer hijo, mi hermano Ernesto. Nació en medio de una huelga de médicos que había paralizado todos los hospitales del país. Ambos casi mueren en el parto. Afortunadamente, gracias a una comadrona compasiva y rompehuelgas los dos se salvaron.

Ocho días más tarde, el 10 de octubre de 1940, entró en vigor una nueva Constitución y comenzó oficialmente el periodo democrático de Fulgencio Batista, un astuto militar que carecía de vocación castrense —se pudo hacer artillero, pero escogió ser taquígrafo—, que hasta 1933 había sido un sargento administrativo sin ninguna distinción especial, pero la suerte y la locura colectiva de una sociedad y un Estado manejado por estudiantes, que quedó acéfalo, lo convirtieron en el "hombre fuerte" de Cuba.

En agosto de 1933, como consecuencia de una serie de revueltas contra el gobierno, sumadas a una profunda crisis económica, Batista, de manera fortuita, ascendió a los primeros planos de la política nacional. Fue capaz de superar su origen humildísimo, su condición de mestizo (anatema en aquella Cuba racista). Era totalmente desconocido en el país y no tenía en ese momento el respaldo del capital, los partidos políticos o la embajada norteamericana, pero todo eso vendría después, cuando se convirtió en el poder real del país.

Su extraordinaria historia comenzó cuando sus compañeros lo eligieron portavoz de los soldados, cabos y sargentos que reclamaban pagos atrasados, y acabó como el hombre fuerte del régimen revolucionario surgido tras el derrocamiento del general Gerardo Machado, y así estuvo, al frente de las Fuerzas Armadas, que remodeló a su antojo, gravitando sobre todos los gobiernos que tuvo aquella convulsa Cuba entre agosto de 1933 y octubre de 1940, cuando parecía que, finalmente, se estabilizaba la república.

En 1940, a los siete años de haber sido gobernante *de facto* del país, aunque los presidentes hubiesen sido otros, Batista renunció a las Fuerzas Armadas y —enfundado en un elegante dril cien blanco, lejos ya su sudoroso atuendo de militar conspirador cruzado con correas de cuero— ganó las elecciones ligado a los comunistas locales. Se esperaba, y así sucedió, que se restablecieran la democracia y el respeto a la ley.

Mi hermano Ernesto, pues, nacía con esta segunda oportunidad que se había dado la magullada república cubana.

No se piense, sin embargo, que toda la realidad cubana estaba manga por hombro. Donde se sentían las mayores convulsiones era en la esfera política. La sociedad civil continuaba su impetuoso trabajo económico, beneficiado por el clima de la Segunda Guerra Mundial. Cada vez que comenzaban los tiros en el planeta, el azúcar subía de precio y la situación en la Isla mejoraba.

En todo caso, tras el interregno revolucionario *de facto* —1933 a 1940—, el país reiniciaba su andadura. En el 40, eso sí, se había liquidado la república *mambisa* —controlada por los generales y doctores surgidos de la lucha contra España— y se iniciaba la república revolucionaria, liderada por los personajes aparecidos en la lucha contra Machado.

En general, era gente cuyo prestigio emanaba del valor que habían mostrado en jugarse la vida contra el dictador derrotado en 1933. Algunos se vanagloriaban de las bombas que habían colocado o de los atentados mortales realizados contra los personeros del régimen machadista. Fue entonces cuando arraigó con fuerza en la sociedad cubana la idea de que la justicia sobreviene del acto revolucionario ejecutado por personas bien intencionadas y no del buen y justo funcionamiento de las instituciones.

BATISTIANOS Y COMUNISTAS

Fulgencio Batista era pronorteamericano y procomunista. En aquella época esa ambivalencia era posible.

Pronorteamericano, porque los misioneros cuáqueros que conoció en su niñez en el remoto pueblo de Banes lo habían ayudado a estudiar y, también, porque desde su sorprendente irrupción en la vida pública cubana, en 1933, Washington encontró que aquel astuto e inteligente sargento, rápidamente ascendido a coronel para que pudiera negociar a nombre del país con cierta autoridad, era un amigo dócil que valoraba muy bien la ayuda del poderoso vecino y se dejaba guiar por los *policy-makers* del Departamento de Estado.

Simultáneamente, era procomunista porque, dado su paupérrimo origen, se sentía cercano al lenguaje reivindicatorio de los marxistas —aunque supiera poco de la teoría—, entonces colocados en una agrupación llamada Unión Revolucionaria Comunista que luego, en 1944, adoptaría el nombre definitivo de Partido Socialista Popular (PSP).

Seguramente, a Batista le atrajo que acabaran llamándose socialistas y populares, pues él, en alguna medida, se sentía ambas cosas. Por eso, Batista, por ejemplo, como toda la izquierda en Occidente, había apoyado no tan discretamente la causa de los republicanos españoles durante los tres años que duró la Guerra Civil (1936-1939) y continuó haciéndolo con posterioridad a la derrota, colaborando con el gobierno de la República en el exilio.

Lo cierto es que, cuando Batista terminó su mandato democrático en 1944 y comenzó un periplo por América Latina, los comunistas lo percibían como alguien muy cercano y admirado. El poeta chileno Pablo Neruda, comunista consecuente y militante, quien posteriormente recibiría el Premio Nobel, lo recibió en su país con unas almibaradas palabras pronunciadas en la Universidad de Chile, publicadas en el diario *El Siglo* el 27 de noviembre de 1944. No me resisto a reproducir un mínimo fragmento, porque es de Neruda, un poeta admirable y, simultáneamente, un ciudadano envilecido por el sectarismo ideológico: "Ante Fulgencio Batista, capitán de su pueblo, estamos en presencia de Cuba: nadie como él la representa tan poderosamente en este instante, y antaño unos pocos, a quienes él continúa, dejaron dispersos los huesos en cárceles de piedra para que Cuba viviera".

Lo que sucedía en Cuba, además, no era extraño. Recuérdese que, entre 1941 y 1945, Washington y Moscú, Roosevelt y Stalin, fueron aliados. Los unía la lucha contra Hitler, y los comunistas cubanos, siempre fieles vasallos de la URSS, santificaron esa relación, de la misma manera que el Departamento de Estado no puso objeciones a que Batista sentara en su gabinete ministerial a dos altos dirigentes comunistas: Carlos Rafael Rodríguez y Juan Marinello.

Por otra parte, años más tarde se supo que Laurence *Larry* Duggan, entonces director del Buró de América Latina del State Department, era, en realidad, un espía soviético, actividad por la que no fue condenado porque se suicidó, pero la acusación se vio convalidada cuando se abrieron los archivos (*Venona Project*) y se confirmó lo que en su momento había asegurado el FBI. No era histeria *premacartista*. Joe McCarthy todavía no había salido a la palestra cuando ocurrieron estos hechos. Era una desagradable verdad.

3

Tejadillo y las primeras escuelas

Nací el 3 de abril de 1943. La prensa no recuerda que ese día haya sucedido nada especial. Me contó mi madre que era sábado y fue un parto sencillo y sin complicaciones. La revista *Bohemia* estaba llena de informaciones de la Segunda Guerra Mundial. Al fin y al cabo, Cuba le había declarado formalmente la guerra a Alemania tras el ataque a Pearl Harbor, incluso antes de que se reunieran los parlamentarios norteamericanos a hacer lo mismo.

Todavía reverberaba en La Habana el fusilamiento del espía alemán Heinz Luning, enviado a la Isla con un pasaporte hondureño para dar cuenta del tráfico marítimo a las autoridades de su país con el objeto de que los submarinos alemanes hundieran los barcos. Lo descubrieron los británicos y fue ejecutado en La Habana en noviembre de 1942. Parece que era un pobre tipo que jamás consiguió activar el aparato de radio que le ocuparon y se pasó el tiempo alternando con las prostitutas de los muelles, de las que obtenía placer y noticias sobre los buques mercantes. Su vida y su muerte le sirvieron como inspiración al célebre escritor Graham Greene para escribir *Nuestro hombre en La Habana.*

Ya vivíamos en un apartamento de La Habana Vieja, en la calle Tejadillo entre Habana y Aguiar. Mi padre trabajaba como redactor y articulista en el diario *Luz.* Mi madre solía publicar también crónicas sobre alta costura mientras estudiaba pedagogía por las noches.

Era un apartamento alquilado. La familia no tenía recursos para comprar una vivienda o un auto. El edificio pertenecía a una firma llamada Galván-Lobo, propiedad de dos millonarios con esos apellidos que poseían numerosos inmuebles. Muchos años más tarde conocería en Madrid a Julio Lobo, el legendario zar del azúcar, y a un profesor *Cuban-American* descendiente de los Galván.

El apartamento era largo, umbrío y estrecho. El puntal era alto y la iluminación deficiente. Lo recuerdo como algo triste, con unas bombillas mortecinas colgadas de los techos. Tal vez no lo era, pero así me viene a la memoria. Lo separaba un muro de la otra vivienda de los bajos. Entre los vecinos había una señora española que cantaba coplas constantemente y tenía unas hijas muy bonitas, ya adolescentes, y un hijo de nuestra edad, Adolfito. Creo que alquilar el apartamento costaba treinta y cinco o cuarenta pesos mensuales.

Cuba era un país relativamente barato. Entonces, y hasta 1959, el peso y el dólar tenían el mismo valor porque la Isla respaldaba su moneda con oro, como resultaba usual en la época, y no se podía imprimir papel moneda a tontas y a locas. Con un *peso* o algo más se podía comprar comida criolla —arroz, frijoles, carne, plátano— para las seis personas que vivían en la casa: mis padres, mi hermano y yo, la tía abuela Chicha, y la sirvienta, una pobre señora que lo hacía todo en la casa, sospecho, por unos quince pesos al mes.

No creo que ganara mucho más. Y el hecho de que hubiera una gran cantidad de mujeres dispuestas a realizar ese trabajo por tan poco dinero —especialmente negras, mulatas y españolas con un nivel bajo de instrucción o recién llegadas a Cuba— indica que en el país, en los años cuarenta, pese al auge económico que se experimentaba, existía una masa crítica de personas con muy pocas opciones laborales y escasa educación que no podían insertarse en el sector formal del empleo.

Los recuerdos de mi padre de esa época eran buenos. Cuando estaba en la casa era cariñoso, jamás nos golpeaba, pero tampoco abandonaba su veta de poeta repentista. En una oportunidad, como yo solía ser inquieto, le di una patada bajo la mesa. En realidad, quería golpear a mi hermano Ernesto, pero se interpuso la canilla de mi padre. Me di cuenta del error y le pedí perdón, pero se me quedó mirando, molesto, y respondió con un epigrama que mi madre escribió y que se quedó flotando en la familia hasta el día de hoy: "Con piernas de Lavastida / cabeza de Montaner / propósitos de joder /

y la frase consabida de 'ay, papá, fue sin que querer' / ¡qué paciencia hay que tener en esta cabrona vida!".

Me encantaban el barrio, con sus callejuelas estrechas, la proximidad de la catedral y el rancio olor a brea y humedad de la bahía. Comenzó entonces mi relación con la enseñanza formal. La cuento porque hay, creo, matices y anécdotas interesantes. Las escuelas y los maestros dejan su huella en las personas, aunque sean superficiales.

La primera a la que acudí estaba en la calle Tejadillo. Era diminuta. El propietario y director era un señor cojo que utilizaba diestramente una muleta, o tal vez dos, dotado de un apellido rimbombante de noble español: Ramírez de Mendoza. Había nombrado a su escuela con su apellido, algo que no era infrecuente: Trelles, Baldor y Valmaña eran también apellidos transformados en nombres de muy buenas escuelas conocidas. En aquellos años, una parte sustancial de las clases medias cubanas —aproximadamente un tercio de la población— prefería las buenas escuelas privadas a la enseñanza pública.

Ramírez de Mendoza escribía —lo recuerdo nítidamente— con trazos hermosos en tinta verde o roja. Tenía una cabeza y un bigote claramente martianos. Reservaba sus clases para los temas especialmente "difíciles" para los niños, como las consonantes dobles, los acentos y la diéresis. Imponía cierto respeto, siempre encorbatado e invariablemente serio.

Su mujer también enseñaba en la escuela. Era muy pequeña, como para adaptarse a las dimensiones de la institución, e inmediatamente me enamoré de ella. Yo debía tener cinco o seis años y supongo que el tamaño fue un factor de atracción. Era casi de mi estatura y tenía una mirada dulce y comprensiva.

La mínima maestra era una maga de la pedagogía. Había tres grupos o clases en cada aula. Yo estaba en el primer grado, pero en el salón los había de segundo y tercero. En la pared colocaron un óleo costumbrista con un bohío al pie de unos mogotes y las consabidas palmas cubanas. Probablemente se trataba de un retrato del valle de Viñales.

—Ahora les toca a los de primero —decía—. Los de segundo y tercero, mientras tanto, practiquen la caligrafía en los cuadernos y no oigan la lección. Si es necesario, cúbranse los oídos.

Lo prodigioso es que aprendíamos. No sé cómo, pero aprendíamos. Seguramente eran muy buenos maestros. Me enseñaron a leer rápidamente con repeticiones rimadas y unas láminas grandes de colores colocadas sobre un caballete. Y hasta hacíamos calistenia en un pequeño patio interior que era una especie de respiradero.

—Flexionen el brazo derecho. Los dos brazos a la vez no, que se van a dar un tortazo. Mañana le toca al izquierdo.

Adoraba aquella escuelita de barrio, liliputiense y simpática, pero tan pronto mi madre cometió el error de creer en mi responsabilidad y me dejó caminar solo hasta ella, comencé a escaparme con frecuencia. Había conocido a otro niño, hijo de un pescador español y de una mulata gorda, y me iba a la habitación en la que vivían hacinados para escuchar las interesantes historias que hacían el pescador y su mujer mientras ella cocinaba o planchaba.

Era una familia pobre, pero no desesperada. Vivían en una *cuartería* o *solar*, donde cada familia apenas contaba con doce metros cuadrados para amarse, pelear, conversar, comer y dormir. El baño era común para todo el edificio y estaba al final de un largo pasillo. Era un infecto y pestilente criadero de moscas. Creo que decenas de miles de personas vivían en estas cuarterías en todas las ciudades de la Isla instaladas en viejas mansiones venidas a menos.

No obstante la penuria, sospecho que eran felices. Al menos, no se quejaban y reían mucho. Yo prefería estar allí que en la escuelita. El pescador me contó que había nacido en Galicia, dato que me dejó indiferente, pues no tenía la menor idea de dónde estaba ese lugar, pero supongo que lo relacioné con la forma curiosa con que hablaba el español y con las historias de la remota aldea de donde procedía, o de sus aventuras en el mar cuando venían los ciclones o soplaba el viento del norte.

Finalmente, el director le preguntó a mi madre si yo estaba enfermo. Ella se sorprendió de que no fuera diariamente al colegio, me espió y descubrió lo que sucedía. Así que, terminado el primer grado, me despedí de la escuelita, de la profesora que amaba, del imponente cojo que la dirigía y de mis improvisados amigos de la cuartería. Mis padres habían decidido que los curas nos disciplinarían a mí y a mi hermano Ernesto.

Si yo me escapaba de la escuela por el placer de conversar, Ernesto huía por razones pecuniarias. Desde muy niño había demostrado ser emprendedor y audaz, así que, a doscientos metros de casa, en una esquina concurrida, había organizado una curiosa actividad de juego prohibido que había aprendido no sé dónde ni cuándo.

El "negocio" requería un taburete alto, una pecera llena de agua y una pequeña taza que colocaba en el fondo del recipiente. El juego consistía en que los transeúntes introducían un centavo por una ranura con el objeto de que cayera dentro de la tacita. Si caía, Ernesto les daba tres centavos, que era, por cierto, el costo de una taza de café. Pero había aprendido que solo hacía blanco una de cada diez personas (su primer encuentro con la estadística), porque el agua desviaba las monedas, así que era un buen pequeño negocio que le permitía ganar todos los días veinte o treinta centavos, suma que me parecía fantástica. A veces, yo miraba fascinado.

Mi madre también descubrió dónde Ernesto pasaba las tardes en vez de ir a la escuela. Lo regañó y se reafirmó en la falsa certeza de que los frailes, finalmente, nos disciplinarían. No lejos de casa estaban los padres agustinos, y allí fuimos a parar, pero no por mucho tiempo.

Creo que el mismo día en que se inauguraba el curso, un cura norteamericano, Mc-no-sé-cuánto, exasperado porque no dejábamos de correr, tomó a Ernesto por los hombros, le aplicó la rodilla en la espalda, lo inmovilizó y, realmente, le hizo daño.

Al día siguiente, nuestro padre nos acompañó a la escuela, pidió ver al cura abusador, lo increpó, lo amenazó con su revólver —siempre estuvo armado—, el cura salió corriendo, y ahí terminó nuestra aventura con los agustinos. No nos disciplinaron a nosotros, sino que nuestro padre disciplinó a Mc-no-sé-cuánto. Espero que nunca más haya lastimado a un niño.

En todo caso, era más el daño que nosotros mismos nos infligíamos con nuestros juegos rudos de varones que el que nos hacían las autoridades educativas. Alguna vez, mi hermano, tras ver una película de espadachines, me retó a pelear. Poco antes le había roto la cabeza tirándole un tintero. Él se batiría con una filosa tijera, yo, con un cuchillo de cocina. Llevé la peor parte, aunque el daño fue en el dorso de la mano derecha: casi me la atraviesa y tuvieron que llevarme de urgencia a nuestra clínica, la Cooperativa de Médicos de La Habana.

Andando el tiempo descubrí, por medio de la tesis doctoral de un estudiante español, que los cubanos habíamos resuelto eficientemente los temas médicos recurriendo al mutualismo. Por algo menos de tres pesos (dólares) mensuales por familia, el 63 % de la población urbana de Cuba recibía atención médica razonable en clínicas libremente elegidas por los usuarios de forma espontánea, algo que seguramente se había aprendido de las asociaciones regionales de inmigrantes: canarios, catalanes, gallegos, asturianos, y hasta chinos, contaban con lo que hoy en Estados Unidos llamarían HMO, siglas en inglés de Health Maintenance Organization. Más aún: la tendencia a crear instituciones mutualistas iba en aumento sin que el Estado interviniera en el asunto. En la década de los sesenta, dado el ritmo de crecimiento, probablemente ese modelo sanitario habría terminado con el 90 % de las necesidades de atención médica en las ciudades con más de cinco mil habitantes.

La temprana pérdida de la fe

La próxima escala fue La Salle del Vedado. Me gustó la escuela. Me hubiera encantado terminar ahí mis estudios. El profesor era un joven abnegado. No recuerdo su nombre. Los lasallistas eran buenos pedagogos. Pero tuvimos que abandonar el colegio por un acontecimiento estúpido. Los muchachos mayores —mi hermano estaba en quinto grado, yo en tercero— eran maliciosos y malhablados, como es frecuente a esas edades.

Un compañero le había dado a mi hermano, secretamente, un largo poema "de relajo", muy gracioso, lleno de obscenidades, para que lo copiara y se lo aprendiera. El fraile o "hermano" a cargo del curso lo vio, le arrebató el papel, lo leyó para sus adentros con rostro de creciente consternación y decidió echarlo del plantel para dar un escarmiento, a menos que Ernesto contara quién se lo había dado. "La Salle era un lugar decente donde no se toleraban groserías e irreverencias de ese calibre".

Como delatar era algo repugnante en el código moral en que crecimos, Ernesto se mantuvo en silencio, de manera que lo echaron de la escuela y, al expulsar a mi hermano, yo también debía abandonar el colegio. La logística familiar era muy complicada para tener dos niños en dos escuelas diferentes.

La próxima parada fue con los maristas de la Víbora. Eran otros curas, pero igualmente eficientes, como los *lasallistas*. Recuerdo a unos cuantos chiquillos, compañeros de cuarto grado, y los interminables viajes en la *guagua* de la escuela. Lo más significativo de aquella experiencia es que el cura que me daba clase estaba completamente loco.

Se llamaba Emigdio, era mexicano (creo) y, según me contaron años después, una tarde se lo llevaron al manicomio dulcemente atado o dentro de una camisa de fuerza. Tenía la extraña y desagradable costumbre de sacar de la boca un chorrito de saliva con la lengua y luego volver a sorberlo. Lógicamente, le llamaban Salivita. Jamás he vuelto a ver a nadie con un tic tan extraño y repulsivo.

No obstante sus excentricidades, aunque él nunca lo supo, le debo al hermano Emigdio mi primer gran choque con el catolicismo. Dedicó una tarde a enseñarnos a los niños en qué consistía, realmente, ser católico. Tomó el credo, la oración que repetíamos monótonamente sin reparar en su contenido, lo diseccionó y comenzó a explicar todas las partes sin relatarnos, porque no lo hubiéramos entendido, que la oración era un ajuste de cuenta teológico entre frailes que interpretaban las tradiciones de diversas maneras.

Para ser católico había que creer en las once supuestas *verdades* ahí recogidas. Desde que Jesús era el hijo de Dios, pero, simultáneamente, Dios mismo; hasta la resurrección de todos los muertos al final de los tiempos; pasando por la virginidad de María, que había concebido a su hijo por obra y gracia del Espíritu Santo, una criatura incorpórea y divina de muy extraña naturaleza. En fin, para mí sostener todas estas explicaciones del catolicismo, a las que se llegaba por la fe, exigía renunciar voluntariamente a la incredulidad basada en la razón, algo que era incapaz de hacer.

Para agregar más dudas al asunto, el hermano Emigdio, nuestro maestro, un buen hombre y, como he dicho, totalmente loco, en una clase de catecismo habló de Jesús y de sus milagros. El primero de ellos fue convertir el agua en vino para alegrar una boda en la que se había acabado el alcohol. Fueron cientos de litros, aclaró. En otra oportunidad, Jesús transformó siete panes y dos peces en suficientes panes y peces como para alimentar a cinco mil personas. Y curó ciegos, cojos, leprosos y hasta mancos. Al finalizar la lista de prodigios indagó si alguien tenía alguna pregunta que hacer.

Yo me atreví a levantar la mano tímidamente y, con la mayor buena fe, quise averiguar algo que no me cuadraba, aunque seguramente recurrí a un lenguaje más propio de un niño, menos elaborado que el que ahora utilizo:

—Hermano Emigdio, si Jesús es tan poderoso y puede hacer esos milagros, ¿por qué no cura a todos los enfermos y acaba con el hambre y la pobreza de una vez? Si puede alimentar a cinco mil personas con su simple voluntad, multiplicando asombrosamente los panes y los peces, ¿por qué permite que los pobres pasen hambre si está en su mano evitarlo?

El milagro de los panes y los peces, y el del vino en las bodas de Caná no me cuadraban con el contenido del sermón de la montaña y la exhortación a dar de comer al hambriento y de vestir al desnudo que también nos había explicado.

El hermano Emigdio me miró sorprendido y me respondió, si no recuerdo mal, algo que me convenció de que la fe religiosa no era para mí:

—Los designios de Dios no son siempre comprensibles. La religión está llena de misterios.

Esa tarde eliminé mis creencias cristianas de la misma manera que, años antes, había desechado la idea de que los Reyes Magos nos traían juguetes. Desde entonces, el cristianismo me ha parecido un cuento semejante, pero mayor que la historia de los Reyes Magos. Años más tarde, sin embargo, leí un estudio del doctor Antonio Guedes sobre la existencia de los milagros en el catolicismo que me pareció un magnífico esfuerzo por adecuar el mito a la realidad. No me convenció, pero me hizo pensar.

4

Los visitantes de Tejadillo

Aquel apartamento de la calle Tejadillo, pese a su lobreguez triste de planta de calle, factor que en Cuba se valoraba positivamente, era divertido por la variedad de gentes que lo visitaban, atraídos por la creciente fama que le habían traído los punzantes artículos de mi padre. Uno de ellos era un tenor, el gallego Manolo Álvarez Mera, que acudía a practicar canto. Mi familia insistía en que se parecía a Mario Lanza, el cantante de moda en Hollywood, aunque con mejor voz que el italoamericano.

Mi padre se desempeñaba como periodista político y se había acercado al Partido del Pueblo Cubano, más conocido como Partido Ortodoxo. Lo había fundado Eddy Chibás y era una organización desprendida del autenticismo (Partido Revolucionario Cubano *Auténtico*). La escisión sobrevino cuando el presidente Grau prefirió a Carlos Prío en lugar de a Chibás como candidato a las presidenciales.

Chibás montó su campaña sobre el tema de la corrupción de los auténticos, apoderándose (eso lo sabría años más tarde) del lema "vergüenza contra dinero" y del símbolo de la escoba con los que Luis Muñoz Marín, líder del Partido Popular en la vecina Puerto Rico, se había convertido en el político más popular de Borinquen.

Ernesto de la Fe era un amigo fraternal de mi padre. Tenían más o menos la misma edad, ambos habían nacido en Guanabacoa y se llamaban de la misma manera. La víspera del golpe de Batista del 10 de marzo, Ernesto durmió en casa porque al día siguiente pensaba inscribirse en el Partido Ortodoxo.

Lo llevaría mi padre, que ya era miembro. Había sido nuestro "padrino de confirmación" (mío y de mi hermano Ernesto). Sin embargo, su vida dio un giro imprevisto. Batista le ofreció ser el ministro de la Prensa y él aceptó. Yo, que en ese momento tenía nueve años, escuché que Ernesto de la Fe era ministro y lo sentí como algo importante. A los pocos días me lo demostró.

Junto con otros niños, jugábamos a una especie rudimentaria de béisbol en el parque del Anfiteatro, frente a la gran acera de la calle Cuba. No sé cómo rompimos una farola y el viejo guardaparque nos confiscó la pelota para que no siguiéramos jugando. Yo le pedí que nos la devolviera, pero me dijo que no pensaba hacerlo. Le respondí que se arrepentiría. Se rió y nos echó del parque.

Como sabía, porque lo había oído, que la oficina de Ernesto estaba en la calle Prado, no lejos de donde estábamos, me fui con todos los niños a explicarle la situación y a pedirle que nos ayudara a recuperar la pelota y el derecho a jugar en el parque.

Ernesto de la Fe me escuchó con total atención y seriedad. Dispuso que dos perseguidoras de la policía nos llevaran. Él fue conmigo y llegamos haciendo sonar la escandalosa sirena. El pobre guardaparque pasó un tremendo susto. Nos devolvió la pelota y le aseguró a mi padrino que jamás volvería a interferir en el juego. Ernesto me dio un beso en la frente y me dijo, delante de toda la pandilla, que lo buscara cada vez que quisiera. Nunca más lo necesité, pero mi prestigio en el grupo creció tremendamente.

Otro personaje que pasó por aquel apartamento fue Fidel Castro. Fue la primera vez que lo vi. Era un joven estudiante de Derecho, o tal vez ya recién graduado, quien formaba parte de la Unión Insurreccional Revolucionaria que había fundado Emilio Tro y codirigía mi pariente Pepe Jesús Ginjauma Montaner.

Para mí (yo era un chiquillo de siete u ocho años) era solo un amigo de mis padres que tomaba mucho café y hablaba incontiniblemente cosas incomprensibles. (Con los años, ya Fidel instalado en el poder, volví a sentir lo mismo). Mi madre me contó que alguna vez Fidel, Mirta Díaz-Balart, su primera esposa, y su hijo Fidelito, quien se suicidara en La Habana en el 2018, se quedaron a dormir en la casa "por precaución". Parece que Fidel temía que lo mataran en aquella insensata guerra de grupos que entonces existía.

Pepe Jesús me relató la forma paradójica de cómo Fidel llegó a la UIR. Ocurrió en diciembre de 1946. El dirigente estudiantil más importante de aquellos tiempos era Manolo Castro, adscrito al Movimiento Socialista Revolucionario que lideraba Rolando Masferrer, grupo adversario de la UIR. Fidel pensaba que necesitaba el apoyo de Manolo para convertirse en líder de la facultad de Derecho, y se enteró de que un amigo de Manolo Castro, Ángel Vázquez (el Gallego) intentaría matar a Leonel Gómez, un líder estudiantil de secundaria, simpatizante de la UIR y enemigo de Manolo, de manera que se enroló en el atentado.

Eligieron una tarde al terminar un partido de fútbol universitario, cuando los estudiantes abandonaban el estadio. El Gallego Vázquez y Fidel se apostaron en un sitio alto y desde allí le dispararon a Leonel Gómez, hiriéndolo severamente junto a otro estudiante, Fernando Freyre de Andrade, quien no estaba en los planes, pero también resultó casualmente herido en un brazo. Tras el atentado a Leonel, Fidel descubrió que tendría que vérselas con la UIR y se llenó de pánico cuando supo que la organización tomaría represalias, ojo por ojo y diente por diente, contra los autores del intento de asesinato.

Fidel tuvo una gran suerte. Uno de sus compañeros universitarios era José Luis Echeveite (Tambor), muy amigo de la plana mayor de la UIR, quien arregló una cita entre los dirigentes de la organización y el asustado joven decidido a explicarse. Fidel pidió excusas, aseguró que había disparado al aire, se ofreció para rogarle el perdón a Leonel en el hospital donde se encontraba, y agregó que, para militar en la UIR, estaba dispuesto a hacer lo que le pidiera el grupo.

La anécdota me sugiere una serie de interrogantes en cascada: ¿qué clase de persona era esa que intentaba matar a un ser humano al que ni siquiera conocía por congraciarse con un tercero? ¿Qué clase de oportunista era el autor de un hecho tan grave que estaba dispuesto a cambiar de bando por temor a las represalias? Pero, todavía peor: ¿qué clase de sociedad era la cubana de entonces que no descalificaba a un presunto criminal y, lejos de eso, podía encontrar justificaciones para ese tipo de repugnante delito? Incluso, y esta pregunta era especialmente dolorosa: ¿qué clase de familia era la mía que no ponía reparos a incluir entre los amigos a una persona violenta como Fidel? La sociedad cubana realmente estaba muy enferma.

A partir de esta primera historia, las relaciones de Fidel Castro con la UIR fueron de diversa índole, pero todas malas. Se le acusó del infructuoso intento de matar a Rolando Masferrer (lo conseguiría muchos años más tarde, en 1975, en Miami, cuando los servicios cubanos lo volaron mediante una bomba colocada en su auto) y de participar en los asesinatos del policía universitario Oscar Fernández Caral y de Manolo Castro, pero en ambos incidentes exhibió coartadas que consiguieron excusarlo. En todo caso, es muy alarmante que alguien con ese prontuario policiaco pudiera abrirse paso en la vida pública cubana. Lo que acaso revela el grado de confusión moral que existía en la Cuba republicana.

¿Era Fidel Castro comunista entonces?

A estas alturas, la relevancia que tiene esta pregunta es escasa. Algunos alegan que una persona altiva y egocéntrica como Fidel no cabe en ningún partido, porque siempre será *fidelista* antes que otra cosa, pero esa es una verdad parcial que también puede decirse de todos los líderes dotados de un indudable narcisismo. Mao era maoísta, Stalin, estalinista, y así casi con todos los dirigentes. Pero lo cierto es que Fidel siguió proclamando las virtudes del marxismo-leninismo tras la caída del Muro de Berlín y la desaparición práctica del comunismo. Si ha habido un personaje tercamente empeñado en las virtudes de una ideología fallida, ese personaje ha sido él.

En todo caso, aunque solo sea por alimentar la polémica, probablemente la respuesta sea sí: Fidel Castro era comunista desde antes de las aventuras del ataque al Moncada y de la Sierra Maestra, aunque en el 1959 él lo negara con la misma vehemencia con que posteriormente dijera lo contrario y afirmara que desde sus años universitarios "era marxista-leninista y lo seguiría siendo hasta el fin de sus días", una de las pocas promesas que cumplió devotamente.

De aquellos años turbulentos y contradictorios de Fidel Castro, hay al menos cinco testimonios que corroboran la hipótesis de que era un comunista convencido desde su etapa estudiantil.

El primero es el de José Ignacio Rasco, su amigo y compañero de estudios del Colegio Belén y luego en la Universidad de La Habana. Rasco —a quien Fidel llamaba Rasquito por la familiaridad con que se trataban— asegura que Fidel evolucionó hacia el comunismo mientras estudiaba Derecho y, en algún momento, lleno del mayor convencimiento, le recitó páginas completas de *¿Qué hacer?*, el ensayo de Lenin en donde se describe la toma del poder.

El periodista Arturo Artalejo, como relata su sobrino Enrique, dueño de una emisora de radio, contaba que Fidel Castro y Augusto Martínez Sánchez —un abogado que estuvo en la Sierra Maestra y luego fue ministro—, a mediados de la década de los cuarenta, estudiaban marxismo-leninismo en casa de Candelaria Rodríguez, hermana de su primera esposa y, por lo visto, comunista ella misma. Artalejo los conoció cuando visitaba a su entonces novia.

A Pepe Jesús Ginjauma no le cabía la menor duda. Pepe Jesús era un anarquista convencido, lo que lo llevaba al anticomunismo militante, y solía discutir apasionadamente con Fidel sobre temas ideológicos. Decía que en sus años en la UIR Fidel se había acercado a Lázaro Peña, un líder obrero comunista, probablemente tras tomar un cursillo sobre marxismo en las oficinas del Partido Socialista Popular, que era la leve formación de los camaradas.

Virgilio Beato, un famoso médico exiliado en Estados Unidos que murió a los ciento dos años, contaba que, desde los años cuarenta, cuando él estudiaba, el PSP tenía un *scout* en la Universidad de La Habana dedicado a descubrir a los estudiantes con más potencial de líderes para atraerlos hacia la secta. Relataba que el reclutador se llamaba Manuel Corrales y este no tardó en percibir el carácter único de Fidel Castro, quien de inmediato fue cooptado por ciertos amigos como Flavio Bravo, Luis Mas Martín y Osvaldo Sánchez, militantes comunistas decididos a seducirlo.

Sería el año 1950. La historia de Beato casa totalmente con el relato del abogado Rolando Amador, primer expediente del curso de Fidel Castro, su amigo en el orden personal, gran abogado y un verdadero estudioso del derecho. A Fidel le quedaban varias asignaturas por aprobar para graduarse. Era una persona inteligente y con gran memoria, pero las actividades políticas le habían impedido terminar la carrera. Así que matriculó "por libre" las materias pendientes con el objeto de examinarse de todas ellas, pero le pidió a su amigo Amador que las repasara junto a él, para lo cual alquiló una habitación en un hotel con el objeto de que nadie los molestara.

Todo iba viento en popa, cuando, jubilosos, los interrumpieron Flavio Bravo y Luis Mas Martín con una noticia inesperada para Amador: Fidel había sido aceptado en el PSP. Cuando Bravo y Mas se marcharon, Amador, sin la menor malicia (estábamos en 1950) le dijo:

—No sabía que tú eras comunista.

—Sí, pero voy a hacer otra cosa —le respondió Fidel.

Esa "otra cosa" era practicar el *entrismo*, entrar en otras formaciones para dominarlas desde dentro, en este caso la Ortodoxia, como habían hecho otros camaradas, verbigracia, la doctora Martha Frayde y el abogado Eduardo Corona. No obstante, su hermano Raúl quedó en la Juventud del PSP, para cubrir los dos frentes al mismo tiempo y porque su corazón, realmente, estaba con los prosoviéticos.

Hay que entender que, cuando se militaba en los partidos comunistas, esta vinculación podía tener tres expresiones: primero, se figuraba en el PC a cara descubierta; segundo, se *entraba* en partidos afines para tratar de influir en ellos o se permanecía en la periferia como *fellow traveler*, apoyando desde fuera las labores del PC; y tercero, el militante dependía directamente del aparato de inteligencia soviético, como sucedía con Osvaldo Sánchez o el propio Flavio Bravo, que no respondían a la disciplina del PSP sino a las directrices del KGB.

La primera tarea de las agrupaciones comunistas, desde que surgieron en los años veinte al calor de la revolución bolchevique, fue proteger a la madre patria soviética de donde obtenían la inspiración, las líneas de acción y, con frecuencia, los recursos. Ello explica los bandazos estratégicos dados por los PC locales. Cuando comenzó la Segunda Guerra Mundial y Alemania y la URSS pactaron para devorarse a Polonia, la consigna manifestada por los comunistas era "manos fuera de la lucha imperialista". Pero cuando Alemania atacó a la URSS, comenzaron las loas a Roosevelt. Y, tras el ataque a Pearl Harbor de 1941, el grito unánime de los comunistas era para alentar la unión bélica entre Washington y Moscú. De lo que se trataba era de salvar a la URSS a cualquier precio.

EL SUICIDIO DE PEPE Y EL GOLPE DE BATISTA DEL 10 DE MARZO DE 1952

Dos sucesos sacudieron mi niñez por aquellos tiempos. Uno ocurrió el 10 de enero de 1951. Recuerdo nítidamente los gritos de dolor en mi casa y a mi madre corriendo, vestida solamente con un refajo sobre el que se había colocado apresuradamente una bata de casa. Nuestro tío Pepe, su hermano, joven y brillante siquiatra, padre de dos niños muy listos, mis primos Pepito y Teresita, había ido muy temprano a mi casa, tomó un revólver sin que nadie lo advirtiera, fue al hogar de su madre, mi abuela, quien vivía a pocas calles, le dio un beso, se metió en el baño y se disparó un tiro mortal en la sien.

Pepe fue un suicida silencioso. No dejó carta alguna, pero —y esto me lo contó mi madre muchos años más tarde— estaba muy deprimido, que es la causa principal de los suicidios, y ella lo hizo internar en un sanatorio, mas salió después de unos días. Al poco tiempo se mató, dejando a la familia consternada y confundida. Todos se culpaban de no haber hecho lo suficiente para salvarlo de sus demonios interiores. Yo era un niño, pero guardo una grata memoria de Pepe y muy vivos recuerdos del aciago día en que se quitó la vida.

El segundo suceso ocurrió el 10 de marzo de 1952: Fulgencio Batista dio un golpe militar pocos meses antes de los comicios generales pautados en junio de ese mismo año. Fue un acto desgraciado que perjudicó grandemente a la república. Se apoderó del Estado muy fácilmente y desplazó al presidente legítimo, Carlos Prío Socarrás, ante una especie de indolencia generalizada de la ciudadanía. Hasta hoy pagamos las consecuencias de esos hechos. Fidel Castro solo podía convertirse en el amo de la sociedad cubana sobre los escombros de la institución republicana. Sin Batista y con un país fuertemente organizado en torno a la estructura republicana, hubiera sido muy difícil que Castro llegara al poder.

La víspera del golpe mi padre había participado como panelista en un *Ante la prensa* transmitido por televisión y había hecho una pregunta clave: "¿Y qué sucede si Batista da un cuartelazo?". En realidad, él no sabía que se estaba gestando una asonada militar, pero al día siguiente la pregunta suscitó numerosas dudas. En todo caso, la cuestión más importante no era quiénes tenían información del golpe que se gestaba, sino por qué Batista interrumpía el orden constitucional, violentaba las instituciones y destruía la tarea que él mismo había contribuido a forjar en 1944, cuando abandonó la presidencia tras la derrota propinada por Grau y sus auténticos.

En los documentos justificativos del golpe, Batista invoca una mítica revolución pendiente, suspende la Constitución de 1940, alega que "la revolución es fuente de derecho" (fórmula que Fidel Castro repetiría en 1959), explica el golpe como reacción contra la violencia de "los grupos de acción" —que había disminuido tremendamente en ese año— y alega la corrupción de los gobiernos *auténticos*.

En realidad, eran coartadas huecas. Batista no podía ganar las elecciones y se apoderaba de país por la fuerza. Era candidato a presidente, pero ya sabía, por las encuestas, que no obtendría más del 10 % de los votos. Llegarían al poder los ortodoxos, sus peores adversarios, que estaban a la cabeza, dirigidos por el profesor Roberto Agramonte, un catedrático de Sociología con fama de hombre honrado; o incluso el candidato oficialista, dado que el ingeniero Carlos Hevia prometía rectificar los yerros cometidos bajo el gobierno de Prío y también gozaba de una imagen de persona honorable. Cualquiera de los dos que triunfara hubiera sido un buen paso de avance del país.

Batista, en suma, había dado el golpe porque no era un demócrata convencido, sino un exmilitar de cuartel, sin siquiera experiencia de combate, que en los años treinta le había cogido el gusto al poder, y carecía de respeto por las formas y normas republicanas. Además, como no era un empresario hábil, su anterior fortuna (mal habida, naturalmente) había mermado considerablemente y se proponía, como finalmente hizo, rellenar sus cofres personales con nuevas expresiones de peculado y coimas.

Más enigmática resultó la apatía de los cubanos frente al golpe, factor que le atribuyo a la desconexión casi total que existía entre la sociedad y los valores republicanos. Si se tenía una pésima opinión de los políticos y de los funcionarios, y si se pensaba que unos y otros no tenían otro objeto que enriquecerse ilegalmente, ¿cómo extrañarnos de que a esa sociedad le importara bien poco quién ocupaba la jefatura del Estado?

Agréguesele a esa creencia la "mentalidad revolucionaria", presente en una gran parte de la sociedad cubana: esa ilusión ingenua de que algún día, mágicamente, la honradez y la justicia surgirían de la buena voluntad de un grupo de revolucionarios iluminados, y se podrá entender la mínima rebeldía de los cubanos ante el golpe de Batista. No les estaban robando algo que les pertenecía y beneficiaba. Batista le ponía fin a un gobierno ajeno y, de alguna manera, perjudicial.

5

Miramar y las otras escuelas

Debió ser 1950, cuando nació mi hermano Roberto Alex y cuando comenzó la guerra de Corea, un episodio del que se hablaba mucho y que acabó alarmándome al extremo de haber provocado que yo, conmovido, escribiera un poema horrendo, el primero de mi vida y uno de los más atroces.

Roberto, como tantos hijos, fue un producto de la reconciliación entre nuestros padres. Pocos años antes se habían divorciado como consecuencia de las frecuentes infidelidades de mi padre. En una oportunidad —recordaba mi madre—, ella caminaba por las estrechas calles de La Habana Vieja cuando escuchó a mi padre entonando una canción amorosa. La voz procedía de una primera planta con balcón a la calle. Mi madre subió las escaleras, llamó a la puerta y se encontró a mi padre rodeado de unas bellas mujeres que lo miraban arrobadas. El divorcio no tardó en llegar.

Mi hermano y yo éramos muy pequeños, pero no encajábamos bien esa separación. Ambos queríamos y admirábamos a nuestro padre e insistíamos machaconamente en que se volvieran a unir. Finalmente, Ernesto y Manola decidieron darse otra oportunidad. Se casaron nuevamente, cambiaron de casa, tuvieron un nuevo hijo y nos trasladamos a un nuevo vecindario. Algo bastante frecuente entre las parejas que deciden reinventar el matrimonio e intentarlo otra vez.

La primera consecuencia de esa nueva etapa —al margen del nacimiento de Roberto Alex— fue que me matricularon en La Salle de Miramar. Era un colegio bonito y soleado en el que se practicaban deportes. Recuerdo que asistía un hijo del dictador Fulgencio Batista, llamado Jorge, con quien nunca hablé, aunque era un muchacho amable, acaso porque en mi casa había aprendido a detestar a su padre e, injustamente, le trasladaba a mi condiscípulo las supuestas culpas de su progenitor, lo que siempre es injustificado.

De esa La Salle guardo varios recuerdos buenos, como aprender a jugar fútbol americano, y uno especialmente desagradable. Ahí descubrí la pedofilia de algunos religiosos. Estábamos al final del quinto curso. Yo tendría unos diez u once años y era un chiquillo flaco y despabilado, como casi todos, sin demasiado compromiso con los estudios, entonces más interesado en jugar al fútbol o al básquetbol.

Una tarde, al finalizar las clases, el *hermano* Pedro, un joven ensotanado de piel verdosa y aspecto enfermizo, me pidió que lo acompañara a arreglar algo que se había dañado en el cuarto de máquinas de la piscina. Me pareció extraño, pero fui tras de él. Al llegar allí, me dijo que me pusiera un *short* para que no me ensuciara la ropa, evidentemente, había colocado la prenda con antelación. Cuando lo hice, me preguntó si me apretaba en los testículos. Antes de responderle, me metió la mano entre las piernas y trató de masturbarme.

Yo sabía que lo que hacía el hermano Pedro estaba mal y era cosa de *maricones*, pero el miedo me paralizó y también, afortunadamente, el asco impidió que tuviera una erección (hasta unos meses más tarde no conocería las eyaculaciones, los orgasmos y las masturbaciones adolescentes). A los pocos instantes de su fallido intento de excitarme, el hermano Pedro desistió, me dijo que me pusiera el pantalón y se marchó. Yo sentí una gran vergüenza y el sentimiento de culpa de no haber tenido la valentía de darle una bofetada, como pensé hacer, pese a que era un muchacho muy joven y bastante delgado.

Cuando llegué a mi casa, se lo conté a mi madre y, al siguiente día, mi padre me acompañó a la escuela y pidió hablar con el director. En mi presencia, le explicó lo sucedido, pero fue inútil. No nos creyó o tal vez decidió encubrir al pederasta, práctica bastante frecuente en aquellos tiempos. En ese momento, mis padres decidieron que, cuando terminara el curso, me cambiarían otra vez de colegio. Se lo dijo al director, pero solo obtuvo como respuesta una mirada de desdén. Durante cierto tiempo, este ingrato episodio me mortificó recurrentemente. No sé si sentía una mayor humillación por los tocamientos del hermano Pedro, por mi parálisis ante los hechos o por la actitud del director, pero la combinación entre esos sentimientos es una experiencia que ningún niño debe padecer.

La próxima escuela sería una especie de costoso reformatorio para muchachos descaminados o indisciplinados (aunque muchos no lo eran) que tenía un nombre en inglés: la Havana Military Academy (HMA), conocida como "hambre, miseria y angustia" por los cadetes más irreverentes, a donde llegamos en 1955 gracias a la revista *Bohemia* y a Miguel Ángel Quevedo, su director y propietario, dado que una vez al año la escuela intercambiaba becas por reportajes promocionales aparecidos en el magazine, algo que yo sabría muchos años después.

Miguel Ángel Quevedo les otorgaba las becas a los hijos de los periodistas asociados a la publicación y mi padre era uno de ellos. El trato se pactaba con Raúl Chibás, director, copropietario de la escuela y hermano de Eddy Chibás, el líder del Partido Ortodoxo que se había suicidado. Así que mis padres vieron una buena oportunidad de controlarnos y, simultáneamente, de divorciarse nuevamente, porque mi padre se había enamorado de Lourdes Anaya, una joven señora, discípula de mi madre, diez años menor que ella y sobrina de la madrina de mi hermano Roberto Alex. Al estar ambos (mi hermano y yo) internados en la escuela, suponían, tal vez con razón, que sería más fácil la separación.

La superstición detrás de la Havana Military Academy era que los cubanos necesitaban disciplina militar. Era una idea que se había instalado en la sociedad desde la creación de la república. El propio Fulgencio Batista, que había sido un niño muy pobre en Banes, su pueblo natal, exhibía como un gran logro el haber creado los Institutos Cívicos Militares desde los años treinta, cuando era el "hombre fuerte" en Cuba, destinados a huérfanos y niños sin recursos. Para Batista, como para tantos cubanos pobres, el Ejército había sido una forma de estructurar su vida.

Mi experiencia en la academia militar no fue positiva, aunque admito que no era culpa de la escuela, sino de mi carácter. Yo detestaba la disciplina y no entendía por qué estábamos internos si vivíamos cerca del colegio, extremo que, con el tiempo, le atribuí a que nuestros padres pasaban por la dolorosa experiencia de un nuevo y definitivo divorcio. En esa escuela, había, además, un nivel extraño de violencia e incluso de abusos sexuales contra algunos niños muy pequeños que no podían o no sabían defenderse del acoso de algunos cadetes mayores.

No obstante mi juicio negativo general, no compartido por muchos cadetes que tienen una forma mucho más positiva de juzgar la institución, guardo un grato recuerdo de ciertos compañeros; algunos que no me volví a encontrar, como Arturo Mendoza, hijo de otro periodista, Mendo, y ciertos amigos que he vuelto a ver: Juanito Valdés, expreso político y persona extraordinaria; Juan Michelena; Eduardo Hernández (Guayito), hijo del legendario Guayo, un audaz fotógrafo y *cameraman*; Marzo Fernández; Bernabé Peña; Gerardo Barreras, un brillante ejecutivo avecindado en Puerto Rico; Benito Mas; Santiago Álvarez; Gustavo (Tavito) Fernández; Roberto Ruiz, quien se convirtiera en un excelente *coach* de remos; mi primo Miguel González Pando, expedicionario de Bahía de Cochinos en la Brigada 2506; Virgilio Campanería, fusilado por el régimen de Castro en 1961, unos años mayor, un personaje especialmente valiente y simpático, totalmente irreverente, quien me enseñó las primeras "poesías de relajo" que fui capaz de memorizar, y su hermano Néstor, mi compañero de clase.

Curiosamente, esa escuela, acaso porque estaba dirigida por Raúl Chibás, quien acabaría de comandante en Sierra Maestra, produjo un grupo notable de alzados y conspiradores contra el régimen de Batista. Recuerdo, a bote pronto, a los cadetes Tomás Benítez, quien llegaría a general en la dictadura de los Castro, y a dos personajes que fueron implacables en los servicios de inteligencia: el Moro Shafik Homero Sacker, expulsado de Estados Unidos por espionaje, y Carlos Mori, quien tuvo la desfachatez de interrogar a su excondiscípulo Juanito Valdés poco antes de que este fuera condenado a un buen número de años de cárcel por razones políticas.

De la Havana Military me expulsaron por dos peleas a puñetazos con otro estudiante, pese a que ocurrieron fuera de la escuela. Tras la primera, el cadete, que era capitán, cuando nos vimos en la HMA, me castigó y me hizo cargar un rifle al hombro durante varias horas.

Esa represalia me indignó. Al fin y al cabo, aunque él había llevado la peor parte, era más corpulento y me llevaba un par de años. El fin de semana siguiente averigüé dónde vivía y me presenté en su casa para retarlo nuevamente. Nos separaron unos adultos, pero el lunes descubrí que me habían echado de la escuela.

Realmente, me sentía feliz. Se había terminado la pesadilla de la HMA. O eso creía yo. Mi padre, que era amigo de Raúl Chibás, habló con él para que me readmitieran. Estábamos a medio curso. Me citaron a una reunión en la que estaban mi padre, Chibás y otros maestros e instructores. Me dijeron que me darían una oportunidad y me preguntaron qué iba a hacer a partir de aquel punto. Les dije que me habían defraudado. Que no pensaba que ellos debían revocar una decisión inteligente, como había sido la de expulsarme. Les expliqué que yo no me sentía nada bien en ese reformatorio disfrazado. Raúl Chibás me preguntó:

—¿Y no hay nada positivo en el colegio?

—Supongo que sí, pero no es para mí.

Ahí terminó la conversación. Raúl miró a mi padre con el gesto de "no hay nada que hacer". Realmente, para mí lo único memorable eran las piezas musicales que tocaba en su acordeón por las noches un cadete de apellido Bilbao y las escapadas junto a otros muchachos hacia los tugurios de la Playa de Marianao, donde casi todos tuvimos nuestras primeras experiencias sexuales con jóvenes prostitutas, rito frecuente (y nada recomendable) en la Cuba de aquel entonces.

Poco después, mi madre me matriculó en el colegio Trelles, una institución pequeña, radicada en un palacete de la calle 23 del Vedado, en la que fui feliz porque era libre y enseñaban sin la disciplina militar de la Havana Military. Iba a clase cuando quería o, si lo prefería, me escapaba a "jugar maquinitas" a 12 y 23, algo que hacía frecuentemente. No obstante, tuve a dos excelentes maestros, Ramón Clavijo —el mejor profesor que he conocido, el más cálido y dedicado— y a Raúl Ferrer, un viejo comunista, buen poeta, amigo de mi familia, quien insistía inútilmente en enseñarme matemáticas.

Fue Ferrer quien, a principios del 59, cuando ya yo era un hombrecito de quince años asqueado de los fusilamientos, me aclaró en privado todas las dudas sobre el signo ideológico del régimen de Fidel

Castro. Debió ser en marzo, a raíz del indignante atropello de unos pilotos militares absueltos por el tribunal revolucionario que los había juzgado, pero inmediatamente condenados por Fidel, quien ordenó un segundo juicio:

—Carlos Alberto —me dijo alborozado—, este es un régimen comunista. Los comunistas estamos en el poder. Esta es una revolución y las revoluciones son así. Debemos ser rigurosos.

—¿Y Fidel qué dice?

Me miró con asombro.

—Fidel es comunista. Es de los nuestros. Todos en Cuba deberán tomar partido.

Le di las gracias por las aclaraciones. Con el tiempo, Raúl Ferrer (tío de un magnífico cantautor) llegaría a ser viceministro de Educación. Yo, que entonces no tenía una idea clara de qué era el comunismo, salvo la pésima imagen que obtuve de unos magníficos reportajes publicados en *Bohemia* sobre la invasión soviética a Hungría a fines del 56, decidí que había que hacer lo posible por evitar que se entronizara ese sistema en Cuba.

Trelles fue una escuela de transición que me sirvió para hacer algunas amistades permanentes, como la que mantengo con Guanari Amoedo, Eddy León, Eduardo Lambert, Raúl Muxó, Loly Pérez y Roberto Fontanillas, un ser humano excepcional que hizo su vida en Venezuela y con quien no he perdido el contacto frecuente. El colegio Trelles también me fue útil para dibujar posteriormente algunos de los personajes de mi novela *La mujer del coronel*, modelada en torno a la tragedia de Arturo Martínez Escobar, y para comenzar a conspirar contra Batista de la mano de estudiantes mayores como Eddy León.

Un episodio curioso fue una gritería de consignas antibatistianas, supuestamente protegidos por la oscuridad de un cine-teatro del Vedado, una tarde que cantaba Pedrito Rico. La *tángana,* como llamábamos a esa repetición a voz en cuello de consignas, se saldó con mi arresto y el de otro muchacho. Sin embargo, no hubo consecuencias. El capitán de la estación leía los artículos de mi padre en la prensa y, sin que mediara el menor maltrato, lo localizó y nos entregó sanos y salvos a las preocupadas familias.

Poco después, mi padre, con la ayuda económica de Santiago Rey, ministro de Gobernación (su generoso protector y amigo, pese a que militaban en partidos diferentes, algo que descubrí muchos años más tarde), embarcó a mi madre y a sus tres hijos rumbo a West Palm Beach "para que no nos metiéramos en más líos". Pero ese primer *exilio*, en el que cumplí trece años, lejos de ser un destierro duro, resultó una grata experiencia: solo duró dos meses y medio, y fuimos cariñosamente tratados por Carlos Pizzi y su familia, amigos de mi madre. Carlos Pizzi era el cónsul de Cuba en esa ciudad norteamericana. Era evidente que en aquella Cuba de los años cincuenta la amistad, como debe ser, pesaba mucho más que las posiciones políticas. A las pocas semanas estábamos de regreso en Cuba.

Eddy León, un buen amigo del colegio Trelles, fue quien, durante los últimos meses de Batista, me introdujo en ese raro universo del *clandestinaje* por su proximidad al *coach* de baloncesto, un tipo gordo y enorme llamado José Llanusa, hombre clave del Movimiento 26 de Julio en La Habana. Recuerdo que Llanusa —quien luego fuera ministro de Educación de la Revolución y persona muy próxima a Fidel— nos dio una bandera de su grupo para que, subrepticiamente, la izáramos en el club de los militares, una irresponsable provocación que nos hubiera podido costar la vida a todos, especialmente porque lo hicimos una noche en la que era muy sencillo tirotearnos.

DE REGRESO A CUBA, APARECIÓ LINDA

En 1957, cuando tenía catorce años, pero parecía mucho mayor, había conocido a Linda en circunstancias dramáticas. Era preciosa y muy inteligente, pero a nuestra edad no mirábamos el IQ de las muchachas, sino otras zonas más vistosas. Fue en el Hotel-Club Comodoro, durante un atardecer, cuando unos energúmenos del 26 de Julio colocaron una bomba e hirieron gravemente a unas cuantas personas.

La bomba fue bastante estruendosa y la colocaron en el casino. Inmediatamente comenzó un gran escándalo mientras los heridos eran sacados en medio de una notable humareda. Nadie sabía si había más bombas a punto de estallar o qué vendría después. Todos trataban de acercarse a la puerta del hotel. Yo estaba cerca y vi a una joven muy bonita, llorando desconcertada, junto a dos niños que, deduje, eran sus hermanos. No era la primera vez que nos tropezábamos, pero nunca habíamos cruzado palabra. Linda, en su momento, me comentó que jamás había reparado en mi existencia. Yo sí en la de ella.

Inmediatamente, la tomé de la mano y le dije algo así como "no temas, los sacaré de aquí". Yo, sin saberlo, padecía del síndrome protector, algo que asociaba a mi condición de hombre, pese a mi edad. Logré extraerlos del tumulto —a Linda, a sus hermanos y a una chaperona que los acompañaba— y, ya en la calle, los subí a un taxi, con instrucciones de dejarlos en su casa, afortunadamente, a menos de un kilómetro del hotel. Pocos días después conocería a su madre, quien me agradeció el gesto; le pregunté si podía visitar de nuevo a su hija y me autorizó. Ya volveré sobre el tema, pero desde entonces estamos juntos. Hace la friolera de algo más de sesenta años. Si existe el amor a primera vista, o la química súbita, o un trallazo especial de los neurotransmisores, o de las hormonas, especialmente de la oxitocina, no sé, lo que fuera, pero eso fue lo que surgió entre nosotros, una gran historia de amor, aunque nuestra relación, como todas, no ha estado exenta de altibajos.

Fue un noviazgo grato que duró dos años: del verano de 1957 al invierno del 59. Linda, además de ser muy hermosa, era una mujer inteligente y juiciosa que ayudaba a su madre en la gerencia del laboratorio familiar. Le mentí y le dije que tenía dieciocho años, cuando, en realidad, tenía catorce. Escondía los libros y la corbata estudiantil, hasta que mi hermano Roberto Alex, entonces un niño de siete años, me delató en presencia de su familia, pero ya era muy tarde. Nos habíamos enamorado perdidamente, hablábamos durante horas, y nos besamos, por primera vez, bailando una melodía que cantaba Debbie Reynolds, Tammy, frente a una vitrola que existía en uno de los salones del Club Comodoro. Tal vez la escena resulte un tanto cursi al relatarla muchas décadas después, pero entonces, para nosotros dos, fue la tierna experiencia de dos amantes adolescentes que comenzaban a arraigar uno dentro del otro.

CLUBES Y CASINOS

Vale la pena detenerse en los clubes porque era un rasgo cubano, acaso urbano, de mediados del siglo XX.

El Comodoro era un sitio de esparcimiento para la creciente clase media. En La Habana había una docena de clubes como ese, aunque la genialidad de los promotores había sido vincular un hotel convencional de nueva planta con un club de asociados permanentes. Los había más y menos exclusivos y, como sucedía con las clínicas, seguramente habían tenido su origen en los casinos regionales españoles. Los jóvenes acudíamos a bailar, a hacer deportes y a socializar. No faltaban las apasionadas competencias interclubes, como las de remeros o las de los jugadores de *squash*. La familia completa pagaba menos de diez pesos (dólares) al mes por la afiliación, cantidad que nos confería el derecho a utilizar ilimitadamente las instalaciones del hotel.

Una parte sustancial de la juventud cubana urbana y blanca (*blanca cubana*, lo que significa que personas que *parecían* blancas se asociaban a esos sitios), adscrita a los tres sectores sociales medios y altos estaba vinculada a estos lugares de esparcimiento y socialización. La directiva de los clubes se elegía en comicios a veces apasionados. Y a la directiva le tocaba aceptar o rechazar las nuevas afiliaciones. Siempre se contaba, con sorna, y con un extraño orgullo, que Batista no había podido pertenecer al Yacht Club por su condición de mulato. Era una sociedad racista, algo que también se veía en las escuelas privadas, donde se toleraban a unos pocos mulatos o negros, precisamente para negar el carácter segregacionista de las instituciones.

En realidad, nadie debe sorprenderse. En los años cincuenta del siglo XX toda América era racista. En Caracas costó Dios y ayuda hospedar a Nat King Cole, un extraordinario cantante, en un buen hotel. En Costa Rica no les permitían a los ticos de la costa atlántica —casi todos negros— trasladarse a San José sin permisos especiales. En Cuba había sindicatos blancos. Había empresas —tiendas, bancos— que apenas contrataban negros. Recuerdo el mal rato que pasó el embajador de Haití en la cafetería del Comodoro. No le quisieron servir y tuvo que marcharse más indignado que humillado.

Mi familia, pese a las penurias económicas (formábamos parte de los niveles sociales medios-medios), era socia del Comodoro, lo que indica que la tenencia de recursos no era un requisito fundamental para vincularse a ese club. Sin que se mencionara, existía una estratificación por niveles de ingreso. Existían clubes notablemente exclusivos (el Yacht Club, el Biltmore, el Miramar, incluso el viejo Vedado Tenis Club, el más antiguo de todos), pero otros eran más populares y asequibles a la clase media: el propio Comodoro, el Náutico, Hijas de Galicia. Los había incluso por sectores laborales, como el de los "Dependientes", particularmente agradables.

El Comodoro era un hotel que disponía de canchas de *squash*, piscina, cafeterías, pista de baile, barbería y hasta de un pequeño casino de juegos (ruleta, *blackjack*, máquinas tragaperras) situado al final de la primera planta, dotado de piano y sitio para cantar. En esos días habían contratado al cuarteto de unas jovencísimas D'Aida.

En cuanto a los casinos de juego, había unos ocho en La Habana (menos de los que existen en cualquier callejón de Las Vegas) y, en efecto, solían haber sido creados por gángsteres; pero, quizás por esa razón, los dueños y gerentes tenían un comportamiento discreto. Probablemente, ese era el acuerdo con el dictador Batista, con el que tenían que compartir parte de sus ganancias. Presentar a Cuba como un lugar de orgías y desenfreno porque había ocho casinos en La Habana es un absoluto disparate.

6

La Revolución ha comenzado

El primero de enero de 1959 se anunció que Batista había escapado de Cuba la noche anterior. El jubiloso anuncio lo hizo en la televisión un joven llamado Emilio Guede, cineasta y secreto jefe de propaganda de los rebeldes en La Habana. La madrugada anterior, como a miles de cubanos, alguien nos llamó por teléfono para anunciarnos la fuga de Batista. A mí me alegró tremendamente, pero no entendía por qué el régimen había colapsado si todavía poseía miles de hombres sobre las armas y tenía el control del 95 % del territorio urbano.

¿Qué había pasado? Más o menos lo mismo que en 1933. Washington, tratando de impedir el desplome de las instituciones, había precipitado la fuga del dictador, provocando exactamente lo que quería evitar. En 1933 fue el envío de un diplomático, Sumner Welles, que acabó peleado con tirios y troyanos. En 1958, el presidente norteamericano Ike Eisenhower, quien unos meses antes había decretado un embargo de armas y municiones a Cuba (el primer embargo de Washington fue contra Batista), envió a su amigo William Pawley a tratar de convencer a Batista de que abandonara el poder y entregara el gobierno a una junta cívico-militar integrada por fuerzas de la oposición que, en poco tiempo, celebraría elecciones e impediría que Fidel Castro fuera el único factor de poder.

Pawley hablaba español con fluidez, había sido embajador de Estados Unidos en dos países de América Latina, conocía a los cubanos perfectamente, había fundado Cubana de Aviación y poseía una exitosa compañía de autobuses en La Habana. Era el hombre perfecto para hacer una gestión semioficial. Sin embargo, Batista no reaccionó como la Casa Blanca preveía que lo haría. El general le explicó a Pawley que en noviembre Cuba había realizado unos comicios y elegido presidente a Andrés Rivero Agüero, quien accedería a su cargo el 24 de febrero próximo, en apenas dos meses, por lo cual la estrategia norteamericana era equivocada, contraproducente y debilitaba al gobierno.

En realidad, Estados Unidos no aceptaba esas elecciones como válidas. Eran el producto de un claro fraude, puesto que los comicios se habían celebrado en los cuarteles. Si hubieran sido elecciones libres las hubiera ganado Carlos Márquez-Sterling, un abogado e historiador honrado, culto e inteligente, postulado para el cargo de presidente, procedente de la rama del Partido Ortodoxo que sostenía que se podía salir de la dictadura por la vía electoral, circunstancia que Batista hizo imposible con su terquedad, y a la que Fidel Castro, con razón, le temía, dado que le hubiera sido imposible gobernar a su antojo y establecer una revolución comunista. Tanto le temía a que los cubanos optaran por una salida pacífica que, desde la Sierra Maestra, había proclamado un decreto condenando a muerte a quienes participaran en las elecciones.

En todo caso, las dos vertientes de la oposición, la electoralista y la insurreccional, coexistieron malamente durante la dictadura de Batista. Mi padre, que le temía a Fidel porque lo conocía muy bien, era candidato a congresista por la provincia de Oriente en el partido de Márquez-Sterling. Los electoralistas, además de sufrir las represalias de Batista, debieron enfrentar la estrategia de confrontaciones del Movimiento 26 de Julio, dado que fue entonces cuando Fidel Castro descubrió la importancia de los *actos de repudio* para aterrorizar a quienes tenían una visión diferente de la solución de los problemas nacionales. Los *actos de repudio* eran verdaderos pogromos orquestados por la Seguridad contra los disidentes, como si fueran respuestas espontáneas de la sociedad "indignada". No había tal cosa: eran solo otro anillo represivo para desalentar las protestas. Otra forma de intimidación.

A fines de diciembre, tan pronto se conoció el ultimátum de Washington, se multiplicaron las conspiraciones dentro de las Fuerzas Armadas, y Batista, que supo de algunas, se llenó de pánico y comenzó a preparar su fuga. Reaccionó exactamente como Gerardo

Machado en 1933. Se imaginó, con razón, que pronto sería derrocado por un golpe militar, temió ser arrastrado por las turbas o fusilado por los rebeldes, y puso en marcha un secreto plan de escape junto a alguna de su gente más próxima. Partirían en la madrugada del primero de enero de 1959. Ese día y esa primera quincena de enero fueron un grato torbellino de patriotismo.

Recuerdo aquellos primeros días de enero con una enorme ilusión. En un auto del Laboratorio Zaydén —ese era el apellido de mi futura suegra y así se llamaba su empresa— recorrimos una Habana temerosa y alborozada. Temerosa, porque la policía de Batista continuaba patrullando las calles. Alborozada, porque todos sabíamos que la fuga de Batista ponía fin a su gobierno.

Sospecho que debimos estar entre los últimos habaneros detenidos por la policía de Batista. Una perseguidora nos dio el alto (mi hermano Ernesto y otro joven, Ernesto Ravelo, me acompañaban). Habíamos cometido una infracción, pero la policía fue increíblemente respetuosa, nos pidió los brazaletes del Directorio, nos deseó suerte y se marcharon.

Era cierto que había una carga de oportunismo en la conducta de la policía, pero esos momentos felices y mágicos de cambio de régimen sacan también lo mejor de las personas. Sentía, como casi toda Cuba, una especie de afecto colectivo y compartido que solo —y lo digo en el prólogo— he experimentado otras dos veces: durante la transición española y cuando los berlineses destruyeron a golpes de mandarria el muro que les impedía pasar al oeste de la ciudad. Hay una dimensión individual de la libertad, pero el fenómeno emocional también abarca lo colectivo.

Aquel día me presenté ante las fuerzas del Directorio Revolucionario dispuesto a servir. Un curioso personaje, muy alto y desgarbado, el comandante Julio García Olivera, me entregó una ametralladora y me asignó a cuidar una estación de radio. Tomó cuenta de mi nombre y lo anotó en una hoja, cuya copia conservo gracias a Jacobo Gold, quien figuraba en ella junto a otros jóvenes a los que les habían entregado armas.

Las grandes sacudidas sociales tienen un efecto curioso en la maduración de los adolescentes. A mis quince años, en 1959, sucedió todo. Había dejado de estudiar en Trelles y comencé en el Instituto del Vedado, pero por las noches, dado que trabajaba de día en una de las oficinas de Maternidad Obrera de Marianao.

El nuevo divorcio de mis padres súbitamente nos había precipitado a mí y a mis hermanos, junto a mi madre, que era la parte responsable de la pareja, a una pensión del Vedado; todos hacinados en una habitación, pero solo durante un par de meses, hasta que mi madre pudo alquilar un pequeño piso y, de alguna manera, devolvernos a una suerte de hogar independiente.

Con el tiempo, nos mudaríamos a un apartamento en un edificio fabricado por Carlos, un hermano de mi madre, abogado, que estaba en una mejor posición económica. Era evidente que nuestro padre, además de divorciarse de mi madre, lo hizo también de sus hijos: jamás volvió a ocuparse de nosotros en el terreno económico o emocional. Su ejemplo, en el terreno personal, me sirvió excepcionalmente. Decidí que, cuando tuviera familia, jamás le haría algo así a mis hijos.

7

1959, el primer año de la Revolución: comunismo sí o no

Fue un año caracterizado por los sobresaltos y las discusiones. No había un hogar, una oficina o un aula en los que la pasión no caldeara el ambiente. Primero fue el espectáculo cruel de los fusilamientos, pero muy pronto ocurrieron otros inquietantes sucesos que sacudieron a la ciudadanía.

Al margen de esos episodios picarescos y entretenidos de un gobierno que buscaba su norte ético al inicio de la Revolución, en el plano de la lucha política en 1959, sucedieron varios incidentes que estremecieron al país debido al asunto clave que dividía al país: ¿era la nación cubana arrastrada hacia el comunismo por algunos de sus líderes o se trataba de una acusación sin fundamento? Fidel Castro insistía en negar cualquier vinculación con esa ideología, a la que incluso criticaba, pero los tercos hechos señalaban en otra dirección.

La primera campanada importante vino de Pedro Luis Díaz-Lanz, comandante y jefe de la Fuerza Aérea Cubana. A fines de junio de 1959, escapó rumbo a Estados Unidos en bote, junto a su familia, y enseguida fue citado a declarar en frente del Congreso norteamericano. Lo que dijo fue sensacional: en el avión que pilotaba había escuchado a Fidel Castro y a algunos de los dirigentes hablar de los planes que llevaban a cabo para convertir a Cuba en un Estado comunista. No era algo que le contaron. Lo había oído directamente, *straight from the horse's mouth*, nunca mejor dicho, dado que a Fidel le apodaban el Caballo.

El segundo episodio notable, ocurrido un par de semanas después de la fuga de Díaz-Lanz, a mediados de julio de 1959, fue la salida del poder de Manuel Urrutia, presidente de Cuba, un exmagistrado anticomunista que había alcanzado alguna notoriedad en 1957 al emitir un voto absolutorio para unos expedicionarios del Granma juzgados por la dictadura de Batista. Urrutia se amparaba en la disposición constitucional que legitimaba los actos en defensa de la libertad conculcada. Fue colocado por Fidel Castro al frente del Estado cubano desde que el comandante estaba en la Sierra Maestra y se enfrentaba a la dictadura de Batista.

¿Por qué Fidel Castro había nombrado presidente a Urrutia si sabía que se trataba de un demócrata con carácter y claramente anticomunista? Por varias razones, incluida la designación de las organizaciones de la oposición contenida en el llamado Pacto de Caracas, pero la más importante, desde la perspectiva de Fidel, fue cerrarle el camino al expresidente constitucional Carlos Prío, derrocado por Batista en 1952, ante los planes del Segundo Frente del Escambray y del Directorio de ofrecerle a Prío la presidencia hasta que convocara a elecciones multipartidistas, para lo cual debería trasladarse a las montañas del Escambray.

Fidel conoció esta maniobra en la Sierra Maestra y prefirió elegir a un presidente sin partido y sin partidarios. Prío, al fin y al cabo, era la cabeza del *Autenticismo* y de muchos *auténticos*, y contaba con la legitimidad de haber sido elegido por el voto mayoritario de los cubanos. Para sus secretos planes de convertir a Cuba en un Estado comunista con él a la cabeza, la presidencia de Carlos Prío era un estorbo insalvable.

Así las cosas, en su momento, Pedro Luis Díaz-Lanz trasladó a Manuel Urrutia a la Sierra Maestra en diciembre de 1958, en un avión proporcionado por Wolfgang Larrazábal, quien entonces fungía como presidente de la Junta Militar venezolana que había depuesto a Marcos Pérez Jiménez.

Además de eliminar a Prío, Urrutia le traía a Fidel ciertas ventajas. No era un miembro del Movimiento 26 de Julio, lo que podía tranquilizar a los otros grupos antibatistianos, y, como tenía fama de ser una persona moderada, le servía para calmar la ansiedad de Washington, de los empresarios y de la clase adinerada del país que tanto habían contribuido a su triunfo personal porque desconocían sus propósitos ocultos. Como Urrutia no era un títere, nombró a casi todo el primer gabinete de la Revolución, y entre ellos al primer ministro, un prominente abogado penalista llamado José Miró Cardona, catedrático de la Universidad de La Habana.

Fidel Castro lo dejó hacer. Su primer objetivo fue consolidar la Revolución, quedarse él, de inicio, como el *primus inter pares*, para pasar a ser inmediatamente el Máximo Líder del proceso y, muy pronto, el único factor de poder. Mientras Urrutia convocaba a su gabinete al Palacio Presidencial, un segundo y secreto grupo de colaboradores de Fidel, entre los que estaban Ernesto *Che* Guevara, Antonio Núñez Jiménez, su hermano Raúl y otros comunistas, se reunían en una casa de la playa Tarará a planear la conversión de Cuba en un Estado prosoviético, como descubrió el historiador y periodista polaco-americano Tad Szulc en su biografía *Fidel Castro: a critical portrait*.

De manera que, a mediados de febrero del 59, Fidel reemplazó a Miró Cardona como primer ministro, y lo despachó hacia España en calidad de embajador. Unos años más tarde, Miró, exiliado en Miami Beach, me contó una anécdota sorprendente de la ceremonia de presentación de credenciales ante el generalísimo Franco en España. El dictador, que solía hablar poco, le preguntó por las relaciones entre Cuba y los Estados Unidos. Tras escucharlo, Franco le dijo: "No teman. Confiscadlo todo. Los americanos no harán nada".

Fidel asumió el premierato sin abandonar su condición de jefe de las Fuerzas Armadas. El objetivo era clarísimo: iba a crear una vasta red de *clientes* políticos mediante la rebaja de los alquileres, la electricidad y los teléfonos al 50 %, e iba a realizar una reforma agraria igualmente demagógica, y quería hacer muy evidente a quién los beneficiados debían respaldar y agradecer esas medidas revolucionarias.

A Urrutia, finalmente, no lo echaron por anticomunista (que lo era). Buscaron una débil coartada ética, acusándolo de adquirir una casa injustificadamente. Con este ataque, inauguraron la deleznable práctica del "asesinato de la reputación", típica de las dictaduras totalitarias, que llega a nuestros días: quienes se oponen a la Revolución no lo hacen por convicciones ideológicas, sino por corrupción, porque están al servicio de la CIA, por oscuros designios de fuerzas extrañas o por ambicionar "las mieles del poder", como los Castro dijeron de Carlos Lage y de Felipe Pérez Roque cuando los degradaron y convirtieron en no-personas.

El procedimiento demagógico utilizado por Fidel Castro para defenestrar a Urrutia a mediados de 1959 fue renunciar a su cargo de primer ministro como protesta por la supuesta deshonestidad del presidente, mientras, bajo cuerda, orquestaba protestas callejeras implorándole al Máximo Líder que regresara al frente del gobierno.

A Urrutia, que prácticamente no tuvo el apoyo de nadie, no le quedó más remedio que renunciar. Poco después de la invasión de Playa Girón, se asiló en una embajada latinoamericana. Fidel volvió al poder como primer ministro, nombró presidente a Osvaldo Dorticós Torrado, un obsecuente abogado comunista de la burguesía cienfueguera, exsecretario de Juan Marinello (dirigente histórico de los comunistas cubanos), quien se mantuvo en su cargo hasta 1976. En 1983, acosado por sus propios fantasmas, ya sin acceso a Fidel, se suicidó de un balazo en la cabeza. En todo caso, en 1959, con Dorticós en la presidencia, Fidel Castro había allanado otro de los escollos que obstaculizaban sus planes de comunizar la Isla.

En septiembre de 1959, el comandante Huber Matos, jefe militar de Camagüey, le escribió una primera carta a Fidel Castro alertándolo de la penetración de los comunistas en las Fuerzas Armadas Revolucionarias. Fidel Castro no le respondió, pero era evidente que el Movimiento 26 de Julio se encontraba dividido entre procomunistas y anticomunistas, siendo los últimos mucho más numerosos, pero menos efectivos porque no estaban organizados y a la mayoría de ellos Fidel les había hecho creer que no era comunista y, por lo tanto, los apoyaba.

En octubre, Matos le escribió a Fidel una segunda carta renunciando a la jefatura militar de la provincia de Camagüey y explicándole que no quería ser cómplice de la conversión de Cuba en un Estado comunista. Se proponía regresar a su papel de profesor de Ciencias Sociales. Fidel Castro reaccionó violentamente, acusó a Matos de traidor y de conspirar contra la Revolución, y envió a arrestarlo al comandante Camilo Cienfuegos, entonces jefe del Estado Mayor y la segunda figura de la Revolución, un personaje popularmente querido por su indudable carisma.

Aquello fue una hecatombe. Las telefonistas respondían el teléfono en todo el país repitiendo una consigna: "Huber Matos no es traidor". En el Consejo de Ministros varias personas —Manolo Fernández, ministro de Trabajo, y Manuel Ray, ministro de Obras Públicas— se negaron a condenar a Matos y abandonaron sus cargos. Dos de los viceministros de Trabajo, Carlos Varona Duque-Estrada y César Gómez, expedicionario del Granma, también renunciaron y todos, en su momento, acabaron exiliados.

El apresamiento de Huber Matos por parte de Camilo Cienfuegos no fue como Fidel quería. A Camilo, los Castro le habían dicho que Matos se había sublevado y no era cierto. Sencillamente, le había escrito una carta privada a Fidel Castro, leal y clara, comunicándole su decisión de apartarse de la Revolución por no estar de acuerdo con el curso comunista que estaba tomando. Algo que formaba parte de las preocupaciones de aquel año especialmente tenso y difícil. Cuando llegó a detenerlo, Matos colaboró con él y le advirtió que Fidel lo había enviado a esa misión para que sus hombres lo mataran y así librarse de dos potenciales enemigos de sus designios. Camilo lo escuchó en silencio.

Camilo se dio cuenta de que no estaba en presencia de un conspirador y no quiso ser parte de la persecución a un compañero de lucha al que apreciaba. Envió a Huber Matos a La Habana con una pequeña escolta y se dispuso a arreglar el *malentendido* entre Fidel y su amigo Matos. En ese momento, la plana mayor de la Revolución discutía qué hacer con Matos. Che Guevara y Raúl Castro eran partidarios de fusilarlo, pero Fidel optó por juzgarlo y condenarlo a una larga pena "para no crear mártires".

A los pocos días, en un vuelo de Santiago de Cuba a La Habana en una avioneta Cessna, Camilo y el piloto desaparecieron, dando lugar a numerosas conjeturas, algunas de ellas muy creíbles, como la de que fue asesinado acusado de formar parte de una conjura. El testimonio de mayor peso es el de Jaime Costa, conocido como el Catalán, un comandante histórico de la Revolución, exatacante del Moncada y expedicionario del Granma, que luego sería preso político de Castro, quien dice haber estado presente el día en que mataron a Camilo.

En su relato, localizable en YouTube o en su libro *El clarín toca al amanecer*, da cuenta de cómo el comandante Juan Almeida lo llevó al sitio en el que interrogaban a Camilo, en un lugar apartado donde existía una pista de aterrizaje, acusándolo de conspirar frente a Fidel, Raúl Castro, Emilio Aragonés y José Abrantes, hasta que le disparan una ráfaga de ametralladora y varios tiros de pistola, arrastran el cadáver a la avioneta y le prenden fuego, presumiblemente con el piloto dentro. Tras el asesinato y la práctica desaparición del Cessna, las personas presentes acuerdan un pacto de silencio inducido por el propio Fidel Castro. Costa dice sentirse cómplice del crimen por no haber hecho nada por evitarlo, pese a que estaba armado con una pistola calibre 45.

El relato de Costa, muy parecido al que sostuvo hasta su muerte el sindicalista Eduardo García Moure, una persona muy conectada al ala democrática del Movimento 26 de Julio, es lateralmente corroborado por Carlos Franqui, quien fuera director del diario *Revolución*. Según la historia que contara este avezado periodista, formulada tras exiliarse, al "desaparecer" Camilo, el gobierno, aparentemente, hizo un gran esfuerzo por encontrar la avioneta, y él, en su condición de director del diario más importante de Cuba en ese momento, envió a su mejor fotógrafo, Jesse Fernández, y a su mejor cronista, Guillermo Cabrera Infante, a que acompañaran a Fidel Castro en las labores de búsqueda. Ambos le reportaron a Franqui (y me contaron a mí muchos años después) que durante la búsqueda Fidel había tenido una actitud indiferente, nada ansiosa, como si supiera que aquella aparatosa maniobra era inútil y solo servía como coartada para no contar el verdadero final de Camilo.

Pocas semanas más tarde, el sobresalto por la desaparición de Camilo fue sustituido por el juicio a Huber Matos y a sus principales oficiales. Huber fue condenado a veinte años de cárcel, que cumplió hasta el último día. Inmediatamente, lo trasladaron al avión. Costa Rica le abría nuevamente los brazos. En el trayecto al aeropuerto la policía política le propinó la última golpiza, probablemente cumpliendo órdenes del propio Fidel Castro porque no medió la menor provocación por parte de Matos.

8

El año de mi revolución particular

El 1959 fue también el año de nuestra revolución personal. El 3 de diciembre Linda y yo nos casamos. Yo tenía dieciséis años, pero parecía (y me sentía) mucho mayor. Ella, algunos meses más, pero parecía mucho menor. Estábamos, realmente, muy enamorados. Pensábamos casarnos cuando yo terminara la carrera de Derecho —me faltaban algunas asignaturas para ser bachiller—, pero todo se precipitó como consecuencia de la vertiginosa velocidad de los acontecimientos.

Además, a los dos nos gustaba la idea de montar tienda aparte. Ambos teníamos vidas de adultos y alternábamos los estudios con el trabajo. Yo, mientras estudiaba por las noches, trabajaba por el día en una oscura oficina como mecanógrafo (con dos dedos, por cierto). Linda laboraba en el laboratorio de productos farmacéuticos *over the counter* que su madre había creado de la nada una década antes sin dejar de procrear incesantemente. El producto estrella era un reconstituyente llamado Tranfusán B-12.

Se lo comuniqué a los padres de ella y a mi madre temiendo alguna reacción contraria, pero nada de eso sucedió. Lo comprendieron y, si lo lamentaron, tuvieron la cortesía de no decírmelo. Por el contrario, fueron muy alentadores y decidieron echarnos una mano. Linda era una de nueve hermanos —en el exilio vendrían dos más— y la segunda en haber nacido.

Perla, su madre, una extraordinaria mujer, laboriosa e imaginativa, evidentemente muy católica, me llamó aparte y me ofreció un trabajo en su empresa. Pensaba, con razón, que, con el modestísimo salario de la oficina de Maternidad Obrera, difícilmente podría mantener a su hija. Me preguntó si yo me sentiría bien visitando las farmacias de La Habana para ofrecerles la veintena de productos que elaboraba el laboratorio. Le respondí que sí y una semana después me dediqué a una nueva profesión.

Los preparativos de la boda fueron veloces. Pasamos por la notaría unos días antes de la ceremonia religiosa. La iglesia escogida fue Corpus Christi en Miramar, La Habana, y debo decir que Linda no solo estaba bellísima, sino que todo salió a pedir de boca, incluido el *Ave María* que nos regaló el tenor Manolo Álvarez Mera, hasta que, en el altar, tras intercambiar los anillos, llegamos a la parte de las arras. Yo no sabía qué eran las arras. Mi alejamiento de la Iglesia católica no exceptuaba las ceremonias. Nadie me había mencionado esas monedas que debía entregarle a la novia, y mucho menos su significado simbólico. Yo ni siquiera traía calderilla o menudo en mi frac alquilado. El cura, un tanto molesto porque no me había confesado, le pidió unas monedas al fotógrafo. Afortunadamente, este tenía unos centavos de cobre que nos sacaron de apuros. Debió ser la primera y última vez que unos "quilos prietos" sirvieron de arras.

Pasamos la noche de bodas en el hotel Riviera, en cuyo *lobby* descubrí una bellísima escultura-mural de Rolando López Dirube, y al día siguiente partimos hacia Isla de Pinos a una breve luna de miel. Aproveché mi estancia para visitar, junto a Linda, a Ernesto de la Fe, mi "padrino de confirmación", que estaba preso en el llamado Presidio Modelo, no por haber sido ministro de Información de Batista, con el que rompió poco después de asumir el cargo, sino por su condición de anticomunista militante. Recuerdo que lo encontré sorprendido por la boda de su ahijado, pero fuerte de ánimo. Culpaba de su prisión al Che Guevara y se lamentaba de haber protegido y escondido a Fidel Castro una década antes, cuando Rolando Masferrer lo buscaba para matarlo. Murió exiliado muchos años más tarde tras estar preso por un largo periodo.

Cuando regresamos a La Habana, lo hicimos a la cómoda casita de dos plantas en Miramar que mis suegros le habían regalado a su hija Linda con motivo del matrimonio. Estaba en la esquina de la calle 88 y la Tercera Avenida. Con todo el sentido común del mundo, Linda era la propietaria porque, aunque nadie lo decía por delicadeza, casi todos pensaban que el matrimonio de dos chiquillos, por muy adultos que se creyeran, tenía muchas más posibilidades de fracasar que de prevalecer, como advertían las estadísticas más fiables.

En enero de 1960 comencé el recorrido por las farmacias de La Habana. Seguramente eran centenares y, en general, estaban bien abastecidas y solían recibirme amablemente. En aquel momento, comenzaba por proponerles las medicinas, pero inmediatamente las conversaciones derivaban a la cuestión política. Mi impresión de entonces, probablemente errónea, pero era lo que percibía, me indicaba que la mayor parte de la gente no quería ser arrastrada hacia el comunismo y estaba contra el gobierno, aunque, simultáneamente, esperaba que Fidel Castro rectificara el rumbo que había adoptado la Revolución.

En el Instituto del Vedado se repetía el mismo panorama político. La mayoría de los profesores y alumnos, me parecía percibir, se oponían al régimen, aunque también abundaban los elementos radicales que lo apoyaban. Ese año los estudiantes elegimos a tres líderes moderados para que nos representaran: Pedro (Perucho) Portal, Alfredo Carrión y Luis Rivera. La Universidad era un hervidero de enfrentamientos y a los pocos meses se dio el obsceno espectáculo de cientos de estudiantes que, jubilosos, desfilaban públicamente con ataúdes que tenían los nombres de los diarios confiscados acusados de contrarrevolucionarios.

En 1960 nació nuestro primer hijo. Una bella niña llamada Gina que, con los años, sería una excelente y conocida periodista. El parto duró varias horas. Más de la cuenta. El médico recurrió, como anestésico, a una mascarilla de gas trilene para eliminar el dolor de la primeriza. Tuvo lugar en una pequeña unidad obstétrica situada en el Vedado, dirigida por el joven doctor José (Pepe) Cabarrocas, partidario de que los padres estuvieran presentes en el alumbramiento. Como en Maternidad Obrera, por curiosidad, había visto algún parto sin dolor mediante hipnosis, no decliné la invitación.

Cuando la criatura, finalmente, salió del útero, la enfermera me la presentó de espalda y asida por los pies; como tenía los genitales inflamados, pensé que eran los testículos y enseguida le comuniqué a la familia, reunida en otra habitación, que se trataba de un varón.

Cuando regresé, a los pocos minutos, con la noticia rectificadora, noté una mirada de preocupación. ¿Cómo era posible equivocarse en algo tan preciso como el sexo de un hijo? ¿No habría algún problema de androginia? No lo había. La confusión era el producto del nerviosismo y tal vez de mi edad.

9

La conspiración

1960 fue el año de las definiciones políticas y de las mil conspiraciones. Muchos exrevolucionarios se convirtieron en opositores ante el sesgo comunista decidido por Fidel Castro. En las montañas del centro del país se alzaron varios oficiales del Segundo Frente Nacional del Escambray, dirigidos —entre otros— por Osvaldo Ramírez, Edel Montiel y Evelio Duque. Fueron las guerrillas campesinas que sostuvieron la más larga lucha anticomunista de la historia. No resultaron totalmente aniquiladas hasta 1966 y al costo de varios miles de víctimas.

El ingeniero Manuel Ray, exministro de Obras Públicas, que durante la lucha contra Batista había dirigido un potente grupo secreto, Resistencia Cívica, volvió a la clandestinidad al frente de una nueva organización, el Movimiento Revolucionario del Pueblo o MRP, que entonces se percibía como un grupo democrático de izquierda, uno de cuyos puntales sería el cineasta Emilio Guede —la misma persona que anunció la fuga de Batista por televisión—, quien muy pronto tuvo que huir de Cuba.

David Salvador, el líder de los obreros del Movimiento 26 de Julio, creó el Movimiento Revolucionario 30 de noviembre en homenaje a los que en esa fecha, en 1956, se habían alzado en armas en la provincia de Oriente para colaborar con el desembarco del Granma. El segundo de a bordo en el movimiento, también vinculado al MRP, era Reynol González, otro líder obrero antibatistiano. Ambos pasarían en la cárcel un buen número de años.

Los *auténticos*, bajo la dirección de Tony Varona, quien en la lucha contra Batista dirigiera la Organización Auténtica (OA), se transformaron en Rescate Revolucionario. La Triple A resurgió gracias a Aureliano Sánchez Arango, históricamente asociado a la misma vertiente. Muy cerca de él estaba el abogado Mario Villar Roces, un extraordinario ser humano infinitamente laborioso, que terminaría sus días ayudando a Huber Matos en el exilio de Miami.

Entre los grupos más fuertes y activos estaba el Movimiento de Recuperación Revolucionaria, dirigido por los exoficiales del Ejército Rebelde Manuel Artime, un joven médico, y Emilio Martínez Venegas, joven abogado. Esa organización contaba con un brazo estudiantil que con el tiempo se separó de ella, llamado Directorio Revolucionario Cubano, presidido por dos líderes universitarios activos y valientes, Alberto Müller y Manuel Salvat. Tanto el MRR como el Directorio procedían de la Agrupación Católica Universitaria (ACU).

A mediados de marzo de 1960, el presidente Ike Eisenhower —ante los informes que le brindaban sus servicios de inteligencia, siguiendo de cerca el guion de la Guerra Fría— le ordenó a la CIA que planeara el derrocamiento del gobierno comunista que, sin ninguna duda, comenzaba a arraigar en Cuba. Los oficiales encargados del proyecto tenían la experiencia, pocos años antes, en 1954, de haber desalojado del poder al coronel Jacobo Arbenz, presidente electo de Guatemala.

Esa circunstancia fue fatal. Ni la CIA ni la Casa Blanca entendían las diferencias entre Cuba y Guatemala, entre Arbenz y Fidel Castro, o entre el Kremlin en 1954, aturdido por la muerte de Stalin un año antes, y 1960, con un Nikita Kruschev convencido de la superioridad de Moscú y del marxismo, seguro de que en un par de décadas la producción y la productividad de la URSS superarían a las de los Estados Unidos, que entonces encabezaba la lucha por conquistar el espacio, decidido a apuntalar a un satélite agresivo que le había surgido en el Caribe y que utilizaría para contrarrestar la estrategia norteamericana de rodear a la URSS con cohetes nucleares.

Una semana antes de que Eisenhower ordenara a la CIA la destrucción del régimen comunista de Cuba, llegaba a la Isla, muy discretamente, el general hispano-soviético Francisco Ciutat, con el objeto de aplastar la insurrección campesina del Escambray y consolidar el gobierno comunista. Fidel Castro se reunió con él el mismo día de su llegada, le llamó Angelito porque, afirmó, se le parecía a su padre. A él, a este "Angelito" —excoronel republicano en la guerra civil española pasado a la URSS, donde ascendió a general durante la Segunda Guerra Mundial, luego adscrito al KGB— se debe la guerra psicológica planteada al poco tiempo de su arribo y la estrategia de tierra arrasada que se siguió en el Escambray.

En efecto, lo primero que hizo Angelito fue cambiar el apelativo con que llamaban a sus adversarios, persuadido de la importancia que ello tenía en el plano psicológico. Ya no sería *contrainsurgencia*, sino "lucha contra bandidos", como se le llamó en la URSS a los miembros del Ejército Blanco que se opusieron a los bolcheviques. Y no solo serían presentados como delincuentes, ladrones y violadores, sino que se les tildó de *batistianos* sin serlo, dado que la inmensa mayoría procedía, precisamente, de la guerra de guerrillas contra la dictadura de Batista.

Toda la oposición, incluidos los *policy makers* norteamericanos, era —éramos— culpables de no darnos cuenta de la diferencia que había entre enfrentarse a una dictadura torpe como la de Batista, desmoralizada y corrupta, y hacer lo mismo contra un grupo de fanáticos, dirigidos por la URSS, dispuestos a morir y a matar por defender su ideología y su estancia en el poder. Era, como se decía en el argot popular cubano de entonces, "una lucha de león contra mono, y el mono amarrado". Estábamos destinados a perder.

Fue en esa atmósfera de decenas de alegres conjuras cuando se me acercó mi amigo Alfredo Carrión para invitarme a conspirar. Yo formaría parte de su célula, integrada, además, por otros jóvenes: Jorge Víctor Fernández y Néstor Piñango. Su contacto era con Rescate Revolucionario, la pequeña organización que, desde el exilio, dirigía Tony Varona, ex primer ministro del gobierno de Carlos Prío, derrocado por Batista en 1952. Como Alfredo, entonces estudiante de Derecho —el padre fue juez—, había sido uno de los líderes estudiantiles del Instituto del Vedado, le ofrecieron que dirigiera el sector juvenil de la organización.

Le dije que sí sin pensarlo, con cierta dosis de irresponsabilidad, porque me parecía lo patriótico, y acaso porque toda Cuba (y yo también) padecía "el síndrome de la Sierra Maestra". Esa falsa idea de que era posible e inminente "tumbar a Fidel" por el mismo procedimiento que él había utilizado para "tumbar a Batista". Era, de alguna manera, la continuada tradición insurreccional cubana seguida a lo largo de la historia republicana. Ni siquiera pensé que era una impostura militar en una organización "auténtica", como lo era Rescate, porque en aquellos tiempos uno se vinculaba a los amigos y yo sentía un gran afecto por Alfredo Carrión.

Alfredo, inmediatamente, me asignó dos tareas. La primera era que ampliara con mis contactos el círculo de los militantes de Rescate, porque a todos nos parecía que se acercaba un enfrentamiento definitivo con el régimen. La segunda era que me trasladara a Estados Unidos para hablar con Tony Varona y pedirle que nos situara un avión lleno de armas en el Escambray para poder colaborar con las guerrillas. En gran medida, fracasé en ambas misiones.

EL RESULTADO DE LAS MISIONES

Hablé, sin mucho éxito, con el pequeño grupo que estudiaba conmigo en el Instituto, pero, a los pocos días, casualmente, mientras acompañaba a Linda en la iglesia Jesús de Miramar, se me acercó un buen amigo de la infancia, Alberto *Tuto* Benítez, por quien sentía, además de afecto genuino, una honda pena porque a él le había tocado descubrir el cadáver de su padre tras ahorcarse en su propia casa.

Tuto, que originalmente había sido miliciano, como tantas personas que luego se voltearon, me planteó que era intolerable la situación por la que atravesaba Cuba, especialmente tras cuanto había sucedido pocos días antes, y que algo debía hacerse para impedir que se constituyera en la Isla un estado comunista. Yo le conté de Rescate y le pedí que me echara una mano.

En efecto, el jueves 13 de octubre de 1960 el gobierno había dictado una ley confiscatoria por la que se había apoderado de todas las empresas medianas y grandes del país. Habían pasado a manos del sector público todos los ingenios azucareros, las tabaqueras y roneras, los bancos, las compañías de energía y comunicaciones, las tiendas por departamento, los diarios y revistas, las estaciones de radio, las escuelas y universidades privadas. En definitiva, varios cientos de entidades, que representaban más de la mitad del PIB, habían pasado de un plumazo al ámbito oficial. Súbitamente, en el terreno económico, Cuba había dejado de ser un país en el que se protegía la propiedad privada y la economía de mercado y su diseño económico era, en lo esencial, el de las satrapías comunistas del este de Europa.

La operación fue hecha en silencio y en secreto para sorprender a los propietarios. Al amanecer del mismo día en que la *Gaceta* recogió el decreto-ley expropiatorio, se presentaron los interventores armados, que fueron seleccionados y adiestrados sin que trascendiera, y, en algunos casos, acompañados por el ejército y la policía. El propósito era que los antiguos dueños o sus administradores no pudieran tocar absolutamente nada de un patrimonio que ahora le pertenecía al Estado. Fue tal la sorpresa que no hubo la menor resistencia a esas expropiaciones.

Pero no fue hasta ocho años más tarde, el 13 de marzo de 1968, que Fidel Castro anunciaría la confiscación absoluta de todas las empresas y actividades privadas en lo que llamaría la *ofensiva revolucionaria*, convirtiendo a la Isla en el país más comunista del campo socialista. Nada quedó en manos privadas. Nadie pudo conservar sus negocios. Ni los humildes zapateros o barberos. Nada ni nadie.

Pronto, desde 1961, ocurriría lo mismo en los puertos y aeropuertos. El que se iba definitivamente de Cuba, aunque no fuera culpable de otra cosa que de marcharse, ni siquiera podía llevarse las prendas personales: los relojes, los anillos de compromiso, los aretes (colgantes) también eran propiedad del Estado. En algunos casos, hasta las fotos personales fueron confiscadas.

Mi suegra —sin el apoyo de su marido, que era un buen hombre y un magnífico médico, pero acaso demasiado pusilánime— decidió salvar a sus hijos pequeños del comunismo y comenzó a enviarlos rumbo a Estados Unidos a la casa de Vicky Espinosa, una de sus hermanas. Un año antes, en 1959, cuando ella ya sospechaba del rumbo de los acontecimientos, pudo haber vendido limpiamente el laboratorio a una firma colombiana que le ofrecía quinientos mil dólares por la empresa (unos diez millones de dólares hoy en día), colocados en el extranjero, pero su esposo, mi suegro, se negó a aceptar la oferta y muy pronto se evaporó la propuesta.

En su momento, aprovechando que Linda y yo teníamos visa norteamericana, partimos a Miami en busca de Tony Varona. Aproveché para saludar a mi padre, pero fue un encuentro mutuamente incómodo. Se había ido de Cuba en 1959, a los pocos meses de haber entrado Fidel en La Habana, sin que nadie lo supiera. Se había encontrado casualmente con Fidel, me dijo, y había estado "muy frío". Pensó, con razón, que Cuba era un lugar muy peligroso para los examigos del Comandante y decidió marcharse.

En Miami, descubrí que mi padre dirigía un semanario, *Patria*, francamente batistiano, y me pareció percibir que había hecho la transición de la "ortodoxia" al batistianismo por razones estrictamente económicas y no por una conversión ideológica. Batista, que no era famoso por su larguez, sin embargo, parece que colaboraba con el periódico.

Como mi padre conservaba intacto su sentido del humor, me contó que en uno de los habituales cafetines del exilio se había encontrado a un cubanazo que le preguntó desdeñosamente:

—Montaner, ¿qué día sale tu "periodiquito"?

"A lo que le respondí, sonriente", me dijo:

—Los martecitos, hijoputica.

En ese viaje a Miami no pude ver a Tony Varona, pero hice la gestión encomendada por Carrión. Varona me envió a un asistente apellidado Zayas, exdiplomático, que me hizo ciertas preguntas superficiales sobre la organización Rescate en La Habana y luego tomó nota de nuestra petición (situar un avión con armas en el Escambray) con cierta impostada solemnidad. Seguramente por cortesía, a sabiendas de que no era cierto, me dijo que pronto sabría de ellos. Tal vez se dio cuenta de que la solicitud era descabellada y provenía de un muchacho de apenas diecisiete años que no sabía qué armas se necesitaban, quiénes las empuñarían y dónde podía aterrizar la nave. Todo era un disparate.

No obstante, en ese viaje me enteré de que Washington, de manera encubierta, estaba reclutando a jóvenes para adiestrarlos en Centroamérica con el objeto de que desembarcaran en Cuba para crear un frente guerrillero. Tony Varona y su movimiento Rescate eran parte del esfuerzo, así que pensé que podía ser redundante o superflua nuestra petición del avión de marras. Incluso, pensé en quedarme en Miami para ir a los campamentos, pero entonces creí que era mucho más importante regresar a Cuba.

10

Tieso, que te frío

Diciembre en Cuba es un mes clemente. Las temperaturas descienden y a veces se siente algo parecido al frío. Como el laboratorio de mi suegra era pequeño —una veintena de empleados— no cayó en las confiscaciones de octubre, así que yo continué con mi habitual rutina de visitar farmacias y examinarme de las últimas asignaturas de bachillerato que me quedaban. Me ayudaba a prepararlas mi entonces amigo y compañero de estudios Guillermo Rodríguez Rivera, quien luego sería un notable poeta y profesor universitario afín al régimen, aunque en aquellos meses intensos de debate lo sentía mucho más cerca de la oposición que del gobierno. Un fenómeno parecido al de mi también buen amigo Manolo Torres, primero opuesto a los comunistas, pero más tarde dirigente revolucionario y embajador de Cuba, aunque posteriormente separado de su cargo por un crimen pasional.

En los últimos días de diciembre de 1960, Alfredo Carrión me pidió quedarse en mi casa porque temía que la suya fuera objeto de vigilancia por parte de la policía política. Linda, siempre muy solidaria con todas nuestras actividades, le preparó una cama en la habitación que me servía de oficina en la segunda planta de la vivienda.

La noche del 28, día de los Santos Inocentes, tras una reunión con otros jóvenes, que afortunadamente se habían marchado hacía unos minutos, cuando les contaba a Alfredo y a Linda lo impresionado que estaba por la historia de un humilde mensajero de botica que se había alzado en el Escambray, y que había muerto en el primer enfrentamiento con la milicia, llamaron a la puerta. Pensé que era mi hermano Ernesto que venía a despedirse porque al día siguiente se marchaba definitivamente rumbo a Estados Unidos.

No era él. Era el G-2. Un oficial me apuntaba a la frente con una ametralladora.

—Tieso, que te frío. Levanta los brazos. La casa está rodeada —fueron sus primeras palabras. Inmediatamente me preguntó—: ¿Hay alguien más en la casa?

Muy alto, con la esperanza de que se escuchara en la segunda planta, para que Alfredo intentara huir, le respondí:

—No hay nadie. Solo mi mujer, mi hija y su nana.

Alfredo me había oído y se asomó al balcón con la intención de saltar al tejado de al lado. Pero, en efecto, la casa estaba rodeada. Si intentaba escapar, lo matarían. El operativo contaba, al menos, con una docena de efectivos.

Entró primero el oficial. Uno de sus subalternos me palpó la cintura y los bolsillos para cerciorarse de que no llevaba armas. Tenía una pequeña y comprometedora libreta de teléfonos que, afortunadamente, no advirtió. Linda y Alfredo Carrión ya estaban en el descanso de la escalera. Les dije que Alfredo se trataba de un amigo invitado que nada tenía que ver conmigo o con la casa, que debían permitir que se marchara.

—¡Cállese! —me ordenó el oficial.

En ese momento sucedió algo curioso. Tras la puerta, en una especie de nicho, yo había colocado el día antes un *eleggguá* que me había golpeado en la playa traído por una ola. Yo no sabía lo que era un *eleggguá*. Para mí era un coco seco tallado como una cabeza, con dos caracoles simulando que eran los ojos. Pensaba que algo tenía que ver con la santería, pero, insisto, nada sabía del tema. El que sí sabía fue el que parecía a cargo de la operación. Se detuvo, lo miró y me preguntó preocupado:

—¿Qué es eso?

—Un coco que me encontré en la playa —le respondí y fui a cogerlo para dárselo.

—¡No lo toque! —me gritó con temor.

Por supuesto, no lo toqué. Tiempo después, un amigo conocedor de estos temas me contó que los creyentes les otorgan a los *elegguás* una gran jerarquía, suponen que favorecen a sus poseedores, y se suelen colocar tras las puertas, lo que, en este caso, fue producto de la casualidad y del hecho fortuito de que existía ese nicho vacío en la pared. El policía seguramente era un creyente, algo frecuente en el mundillo sincrético de la religiosidad cubana.

Comenzó un registro minucioso. Dentro de su maletín, junto a la cama, Alfredo tenía proclamas y textos anticomunistas. Siguieron buscando. Desarmaron los aires acondicionados. Sacaron a la niña de la cuna. Destriparon los colchones. Linda lloraba. Les gritaba que dejaran tranquila a la niña. La nana se llamaba Celeste. Celeste había enmudecido por el miedo. A Dominga, la cocinera, que dormía en un cuarto de servicio en la planta baja, la interrogaron. Estaba conmigo desde que yo era un niño. No sabía nada. En realidad, no sabía nada. También se portó muy bien.

Le dijeron a Linda que no se le ocurriera tocar el auto o nada de la casa porque ya todo pertenecía a la Revolución. Ni siquiera mediaba una sentencia judicial, pero todo había sido confiscado. Linda dijo que quería ir con nosotros. Lloraba y estaba muy nerviosa. Le dijeron que no. Nos esposaron y se fueron con Alfredo y conmigo en dos de los carros que traían. Linda salió corriendo a casa de sus padres, situada a varias calles. Llorando, muy alterada, les contó lo que había sucedido. Inmediatamente fueron en el auto de Perla, con ella al volante, a contarle a mi madre lo sucedido. Las tres mujeres —Linda, Perla y mi madre, Manola— fueron a avisarles a los amigos que mi esposa sabía que estaban vinculados a la organización.

La primera parada, irónicamente, fue la casa de Alberto *Tuto* Benítez. Les abrió una mujer, presumiblemente, la madre. En su momento contaré por qué digo "irónicamente". Tuto se incorporó a la conversación. Linda, llorando, le contó lo que había pasado y le rogó que se escondiera o se deshiciera de cualquier objeto que lo incriminara. En el trayecto incorporaron a Víctor de Yurre, un amigo de Perla que había sido uno de los primeros alcaldes de la Revolución en La Habana. Víctor será una persona clave en todo lo que luego sucedió. En el 2007, cuando Víctor murió, escribí que realizó tres milagros: consiguió que no me fusilaran, logró que se cumpliera la ley y facilitó mi fuga de la cárcel.

11

De Quinta y Catorce a La Cabaña

Existe un testimonio fílmico, muy breve, de la noche de la detención. Aparece en un excelente documental de Adriana Bosch llamado *Fidel Castro*. Les compraron ese *pietaje* y otras escenas a las autoridades cubanas. El régimen las había grabado para sus campañas propagandísticas, pero terminaron en un largometraje objetivo e inevitablemente crítico.

Esa noche nos llevaron a "Quinta y Catorce", como se le llamaba, por la dirección que ocupaba, a ese importante centro habanero del G-2. Allí estuvimos por unos días. Los suficientes para que Víctor de Yurre averiguara dónde estábamos detenidos y lograra que mi mujer me visitara. Mi madre tuvo que quedarse en la oficina. Me conmovió mucho ver a Linda. Nos permitieron sentarnos en un pasillo por unos minutos, no lejos de un guardia que no nos quitó el ojo. Le dije, con voz queda, que intentaría fugarme. Me rogó que tuviera cuidado y me contó que la Quinta Avenida estaba llena de tanques de guerra y fuerzas militares. El gobierno de Eisenhower había roto relaciones con la Isla y se temía lo peor. La ciudad era recorrida por turbas que pedían paredón para los opositores.

Quinta y Catorce era una especie de palacete o casona grande situada en la avenida más preciada de Miramar. Alfredo sería colocado en un calabozo diferente. En el que me tocó a mí éramos unas diez o doce personas. Quizás menos. Había un hueco en el piso que servía de retrete. La comida era escasa e infame. Como presumíamos que probablemente alguno de los detenidos era chivato del gobierno, todos proclamábamos nuestra inocencia de manera ostensible. Nadie, aparentemente, sabía por qué estaba detenido. Era el típico relato carcelario.

De aquella noche, además de Alfredo, recuerdo a tres personas. Un mulato gordo llamado Samuel, que aseguraba que estaba dispuesto a soportar cualquier tortura, un flaco sonriente que respondía al nombre de Armando Valladares, y un joven muy rubio y ojiclaro, Hiram González, que había sido capitán del Movimiento 26 de Julio. Hiram luego consiguió escapar dos veces de sus captores. Logró huir de La Cabaña vestido de mujer y, cuando lo atraparon, días después, se evadió del G-2, de Quinta y Catorce, con una pistola de cartón al cinto y una notable sangre fría. Nos hicimos buenos amigos en el exilio, pero lo recuerdo vivamente aquella noche en que nos detuvieron.

Me interrogó Álvarez Lombardía, un oficial del G-2, viejo abogado del PSP, muy desagradable, que parecía saberlo todo sobre mi persona y mi familia. De pronto, algo teatralmente, para desmoralizarme, o para humillarme, me hizo una insidiosa pregunta:

—¿Usted sabe que su padre es maricón? —Hizo una pausa para estudiar mi reacción y luego agregó—: Lo acabo de leer en un informe confidencial.

Me tuve que sonreír y ahí se inició el diálogo más inesperado que podía concebir en un interrogatorio policiaco.

—No lo creo. Aunque no me importaría que lo fuera, usted está confundido de Montaner —le respondí.

Insistió, un tanto descolocado por mi respuesta:

—Su padre es maricón.

Recordé entonces un epigrama que mi padre había escrito a propósito de unos versos satíricos que tiempo atrás habían circulado con relación a otro periodista, también apellidado Montaner, de quien se decía que era homosexual, y se lo recité tras advertirle la confusión de nombres:

—"Es preciso esclarecer un epigrama y un lío / el culo pudiera ser de algún otro Montaner / el epigrama no es mío".

—¿De dónde viene el enredo? —me preguntó admitiendo tácitamente su error.

—De otro epigrama, que no es de mi padre —le contesté.

—¿También se lo sabe? —indagó, dando por sentado lo contrario. Me limité a decírselo sin darle más explicaciones, dado que él conocería que en las calles "Masón y San Miguel" estaban las oficinas de un canal de televisión, y porque, francamente, no conocía la palabra *cumbán* empleada por el anónimo poeta, acaso en busca de una rima fácil:

—"En Masón y San Miguel / se ha formado un gran *cumbán* / porque dicen que un galán / se acuesta con Montaner".

Álvarez Lombardía permaneció en silencio.

—Usted sabe —le dije— que los galanes de la televisión están de moda en el país.

Como la táctica de la desmoralización le había fracasado, intentó que colaborara con el G-2 haciendo, a un tiempo, de policía malo y bueno. El objeto del interrogatorio era establecer quién me había dado el material subversivo. Me gritaba que era un contrarrevolucionario de mierda, pero, a renglón seguido, me decía, simulando un afecto casi paternal, que yo era un muchacho muy joven, casi un niño, y lamentaba que la Revolución tuviera que fusilarme y dejar atrás a una viuda bonita y a una niña huérfana que nunca vería crecer.

Yo insistía, con un cuento absurdo, en que nada sabía, que Alfredo —a quien él trataba de culpar— estaba de visita en casa, que ese material no era suyo ni mío, y que el bolso con el material subversivo lo había dejado en casa, cuando yo no estaba, alguien desconocido, un tipo pelirrojo, y me proponía llevarlo al día siguiente a la estación de policía.

Al cabo de cierto tiempo, quizás un par de horas, me dijo algo así, como: "No tienes remedio, eres un cínico y un hijo de puta y te vamos a fusilar. Pronto tendrás que enfrentar un juicio en La Cabaña". Yo decidí no responderle y permanecer callado por tres razones: porque me daba cuenta de que mi coartada era increíble, porque temí que realmente me fusilaran y porque, si decía algo, quizás acabaría delatando a alguien inconscientemente. Estaba muy temeroso y no quería morirme, pero tampoco que nadie sufriera por mi culpa, así que opté por el silencio total.

De regreso a la celda, Armando Valladares, con quien había trabado buenas relaciones, en voz muy baja, para que nadie nos oyera, me dijo que intentaría fugarse y me invitó a que lo acompañara. Le pregunté cuál era el plan. Me enseño un abrelatas y una cuchara. Intentaríamos esa noche abrir un hueco en la pared de ladrillos. Todo me pareció ridículo, pero me obsesionaba la posibilidad de que me fusilaran y asentí. Lo peor era no intentarlo. La idea de usar la noche, cuando casi nunca abrían los calabozos, era impedir que uno de los reclusos, si se trataba realmente de un chivato, pudiera llamar a un guardia. Se delataría.

A Valladares y a mí se nos hincharon las manos de rasgar la pared, pero todo fue inútil. Cuando estábamos a punto de sacar un ladrillo, a la mañana siguiente, nos trasladaron a La Cabaña. Al menos uno de los presos de la celda jamás fue llevado a La Cabaña, así que asumimos que se trataba del chivato: un silencioso mulato con gafas. Alguien me dijo, tiempo después, que esas celdas estaban junto a los despachos de los oficiales. Si sacábamos la cabeza, nos la hubieran volado de un balazo.

Años más tarde, Valladares conseguiría escapar del presidio de Isla de Pinos, pero no de la Isla, puesto que el barco que lo recogería nunca arribó. Huyó junto al líder estudiantil Pedro Luis Boitel. Fueron atrapados y los internaron en calabozos de castigo que eran verdaderos huecos infectos. Valladares cumplió algo más de veintidós años de cárcel en las peores circunstancias y fue puesto en libertad por la presión de los intelectuales franceses sobre Mitterrand, especialmente del dramaturgo Fernando Arrabal. En la cárcel se hizo poeta (Arrabal decía que era el mejor poeta católico que había leído). Boitel murió preso tras una larga huelga de hambre en los años setenta. Tras llegar al exilio, Valladares escribió un magnífico libro en el que describe sus dolorosas experiencias: *Contra toda esperanza*. Es el único libro sobre las cárceles cubanas que se ha convertido en *bestseller*. El título era un homenaje a Osip Mandelstam, otro poeta, víctima del estalinismo, muerto en Rusia muchas décadas antes de que Valladares escribiera sus memorias de presidio.

La Cabaña

Fuimos trasladados a La Cabaña en los primeros días de enero de 1961. Era una vieja fortaleza española del siglo XVIII, de las mayores construidas por España en América, apresuradamente comenzada a edificar tras la toma de La Habana por los ingleses en 1762 y terminada en 1774, durante el reinado de Carlos III. Dotada con gruesos muros de piedra e imponentes rejas de hierro fundido, destinada a proteger a La Habana en la época de la Colonia, ya había sido utilizada como cárcel en el pasado. En 1871, durante la guerra de independencia contra los españoles, fue en los fosos de La Cabaña donde fusilaron a varios estudiantes de medicina acusados injustamente de haber profanado la tumba de un periodista integrista. En los primeros meses de la Revolución, Ernesto *Che* Guevara continuó esa siniestra tradición con centenares de fusilamientos tras juicios expeditos carentes de cualquier tipo de garantía judicial.

El patio era espacioso y en él confluían las aproximadamente quince galeras, unas enormes celdas abovedadas de puntal alto, probablemente construidas para albergar tropas, con un ventanal posterior doblemente enrejado, en las que nos hacinábamos centenares de reclusos. Sospecho que solo ahí debían tener cautivos a unos mil quinientos presos políticos. Dormíamos en literas de hierro y lona en las que se ocultaban una multitud de chinches, garrapatas, pulgas y otros repugnantes bicharracos.

Me tocó una litera muy cercana a la de Jesús Carreras, comandante del Segundo Frente Nacional del Escambray, un joven taciturno del Estado Mayor de Eloy Gutiérrez Menoyo, uno de los jefes de la insurrección contra Batista; y a la de Pedro Luis Boitel, líder universitario del Movimiento 26 de Julio, al que recuerdo como un brillante, travieso y agradable estudiante de ingeniería, que no se quitaba del cuerpo una especie de safari de cuero y de la boca un cepillo de dientes.

Carreras era un hombre de pocas palabras. Estaba convencido de que moriría fusilado por venganza del Che Guevara. Lo mezclaron en la conspiración del norteamericano William Morgan, comandante de la guerrilla, también preso, con el que prácticamente no se hablaba. El Che no le perdonaba a Carreras que le hubiera prohibido, pública y acremente, que adoctrinara a sus tropas en el Escambray durante la lucha contra Batista cuando el argentino llegó a su campamento. Y así fue: unas semanas más tarde le inventaron una conjura y finalmente lo fusilaron junto a Morgan, poco después de que Gutiérrez Menoyo y sus principales oficiales huyeron de Cuba en un bote rumbo a Estados Unidos.

Recuerdo a dos personajes curiosos y muy conocidos que me abordaron tan pronto puse los pies en la prisión. Alberto Salas Amaro fue el primero: periodista notablemente diminuto, excandidato a presidente de Cuba, con menos electores que lectores, dado que editaba un escandaloso diario que llevaba el nombre de *Ataja*, grito que en Cuba se daba para señalar a alguien que huía tras cometer un hurto.

El otro preso que se me clavara en la memoria fue el profesor Carvell, astrólogo de moda en revistas de gran tirada, condenado a cárcel por haber anunciado el fin del gobierno como consecuencia de que los astros se habían alineado contra el régimen. El profesor murió en prisión años más tarde, me dijeron, aquejado de una gravísima depresión.

De pronto se me acercó un hombre muy pequeñito y me dijo, bajando la voz, como para que nadie más lo oyera:

—Yo soy Alberto Salas Amaro.

—Ah, encantado —le respondí sorprendido por la inesperada presentación.

Lo conocía de nombre y por su estatura inusualmente pequeña, rasgo preferido por los caricaturistas de *Zig-Zag,* un magnífico semanario de humor impreso a colores.

—Te lo digo porque aquel negro me ha quitado el nombre y dice que Salas Amaro es él —dijo señalando con el mentón a un corpulento preso que estaba de espalda, de manera que solo pude comprobar que poseía un enorme cogote—. Al tipo lo llaman Jorocón y, como no le gusta, decidió quitarme mi nombre.

—¿Y qué hago si se me presenta y me dice que se llama Salas Amaro? —pregunté divertido, aparentando la mayor seriedad. En Cuba había visto cómo les quitaban muchas cosas a las personas, pero jamás había visto a nadie que le robaran el nombre.

—Síguele la corriente. Tiene muy mal carácter.

Parecía una escena de teatro de lo absurdo, tan increíble que pensé que se trataba de una broma, pero era cierto. A los pocos minutos se me acercó Jorocón y se presentó:

—Soy Alberto Salas Amaro.

—Mucho gusto —le dije sin darle importancia, recordando la advertencia de que el tipo tenía malas pulgas.

—Se lo cuento porque aquel enano —también señaló con el mentón mientras el verdadero Salas Amaro se escabullía— dice que se llama como yo.

—No se preocupe. Lo tendré en cuenta, señor Salas Amaro.

—Nos tratábamos de *usted* muy formalmente.

La conversación con el astrólogo Carvell fue menos delirante, pero igualmente extraña. Alguna vez lo había visto y sabía de quién se trataba.

—¿Qué se dice en la calle? —indagó.

—¿Qué se dice de qué? —le respondí.

—¿Que qué va a pasar con el gobierno? ¿Cuándo se cae Fidel Castro?

—La verdad es que no tengo la menor idea —le dije—. Pero usted es el que adivina el futuro. Soy yo el que debo hacerle las preguntas.

El profesor Carvell me miró con una angustia profunda y se retiró cabizbajo hacia su galera. Se proponía —luego lo supe— consultar al *babalao* de Guanabacoa, también preso, para saber cuándo terminaba su pesadilla. El *babalao* era una especie de jefe de la iglesia yoruba en Cuba, aunque las religiones afro carecían de jerarquías nacionales. Guanabacoa era un poblado al este de La Habana en el que florecían muchas de las manifestaciones religiosas afrocubanas. Alguna vez escuché que era "el Vaticano de la santería".

Me sorprendió la cantidad de gente blanca —el 90 % de aquellos presos eran blancos— que creía en las deidades afrocubanas sin dejar de proclamarse católica. Entonces se contaba que Boitel se había puesto de acuerdo con el *babalao* para pedirle un pollo a un feligrés preso con el objeto de hacerle un *trabajo* que le traería la libertad.

La esposa del ingenuo presidiario se ató al muslo un pollo muerto y desplumado y logró pasarlo en una de las visitas, que entonces no eran tan rigurosas. Tras algunos *pases* religiosos con el ave por la cabeza del preso, y acaso tras recitar una oración en yoruba, el pollo fue a parar a una cazuela preparada, naturalmente, por Boitel.

En esa época, no obstante, la comida de los presos era suficiente y al menos dos veces a la semana contábamos con alguna suerte de carne. Todavía no se había desarticulado el aparato productivo del país y no faltaban el arroz y los frijoles, aunque ya se veían los primeros síntomas de la ausencia de comida. Incluso, a veces era posible el "reenganche", o sea, regresar a la fila tras haber comido una primera vez. Yo lo hacía cada vez que podía.

En el patio, hasta había una máquina de suministrar Coca-Colas, clausurada después de que Ricardo Cruz Font —un compañero de estudios que reencontré en la cárcel y luego recuperé en el exilio casado con una contorsionista finlandesa— le lanzara una botella vacía a un guardia que lo ofendió. Andando el tiempo, Ricardo se suicidó en París. En los años setenta le ayudé a publicar en Madrid un libro de poemas al que le puso por título *Blasfemario*.

La curiosa historia del profesor Carvell y el *babalao* culminó a los pocos días, cuando dejaron entrar a un jesuita a confesar y consolar a los reclusos, dándoles la comunión a los que la deseaban. Muchos se arremolinaron en torno al sacerdote, incluidos el atribulado astrólogo y el *babalao* de Guanabacoa. "Llegó el jefe de los brujos", dijo alguien entre la admiración y la fatiga, "y todos agachan la cabeza". Se refería al jesuita.

12

El juicio y adiós a La Cabaña

Formalmente, había un fiscal, unos jueces y unas leyes, pero era una completa farsa. El derecho en las sociedades comunistas está sujeto, como todo, a los fines últimos del Estado, deliberadamente confundido con la Revolución. No había garantías. No existía la presunción de inocencia. No se condenaba por las pruebas, sino por las convicciones. Tampoco había una proporcionalidad en los castigos. El mismo delito podía conducirte a la cárcel, al paredón o a una simple amonestación, dependiendo de la circunstancia, del momento político, o de la persona a la que se juzgara. El comandante Universo Sánchez, por ejemplo, asesinó a un vecino en medio de un ataque de cólera, pero como era amigo de Fidel le impusieron un castigo simbólico.

A nosotros nos tocó una mala época porque el régimen había decidido fusilar estudiantes, obreros, campesinos o propietarios para demostrarles a todos los estamentos sociales que el gobierno estaba dispuesto a ser muy riguroso con los opositores. Se penaba para ejemplarizar, para sembrar el pánico. Los tribunales no eran para impartir justicia, sino para escarmentar.

Los juicios de los presos políticos se llevaban a cabo en la propia prisión, aunque alejados de los reclusos, y eran un mero trámite. No existía el menor vestigio de lo que en las verdaderas democracias califican de un "juicio justo". Las sentencias se redactaban en lo que entonces llamábamos G-2 y más tarde Minint o Ministerio del Interior. El tribunal se limitaba a escuchar (o a dormitar) con los pies sobre la mesa, y luego el presidente daba lectura a la sentencia. Los jueces podían ser o no abogados, pero tenían forzosamente que ser totalmente leales a la Revolución y suscribir sin chistar los castigos impuestos a los reos.

Inmediatamente, un supuesto tribunal de apelaciones, cuya existencia formal solo existía en los documentos, analizaba las sentencias y las ratificaba; los condenados eran devueltos a las celdas, salvo los que eran sentenciados a ser fusilados, que pasaban a lo que llamaban "capilla ardiente", y en la madrugada se les ejecutaba. Todo el proceso duraba pocas horas. Cuando el gobierno, cínicamente, se vanagloria de que es un país sin desaparecidos (lo que ni siquiera es exacto), tiene cierta razón, hubiera podido serlo porque, simplemente, podía asesinar a sus adversarios con total impunidad.

Los abogados defensores, por su parte, se esforzaban por desempeñar bien su trabajo, tal vez por inercia, porque era su deber, o por simpatías ideológicas, pero convencidos de que era muy poco lo que lograban hacer por los acusados, salvo pedir clemencia. Incluso, hubo algunos casos notables de abogados defensores que acabaron tras la reja por haber puesto celo excesivo en la argumentación a favor del reo, algo que le sucedió al doctor Aramís Taboada, compañero y amigo (o examigo) de Fidel Castro, quien murió en prisión luego de haber defendido a decenas de oposicionistas.

La nuestra fue la "causa 6 de enero número 17 de 1961 de La Habana". Les llamaban Consejo de Guerra ordinario. El fiscal fue Carlos Amat, un abogado célebre por el número de personas que hizo ejecutar. Inflexibilidad y rigor que explican que llegara a ser ministro de Justicia. El tribunal estuvo presidido por el capitán Alfredo Ayala García, y lo acompañaban los tenientes Mario Taglé Babé y Pedro Rodríguez. Actuaban como vocales los representantes de la milicia Antonio Grau Batista y José Rensoly Fernández. Andando el tiempo, Taglé Babé se exilió en España, localizó mi número de teléfono y me llamó. Se excusó diciendo que el sistema era terrible y que ellos no podían hacer otra cosa que cumplir con las instrucciones del G-2.

Nuestros abogados defensores eran notables juristas que tenían las manos atadas: Rosas Gullón, Aramís Taboada, Jorge Luis Carro González y Alfredo Carrión Fernández (exjuez y padre de Alfredo Carrión Obeso, nuestro compañero). Nos acusaban de "Estragos, tenencia de material explosivo y de atentar contra los poderes del Estado".

No decían que a ninguno de los acusados les habían ocupado nada, salvo lo poco que encontraron en mi casa en el maletín de Alfredo, y tampoco nos imputaban hechos concretos, porque jamás se realizó ninguna acción o sabotaje.

Digo esto porque el aparato de desinformación y propaganda del régimen, cuando alcancé alguna notoriedad como periodista y escritor, me acusó sin ninguna prueba de quemar la Nobel Academy (cuyo propietario y director, Fernando Junco, fue mi amigo), de poner bombas en cines y de otros repugnantes hechos que jamás llevamos a cabo ni yo ni mis compañeros de causa, y a lo que nos oponíamos sin ambages. Naturalmente, si hubiéramos realizado esos actos nos habrían fusilado, como le ocurrió al joven Carlos González Vidal, acusado de quemar El Encanto, una bella tienda por departamentos.

No obstante, es útil recordar que los castristas sí recurrieron abundantemente al terrorismo, como recordamos los que vivimos "la noche de las cien bombas", colocadas por el Movimiento 26 de Julio en 1958, durante la lucha contra Batista. Yo mismo he contado cómo y cuándo conocí a Linda, mi esposa: la tarde en que unos desalmados colocaron una bomba en el casino del Club Comodoro e hirieron gravemente a unas cuantas personas inocentes.

La noche anterior a nuestro juicio me fue imposible dormir. El mismo tribunal y el mismo fiscal se habían ocupado de la causa cinco, y habían condenado a muerte a Julio Antonio Yebra —un joven médico, muy culto, al que conocía del Club Comodoro— y a varios de sus compañeros a largas penas de cárcel. Julio Antonio me contó que debía su nombre a que su padre había sido amigo y admirador de Julio Antonio Mella, fundador del Partido Comunista en 1925 y vistoso líder estudiantil.

A nuestro Julio Antonio le habían ocupado una carabina calibre 22, rota, y declaró, de manera desafiante, que si hubiera estado funcionando correctamente la hubiese empleado para matar a Fidel Castro, pero que ninguno de los otros acusados tenía la menor responsabilidad en los hechos que se les imputaban. Sencillamente, dijo, no estaban conspirando. Se inculpó de una manera suicida.

¿Por qué lo hizo? Acaso para tratar de salvar a sus tres compañeros de causa: Ulises Silva Soublette, Ronald Condon Gil y César Fuentes.

Esa noche, mientras Julio Antonio esperaba en capilla ardiente que lo fusilaran, otro joven médico, el doctor Andrés Cao, en nuestra galera, dirigió desde su cama un rosario en voz alta por el alma de Yebra. Fue un espectáculo estremecedor. Yo trataba de calmar a uno de los compañeros de Julio. Muchos de los presos lloraban. Los detalles del juicio se habían filtrado. La valentía de Julio Antonio había sido ejemplar.

De la misma manera, el comportamiento de Armando Hart y su mujer Haydée Santamaría fue canallesco. Cuando la dictadura de Batista, ambos se habían escondido en la casa de Julio, quien luego debió huir a España, donde terminó la carrera de medicina. El abogado defensor les pidió que contaran ese servicio de Julio y sus padres a la Revolución. Lo hicieron, pero para declarar que durante el tiempo que estuvieron ahí escondidos temieron una delación de Julio que, naturalmente, nunca se produjo. Fue una incalificable deslealtad.

En 1969, desde Puerto Rico, pude escribirle una carta manuscrita a Isabel, su madre, porque supe que nunca se había repuesto de la muerte de su hijo y padecía una profunda depresión, relatándole la reacción de los presos ante la muerte de Julio Antonio. Unos años más tarde conocí a Conchita, la hermana de Julio, que me dio copia de esa misiva.

Cuando nos tocó ir a juicio, no sabíamos lo que nos esperaba. No lo decía, pero la amenaza de fusilamiento que me habían hecho en el G-2 me preocupaba mucho. Supuestamente, la petición fiscal era de treinta años de cárcel para cada uno de nosotros cuatro, pero la muerte de Julio, con el mismo fiscal y el mismo tribunal, nos hizo prepararnos para lo peor. Yo repartí entre los presos las pocas pertenencias que tenía. Entre ellas, la pasta de dientes, un jabón a medio usar y un ejemplar de *El cero y el infinito*, de Arthur Koestler, que no sé cómo había llegado a mis manos o cómo había pasado la férrea censura de La Cabaña.

Los juicios se llevaban a cabo a media mañana en una especie de galpón cercano al patio y las galeras. Nosotros y los familiares nos sentábamos en pupitres y los jueces, tras una mesa larga de madera cubierta con un paño verde. No existía ninguna clase de solemnidad. Los familiares se sentaban detrás. Pude ver a Linda, a mi madre y a mi suegra, junto a Margarita, la novia de Carrión, y a los familiares de todos los encartados. Aunque Linda estaba llorosa, me confortó verla. Debíamos ponernos de pie cuando decían nuestros nombres. Cuando mencionaron el mío, agregaron, "menor de edad". Como por mi estatura y apariencia parecía mucho mayor, mi mujer y mi madre escucharon decir a uno de los guardias una frase notablemente popular y grosera: "si ese tipo es menor, mis cojones son claveles".

El juicio fue una broma macabra. Los miembros del tribunal, a veces con los pies sobre la mesa, se limpiaban las uñas, se hurgaban la nariz y alguno de ellos cabeceaba vencido por el sueño. La sentencia adjudicada por el G-2 fue menor que la petición fiscal: veinte años de cárcel para Carrión, Piñango y Jorge Víctor Fernández, mientras yo —gracias a la discreta gestión de Víctor de Yurre— era condenado hasta la mayoría de edad en una institución para presos políticos menores de edad. Después, *supuestamente*, quedaría libre.

Todos regresamos a las celdas felices porque no fusilaron a ninguno y, en mi caso, porque ni siquiera tendría que pasar mucho tiempo preso. Era mediados de enero y en abril cumpliría los dieciocho años. Apenas cuatro meses. No sabía que había alguien empeñado en perjudicarme. Han pasado casi sesenta años y no he podido averiguar quién era. Por lo pronto, mis compañeros presos no quisieron devolverme el libro. Me decían que yo estaba "técnicamente muerto". A los efectos de la devolución del libro yo había sido fusilado. Me devolvieron, eso sí, el tubo gastado de pasta de dientes y la pastilla de jabón medio usada.

Despedida de La Cabaña

En aquellos tiempos remotos —enero de 1961—, con frecuencia no les notificaban nada a los familiares, y la manera que estos tenían de indagar sobre el destino de los reclusos era presentarse el día de visitas (creo que era los domingos) y preguntar. Recuerdo la mañana en que una joven embarazada fue a visitar a su marido sin saber que había sido fusilado la noche anterior. A esa despiadada crueldad se agregó otra. La pobre mujer lloraba desesperada, hasta que un guardia desalmado le gritó:

—Cállate, puta, lo que tienes que hacer es buscarte otro macho.

La mujer se desmayó y otros familiares se la llevaron cargada a la enfermería.

En una de esas visitas se escapó, pretendiendo que era un niño, un joven preso, menudito y lampiño, llamado Francisco González Aruca. Tendría unos veinte años. Entonces permitían la visita de mujeres, hijas y niños hasta de unos doce años. Aruca estaba en mi galera, pero jamás cruzamos palabra. Sin embargo, como muchos de los reclusos, vi los preparativos de la fuga. Rodeado de amigos y familiares cambió la ropa de presidiario por una camisa juvenil y un pantalón claro que le habían traído. En ese punto, algunos de sus compañeros de causa —era del MRP— y otros amigos comenzaron a cantarle:

—"Naranja dulce, limón partido / tú eres muy lindo y muy lampiño, / pero esos huevos no son de niño".

Aruca, sudoroso, solo atinaba a decir:

—No jodan, caballeros, no jodan.

Años más tarde, leyendo *Indagación del choteo,* de Jorge Mañach, un ensayo caracterológico sobre los cubanos, entendí perfectamente ese episodio. Tenía que ver con la incapacidad de nuestra tribu para asimilar los momentos más solemnes. Aruca iba a intentar fugarse como si fuera un niño. Lógicamente, estaba nervioso. Pero la manera de impedir que esa historia fuera tan dramática era cantando una variante de la coplilla. Mañach contaba que en París, en una rara visita al crematorio de cadáveres, en el momento más trágico, cuando sacaron a uno de los muertos para incinerarlo, un cubano que estaba en el grupo gritó: "¡póngamelo de vuelta y media!". El choteo le permitía eliminar la solemnidad.

En esa época, las autoridades reunían a los familiares junto al rastrillo, como le llamaban a la puerta enrejada que daba al patio, mientras nos mantenían a nosotros en las galeras. Cuando comenzaban las visitas, los familiares pasaban al patio, cerraban el rastrillo y abrían las galeras para que se reunieran con sus presos. Así pude otra vez ver a Linda y a Manola, mi madre, lo que me dio una inmensa alegría. Todos estábamos infinitamente contentos de que yo siguiera vivo y de que la sentencia se hubiera ajustado a la letra tantas veces violada del Código Penal. Teóricamente, solo estaría preso hasta el próximo 3 de abril.

También cerca de nosotros, aunque desviamos la mirada intermitentemente, Felipe Mirabal hizo el amor, o algo parecido, sentado en una silla de tijera. Lo visitó una de sus amantes, una mulata clara muy hermosa. Vestía con una falda ancha y seguramente no llevaba *panties* o *bloomers*, como le dicen en Cuba a esa prenda íntima. La muchacha se sentó de frente a Mirabal sobre sus muslos. La mano de Mirabal se perdió unos instantes bajo la falda. Los dos se miraron con expresión arrobada mientras se movían. Un enjambre de niños corría entre los presos. La silla comenzó a crujir y los vecinos a ponerse nerviosos. Finalmente, los dos terminaron y se fundieron en un abrazo cansado. En realidad, nadie había visto nada. La saya ancha y copiosa ocultaba el pecado.

Felipe Mirabal estaba condenado a muerte. Había sido coronel y subjefe del Servicio de Inteligencia Militar de Batista, pero nunca ejecutaron la sentencia. Se decía, maliciosamente, que Lina Ruz, la madre de los Castro, les había rogado a sus hijos que no lo mataran por razones sentimentales. Mirabal, un viejo militar, había dirigido la Guardia Rural en la zona de Birán, donde nacieron los Castro, y se decía que Raúl era hijo suyo y no de Ángel Castro. Tras el coito en la silla —que a mí me maravilló por la capacidad de abstracción de ambos, lo que delataba un superior control de los nervios—, le pregunté si era verdad que Raúl, tan diferente a Fidel y a Ramón —el hermano mayor—, era hijo suyo. Me respondió que no. Que conocía a la familia, pero que Raúl se parecía a Juanita, una hermana un año menor, y ambos eran el reflejo de Lina, mientras Ramón y Fidel eran "cagaditos" al viejo don Ángel. Agregó que, hasta donde sabía, doña Lina era una persona seria y cristiana devota. Lo cierto es que no lo fusilaron, pero tampoco lo soltaron. Murió en la cárcel muchos años después.

Por unos altavoces se anunciaba que la visita había terminado y los presos debían volver a las galeras, a las que pondrían los correspondientes candados. Los presos nos aproximábamos a las rejas de las galeras para ver a nuestros familiares por última vez, al menos ese día. Todos obedecimos, menos Aruca, que se quedó formando fila en el patio, escondido tras unas mujeres. Unos militares inspeccionaban a los familiares para evitar alguna fuga. De pronto, uno de ellos se detuvo frente a la fila y le pidió a Aruca que saliera. Este lo hizo, mustio y cabizbajo. Desde las galeras no podíamos saber lo que decían, pero los que conocíamos el intento de evasión casi no respiramos. No fue hasta el domingo siguiente que nos contaron los detalles. De pronto, una de las mujeres intervino decididamente. Declaró que era un hijo suyo que había venido a ver su padre.

—Usted sabe que solo pueden entrar los menores de doce años. ¿Qué edad tiene el muchacho? —preguntó el guardia mirando a Aruca.

—Catorce —mintió Aruca hábilmente.

—Pues no vuelva a traerlo nunca más —le dijo el guardia triunfalmente a la madre de Aruca, satisfecho de haber encontrado una falta.

Todos salieron, incluido Aruca, que logró asilarse en una embajada y partir rumbo a Estados Unidos cuando le dieron el salvoconducto. En este país sufrió una curiosa reconversión al castrismo. Tras graduarse de economista y ejercer la docencia en Puerto Rico, en 1979 montó un negocio de llevar turistas a Cuba (Marazul) que le produjo algunos beneficios económicos, mientras defendía al régimen en una hora radial transmitida en Miami. Los disidentes más suspicaces pensaban que la fuga de La Cabaña había sido una operación para crearle una leyenda de opositor. Pudiera ser, pero no es lo que me pareció ver en aquella mañana luminosa. Creo que fue una fuga real con una carga de *suspense* casi de cine.

Pese a que no hay nada más difícil que establecer un juicio de intenciones, creo que la evolución ideológica de Aruca fue una combinación entre sus intereses económicos y la creencia, arraigada en unas pocas personas, de que convenía sumarse a un régimen que había derrotado a sus adversarios. Aruca había sido un católico militante formado por los jesuitas. Aunque lo vi un par de veces en la casa de María Cristina Herrera en Miami, otra persona vinculada al catolicismo, no hubo una buena química entre nosotros. No le gustaba hablar de su fuga de la cárcel castrista, y mucho menos con un testigo de aquellos hechos. Murió en el 2013 de un infarto súbito. Antes de ser trasladado de La Cabaña, presencié lo que llamaban una "cordillera". Era el traslado a Isla de Pinos de los presos sentenciados. Recuerdo que les di un abrazo conmovido a mis compañeros de causa, y muy especialmente a Alfredo Carrión. Pensábamos que la separación sería por corto tiempo. Todos teníamos la certeza de que el fin del régimen comunista se acercaba. Sabíamos que un grupo grande de opositores se adiestraba en algún lugar de Centroamérica. Sabíamos —aunque se magnificaban las noticias— que en las montañas del Escambray existía una valiente rebelión campesina. Sabíamos que la disidencia interna y la lucha clandestina en las ciudades aumentaba de intensidad. Eso alimentaba nuestros deseos y, con ellos, nuestras ilusiones.

Lo que ignorábamos era la capacidad de resistencia del régimen, la ayuda irrestricta de Moscú, la honda penetración de la contrainteligencia a los grupos subversivos, dirigida por cubanos y rusos vinculados al aparato represivo, y el hecho inconcebible de que el recién estrenado presidente John F. Kennedy llegaba a la Casa Blanca decidido a no prestar su ejército o su aviación para desalojar del poder a un satélite de la URSS instalado a un tiro de piedra de la Florida. ¿Para qué los demócratas de Harry Truman habían ido a pelear a Corea, a miles de kilómetros, dentro de la lógica de la Guerra Fría, si los de John F. Kennedy se quedaban con los brazos cruzados ante el surgimiento de un peligroso adversario en el traspatio?

En esa atmósfera, una mañana me llamaron a la oficina. Debía presentarme con mis pocas pertenencias. Era el momento de trasladarme a la cárcel de presos políticos menores de edad. Tuve sentimientos mixtos. Por una parte, lamentaba abandonar La Cabaña, donde había hecho algunos amigos. Por otra, celebraba que me trasladaran a una prisión de menor rigor de donde saldría a los pocos meses.

13

Piti Fajardo, antiguo Torrens

El traslado a la nueva cárcel fue en un vehículo policiaco en el que yo ocupaba la jaula posterior. Como no ofrecía ningún peligro, ni siquiera me esposaron; la guardia se limitaba a un chofer y a un militar acompañante de pocas palabras y arma larga. Lo único que recuerdo de aquel extenso trayecto fue un motociclista solidario —así lo interpreté— que me saludó con la V de la victoria y una sonrisa amable.

La cárcel estaba en una finca en las afueras de La Habana. La historia del lugar refleja perfectamente lo sucedido en Cuba. En septiembre de 1959 le cambiaron el nombre de Instituto de Reeducación de Menores Torrens por el de Centro de Rehabilitación de menores Piti Fajardo. Una de las características de todas las revoluciones es nombrar nuevamente las cosas, como si el pasado no existiera o contaminara el futuro. Piti era el pseudónimo de un joven médico comunista llamado Manuel Fajardo, oficial del Ejército Rebelde, muerto de un balazo mientras combatía contra los campesinos rebeldes del Escambray.

Pero ese nombre y esa función solo duraron hasta 1964. En ese año trasladaron a los muchachos presos a granjas de reeducación porque los soviéticos habían escogido el lugar para instalar una gran estación de espionaje radioelectrónico llamada Base Lourdes, por cuyo alquiler abonaron religiosamente, con perdón, doscientos millones de rublos anuales a los anfitriones cubanos.

Desde ahí se monitoreaban todas las comunicaciones norteamericanas en el este del país. Recuerdo, en los años ochenta, haber descolgado mi teléfono en Miami —aunque vivía en Madrid mantenía un apartamento en Miami— y haber escuchado por un buen rato las comunicaciones dentro de Cuba. Le expliqué a un técnico lo que sucedía, sonrió y me dijo una sola palabra: "Lourdes".

En Madrid, por cierto, por aquellas fechas, donde residía desde 1970, no era Lourdes la que me espiaba, sino la llamada Célula Caimán que había organizado la Seguridad cubana dentro de Telefónica española aprovechando sus vínculos con los comunistas de ese país. La empresa me "regaló" un teléfono, entonces moderno, que subrepticiamente captaba las conversaciones de la casa y eran transmitidas a algún receptor cercano. Fue Linda quien intuyó el espionaje basada en la más razonable de las inferencias: Telefónica nunca obsequiaba nada. El regalo debía estar envenenado. Lo estaba.

Curiosamente, Lourdes se mantuvo después de 1991, tras disolverse la URSS y terminar la Guerra Fría con una derrota absoluta de Moscú, pese a la afinidad casi total con Washington del gobierno posterior a Gorbachov. No obstante, en el 2001 Vladimir Putin —y no Boris Yeltsin, que le había entregado el poder a su sucesor el primer día del siglo XXI— decidió cancelar el contrato, recuperó los equipos y los hizo devolver a Rusia, lo que le creó un gran malestar y resentimiento a Fidel Castro y a su régimen. Fue uno de los primeros gestos significativos de Putin. Lourdes le sirvió como señal de que Occidente no debía temer al exoficial del KGB. No pretendía regresar al pasado.

Fue entonces que Hugo Chávez vino al rescate de su maestro y amigo y proporcionó los recursos para crear, en tiempo récord, en el mismo sitio, la Universidad de Ciencias Informáticas, la UCI. Allí no solo se formarían excelentes profesionales en la comunicación digital y en el manejo de Internet, sino, como parte habitual de su trabajo, crearían unidades especiales para calumniar opositores, distorsionar la realidad, desviar los debates entre lectores genuinos, colocar informaciones falsas —fake news— o hacerse pasar por disidentes estúpidos que ofendían a los lectores con comentarios racistas. Eran los temibles trolls. Para el aparato de desinformación cubano —que tanto había aprendido del KGB—, Internet significaba una estupenda plataforma.

El trato dispensado a los jóvenes opositores en la cárcel Piti Fajardo era infinitamente mejor que el que recibían los presos políticos en La Cabaña. En ese momento, los centros de rehabilitación de menores estaban adscritos al Ministerio de Bienestar Social, lo que implicaba una relación mucho más humana con los presos. No había uniformes, la comida era mejor, y aún se conservaban algunos de los comportamientos republicanos. El único inconveniente era que permanecíamos todo el tiempo en la celda, a menos que tuviéramos que acudir al médico, al barbero o a la oficina.

Inmediatamente, por ejemplo, me hicieron una cita con la psicóloga de la cárcel para determinar por qué yo había delinquido, procedimiento habitual en la Cuba prerrevolucionaria, donde los muchachos recluidos eran culpables de delitos comunes. En la Piti Fajardo, los antiguos presos comunes se habían convertido en guardianes o empleados y desempeñaban diversas tareas en la cárcel.

El edificio era de una sola planta. La celda era espaciosa y estaba bien iluminada. Tendría unos cincuenta metros de largo por veinticinco de ancho. Cabíamos unos cuarenta reclusos, todos presos políticos, en dos pasillos de camas de un solo nivel. Los colchones no tenían chinches, o al menos yo no las vi ni escuché a nadie quejarse de ellas. El lugar estaba razonablemente limpio. Al final de la celda existía un baño con varios inodoros y duchas. No habían establecido horarios para utilizarlas. No era extraño que algunos presos se bañaran por la noche. Sobre varias camas había una ventana enrejada con un poyo de unos veinticinco centímetros, y la única puerta de la celda estaba custodiada con un guardia portador de un fusil militar.

Casi todos los presos teníamos entre quince y diecisiete años, y la mayor parte eran jóvenes campesinos alzados en el Escambray capturados en combate. El menor era un niño de once años, absolutamente enclenque y silencioso, al que hoy calificarían de alguna variante autista. Lo acusaban de pirómano porque quemaba cañaverales. Cuando pregunté, me contaron su historia: al padre lo habían fusilado y el muchachito se estaba vengando. No hablaba con nadie. No leía. No miraba a los ojos. Se limitaba a escuchar radio con el volumen muy bajo porque le molestaba el ruido.

Me impresionó un campesino llamado Rafael Gerada. Se había alzado contra el régimen otra vez. A los catorce años lo había hecho contra Batista. A los diecisiete le tocó pelear contra los comunistas.

Me contó que en su pueblo de la provincia de Santa Clara todo el mundo estaba contra la nueva dictadura. A su guerrilla la habían diezmado. Creo que era el único sobreviviente. Había llegado a la celda con un tiro mal sanado en la mano. Como la herida estaba infestada se la "curaron" con creolina. Se le salían las lágrimas de dolor, pero no soltó un quejido.

El día que me tocó ir a la psicóloga me acompañaba un joven presidiario. El despacho de la señora estaba en otro edificio. Nos escoltaba un soldado que portaba un rifle. En el camino, el muchacho simuló caerse. Se incorporó y siguió andando. Hábilmente, había arrancado un puñado de hierba y se lo había metido en el bolsillo sin que el guardia se percatara. Era dormidera, una planta que tenía ciertos efectos estupefacientes parecidos a la marihuana. Después la secaría al sol a través de la reja sosteniéndola durante horas en la mano. Era un trabajo intenso por el solo placer de violar las reglas.

La psicóloga resultó ser una mujer joven y atractiva que hacía su trabajo rutinariamente y sin ninguna convicción ideológica. Por las preguntas y los ademanes sospecho que simpatizaba con la oposición, pero no dijo nada que la comprometiera. Me sometió a tres test: el de Rorschach, con las clásicas manchas de tinta; el de interpretación de temas o situaciones mediante figuras que se relacionan ambiguamente, donde las respuestas *proyectan* la personalidad e incluso los problemas íntimos del que responde, más un test estándar de inteligencia. Nunca, naturalmente, supe las evaluaciones, pero sospecho que la psicóloga estaba obligada a formularlas.

UNA EVALUACIÓN INESPERADA

A los pocos días de estar en la nueva cárcel me sorprendieron con una extraña orden:

—Prepárese, que vamos a llevarlo al médico.

Dije que no estaba enfermo y que no había solicitado esa consulta, pero a los pocos minutos estaba sentado en un *jeep* junto a dos escoltas y un chofer militar. Pregunté a dónde me llevaban y no me respondieron. Pregunté por qué me llevaban y tampoco me contestaron.

Al cabo de una hora, más o menos, llegamos a la consulta de un ortopeda. Lo decía la placa. El nombre del médico debió ser muy frecuente o muy extraño, porque no lo recuerdo. Los dos soldados con sus armas largas se bajaron del *jeep* y me acompañaron. Yo no tenía la menor idea de lo que sucedía. En la oficina había fotos de Fidel Castro en las paredes y alguno de aquellos tontos lemas revolucionarios que entonces abundaban.

Me debían estar esperando porque pasé antes que los pacientes que atestaban la sala. El médico era un hombre cetrino y con gafas de unos cincuenta años. No sonreía, lo que atribuí a que era uno de ellos, militante o simpatizante. En un tono irónico, pero sin ser ofensivo, dijo:

—De manera que usted es el "niño".

Depositó la ironía en la palabra "niño". No era una pregunta, así que me limité a responder con un gesto ambiguo. Me pidió que me quedara en calzoncillos.

—¿Para qué? —le pregunté.

—Voy a hacerle unas placas de rayos X.

Me trataba de usted. Era una señal de distancia. Hizo placas de mis tobillos, de las rodillas y de las muñecas. Yo seguía sin entender:

—¿Por qué en las articulaciones? —indagué intrigado.

Antes de responderme, vaciló. Se enfrentaban el militante hermético y el médico. Triunfó el médico.

—Porque es una forma de averiguar la edad real de las personas.

—Tengo diecisiete años —protesté.

—No lo dudo —mintió el médico—. Pero parece mucho mayor.

—Tengo diecisiete años —insistí.

—Pero está casado y tiene una hija. La apariencia y la biografía no corresponden a un muchacho de diecisiete años. Además, su expediente en Maternidad Obrera dice que tenía dieciocho cuando comenzó a trabajar, y no quince.

Dijo "hija". Me sorprendió que supiera tanto de mí. No había llenado ningún cuestionario. También me extrañó que se hubieran molestado en buscar en los papeles de Maternidad Obrera. Era cierto. Para conseguir el trabajo había mentido. Había declarado más edad. Lo curioso es que esa información no hubiera salido durante el juicio.

—Tengo diecisiete años —repetí—. Me agregué tres años. Me pidieron que mintiera para darme el empleo. Me lo sugirió el doctor Luis Buch, ministro de la Presidencia, amigo de mi madre desde la infancia, que fue quien me consiguió el trabajo.

El médico se encogió de hombros. Él mismo llamó a la escolta para que me recogieran en la oficina. El viaje de regreso fue tenso y silencioso, pero sucedió algo que tal vez me cambió la vida. Íbamos a pasar frente a la casa de mis suegros, en la 84 avenida de Miramar, donde hacían —les dije— el mejor café de La Habana. Les rogué que me dejaran darles un beso. Serían unos tres minutos y no teníamos que desviarnos. Se miraron y, sorprendentemente, accedieron.

Solo estaba mi suegro. Inteligentemente, les ofreció café a los guardias. No era gran cosa, pero nadie se quejó. Eso me dio tiempo para contarle lo que había ocurrido con la visita al médico. Con una sonrisa inocente me dijo que hablaría con Víctor. ¿Quién quería perjudicarme dentro del vasto universo de la represión castrista?

El abogado

A los dos o tres días de las placas me llamaron a la oficina. Me visitó un joven abogado. Se apellidaba Hernández. No recuerdo su nombre, pero sí el hecho de que poco después lo asesinaron en un confuso incidente que tenía aristas políticas. Me lo enviaba Víctor de Yurre. Nunca lo había visto. Los abogados, en ese entonces y en la cárcel de menores, tenían libre acceso a los reclusos. Bastaba con que lo solicitaran. El guardia se alejó rutinariamente. Pudimos hablar sin testigos. Me pidió que le repitiera lo sucedido con el médico que intentaba demostrar que yo no tenía la edad que decía la inscripción de nacimiento.

Tras escucharme, movió la cabeza con una expresión de preocupación.

—Eso es parte de la crisis —me dijo.

—¿De qué crisis? —le pregunté.

—Es algo que comenzó cuando nombraron a Elena Mederos ministra de Bienestar Social, al inicio de la Revolución.

—Sí, en el gabinete nombrado por Urrutia —agregué.

—Hasta donde sabemos, hay tensiones entre el G-2 y el Ministerio de Bienestar Social, que maneja las cárceles de menores. Bienestar Social no está controlado por los comunistas como sucede con el G-2. Bienestar Social esgrime las leyes de la Revolución para quejarse de las actuaciones del gobierno. Eso irrita mucho a la policía política.

—¿Qué más le da al G-2 que yo cumpla cuatro meses de cárcel o veinte años?

—Te equivocas. Lo que yo he aprendido es que estos policías comunistas se toman muy en serio su papel de garantes de la Revolución. Se sienten el corazón y el escudo del poder y realmente lo son. Probablemente el G-2 quería alejarte de la calle por un buen número de años y Bienestar Social se interpuso al ser tú menor de edad. De Yurre tocó un nervio muy sensible sin darse cuenta. Bienestar Social alega que ustedes son niños y el G-2 dice que son solo pichones de contrarrevolucionarios. Como casi todos los comunistas comenzaron a militar en la adolescencia, no creen en la inocencia de los jóvenes.

—¿Y a dónde conduce esa bronca y qué tiene que ver conmigo? —le pregunté.

—El G-2 quiere quitarle a Bienestar Social el control de todos los casos políticos. Tal vez tu prisión fue la gota que colmó la copa. No puedo asegurártelo.

Tal vez. ¿Cómo saberlo? Le hice la pregunta que me inquietaba:

—El 3 de abril cumplo dieciocho años. Faltan un par de meses. ¿Autorizarán mi libertad, como ambiguamente dice la sentencia?

Hernández se quedó pensativo.

—No lo sé. Creo que sí, pero no puedo afirmarlo.

—¿Cómo pueden incumplir sus propias sentencias?

Hernández me miró con incredulidad.

—Estos tipos pueden hacer lo que les dé la gana. Pueden juzgarte por otros supuestos delitos y dejarte preso. Tal vez eso es lo que traman. Todo está en que la policía política tenga la convicción de que les conviene mantenerte tras la reja.

—¿Por qué harían algo así? Yo no soy un preso importante.

—Por la bronca con Bienestar Social, por lo que quieran. Conozco algunos casos de presos que han sido recondenados para no liberarlos. Sé de menores de edad que han sido sumariamente fusilados.

—El próximo domingo es la visita de la familia. Te ruego que le digas a Víctor que acompañe a Linda, a mi madre y a mi suegra —yo había tomado una decisión, pero preferí no comunicársela a Hernández.

Nos despedimos con un apretón de manos. Nunca más lo volví a ver.

14

Trataré de fugarme

El domingo era el día de las visitas. Me encantó ver a Linda, a mi madre y a mi suegra. Linda, pese a su inocultable tristeza, estaba radiante. A nuestra hija Gina la dejaron con su nana. No sé si prohibían la visita de los bebés, pero fue una decisión sabia. Teníamos apenas una hora para hablar y los pequeños necesitan mucha atención.

Recuerdo como algo entrañable los abrazos que nos dimos. Víctor consiguió entrar, aunque no era un familiar cercano. Hizo valer sus credenciales revolucionarias, supongo, aunque a esas alturas él estaba muy lejos de las líneas ideológicas del gobierno, claramente comunistas. Nos reunimos, como todos los reclusos, en unos incómodos bancos en una especie de patio techado. Los guardias tenían órdenes de las autoridades de Bienestar Social de no importunar a las familias y guardar una respetuosa distancia.

Recuerdo que fui rápidamente al grano, y luego me explayé en las razones de la decisión:

—Voy a tratar de fugarme.

Se produjo un silencio incómodo en el que todos se miraron sorprendidos.

—¿Por qué —me dijo Perla, mi suegra—, si apenas te quedan pocos meses en la cárcel?

—Precisamente, porque me quedan pocos meses para cumplir los dieciocho años. De esta cárcel es posible fugarse. No es sencillo, pero es posible. Del penal de Isla de Pinos o de La Cabaña es casi imposible. Temo que me inventarán otra causa y me condenarán, como a mis compañeros, a veinte años. Hay alguien empeñado en que eso suceda.

Intervino Víctor de Yurre:

—Es muy probable. Es lo que los españoles llaman un "tiro por elevación", te disparan a ti, pero el blanco verdadero es Bienestar Social. Quieren quitarle la facultad de proteger a los presos políticos menores de edad. El G-2 está incómodo con esa disposición.

Tiro por elevación. Era la primera vez que oía la expresión. Años más tarde, en España, la escucharía y la leería en numerosas oportunidades. Entonces intervino mi madre, muy preocupada:

—Tampoco es fácil fugarse de esta cárcel. Está dentro de una finca. Hemos visto a muchos guardias haciendo posta en las afueras. Hay alambres de púas. Tendrías que fugarte de la celda, del perímetro de los edificios, de la finca y llegar a La Habana. Eso no es sencillo.

Linda preguntó, a punto de llorar, pero con una extraña entereza:

—No solo eso. Si pudieras salir de la celda, de la cárcel y de la finca, ¿cómo escaparías de Cuba? Por el aeropuerto, ni pensarlo. Te detendrían. Las costas están muy vigiladas para evitar la salida por mar.

—Alguna embajada latinoamericana. No hay otro camino —le respondí.

Linda se acercó más a mí y a duras penas contuvo las lágrimas.

—Pero hay otro problema y no es pequeño. Si tú te escapas, ¿qué pasaría con Linda?

Fue mi madre la que preguntó. Francamente, yo no había pensado en eso, pero era probable que la tomaran a ella como rehén. Todos nos quedamos unos instantes en silencio, hasta que Perla intervino:

—Linda debe irse antes de que tú te escapes. Estos tipos son capaces de cualquier cosa. Ella tiene visa americana y todavía es posible viajar.

—Yo no me voy sin mi marido —dijo Linda resueltamente—. Y mi hija Gina no tiene siquiera visa.

Apretándole la mano, me tocó responderle:

—Mi cielo, si tú no te vas no intentaría escaparme. Prefiero arriesgarme a una segunda condena a veinte años antes que saberte presa por mi culpa.

Mi madre dudaba. Se dirigió a Víctor de Yurre y le preguntó:

—¿Crees que lo volverán a juzgar?

Víctor se quedó pensando antes de responder:

—Es muy extraña la historia de las radiografías. Jamás he visto otro caso. Si no existiera el conflicto entre el G-2 y Bienestar Social pensaría que no lo condenarían nuevamente, pero creo que sí, que buscarían cualquier pretexto para retenerlo en la cárcel.

Fue Linda la que en ese momento hizo una pregunta peliaguda:

—Y si fracasa la fuga, ¿no le estaremos dando una excusa perfecta al G-2?

—Eso quiere decir que el intento no puede fallar —dijo mi madre, agregando una historia para mí desconocida—. Les cuento —dijo— que cuando estaba preso en Quinta y Catorce, y supe que lo iban a trasladar a La Cabaña, me fui a ver a mi amiga Olga Goicoechea. En ese momento, el comandante Eloy Gutiérrez Menoyo estaba en su casa, y me constaba que ya estaba totalmente enfrentado a Fidel, así que le planteé la posibilidad de que un comando de su grupo interceptara al grupo de traslado y liberara a Carlos Alberto. Enseguida me disuadió. Me dijo que era una operación muy peligrosa en la que posiblemente todos perderían la vida.

En efecto, yo había conocido a Menoyo en la casa de Olga Goicoechea, y a su jefe de Inteligencia, el capitán Roger Redondo, con quien, en su momento, establecería una buena amistad. Pero cuando mi madre, desesperada, le habló a Eloy, además de parecerle descabellada la operación, fue por los días en que el comandante preparaba su fuga rumbo a Estados Unidos junto a su Estado Mayor. En enero se habían escapado de Cuba. Estábamos a mediados de febrero.

—¿Cómo podemos ayudarte? —me preguntó Víctor.

—Pensemos en que todo saldrá bien. De lo contrario, no tiene sentido intentarlo. Lo primero será escaparme de la celda. Ya sé que en los talleres de los antiguos reclusos hay seguetas. Necesito localizar a uno que me venda la segueta y no me delate. Mi plan es cortar los barrotes por la noche y huir hacia la carretera.

—Pero ¿no hay guardias? —indagó Linda extrañada.

—Sí. Hay varios. Siempre hay uno del otro lado de la reja de entrada, pero esporádicamente suele dormirse en su taburete. Confiemos en que esa noche esté medio dormido. En estos días lo he chequeado y casi siempre se duerme, aunque a ratos despierta, pero solo para volver a rendirse.

—Bien, supongamos que has escapado de la celda —dijo Víctor—. ¿Cómo sales de la finca y evitas a los guardias?

—Esa es la ayuda que necesitaré de ti. Me hace falta que muevas tus contactos para poder escapar en un vehículo militar. ¿Crees que lo conseguirás?

—Sin duda trataré, pero no sé si tengamos suerte.

El guardia se acercó a nuestros bancos y nos advirtió que la visita había acabado. Le pedimos dos minutos para despedirnos y asintió con la cabeza. No lo percibí como un tipo hostil. Creo que hasta tuvo una amable sonrisa.

—También voy a necesitar algún dinero —les dije a todos mientras nos abrazábamos—. Nos vemos el domingo próximo, el 19.

Linda lloraba. La besé y le aseguré, pese a mis secretas dudas, que todo saldría bien. Ella temblaba. Mi madre y mi suegra estaban conmovidas. No había tiempo que perder.

Otro domingo, otra visita

El miércoles 22 de febrero me llamaron a la oficina. Quería verme un oficial. Uno de los jefes. Se llamaba Horacio Parra. Puedo decir su nombre porque ya está muerto. Murió muy anciano. Nos quedamos solos en su muy sencillo despacho. Me señaló hacia el techo sin decir palabra, como advirtiendo que podía haber micrófonos. Me hizo una pregunta general sobre la comida que nos suministraban para mantenerme hablando mientras escribía unas notas.

Me las fue dando una a una. Supe que había conocido a Víctor de Yurre. Supe que coincidían en las relaciones con una amiga común. Supe que Linda, mi madre y mi suegra lo habían visitado. Me preguntó que cuándo intentaría fugarme. Le dije que todavía no tenía forma de cortar los barrotes, pero ya estaba al habla con un antiguo preso común que ahora servía de guardia en los talleres. Él me la conseguiría. Le escribí que era un joven mulato de baja estatura, muy mala leche y fama de corajudo. Me preguntó el nombre y se lo dije. (No lo menciono porque pudiera vivir todavía). Hizo un círculo con los dedos índice y pulgar de la mano derecha para mostrar su aprobación.

Me dijo que lo mejor era tratar un sábado en la noche. Los fines de semana había menos personas de guardia. Solían parrandear. Quedamos en que, si yo conseguía la segueta, trataría de fugarme en la noche del sábado 4 de marzo. Me enseñó un croquis del perímetro de la cárcel. Marcó con una equis donde me estaría aguardando. Era justo detrás de una cerca de piedra. Señaló la hora: la una de la madrugada del domingo 5 de marzo. Esperaría quince minutos máximo. Iría en un *jeep* militar. Me pidió los papeles que me había ido entregando y los quemó con un encendedor Zippo en el cenicero grande de piedra que había sobre su mesa. Tras terminar, tiró las cenizas en una papelera. Horacio Parra era audaz y precavido. Por eso murió viejo.

El domingo 26 de febrero fue la visita familiar. Vinieron mi suegra y mi madre. Habían conseguido embarcar a Linda en el *ferry* que la llevaría hasta Palm Beach. Allí la esperaría su tío político Johnny Espinosa, marido de Vicky, la hermana de Perla. Cuatro de los hermanos de Linda, más jóvenes que ella, ya estaban hospedados en casa de Vicky y Johnny. Linda debía hacerse cargo de ellos. En ese momento eran nueve hermanos. En el exilio nacerían otros dos. Exiliar a una familia tan numerosa era un doble problema. Linda trató de sumar con ella, de polizona, a nuestra hija Gina, pero el capitán se negó de plano. Tenía órdenes estrictas de no permitir que viajara nadie que careciera de visa. Gina ni siquiera tenía pasaporte. A regañadientes y llorosa, Linda aceptó viajar, con la promesa de que regresaría si fallaba mi plan de fuga y si Gina se quedaba atrapada en Cuba. Perla le aseguró que la niña saldría pronto. En su momento, tan pronto obtuvo el pasaporte y la visa americana, mi madre la sacaría de la Isla.

Perla me contó la visita al oficial del ejército Horacio Parra. Era teniente o capitán, me dijo. Fueron Linda, mi madre y ella a verlo a su casa. Perla llevaba diez mil pesos en su cartera para convencerlo si era necesario. Cuando le insinuó la cifra, Parra se sintió ofendido. Ni por un millón de dólares haría algo así. Si lograba escaparme, me recogería en la carretera por amistad, por solidaridad, y porque, como muchos de los luchadores antibatistianos, se sentía estafado por el rumbo comunista que Fidel, Raúl y un puñado de sus hombres más cercanos, le habían impuesto al país, pero jamás lo haría por dinero.

En ese momento, mi madre me entregó una chaqueta negra de cuero. Era febrero y todavía había vestigios de algo parecido al frío. Por eso le permitieron pasarlo. Me dijo que cuando estuviera solo, tal vez en el baño, desprendiera cuidadosamente el dobladillo de la cintura y ahí encontraría unos cuantos dólares por si los necesitaba. Agregó que me traería suerte. En realidad, mi madre era la que siempre me había traído suerte. Les expliqué que debía pagar por la segueta por adelantado y confiar en el excluso que fungía como guardia. En ese momento, como un fogonazo, todo me pareció una locura que saldría muy mal, pero les dije lo contrario para animarlas. Cada minuto que pasaba se me hacía evidente que sería condenado de nuevo.

Mi madre, Perla y yo estábamos de acuerdo en que la ayuda de Parra era crucial. Las dos me dieron detalles de lo que les había sucedido el pasado domingo tras visitarme. Le habían dado la vuelta a la finca para planear dónde me recogerían si no aparecía otra persona, pero en medio del trayecto las había parado la policía, les habían abierto el maletero del auto, y les habían advertido que, si alguien se fugaba de la cárcel, las buscarían a ellas como cómplices. Solo se podía escapar de la zona en un vehículo militar, como el que Parra conducía, pero si todo salía mal, a Parra probablemente lo fusilarían y yo me pudriría en la cárcel.

Todavía faltaba por solucionar un importante problema. ¿Qué haría Parra conmigo si lograba escaparme? Su función era sacarme del sitio, pero no protegerme indefinidamente. Mi madre tuvo una idea: esa noche debía irme a la casa de Pepe Jesús Ginjauma Montaner, la persona más audaz y leal de la familia. Tal vez recordó el momento, en 1940, cuando Pepe Jesús escondió a Ernesto, mi padre. El viejo principio de pedirle un gran favor a alguien que antes te había servido seguía vigente en su cabeza.

—¿Cómo lo localizo? —pregunté.

No tenían sus señas.

—Llama a casa si todo sale bien —dijo Perla—. Ahí te doy la dirección. Sé discreto, por favor.

Asentí, naturalmente.

15

La fuga

No les dije nada a los compañeros de celda de mis planes de fuga. No sospechaba de nadie en particular, pero si algo había aprendido tras el episodio de la prisión, era que en las celdas siempre había un chivato. Eran unos cuarenta o cincuenta muchachos cautivos y cualquiera de ellos podía irse de la lengua. Para que todos se acostumbraran, desde que pensé cortar los barrotes, por las noches me sentaba en el poyo del ventanal enrejado y ponía un programa de radio. Era la hora de los boleros. Mientras no escuchara la radio muy alto, y mientras nadie se quejara, nos dejaban oírla sin tener en cuenta la hora.

En el baño, abrí la chaqueta discretamente y saqué el dinero. Eran unos cuantos dólares y pesos cubanos. Ahora me tocaba discutir el precio de la segueta. El contacto con el exrecluso convertido en guardia era a través de la reja de mi ventana. Los barrotes tenían como centímetro y medio de diámetro. Como creo que todavía vive, porque era de mi edad aproximadamente, y la memoria punitiva de la dictadura es larga, implacable y rencorosa, digamos que se llamaba Manolo.

Manolo solía pasar por las mañanas frente a la celda. No era nada extraño que se detuviera a hablar con nosotros. Le pregunté, sin que nadie lo oyera, cuánto quería cobrarme por la segueta y por su silencio. Se quedó callado por un buen rato, que a mí me pareció eterno. Por fin me dijo la cifra. Me cobraría un dólar.

—¿Un dólar? —le pregunté extrañado.

—Y no hago rebajas —me respondió con cierta energía.

Acepté el acuerdo riéndome para mis adentros, pero puse una cara de resignación que Manolo debió entender como que había hecho un gran negocio. Evidentemente, se trataba de una persona de orígenes muy humildes.

A la mañana siguiente me trajo la segueta. Yo me había imaginado, no sé por qué, que sería la herramienta completa, pero era solo lo que llamaban un "pelo de segueta". Apenas una hoja fina de unos veinticinco centímetros de largo. Me aseguró que funcionaría muy bien. Le pregunté que cuánto tiempo necesitaría para cortar un par de barrotes. Me dijo, sin convicción, que calculara dos horas, pero dependía de la intensidad y de que la segueta no se partiera en el esfuerzo. Me recomendó que la sujetara con una tela para que mi piel no se quebrara.

Mi nerviosismo aumentó a medida que se acercaba la noche del 4 de marzo. ¿No sería todo aquello una sobrerreacción de mi parte y lo sensato hubiera sido esperar al 3 de abril, mi cumpleaños, para saber si cumplirían la sentencia y me dejarían libre a los dieciocho años? ¿Y si me juzgaban otra vez y me condenaban a veinte años, como al resto de los compañeros de causa? Había hecho una pequeña incisión en el forro del colchón, bajo la almohada, y allí guardaba la hoja de segueta. Seguía con mi rutina de escuchar la radio por las noches, sentado en el poyo de la ventana. Mientras tanto, mi amistad con Rafael Gerada y con otro joven guerrillero llamado Mendoza aumentaba. Por ellos dos ponía las manos en el fuego.

Llegó la noche del 4 de marzo. Serían las diez cuando extraje la segueta de su escondrijo y comencé a cortar el primer barrote. La celda estaba en penumbras y el guardia cabeceaba al otro lado de la puerta enrejada. El programa de radio estaba dedicado a los boleros de Olga Guillot. Poco después, ella se quedaría en México y nunca más los cubanos de la Isla oirían su extraordinaria voz de contralto.

El primer contratiempo era que el edificio de concreto vibraba ruidosamente con el movimiento de la segueta. Por las noches los sonidos se multiplican, así que el ruido resultaba estruendoso. Interrumpí mi labor y me acerqué a la cama de Rafael Gerada. Le expliqué lo que sucedía. Trataba de fugarme cortando unos barrotes y el edificio vibraba. Inmediatamente me hizo una petición y una sugerencia. La petición era que si yo lo admitía se fugaría conmigo y me ayudaría a serrar los barrotes. La sugerencia era que le pidiéramos a algún compañero que se bañara para que el ruido de la ducha aminorara el de la vibración. Me pareció alocado, pero a esas alturas poco teníamos que perder. Sacamos de su cama a un joven de apellido Bocanegra, le explicamos la situación y le pedimos que se diera una ducha. "Ustedes saben que no hay agua caliente", nos dijo resignado mientras que, a tientas, buscaba su toalla en medio de la oscuridad.

En ese momento, ya todos los reclusos de la celda sabían que había una fuga en marcha, pero si existía algún chivato no se atrevió a delatarnos. Hubiera tenido que caminar hasta la puerta-reja y llamar al guardia a voces. Eso lo hubiera delatado. No ocurrió nada. En realidad, todos fueron solidarios. Seguí cortando el primer barrote. Era cierto que el ruido del agua aminoraba la vibración, pero no la anulaba totalmente. Subí la radio unos decibeles. Cada minuto que pasaba el plan me parecía más descabellado. El guardia continuaba cabeceando. En cierto momento me pareció que roncaba. "Dios mío, que duerma profundamente", pensé en ese instante.

De pronto, se partió la hoja. Unos ocho centímetros de la segueta cayeron fuera de la celda. Estábamos a la altura de la calle. Si lográbamos salir de la celda, estaríamos en una especie de gran plaza de hierba semirodeada por varios edificios. No sé si había luna llena, pero era la única luz con que contábamos. Tendríamos que correr hacia la izquierda en dirección de la carretera. Gerada tomó el relevo y continuó serrando con furia. Cuando se cansó, yo lo reemplacé.

El pelo de segueta estaba muy caliente y volvió a quebrarse. Nos quedaban unos diez centímetros de hoja. Se acercaba la hora en que Parra nos recogería y ni siquiera habíamos cortado uno de los barrotes. Estaba sudando. Me quité la chaqueta negra de cuero y la tiré sobre la cama. Finalmente, logré serrar una punta de la reja. No había tiempo o segueta para seguir serrando. Calculé que, si lograba doblar el barrote, cabríamos por el espacio entre las rejas. Pero yo estaba muy delgado y débil, lo mismo que Gerada. Pensé en Mendoza. Era lo que en Cuba llamaban un *trinquete*. Un guajiro fuerte que probablemente podría doblar el barrote.

Se lo pedí. Me parecía increíble que el guardia no hubiera advertido el alboroto. Mendoza se paró en el poyo de mi ventana y, con un gran esfuerzo, logró doblar el barrote. Era tan fuerte como suponíamos. Primero me deslicé yo. Luego Gerada. Le dije a Mendoza que se fuera con nosotros. Me dijo que sí, pero no pudo. Había sobrevivido a un intento fracasado de fuga y no se arriesgaría otra vez. Los castigos habían sido muy severos. Entonces hice algo muy estúpido. Me di cuenta de que había dejado mi chaqueta negra sobre la cama, y en vez de correr, metí de nuevo la cabeza entre las rejas y le pedí a Mendoza mi chaqueta de la suerte. Por poco nos cuesta la vida. Mientras Mendoza me entregaba el abrigo, el guardia despertó totalmente, saltó como un muelle de su taburete y preguntó, mientras rastrillaba su fusil:

—¿Qué cojones pasa ahí?

Pero para atraparnos o dispararnos, el guardia tenía que salir del edificio. Seguramente lo hizo, pero ya nosotros dos corríamos muy rápidamente campo a través. Fue afortunado que hubiera luna. De lo contrario nos hubiéramos enredado en los alambres de púas. Los sorteamos como pudimos. Oímos disparos, pero ni Gerada ni yo sentimos cerca las balas. Eran, supongo, tiros al aire, de alarma. Quienes primero respondieron fueron los perros realengos sueltos en la finca. Ladraron asustados, quizás más asustados que nosotros. Los perros no nos perseguían, pero yo pensaba que lo hacían. Teníamos mucho miedo y eso nos daba una gran velocidad. La adrenalina nos impulsaba.

Cuando llegamos al recodo donde debía estar el *jeep* no había nada. Desconsolados, no sabíamos dónde estaba Parra. ¿Se habría ido ante los disparos y los ladridos de los perros? ¿No había acudido porque nunca, realmente, pensó hacerlo? Entonces nos tiramos sobre la hierba para descansar y discutir lo que haríamos. Sentía los acelerados latidos de mi corazón. Oíamos los perros y, más atrás, ya lejanos, los gritos del guardia. Pero, súbitamente, se hizo un extraño silencio. En ese momento, escuchamos que nos llamaban. Era un sonido como *pssst*. Gerada, que era un hombre de campo, descartó que nos estuvieran llamando. Es un "sijú platanero", sentenció en voz muy baja, absolutamente seguro de su afirmación. Yo no estuve de acuerdo. Nunca había oído de un pájaro que sonara como la gente, así que me arrastré en dirección de la llamada. Gran fiasco. Probablemente Rafael Gerada tenía razón y era un pájaro al que nunca vi. Pero desde el punto en el que estaba lo que sí se veía era el *jeep* de Parra, situado en una pequeña curva a cien metros de donde lo buscamos originalmente.

Nos arrastramos hasta el *jeep*. Parra se sorprendió cuando vio que éramos dos los pasajeros. Solo me esperaba a mí. Dijo algo así como: "Bueno, no me van a fusilar dos veces". Gerada se acostó en el asiento trasero y yo me agaché en el delantero hasta que salimos de la carretera cercana a la prisión.

—¿A dónde los llevo? —preguntó Parra.

—Busquemos un teléfono para averiguarlo —le respondí.

—¿A esta hora? —dijo fastidiado.

Recordé que las florerías cercanas al cementerio abrían toda la noche.

—Vayamos a 12 y 23. Seguramente conseguiremos un teléfono.

Me respondió mi suegro. No me identifiqué por si acaso grababan la conversación. Le pregunté por la dirección de Pepe Jesús. Me reconoció la voz y seguramente supo que, hasta el momento, todo había salido bien. Me dio el dato que le pedí. Calle y número. Era en La Habana vieja. Se lo notifiqué a Parra y salimos en busca de la casa. Cuando llegamos, noté que la puerta estaba cubierta por una gruesa plancha de acero y recordé la historia. A fines de los años cuarenta hubo una terrible balacera. Los enemigos de Pepe trataron de matarlo dentro de su casa. Lo hirieron en el estómago, repelió la agresión, y se salvó de milagro. Entonces era uno de los jefes de la UIR, organización a la que pertenecía un joven estudiante de Derecho llamado Fidel Castro.

Muchos años después de la fuga, en un aniversario de Olga Guillot, el 9 de octubre de 2009, escribí un artículo para la prensa contando lo que significó huir de la prisión mientras escuchaba sus boleros. Ella me había escuchado la historia algunas veces y era una persona mayor que podía morir en cualquier momento. Quise darle las gracias de esa forma. Murió a los pocos meses, el 12 de julio del 2010.

16

Los anarquistas nos esconden

Era de madrugada. Parra se perdió en la noche tras darnos un abrazo. Cumplió su tarea con creces. Muchos años después, yo tendría la oportunidad de ayudarlo y lo hice. Pepe Jesús se sorprendió mucho de nuestra llegada. Abrió sigilosamente la puerta. Le expliqué brevemente nuestra fuga. Le noté un destello de preocupación, pero mi madre tuvo razón: no podíamos estar en mejores ni más experimentadas manos. Gerada durmió en un sofá de la sala. Pepe me llevó a la habitación de Marilú para que la saludara. Era mi prima. Pepe la había criado y le tenía un afecto paternal, aunque era hija de su hermano Chicho. Marilú se puso muy contenta de verme. Teníamos, aproximadamente, la misma edad. Le di un cariñoso beso en la mejilla. Siguió durmiendo. Marilú se quedó en Cuba. Era una magnífica muchacha. Fue pareja de un general cubano, con quien tuvo un hijo que estudiaría Medicina. Nunca más he vuelto a verla.

Al día siguiente, Pepe Jesús nos buscó dos casas que nos escondieran. Eran matrimonios anarquistas amigos suyos. Sus relaciones eran enormes, como grande era el afecto que le profesaban. Estos anarquistas tenían la paradójica ventaja de ser milicianos. Antes de llevarnos, nos lo advirtió. No tenían simpatías por los comunistas, pero eso les permitía evitar las sospechas de la policía política. Parece que los anarquistas estuvieron entre los cubanos que primero se rebelaron contra la dictadura. Me despedí de Gerada. No sabía que pronto nos reuniríamos otra vez.

Mi madre y mi suegra vinieron a verme un par de veces a mi escondite. Recorrieron varias embajadas hasta que la de Honduras me abrió las puertas. Debía presentarme a las cuarenta y ocho horas. El embajador tenía que recibirme personalmente y hasta entonces no le resultaba posible. Era difícil decirle que no a una joven madre desesperada por su hijo menor de edad que acababa de fugarse de un presidio político de muchachos. El embajador se llamaba Francisco Alemán, don Paco, una persona especialmente noble y notable, muy prominente en San Pedro de Sula, su ciudad natal. Tenía una selecta y excelente biblioteca. Fue ahí, en su momento, donde pude leerme las obras completas de Alfonso Reyes, el gran polígrafo mexicano.

El matrimonio que me cobijaba salía temprano a trabajar. Me dieron tres instrucciones muy precisas: tomar lo que quisiera de la nevera, no salir de la vivienda y no abrirle a nadie la puerta de la calle. Lo primero lo hice puntualmente. Comí con un hambre de huérfano. Lo segundo, también. ¿Para qué iba a arriesgarme saliendo de la casa? Donde fallé fue en lo tercero. Tan pronto la pareja salió a trabajar, llamaron a la puerta. Por la mirilla vi a una viejecita vestida de negro. En ese momento, hice algún ruido que delataba mi presencia en la casa. La señora insistió en tocar el timbre. Volví a observarla. Parecía inofensiva y opté por franquearle la puerta.

La señora entró y, sin preguntarme nada, me dio una estampita de San Judas Tadeo, "el santo de las causas difíciles", me dijo. Y enseguida me explicó por qué me visitaba: "Yo también tuve un hermano ladrón, no lo protegí, y lo mataron". No le aclaré por qué estaba allí, dado que en Cuba, a los ojos del gobierno, era preferible ser ladrón que opositor, pero sí le pregunté cómo sabía de mi presencia en esa vivienda. Su respuesta me tranquilizó: era una vecina que había visto por la mirilla de su puerta cómo me llevaron a la casa subrepticiamente, y le pareció observar que el matrimonio había tratado de cerciorarse de que nadie los estuviera mirando. Dedujo que yo era un ladrón en apuros. Le agradecí mucho la estampita y le rogué que no comentara con nadie que estaba allí escondido. Me hizo prometerle que nunca más robaría, lo que nada me costó jurarle, y me aseguró que rezaría por la salvación de mi alma. Cuando se iba, le di un beso en la mejilla y un cálido abrazo. Respiré aliviado.

17

La Embajada de Honduras

Pepe Jesús vino a recogerme en su auto para llevarme a la embajada hondureña. Llevaba su pistola y estaba dispuesto a utilizarla si trataban de impedir nuestro ingreso.

—Con esta gente nunca se sabe —me dijo.

Al cabo de un rato, llegamos. Era en el reparto Biltmore. Se trataba de un hermoso chalet de dos plantas, propiedad de la familia Santeiro, con un buen jardín. Junto a la casa, separada por unos setos, estaba la residencia española. Nos habían dicho que habría un guardia en la puerta, pero no había nadie.

Nos abrió una sirvienta. El embajador bajaría enseguida. Nos acomodó en el recibidor. A los pocos instantes entró don Paco. Nos miró de arriba abajo y preguntó:

—Pero ¿dónde está el niño?

Pepe Jesús se dio cuenta de la confusión y, señalándome a mí le respondió.

—El niño es él. Solo tiene diecisiete años, aunque parece mayor.

Inmediatamente, le dio una inscripción de nacimiento mía que le había dejado mi madre previendo que algo así sucediera.

Don Paco la leyó detenidamente. Cuando terminó, sonrió y me dijo:

—Tu madre había hablado de un niño y no esperaba a un mocetón como tú. Perdona la confusión.

Respiré aliviado. Por un momento temí que el embajador se hubiera sentido defraudado y nos echara de su casa. En lo absoluto.

Pepe le preguntó por el guardia de la puerta. Le extrañó no verlo. El embajador rio y le dijo:

—Está dentro jugando dominó con los asilados. Suele hacerlo por las mañanas. Toma café y juega dominó con ellos.

Pepe pensó que era útil no haberlo visto y decidió marcharse inmediatamente. En algún momento, tiempo después, ya en España, me contó que ese soldado que jugaba dominó con los asilados probablemente era un espía con cierto rango para atreverse a entrar en una embajada enemiga.

De la etapa de la Embajada de Honduras recuerdo, con mucho afecto, a los hermanos Simeón, Charles y Roberto; a un prodigioso médico, Martiniano Orta, de corta estatura, negro como el carbón; a una señora llamada Adria, camagüeyana, de pocas palabras, que salía poco de su habitación; a un abogado joven, rubio y delgado; a un matrimonio joven muy discutidor; y a un imaginativo escritor radial, autor de un personaje llamado Pepe Dinamita. Estaba casado con una hondureña que no estaba asilada. Sé que éramos unas trece personas.

Tras concederme el asilo, el embajador me permitió llamar a Linda. En esa época las llamadas por larga distancia eran muy caras. Me rogó que fuera discreto porque seguramente las conversaciones eran monitoreadas por el G-2. Linda, muy feliz porque había logrado fugarme, me contó sus peripecias para adquirir una casa en Hialeah, entonces en las afueras de Miami. Le había costado nueve mil dólares, a pagar en treinta años. Las vecinas cubanas la ayudaban.

Los dos nos sentimos contentos. Contra todo pronóstico, había salido bien aquel plan enloquecido y pronto nos reuniríamos. A mediados de marzo, tuve las primeras visitas en la embajada. Mi madre y mi suegra coincidieron con la madre y la hermana de los Simeón. Los días transcurrían entre rumores que a veces llegaban de la calle. Varios jóvenes se atrevieron a visitarme. Recuerdo, entre ellos, a Guillermo Avello y a Roberto Fontanillas. Eran buenos amigos y lo seguirían siendo toda la vida. En esa época era un acto de audacia tener relaciones con "desafectos", como se les comenzaba a llamar a los adversarios, y mucho más si eran asilados.

Fontanillas acabaría asilado en una de las casas de la Embajada de Venezuela, país en el que se exiliaría y en donde fundara una hermosa familia junto a su mujer venezolana, Marlene. A mi madre y a mi suegra las seguirían y detendrían en la vía pública "por ser visitas frecuentes de cárceles y embajadas", pero fue tal el escándalo que armaron en la estación que la policía optó por dejarlas ir, no sin antes amonestarlas y advertirles que la próxima vez sería diferente. Ambas se marcharon del país. Mi madre llevó con ella a Gina, mi hija, todavía una niña de brazos.

18

Llegó la invasión

El 3 de abril los asilados se las arreglaron para adquirir un *cake* por mi cumpleaños número dieciocho. Me dieron la sorpresa y hasta cantaron el *Happy Birthday*, algo que a mí suele producirme una enorme vergüenza, pero lo oculté tras una sonrisa. En esa fecha debía haber salido de la cárcel, pero todo indicaba que el Ministerio del Interior volvería a juzgarme. El embajador también lo pensaba. Uno de sus contactos en Relaciones Exteriores le había dicho una frase enigmática cuando pidió mi salvoconducto: "Hizo bien en fugarse". Y luego agregó: "Se salvó por los pelos". Cuando don Paco me contó la conversación, pensé que me había salvado por un pelo, el de segueta, pero no le hice el chiste porque era muy malo. También me dijo que, pese a las presiones de las embajadas, no parecía que Cuba fuera a entregar los salvoconductos por ahora, como era su deber.

De alguna manera, nosotros estábamos presos en otro tipo de cárceles, las embajadas, que podían ser asaltadas por la milicia y el ejército cuando le pareciera conveniente a Fidel Castro. Todos temíamos que eso sucediera, así que Charles Simeón, exluchador contra la dictadura de Machado, llamó por teléfono a su amigo Raúl Roa, entonces ministro de Relaciones Exteriores, y le pidió nuestros salvoconductos. Todos, incluidos el que le correspondía a él mismo, porque Charles no se iría a menos que salieran todos. Me contó, tras la conversación, que Roa fue distante y silencioso.

—No prometió nada. Parece —me dijo— que cumple instrucciones de su jefe.

Roa fue un caso lamentable. En los años treinta se hizo comunista. En los cuarenta, evolucionó junto a su jefe político e intelectual de la época, Aureliano Sánchez Arango, a quien no vacilaba en comparar con Goethe. Aureliano, que en los años veinte y treinta fue marxista, en los cuarenta fue nombrado ministro de Educación en el gabinete de Carlos Prío, un gobernante demócrata y anticomunista, y no tardó en seleccionar a Raúl Roa como director de Cultura. Tras el golpe de Batista, en 1952, Roa, que detestaba al dictador, también se opuso a las manifestaciones izquierdistas del presidente electo guatemalteco Jacobo Arbenz —de quien se burlaba en su prosa inteligente y mordaz—, derrocado por una asonada militar fraguada por la CIA en 1954.

Con esos y otros artículos anticomunistas, en 1959, cuando todavía no se había dado cuenta de que los comunistas se habían apoderado de Cuba, Roa publicó un libro titulado *En pie* y llegó a distribuirlo por las librerías de La Habana. Tan pronto le llamaron la atención, procedió a recoger los que no se habían vendido y los quemó. (Afortunadamente, se puede revisar en la colección cubana de la Universidad de Miami). En 1964 Roa trató de "limpiarse" —como se dice en el argot político cubano— reuniendo en un volumen sus textos antiimperialistas. Oportunamente, le puso por título *Retorno a la alborada*.

Pese a nuestra precaria situación, casi todos los asilados teníamos una visión moderadamente optimista del futuro. Pero el desempeño de las guerrillas del Escambray, en la provincia de Las Villas, no era tan bueno como imaginábamos. Los suministros norteamericanos no les llegaban. Con frecuencia, cuando les tiraban desde el aire algunas armas y parque, caían en manos de las fuerzas castristas. Se creía, con bastante cinismo, que esos olvidos y errores eran producto de la invasión de los exiliados que no tardaría en llegar. ¿Para qué darles poder de fuego a unas guerrillas incontroladas si el cuerpo expedicionario había sido formado y alimentado por los Estados Unidos?

El día 15 de abril nos despertaron las bombas que caían sobre el aeródromo de Columbia, el mayor campamento militar de Cuba. Estaba relativamente cerca de la embajada. Pensé que había comenzado la guerra y me alegré por Cuba y los cubanos. El 17 de abril desembarcaron las tropas. Nos enteramos por la radio de onda corta. Fue en el sur de la Isla, cerca de la Ciénaga de Zapata, en una hermosa zona llamada Playa Girón o Bahía de Cochinos, porque tiene dos nombres que la prensa utilizaba indistintamente.

Con el tiempo descubriríamos que el presidente John F. Kennedy, nuevo en el cargo, tras acusar a los republicanos de haber permitido la instalación de un satélite ruso a noventa millas de sus costas, irresponsablemente había cambiado el sitio de desembarco. Los estrategas militares del anterior presidente, Ike Eisenhower, habían elegido a Casilda, cerca de Trinidad, de manera que los expedicionarios pudieran replegarse a las montañas del Escambray en caso de que las cosas salieran torcidas.

Pero en la táctica impuesta por Kennedy no había un plan B. La pequeña tropa de invasores estaba obligada a ganar. ¿Por qué? Porque Kennedy no quería comportarse como un presidente intervencionista. Quería derrocar a Fidel Castro sin que se viera la larga mano estadounidense. Era una pretensión estúpida. Todo el mundo sabía que tras la Brigada 2506, como se acabó llamando la unidad militar que atacó a Castro, estaba Washington. Kennedy pretendía reducir el impacto del desembarco escondiéndolo en un lugar remoto de la Isla.

Con el mismo absurdo razonamiento, redujo considerablemente los bombardeos aéreos sobre los aeródromos a cargo de los viejos aviones de los expedicionarios. Esto permitió que varios *jets* de combate de la Fuerza Aérea castrista fueran dueños del cielo en el teatro de operaciones, destruyeran aviones mucho más lentos, y hundieran una parte sustancial de los suministros. Asimismo, Kennedy aseguró antes de la invasión que jamás las tropas estadounidenses se involucrarían en cualquier hipotético enfrentamiento entre los exiliados y los comunistas de Castro. Esta declaración seguramente inhibió a los militares que acaso se hubieran unido a los invasores.

Los hombres rana abrieron el camino. La primera persona que tocó tierra cubana fue Eduardo Zayas Bazán, un joven abogado cubano, buen nadador. Lo hirieron en una pierna, pero siguió peleando. En general, los miembros de la Brigada combatieron hasta que se les terminaron las balas. Tuvieron unos ciento cincuenta muertos, pero le infligieron al enemigo varios centenares de bajas. No se rindieron como grupo. La mínima unidad de paracaidistas fue especialmente heroica. Era materialmente imposible derrotar a las fuerzas armadas castristas, compuestas por decenas de miles de soldados y asesoradas por los soviéticos, sin el apoyo directo de los norteamericanos.

¿Por qué al presidente de Estados Unidos se le ocurrió la peregrina idea de que la Brigada 2506, con menos de mil quinientos combatientes y sin apoyo aéreo —lo que significaba que carecería de armas y parque—, podía derrotar a Castro o sostener una cabeza de playa los días que hicieran falta para crear un gobierno en suelo cubano que procurara el auxilio internacional?

La respuesta es compleja. Por una mezcla de incomprensión del fenómeno castrista, porque la inteligencia norteamericana no tenía idea de los fuertes nexos que ya se habían forjado entre Moscú y el satélite antillano, y por creer el análisis de los agentes de la CIA que habían participado en el fin del régimen de Jacobo Arbenz en Guatemala en 1954. Desde la perspectiva norteamericana, todos los latinoamericanos eran iguales. Habían creado un modo universal de liquidar regímenes bananeros. Pensaban que Fidel Castro reaccionaría como Arbenz y se largaría de Cuba. Pensaban que el ejército de Castro se dividiría. *Wishful thinking,* dicen los gringos.

Desde la perspectiva de los asilados, la invasión fue vista con gran ilusión, pero con cierta preocupación. El gobierno multiplicó la dotación de guardias en torno a la embajada. Era evidente que el régimen no se desplomaría como soñaba la Casa Blanca. Si los expedicionarios lograban llegar triunfantes a La Habana, algo muy improbable sin una aviación que los respaldara, los castristas resistirían casa por casa. Seguramente matarían a los prisioneros en las cárceles y a los asilados en las embajadas. Se preparaban para ello.

En ese momento sabíamos que el G-2 estaba deteniendo a miles de personas. Cualquiera podía ser sospechoso. Las llevaban a las cárceles habituales —La Cabaña, El Príncipe, las estaciones de policía—; pero eran tantos los detenidos que debieron recurrir a los estadios. El régimen fusilaba a quienes les parecían cabecillas importantes. Fue en esos días —exactamente el 20 de abril— cuando, entre otros, mataron al comandante Humberto Sorí Marín; a Eufemio Fernández, excombatiente de la guerra civil española —un viejo odio de Fidel

Castro desde 1947, cuando ambos coincidieron en cayo Confite—; a Rogelio González Corso, el legendario Francisco que coordinaba las labores de las principales organizaciones clandestinas, y a Rafael Díaz Hanscom, Rafael, quien intentaba unir a todos los fragmentos de la oposición.

En esos días me reafirmé más en la convicción de que mi fuga fue inesperadamente oportuna. Fue una magnífica decisión. La invasión de Bahía de Cochinos hubiera servido para apresarme otra vez y quién sabe si hubiese sido una buena excusa para matarme, aunque yo significara muy poco en la lucha clandestina. Castro era peligroso siempre, pero si se veía en peligro, era más peligroso aún, como se demostró cuando le pidió a Nikita Kruschev que atacara preventivamente a Estados Unidos con bombas nucleares durante la crisis de los misiles, sucedida apenas dieciocho meses más tarde. Si Kruschev le hubiese hecho caso, Cuba hubiera desaparecido por la violenta reacción norteamericana.

¿Qué hacer si la invasión tenía éxito? Para nosotros resultaba obvio que entrarían en la embajada a matarnos. La noche del 17 y durante el día y la noche del 18 fue una etapa de ilusión. Pensábamos que la invasión triunfaría, pero simultáneamente debíamos salir de la embajada por la parte de atrás, que seguramente estaría menos vigilada. Alguien aseguró que podía conseguir una camioneta llena de armas si lográbamos escapar de la ratonera. Todos oíamos la onda corta. Fue en ese momento cuando habló Charles Simeón. Nos dijo que no nos apresuráramos. Que escuchaba síntomas curiosos de incertidumbre en los mensajes de la radio, pese al triunfalismo de los portavoces de los invasores. El día 20, cuando nos llegaron las noticias de los fusilamientos, Charles lo interpretó, correctamente, como un gesto de fuerza. Yo creía que era de debilidad.

El 21 de abril ya era evidente, incluso por las caras de los guardias, que la invasión había sido aniquilada. Esa noche el embajador nos reunió para decirnos algo trascendental. Al día siguiente, como forma de protesta contra los fusilamientos y la violación de los derechos humanos, su país rompería las relaciones con Cuba. En cuanto a nosotros, no debíamos preocuparnos excesivamente porque Venezuela se haría cargo de las relaciones entre los dos países.

19

Venezuela toma el relevo

La primera consecuencia del fracaso de la invasión de Girón fue la destrucción y el descabezamiento del aparato clandestino que comenzó a construirse desde fines de 1959. Miles de las personas detenidas quedaron en las cárceles por un número de años o fueron fusiladas. Otros centenares, básicamente porque vivían en La Habana, lograron protegerse en embajadas latinoamericanas que admitían el derecho al asilo porque sus países formaban parte del Convenio de 1954, firmado en Caracas bajo los auspicios de la Organización de Estados Americanos (OEA).

Fue un momento de gran tristeza y tensión dentro de la embajada y de euforia entre los milicianos que nos vigilaban. El día 22 Honduras rompió relaciones y, durante algunas horas, temimos que la milicia entrara a sangre y fuego en el recinto. Nada de eso ocurrió. Josefina Aché izó la bandera venezolana en el mástil de la entrada y todos respiramos aliviados. Era la encargada de Negocios de Venezuela, una mujer extremadamente solidaria con los demócratas de la oposición, y madre de Armando Durán, un cubanovenezolano que llegaría a ser ministro durante el gobierno adeco de Carlos Andrés Pérez.

Eran los tiempos de Rómulo Betancourt y la señora Aché representaba el mismo espíritu que existía en Caracas. Rómulo había estado exiliado en Cuba y sentía una deuda de gratitud por un país que lo acogió calurosamente. Ello sucedió durante el gobierno de Carlos Prío Socarrás (1948-1952), periodo en que el otro Rómulo, Rómulo Gallegos, el gran novelista autor de *Doña Bárbara*, expresidente de su país, fue derrocado por un golpe militar, precisamente en el año en que Prío asumió la jefatura de Cuba. Gallegos también estuvo cierto tiempo exiliado en La Habana.

Fue en esa época en que su amigo Raúl Roa lo animó a que redactara una novela de tema cubano y el venezolano le hizo caso y escribió *La brizna de paja en el viento*. La obra trata de ser un fresco de la primera mitad del siglo XX cubano y tiene una curiosa peculiaridad: el propio Roa es el modelo de Gallegos para un personaje, el profesor Lucientes, bondadoso e idealista, mientras comparece un inquietante sujeto, Justo Rigores, un inflexible gánster universitario, moldeado en torno a la figura del joven Fidel Castro. Gallegos conoció a Fidel de la mano de Roa, quien antes lo previno del sujeto al que le presentaría: un gánster universitario duro y peligroso.

Al sumar el recinto de Honduras, Venezuela tenía tres grandes casas llenas de asilados. En total, protegieron y alimentaron durante meses a más de trescientas personas sin pedirles nada a cambio. Me gusta repetir que yo conocí la Venezuela decente. La Venezuela cuyos diplomáticos veían como algo terrible y propio lo que estaba sucediendo en Cuba y se arriesgaban a buscar perseguidos y llevarlos escondidos en el maletero de los autos hasta las casas protegidas por la bandera venezolana. A esa estirpe magnífica pertenecía Josefina Aché.

Tras hacerse cargo de la representación de Honduras, la Cancillería venezolana decidió balancear entre sus tres recintos el número de asilados. Como la residencia hondureña era grande —aunque el señor Santeiro la había hecho diseñar para unas veinte personas, incluido el personal de servicio—, los diplomáticos fueron trayendo a los perseguidos cubanos, y donde éramos trece o catorce bajo la bandera de Honduras, pasamos de cien en poco tiempo.

Éramos tantos que los diplomáticos decidieron que ninguno debía residir en la sede. Lo hicieron porque no cabían, o porque esperaban que la dictadura les expidiera rápidamente los salvoconductos, o porque no contaban con suficiente personal, pero lo cierto es que más de un centenar de personas vivían en una residencia del reparto Biltmore sin que hubiera alguna autoridad que organizara la convivencia o dirimiera los inevitables conflictos que surgían de ella, máxime porque pocas personas se conocían previamente.

Para mí el periodo de la embajada —seis meses— fue una etapa importante en mi formación. Vi surgir casi espontáneamente un embrión de Estado, con sus mandamases, su orden, e incluso sus mecanismos de reprimir las faltas. Conocí gente formidable, gente abominable y locos de atar. De alguna manera, bajo el techo de una vivienda se reunía una representación general de la sociedad cubana, con sus luces y sus sombras.

Una de las personas recién llegadas de otro de los recintos venezolanos fue Rafael Gerada. Me contó lo que mi madre y mi suegra habían hecho por él. Desde buscarle asilo en la embajada venezolana hasta sacarle el pasaporte para poder salir del país. "Me han solucionado la vida", me dijo. Yo me sentí muy feliz de que así fuera y muy orgulloso de esas dos queridas y admiradas mujeres que tanto también habían hecho por mí.

20

Los nuevos asilados

Es imposible redactar un índice total de aquella larga colección de personajes interesantes —no todos buenos— que fueron trasladados a nuestro recinto, pero vale la pena intentarlo con algunos de los más significativos.

Juan Horta. Era el secretario personal de Fidel Castro. Antes lo había sido de Eddy Chibás. Llegó a la embajada con su mujer, su hijo adolescente y un perro. Era un tipo amable, silencioso y corpulento con cabello prematuramente blanco. Sabía muchos secretos del gobierno, pero no solía comentarlos. Como roncaba estrepitosamente, le pidieron que durmiera en el cuarto del aire acondicionado. (En esos años remotos no existía el CPAP).

Manolo Fernández. Exministro de Trabajo en el primer gabinete organizado por Manuel Urrutia, el expresidente de Cuba en 1959. Fernández había formado parte de la Joven Cuba, una organización guiterista en los años treinta, izquierdista, pero anticomunista. Se había hecho contador público en la Universidad de La Habana. Era un hombre silencioso, inteligente, estudioso. Un magnífico teórico. Tras su asilo, Fidel Castro trató de desacreditarlo llamándolo *anarcoloco*.

Carlos Varona Duque-Estrada. Exviceministro de Trabajo bajo Manolo Fernández. Abogado. Fue jefe del Movimiento 26 de Julio en Camagüey. Inteligentísimo y culto. Desde que subió a Sierra Maestra a conferenciar con Fidel Castro en 1958 tuvo grandes reservas con el autoritarismo del Comandante. Era un elemento de moderación en la embajada. Tras su exilio en Estados Unidos se fue con su familia a California. Luego, a Puerto Rico a enseñar en una universidad. Llegó a ser decano de Humanidades. En Puerto Rico estudió Psicología y se convirtió en un gran psicólogo clínico.

César Gómez. Viceministro de Trabajo bajo la dirección de Manolo Fernández. Expedicionario del Granma. Persona amable y eficaz. Buen organizador. Rehízo su vida profesional en Colombia. Vive, tiene algo más de cien años y se mantiene lúcido.

María Comella Anglada. Una de diecisiete hermanos. Era la mano derecha de Rogelio González Corso (Francisco), coordinador del Movimiento de Recuperación Revolucionaria. Tras exiliarse en España no dejó de auxiliar a los cubanos que arribaban a la madre patria.

Manuel (Cawy) *Comella Anglada.* Hermano menor de María. Perteneció a la Brigada 2506. Fue parte de los grupos de infiltración que entraron en el país meses antes del desembarco. Luego de salir de la embajada fue un exitoso ejecutivo en Venezuela. Tras la llegada del chavismo, se instaló en Miami.

Edgar Sopo. Miembro de la Brigada 2506. Con el propósito de fortalecer las redes clandestinas, se infiltró en Cuba junto a otros jóvenes y un gran alijo de armas. Su padre, que había sido una figura prominente en Cienfuegos, se suicidó en la cárcel al principio de la Revolución. Edgar era muy simpático, le gustaba recitar y hacer bromas. Durante su huida, y hasta que llegó a la embajada, estuvo varios días sin dormir gracias a un frasco grande de anfetaminas. Las pastillas que le sobraron tuvieron otro destino que contaré más adelante.

Emilio Martínez Venegas. Abogado graduado en Santo Tomás de Villanueva, en La Habana. Fue la mano derecha de Manuel Artime desde que ambos se alzaron en la Sierra Maestra contra Batista. Pertenecía a la Agrupación Católica Universitaria. Se infiltró en Cuba tras recibir adiestramiento como telegrafista. Era muy audaz, serio y metódico. Se asiló en la embajada con un nombre falso. En ese momento, era una de las personas más buscadas por el G-2. Como la policía política no identificaba su nombre, nunca le dieron el salvoconducto. En su momento salió de la embajada para escapar por medio de una embarcación clandestina, pero fue capturado. Cumplió muchos años de cárcel. Luego pasó a Venezuela y, finalmente, a Miami.

Gustavo Ortiz Fáez y su mujer Liliam Ramírez Corría. Gustavo Ortiz era veterinario. Originalmente era amigo de Fidel Castro.

Ambos habían asistido a la escuela en la misma época, formaron parte de la UIR y los dos fueron acusados del asesinato de Manolo Castro. Formalmente solo fue imputado Gustavo, pero salió de la cárcel al poco tiempo protegido por la Presidencia de la República. Su mujer era hija del doctor Ramírez Corría, el más reputado neurocirujano de Cuba.

Gustavo León Lemus y su mujer. Era médico. Pelirrojo, como su hermano, Orlando León Lemus, el Colorado, enemigo a muerte de Ortiz Fáez, asesinado por la policía de Batista en 1954. Los que conocíamos los odios entre los grupos temíamos que Ortiz Fáez y León Lemus un día pudieran agredirse o irse a las manos, pero afortunadamente no sucedió nada. Fueron dos caballeros.

Luis Fernández-Rocha. Era estudiante de Medicina y había vuelto a Cuba clandestinamente a organizar las filas del Directorio Revolucionario Estudiantil. No pudo. La organización había sido infiltrada por la contrainteligencia. Luis, cuando salimos de la embajada y llegamos a Estados Unidos, reanudó sus estudios. Fue un eminente ginecólogo durante muchos años.

José María de Lasa. Era estudiante de Derecho en La Habana. Cuando llegó a Estados Unidos siguió sus estudios universitarios y logró graduarse de abogado con distinción en Yale University. Se especializó en Derecho Civil y se jubiló como jefe del Departamento Legal de los laboratorios Abbott.

Fernando García Chacón. Era abogado. Nunca dejó de preocuparse por los desvalidos cubanos y en el exilio se transformó en filántropo. Como el *dictum* español establece que "nobleza obliga" —Fernando era conde—, por medio de la Orden de Malta logró establecer en Cuba varios comedores de ancianos a los que no ha dejado de ayudar.

Ramonín Quesada. Era de Placetas, Las Villas. Pertenecía a una familia de comerciantes. Se alzó, muy joven, contra Batista y llegó al grado de comandante del Segundo Frente del Escambray. Cuando Fidel Castro torció el rumbo democrático y se dirigió hacia un modelo comunista, Ramonín volvió a alzarse junto a César Páez. Escapó milagrosamente del aniquilamiento de su grupo y consiguió asilarse en la embajada. Cuando llegó a Estados Unidos, volvió a unirse a

Gutiérrez Menoyo y desembarcaron en Cuba a fines de 1964. Fue capturado y pasó muchos años en la cárcel. Cuando pudo, emigró a Estados Unidos.

Marino Pérez Durán. Era un valioso educador católico. Fundó una escuela en La Habana, El Salvador, que fue, como todas, estatizada. En la embajada se le solía utilizar para solucionar los inevitables conflictos que surgían entre algunos asilados. A petición nuestra, solía dar unas magníficas charlas de carácter histórico. Continuó en Venezuela su tarea de educador hasta su muerte.

El cura y su monaguillo. No recuerdo el nombre del cura, pero sí que traía una imagen milagrosa y a un monaguillo joven y enfermizo. También, que desató una terrible polémica cuando, invocando razones de seguridad, intentó leer toda la correspondencia saliente. Entró en crisis la noche en que lo sorprendieron en un acto homosexual con el monaguillo. Los diplomáticos venezolanos se los llevaron a otro recinto.

Tareco. Nunca supe cómo se llamaba. Era un tipo joven y delgado. Tareco era exhibicionista. Salía algunas noches a enseñar su pene. Lo llamaban Tareco en alusión al tamaño descomunal de su miembro. Al menos de eso se quejaban las azoradas señoras que se tropezaban con el sujeto. La embajada era el universo perfecto para ejercer su extraña perversión. Nadie podía escapar y él estaba a salvo de la Justicia… o eso creía.

21

Anecdotario de la embajada

La primera anomalía era que estábamos en un territorio sin autoridades ni reglas, salvo en los escasos momentos en los que nos visitaban los diplomáticos. La segunda era el factor tiempo. No existía un calendario de salida. No sabíamos si nos darían los salvoconductos o cuándo sucedería ese milagro. Los diplomáticos cubanos solían atormentar a sus colegas latinoamericanos diciéndoles que era mejor que estuviéramos presos en las embajadas que en las cárceles. Así la alimentación era pagada por naciones adversarias.

Padecíamos la permanente sensación de estar en un limbo estrechamente vigilado. Vivíamos en La Habana, pero no nos afectaba el sistema comunista. Nos rodeaban militares que podían entrar en la embajada y matarnos o capturarnos cuando les diera la gana, pero no lo hacían porque Cuba formaba parte del convenio de asilo y muchos revolucionarios castristas se habían beneficiado en el pasado de ese acuerdo.

LOS INFATIGABLES TROTSKISTAS

Los asilados, como suele suceder, se asociaban por amistad, afinidades ideológicas o por coincidencias geográficas. Primero me tocó la habitación de los trotskistas. La ocupaba y dirigía Charles Simeón. Fue un tipo muy cariñoso. Era una leyenda entre los matanceros. Durante la lucha contra Machado, fue un inquieto estudiante que acabó preso en el castillo de San Severino, una construcción colonial del siglo XVIII, llevada a cabo en la bahía de Matanzas poco antes de la construcción de La Cabaña en La Habana.

Recuerdo los días en que una gripe tropical me mantuvo postrado en la cama. Charles, gentil, pero cruelmente, aprovechó para leerme en voz alta *Mi vida*, la biografía de León Trotsky. También para contarme, varias veces, cómo se había salvado milagrosamente la tarde en que los comunistas prosoviéticos asesinaron a Sandalio Junco y trataron de matarlo a él en un teatro de Sancti Spíritus. El aparatoso crimen sucedió en 1942, para reproducir en Cuba la cacería de trotskistas que Stalin había desatado en el mundo, comenzando por la ejecución en México del propio Trotsky en 1940 a cargo de Ramón Mercader, el hijo de la cubana Caridad del Río.

LOS DEMOCRISTIANOS REZAN MUCHO

Una vez confirmado que, pese a mi afecto por Charles y Roberto Simeón, sentía una total indiferencia por el trotskismo, tras agradecerle a Charles su esfuerzo formativo, me marché a la habitación de los democristianos. Noté que rezaban demasiado para mi gusto, pero no les molestaba mi agnosticismo. En ese cuarto, un médico muy amable solo se levantaba de la cama para ir al baño o a comer. Pregunté discretamente si estaba enfermo, pero en una especie de susurro me dijeron que no: cuidaba las joyas de la familia colocadas bajo el colchón.

Pero fue ahí, en esa habitación, cuando una noche especialmente malvada, un asilado llamado Juan Picayo, al tiempo que encendía la luz gritó: "¡Te cogí!". El hombre había sorprendido al monaguillo masturbando al cura, lo que en esa época —1961— era motivo de escándalo. El cura pidió perdón y hasta lloró, pero como no era un personaje muy popular porque había tratado de establecer una especie de censura, los compañeros de cuarto fueron crueles en su desprecio y, al día siguiente, un diplomático los recogió y los llevó a otro recinto.

El oasis socialdemócrata

Pensé que era el momento de conocer otros ambientes y me refugié en la habitación de los socialdemócratas. Ahí dormíamos y conversábamos mucho Manolo Fernández, Carlos Varona, César Gómez, el educador Fernando Junco y el chofer del Ministerio de Trabajo, de cuyo nombre no puedo acordarme. Como Carlos Varona se había asilado con los tres tomos de la *Historia de la Filosofía,* de Nicolás Abbagnano, un filósofo existencialista italiano, pasábamos el tiempo leyendo y comentando los capítulos. Debo decir que esa habitación era un oasis en medio del bullicio y las bromas del resto de la casa.

El arroz con bayoneta

La comida, elaborada en un restaurante popular, la traían a media mañana. Solían llamarle "arroz con bayoneta". Era arroz con salchichas, o pedacitos de carne o pescado. El sabor no era malo, pero lo de la "bayoneta" provenía de los guardias del recinto. Día tras día comprobaban con sus bayonetas, con las que solían cazar lagartijas, que la enorme cazuela solo traía comida y no había vestigios de armas u otros materiales prohibidos. No era nada higiénico, pero, hasta donde sé, nadie se enfermó.

El Loquillo es capturado

No obstante, servir la comida o el café a veces generaba absurdas peleas. En una de ellas, un asilado conocido como el Loquillo —que en su momento había servido en las Fuerzas Armadas de Batista y hasta tenía un tatuaje de un tigre porque, se decía, había pertenecido a los Tigres de Masferrer— se disgustó con el exoficial rebelde que servía el café y trató de matarlo.

Era tal el odio entre los dos asilados que los diplomáticos decidieron pedirle a Loquillo que abandonara la embajada. Se ofrecieron a introducirlo en el maletero del auto y dejarlo en La Habana donde él decidiera. Así se hizo, pero ocurrió algo imprevisto: al siguiente día le llegó el salvoconducto. Loquillo podía haberse marchado por el aeropuerto.

La coincidencia le hizo pensar a muchos de los asilados que probablemente había entre nosotros algún chivato de la contrainteligencia —lo que resultaba perfectamente lógico—, pero lo importante era devolver a Loquillo a la embajada para que siguiera el trámite normal de salida. Un teniente del ejército de Batista, que también estaba asilado, se ofreció a buscarlo porque presumía saber dónde probablemente se escondería. Por el procedimiento habitual, un diplomático lo ocultó en el maletero y lo dejó en el mismo sitio donde Loquillo había saltado del auto.

Al día siguiente todos presenciamos un lamentable espectáculo. A cien metros de nuestra embajada vimos correr hacia nosotros a Loquillo y al teniente, seguidos de cerca por unos militares con sus armas desenfundadas. Junto a nuestra embajada, separada por unos setos, estaba la residencia del embajador de España. Como Loquillo y el teniente no podían llegar a la Embajada de Venezuela, penetraron corriendo en la residencia del embajador español, pensando que estarían a salvo. Craso error. Tras ellos, sin vacilar, entraron los militares, los golpearon, los esposaron y se los llevaron presos. Creo que cumplieron veinte años de cárcel.

Una peculiar radio de onda corta

Como las bromas no cesaban —solían verter agua sorpresivamente sobre las cabezas de los asilados desprevenidos—, a una persona con voz de locutor se le ocurrió burlarse de los nuevos asilados que frecuentemente llegaban a la embajada.

Por las noches, a eso de las nueve, numerosos asilados se sentaban en el patio, junto a la casa, a escuchar la radio de onda corta, situada al pie de un desagüe de lluvia. El recién llegado estaba sentado muy cerca de la radio. Todos los asilados participaban de la broma. El "locutor", subrepticiamente, se subía al segundo piso y se colocaba junto a la boca del desagüe. Quien operaba la radio, hábilmente la dejaba sin voz. En ese momento entraba "el locutor":

—¡Última hora! ¡Última hora! Se acaba de asilar en la Embajada de Venezuela en La Habana el señor Zutano de Tal [el nombre del asilado recién llegado], conocido agente del G-2 y homosexual confeso conocido como Rosita la pastelera.

A partir de ese punto, se reanudaba la programación habitual. Usualmente, la persona aludida comenzaba a desmentir a viva voz la versión escuchada proclamando su acendrado anticomunismo y su ilimitada heterosexualidad.

Al cabo de un rato, revelaban la broma y la persona se integraba al juego con el próximo nuevo asilado. Pero un día terminó muy mal la pantomima. Le hicieron la trampa radial a un campesino medio loco que salió corriendo con una botella rota en la mano, amenazando con matar a quien se le acercara. Costó Dios y ayuda calmarlo. Nunca más el locutor volvió a fingir.

EL DÍA DE LA LOCUACIDAD SIN LÍMITES

Edgar Sopo era un tipo imaginativo y no tenía mucho que hacer, dos características que suelen ser explosivas. Como conté, formaba parte de los *teams* de infiltración. Le sobró casi todo el frasco de anfetaminas con el que huyó por toda Cuba sin dormir en sitio alguno, salvo en un prostíbulo en el que consiguió refugiarse una noche. Cuando llegó a la embajada, durmió treinta y seis horas consecutivas. ¿Qué hacer con esas pastillas que le sobraban? No se le ocurrió otra travesura que machacarlas y espolvorearlas en la fuente en la que se servía la comida. Por una vez, el arroz con bayoneta provocó una locuacidad incontenible entre los asilados. La extraña locura duró todo un día. Como en el enorme patio de la casa había una piscina sin agua, dos de los asilados acabaron, no se sabe por qué ni cómo, durmiendo en ella.

El cuerpo del delito o dar de cuerpo es un delito

Aunque los diplomáticos insistían constantemente, no nos daban los salvoconductos. Desesperados, los asilados en diversas embajadas, comunicados por teléfono, hicimos una huelga de hambre colectiva. El objeto era presionar al gobierno cubano, aunque realmente mortificábamos a los gobiernos que nos habían dado asilo. Recuerdo que, en medio de la huelga, nos visitó un diplomático uruguayo y nos dijo algo tremendo: "No entiendo. Ustedes están asilados porque no quieren morirse y nos están amenazando con morirse de hambre". Aquel gesto no tenía sentido. Tenía razón.

Dos anécdotas tragicómicas le pusieron fin a la huelga a los siete días de iniciada. Primero, nos animaban los asilados de la Embajada de Ecuador, que fue donde se originó el movimiento. Luego se supo que ellos habían hecho una huelga de hambre que no excluía los jugos y batidos de fruta, mientras nosotros nos limitábamos a tomar agua. Nos sentimos estafados.

Pero lo más grave y ridículo fue lo que le puso punto final a la protesta. A la semana de haber comenzado yo me sentía desfallecido y veía con envidia a otros huelguistas en mucha mejor forma. De pronto, se armó un gran escándalo en el baño. Uno de los asilados había ido a orinar y se había encontrado en el inodoro una enorme deposición fecal. Su deducción instantánea era razonable: alguien estaba comiendo a escondidas. Era imposible que alguien fuera capaz de expulsar tamañas heces tras una semana de huelga de alimentos.

Lo que entonces sucedió fue una mezcla entre el cine de Fellini y el teatro de Ionesco. Decenas de personas adultas se enfrascaron en unas discusiones absurdas sobre la procedencia del cuerpo del delito (aunque el delito había sido dar de cuerpo), en las que no faltaron las acusaciones de falta de patriotismo y la inevitable cita de Martí. El incidente, que fue zanjado sin que se hallara un culpable, sirvió para poner punto final a la huelga. Debo decir, a casi sesenta años de los hechos, que me alegré tremendamente. Estaba desfallecido.

Las vicisitudes de un exhibicionista deshonesto

A Tareco no le salió gratis su última exhibición deshonesta. La señora a la que le hizo su descarado *flash* gritó como una loca y despertó a todo el mundo. Eran las tres de la madrugada. Ella había ido al baño y de pronto, de un insospechado rincón, surgió Tareco con su enorme badajo entre las piernas y una sonrisa bobalicona en el rostro. Se encendieron las luces. Todas las luces de la casa. A esa hora comenzaron las consultas. ¿Qué hacer con Tareco?

En la embajada había grupos de poder. Carecían de legitimidad para actuar, pero las personalidades más fuertes, los machos alfa, reunían en torno a ellos a unos cuantos asilados. Yo le pregunté a Carlos Varona, convencido de su sabiduría, sobre el crimen de Tareco. Me dio una lección sobre la relatividad de las costumbres y me hizo una chistosa confesión, seguramente falsa: "La verdad es que si yo tuviera un miembro como el de Tareco se lo enseñaría a todo el mundo". Carlos pensaba, y yo con él, que la perversión de Tareco merecía otra amonestación, pero nada más. Al fin y al cabo, la exhibición no conducía a otro acto violento. Era desagradable, pero nada más.

Estábamos en franca minoría. Los delitos sexuales ponen muy nerviosas a las personas. Uno de los grupos de poder decidió que había que darle un escarmiento a Tareco. Constituyeron un tribunal con los clásicos tres jueces y decidieron juzgarlo. La gran discusión era la pena que le impondrían. Echarlo de la embajada era condenarlo a muerte o a una larga pena de cárcel. Tareco, al margen de sus exhibiciones, tenía un largo historial anticastrista. El anticomunismo no estaba reñido con las exhibiciones nocturnas de su pene.

El juicio, las deliberaciones y la sentencia fueron públicos. Tareco se sometió dócilmente al proceso. Hubo varios testimonios en contra y todos coincidían en el *modus operandi* del delincuente. Esperaba a que alguna de las damas se levantara de madrugada a tomar agua o a orinar y ¡zas!, Tareco aparecía en la sombra y le mostraba su glorioso miembro.

La condena fue curiosa. Lo sentenciaron a recibir una sonora bofetada en la cara. El castigo físico era la consecuencia de que no había dónde encerrarlo y desterrarlo resultaba excesivo. Tareco primero trató de negociar quién sería su verdugo. Deseaba que fuera un asilado enclenque de aspecto lánguido. No lo logró. Eligieron a Rigoberto, un fornido guajiro de Pinar del Río capaz de matar a un toro de un puñetazo. Cuando el verdugo fue seleccionado, Tareco intentó negociar la intensidad del golpe. A buen arreglo quedaron en que sería con la mano abierta, pero duro.

La sentencia fue ejecutada a la vista de todos. Tareco cerró los ojos y Rigoberto le infligió una sonora bofetada que casi lo derriba. En todo caso, la condena surtió el efecto deseado. Por lo menos hasta que salimos de la embajada rumbo al exilio, Tareco no volvió a mostrar su ídem. Dicen que el golpe tuvo un misterioso efecto reductor en aquella cosa monstruosa que se achicó milagrosamente.

La triste historia de Menganita y Zutanito

En el jardín trasero de aquella cómoda mansión había una casa de muñecas lo suficientemente grande para que dos personas durmieran en ella. En efecto, la ocupaban "el tío y el sobrino", dos personajes de los que se decía (aunque a mí no me consta) que les alquilaban su pequeño habitáculo a parejas furtivas necesitadas de un sitio de esparcimiento. Ahí aprendí el oculto significado del ridículo pareado revolucionario: "el pueblo unido jamás será vencido", junto a la melancólica convicción española que asegura que "para la jodienda no hay enmienda".

No sé si fue en la casa de muñecas o en un rincón oscuro durante una inquietante madrugada, pero lo cierto es que Menganita —no hay que dar nombres— resultó preñada por Zutanito, un calavera muy simpático, borrachín y dicharachero, que era contador público. Hasta ese punto no parecía haber problemas. Eran dos adultos dispuestos a amarse, pero Menganita estaba casada con un notario asilado en otra embajada, así que a todas luces era una situación explicable, pero difícilmente tolerable.

Como Zutanito no se callaba nada, sus amigos íntimos solían bromear cantando en voz alta una canción sobre un cura que embarazó a una sirvienta, cuyo estribillo era, creo recordar: "Y a los siete meses la barriga crece / chucuchín cuchana / chucuchín cuchana". Luego seguía a los ocho meses hasta que, a los nueve, pasaba lo que tenía que pasar y la canción terminaba con la curiosa repetición del "chucuchín cuchana".

Me imagino la agonía de la pobre Menganita, pero salió del enredo (y del fruto del pecado) de la mejor manera posible. Primero, discretamente, les notificó a varios de los asilados, incluido Zutanito, que padecía un grave problema circulatorio que requería la visita de un médico. La información era una coartada. Muy pronto lo supieron todos los asilados, pero no se lo dejaron saber a la desgraciada mujer. Inmediatamente, le pidió a un diplomático que localizara y trajera a la embajada a cierto doctor que ella y otros asilados conocían.

Finalmente, llegó el médico y fue directamente a la habitación de Menganita. Recuérdese que estábamos en 1961. Era la encarnación de la idea platónica de los *aborteros*. Llevaba un maletín de cuero negro cuarteado por el uso. Su mirada era torva. Su ropa, ajada y sudorosa. Los democristianos rezaban. Los socialdemócratas discutían sobre los derechos de la madre frente a los del feto. No tengo la menor idea de lo que hablaban los trotskistas. Al cabo de media hora, el médico terminó su labor. Cuando salió de la habitación, un nutrido grupo de asilados, entre los que estaba Zutanito, gritaron "viva Herodes" y comenzaron a aplaudir. Jamás he visto un grupo semejante de personas tan insensibles ante la tragedia ajena.

22

¡Llegaron los salvoconductos!

Nos avisaron en los primeros días de septiembre de 1961. Nos darían los salvoconductos. El régimen estaba eufórico. Los invasores de Playa Girón estaban casi todos presos. Los cautivos eran poco menos de mil doscientos. Habían muerto en combate algo más de cien. Se habían salvado, entre otros, los que hubieran desembarcado por Oriente, bajo el mando del comandante Nino Díaz, pero, afortunadamente, no lo hicieron. Los estaban esperando. Los hubiesen liquidado a todos. Además, la oposición clandestina había sido quebrada en pedazos con las detenciones de abril. Los soviéticos también estaban felices y ya existía el acuerdo secreto para convertir la Isla en una base de misiles nucleares.

En ese panorama, era mejor desprenderse de los asilados. Era un incordio para el gobierno cubano y una útil señal de magnanimidad. Ya había conversaciones privadas para recuperar a los invasores. Las familias de los expedicionarios lo deseaban ardientemente. Kennedy estaba interesado en reducir el impacto terrible del *fiasco of Bay of Pigs*, como le llamaban en Estados Unidos a la desastrosa operación montada por la CIA. Fidel Castro diseñaba la estrategia para atornillarse en el poder con la ayuda de los soviéticos sin provocar una respuesta letal de Estados Unidos. A todos les convenía deshacerse de los opositores.

En todo caso, lo cierto era que les prometieron a los diplomáticos que les darían los salvoconductos tan pronto tuvieran las fotos de carnet de cada uno de los exiliados. Los diplomáticos venezolanos contrataron a un fotógrafo profesional. Comenzó el acicalamiento.

Las señoras estaban felices. Los niños, sin saber por qué, también. Algunos asilados se habían dejado la mitad del bigote. Se afeitaron. La apariencia tiene sentido cuando otros la perciben. Un médico asilado, primo de los Simeón, que en su remota juventud había sido barbero, trabajó intensamente. Las fotos salieron a tiempo.

Nos entregaron los salvoconductos firmados por Carlos Olivares Sánchez, viceministro interino de Relaciones Exteriores. Se trataba de un *apparatchik* casi ciego que había formado parte del PSP. Saldríamos de Cuba el 9 de septiembre de 1961. El día anterior había salido una tanda. El posterior, otra.

Esa mañana nos recogió un autobús con la bandera venezolana. Nos acompañaba un diplomático. Creo recordar que era un hombre joven de cabello negro. Nos escoltaban autos de la policía y alguno que otro motociclista. En el autobús hubo una especie de silencio nervioso. La misma ceremonia ocurría en diversas embajadas latinoamericanas. Parecía un *ballet* largamente ensayado, pero fue la primera y última vez que se puso en escena.

Casi todos vestíamos con traje y corbata. Había algo de solemnidad en el ambiente. El destino del avión de Pan American era Caracas, pero primero volaría a Miami para dejar a los que tuvieran visa americana. Ese era mi caso. Yo tenía visa, y Linda y mi familia me esperaban. Cuando el avión despegó, cantamos el himno. Algunos lloraron de alegría por dejar la patria. Otros, de tristeza por eso mismo. Recuerdo que hice un esfuerzo por fijar las imágenes de La Habana que se alejaba con rapidez vertiginosa. En ese momento pensé que en menos de dos años —era el plazo que casi todos poníamos— estaría de regreso. Recordé a mis amigos presos y me juré que volvería muy pronto a abrirles las rejas. Terminaba, provisionalmente, mi vida en Cuba y comenzaba mi etapa en el exilio. Ni por un momento pensé que viviría sesenta años fuera de mi patria, y cuarenta de ellos en Madrid. Es tanto el tiempo transcurrido que la memoria cubana se ha debilitado considerablemente. Se me ha olvidado hasta la nostalgia.

Segunda parte

Miami

23

¡Oh, Miami!

La llegada a Miami fue sencilla. Nos sentíamos jubilosos y libres al tocar tierra norteamericana, lo que no impedía que soñáramos con regresar a Cuba a corto plazo. Ya conocía Miami por un par de visitas anteriores, pero jamás pensé que algún día cambiaría La Habana por esta ciudad cómoda y grata, pero sin centro ni alma. Saldría perdiendo.

Aquel Miami era provisional. Todavía los cubanos no habían desplegado sus talentos. Felipe Valls pensaba en regresar a Santiago de Cuba. Crecer en Miami no entraba en sus cálculos. Cuando supo que nuestro destino era el de la inmigración permanente, poco a poco fue llenando la ciudad de Carretas y Versailles hasta convertirse en uno de los mayores "restauradores" individuales de Estados Unidos.

Yo tenía permiso de entrada en Estados Unidos como turista, pero a todos nos dotaron de un pequeño papel blanco, sin foto, que nos permitiría trabajar y residir legalmente en el país. Le llamaban *visa waiver,* una exención de la *green card,* pero con todas las prerrogativas del permiso de residencia. Era también la identificación esencial para hacer el resto de los trámites, incluida la obtención de la licencia de conducir. Durante varios años, la llevé en el bolsillo.

Quizás por esas facilidades que nos dieron, y por el buen resultado general que tuvo para nosotros y para el país anfitrión, nunca he comprendido del todo la voluntad de ciertos exiliados cubanos de cerrarles el paso a otros compatriotas para que no se beneficiaran de esa excepcionalidad en el trato con el propósito de derrocar a la dictadura. ¿Si fue bueno para nosotros y para Estados Unidos, por qué no lo sería para los otros cubanos?

Más aún: ha sido ese trato migratorio favorable lo que en parte explica el éxito de los cubanos para integrarse en la sociedad norteamericana, al extremo de que la segunda generación, los nacidos en suelo americano, tengan un mejor desempeño económico que el promedio de la sociedad estadounidense. Ello debería haberle servido a Estados Unidos como modelo para otras comunidades. No es nada conveniente para los intereses del país mantener en la ilegalidad a millones de inmigrantes. Lo preferible es facilitarles la integración para que paguen impuestos, se mantengan alejados de las mafias y puedan algún día convertirse en ciudadanos norteamericanos con todos los derechos.

La primera sorpresa fue encontrarme con una burocracia que funcionaba a favor de los ciudadanos y creía en la palabra de ellos. En Estados Unidos existía la condición de servidores públicos por parte de los funcionarios, mientras los *taxpayers* exigían sus derechos vigorosamente. Para los cubanos y, en general, para los latinoamericanos, esa era una situación desconocida. En ese momento —y así ocurrió durante unos años más— tuve la certeza, acaso ingenua, de que éramos bienvenidos en Estados Unidos, y de que la mayor parte de las personas compartía nuestro rechazo al comunismo cubano. Al fin y al cabo, el sueño americano era prosperar dentro del imperio de la ley. Existía una especie de patriotismo constitucional no declarado que les abría las puertas del país a quienes entraran legalmente y cumplieran con las reglas. Si era un país regido por las leyes y no por las personas —como establecieron los Padres Fundadores— bastaba con acogerse a ese principio.

Tras los trámites migratorios, pude ver a mi familia. Como éramos varios cientos de asilados, nos esperaba un grupo grande de parientes. En el aeropuerto hubo aplausos, llantos, abrazos conmovedores. El nerviosismo de nuestra parte y de los familiares era extremo. Constituíamos el primer éxodo conjunto de la historia de los cubanos en Miami. A esas alturas de 1961 habían llegado un cuarto de millón de exiliados, pero de forma individual y por diversas vías y puertos de entrada. Luego habría otros éxodos mucho más nutridos y significativos (el regreso de los expedicionarios de Playa Girón, Camarioca, Mariel, etc.), pero a los asilados en las embajadas nos tocó inaugurar esa forma colectiva de arraigo en Estados Unidos.

Me emocionó ver a la bella Linda y a la niña, Gina, nuestra hija, todavía de brazos. Era una bebé preciosa. Han pasado casi sesenta años y esos recuerdos intensos forman parte de mi vida. De mi mejor vida.

Mi madre y mi suegra, a quienes tanto debía, estaban ahí. Y también mis hermanos Ernesto y Roberto Alex. Mi cuñada Chuny —la mujer de Ernesto, y excondiscípula de ambos, que aprendí a querer como a una hermana—, también con su hija muy pequeña, Rosy, estaba ahí. Héctor Riopelle, un cantante de tangos, amigo de la familia, que se había reinventado como fotógrafo de prensa, recogió ese momento. Luego publicó las fotos en la prensa local. Los exiliados ya tenían sus canales de comunicación en español y se asomaban a la radio.

Más que un éxodo desordenado, era el trasvase de una sociedad pequeña y derrotada a otra mucho mayor y más poderosa. Parecía una de esas invasiones pacíficas medievales que nos describen los libros de historia. Fueron llegando los catedráticos, los magistrados, los médicos y abogados, los periodistas, los empresarios, los joyeros conocidos, los pocos y notables funerarios que existían en la Isla. Todos los estamentos sociales reorganizaban sus vidas en el exilio, a los que se agregaban empresas conocidas en Cuba. Durante un tiempo, la inercia los llevaba a continuar vinculados a la patria de sus orígenes. Algún diario norteamericano se preguntaba, asombrado, cómo una funeraria cubana radicada en Miami podía alegar haber sido fundada en el siglo XIX, cuando Miami ni siquiera existía. No importaba: ellos eran la continuidad del pasado. En cierta forma vivían del pasado. Álvaro de Villa, un culto humorista que vivió y murió en la capital del exilio, solía decir, con nostalgia e ironía, que "Miami era La Habana de poliéster".

Todavía hoy existen algunas instituciones profesionales relacionadas con la Cuba desaparecida en 1959, como sucede con el Colegio Nacional de Periodistas. Y también perduran organizaciones regionales establecidas por municipios, como la que en cierto momento dirigió el magnífico periodista radial Julio Estorino. Acaso no hay patriotismo más acendrado que el de la patria chica donde casi todos se conocen y donde las personas han pasado su adolescencia.

Incluso, llegué a ver el caso de personas vinculadas en Cuba a sus orígenes españoles trasladados al exilio, como era el caso de los hijos de Santa Marta de Ortigueira, una localidad gallega de la que miles de personas emigraron a Cuba en los siglos XIX y XX y de allí sus descendientes viajaron a Miami. Pero el caso más peculiar que conozco fue el de los policías y militares cubanos refugiados en Los Ángeles desde 1959. Crearon una especie de estación de policía en la que hacían guardia, no se sabe para qué, y respetaban las jerarquías. Naturalmente, desaparecieron sin dejar rastros institucionales.

En todo caso, ese esfuerzo por recrear la *Añorada Cuba* —nombre de un exitoso documental de aquellos años— estaba condenado a irse debilitando con cada generación nacida en Estados Unidos. Al final, muchas décadas más tarde, escuché un programa de radio para ancianos nostálgicos que reconstruían con su memoria herida los rincones de su juventud. "Recuerdo —decía uno— la botica de Paco, frente al parque". Y otro completaba la imagen: "Estaba junto a la fonda de María". Había un elemento de ternura en ese doloroso ejercicio de recordar para volver a vivir una experiencia que solo existía en la memoria compartida.

Mi mujer y mi madre habían alquilado un modesto apartamento en la calle 11th Terrace y la 17 avenida del *Southwest*. Costaba unos setenta y cinco dólares mensuales. Todavía no existía la Pequeña Habana, pero la mayor parte de los cubanos iban ocupando inmuebles en esa zona. Era un viejo edificio en un barrio de norteamericanos pobres y ancianos jubilados. El apartamento era exterior, tenía una sola habitación y, naturalmente, solo un baño. El edificio estaba limpio y pintado. La cama de mi madre se escondía dentro de un armario. Por las noches se abría y salía al salón comedor, donde también estaba la cuna de Gina y un sofá en el que dormía nuestro hermano Roberto Alex. Era un tosco mecanismo de hierro, pero funcionaba correctamente. Nunca había visto algo tan práctico.

La historia de la llegada al exilio de Roberto Alex tenía un componente triste, casi *dickensiano*. Desesperada por la situación en el país, mi madre se lo envió a mi padre a Miami antes de salir de Cuba. Era un niño de once años, sensible y muy inteligente. Nuestro padre se lo pasó a una amiga de la familia de su esposa. El muchacho se escapó y se refugió en la casa de mi suegra. Como había muchos niños —Linda tenía ocho hermanos y en el exilio nacerían otros dos— nadie pareció notarlo. Roberto Alex se mudó al apartamento de la 11 *terrace* y ahí estuvo con nosotros hasta que mi madre, a los pocos meses, se volvió a casar, esta vez con Davis Wyville, un norteamericano, muy buena persona, que se parecía vagamente a Errol Flynn. Se trataba de un soldador especializado. Compraron una casa en West Palm Beach y ahí Roberto Alex pasó su adolescencia como un chico norteamericano de los niveles sociales medios. El matrimonio de mamá duró hasta la muerte de Davis, treinta y dos años después. Fueron razonablemente felices, entre otras razones, decía ella con humor, porque nunca hablaron bien el idioma del otro. No podían herirse.

La visita al "Refugio" era un rito inescapable. Ahí conocí a un joven abogado, Armando Lacasa, que nos sirvió muy generosamente. Desde entonces fue mi amigo. Nos daban, creo, sesenta dólares al mes para toda la familia y una cuota de comida mensual que, con mi hambre de hombre joven, me parecía deliciosa: una carne enlatada llamada Spam, queso *cheddar*, leche y huevo en polvo. Era parte de la dieta de los soldados americanos durante la Segunda Guerra y la de Corea. Los refugiados menos emprendedores se conformaban con esas pequeñas dádivas. Entre la supuesta inminencia del regreso a Cuba, agregado al adocenamiento que se produce con una ayuda modestísima del gobierno federal, algunos preferían quedarse en camiseta jugando dominó.

Entonces no existían los estudios de Gary Becker, premio Nobel de Economía en 1992, sobre el involuntario daño moral que puede hacer el *welfare*, tratando de ayudar a quienes lo necesitan, pero acaban dependiendo de esos auxilios. Son los *incentivos perversos* que identificó Becker. En todo caso, no era difícil predecir lo que luego sucedió: cuando se terminó la ayuda especial del Refugio, muchos cubanos salieron a trabajar y a crear riquezas para ellos y para el conjunto de la sociedad.

24

Los trabajos y los días

En esa época existía un fuerte nexo solidario entre los exiliados. Nos auxiliábamos mutuamente aun sin conocernos. Por un tiempo, me servía la leche a domicilio un joven y enérgico santiaguero, muy risueño y elocuente, llamado Jorge Mas Canosa. Sus amigos del alma entonces eran sus compañeros de estudio en Santiago de Cuba: Pedro Roig, más tarde exitoso educador, abogado, historiador y, posteriormente, director de Radio y TV-Martí; y Tony Calatayud, empresario al que le encantaba la poesía. Los tres habían participado en la Brigada 2506 bajo la dirección de Nino Díaz. Trataron de desembarcar por Oriente. Afortunadamente, no lo hicieron. No existía el factor sorpresa. Los estaban esperando y los hubieran matado a todos.

René Guerra, mi excompañero de estudios en La Salle de Miramar, dejó de trabajar en un curioso lugar en el que soldaban hojas para cortar hierro o madera. Había conseguido un mejor trabajo. Me avisó a los pocos días de haber arribado a Miami y me recomendó a la empresa. Me explicó que tenía que llegar en automóvil porque el transporte público era casi inexistente en Miami. Vendí una manilla de oro que traía de Cuba —la única prenda que he tenido en mi vida— y compré una cosa con cuatro ruedas que se movía. Era lo que llamaban un *transportation*. La manilla o pulsera era una moda entre los adolescentes cubanos de entonces. No me importó nada desprenderme de ella. Andando el tiempo, René se convirtió en un notable *developer*.

Aunque duré poco en esa labor, me enorgullecía confirmar que los cubanos, pese al mal ejemplo de unos pocos *aprovechados*, tenían una fuerte ética de trabajo, probablemente adquirida del ejemplo de los antepasados gallegos, asturianos, canarios o catalanes que viajaban a Cuba dispuestos a comerse el mundo. No obstante, o el aparato de soldar no funcionaba correctamente o yo lo hacía rematadamente mal (sospecho que era lo segundo), así que me echaron. El gerente no me dio ninguna explicación. A los tres días me llamó a la oficina, me entregó un cheque por el tiempo trabajado y descubrí que en Estados Unidos no hay compasión con los malos empleados. En el estado de Florida, incluso, donde apenas existen los sindicatos, despedir a un mal trabajador es muy fácil porque contratar a uno nuevo no requiere demasiado trámite. Lo que explica la movilidad laboral del país.

La productividad, la calidad y el precio son tres de las claves del éxito comercial norteamericano en una sociedad eminentemente competitiva. Fue un buen aprendizaje fracasar como obrero soldador. Años más tarde, leyendo a Douglass North, norteamericano premio Nobel de Economía, uno de mis héroes intelectuales favoritos, advertí que el andamiaje legal, y especialmente los derechos de propiedad, están detrás del incremento paulatino de la productividad de Estados Unidos. Aunque quien me había echado del puesto de trabajo no lo sabía, y aunque no actuara con esa motivación, la gran maquinaria productiva norteamericana depende de la seriedad y el compromiso del último de los trabajadores.

Linda, que era y es una persona tremendamente laboriosa, comenzó a trabajar como mucama en un hotel del *downtown* de Miami. Rehacía no sé cuántas habitaciones al día. Eran muchas. El trabajo se lo consiguió Concha Messulán, una buena amiga que hacía esas mismas labores. Era la esposa de Aldo Messulán, un brillante estudiante de Ingeniería que terminaría su carrera en el exilio y posteriormente agregaría la de médico. Aldo había sido, también, un activo miembro de la resistencia frente al castrismo en una inquieta y pequeña célula estudiantil del Directorio Revolucionario en la que se destacaron Mariano Loret de Mola e Ismael Pérez. Mariano, ya en el exilio, reanudó sus estudios de Veterinaria e Ismael los de Medicina. Los dos se graduaron y ejercieron con honores.

Ambas —Linda y Concha— ganaban el salario mínimo. Pero pronto se abrió una nueva oportunidad. Se trataba de una empresa que hacía envíos por correo. Radicaba en una nave enorme repleta de estanterías donde había centenares de productos que debían ser colectados a gran velocidad por los empleados a los que se les entregaban los pedidos.

Los propietarios tenían una manera eficaz (y cruel) de medir la productividad de sus trabajadores. Todos los días, en la mañana, a las nueve, cuando comenzaban sus labores, los empleados se colocaban un *cuentamillas* de la empresa en el tobillo derecho. Al terminar, a las cinco de la tarde, los entregaban. Los viernes sacaban los promedios, anunciaban quién había caminado más intensamente, le entregaban un pequeño premio en metálico al ganador, y esa cifra se convertía en el objetivo general de la próxima semana. Según Linda, la nave daba la impresión de una película de la era del cine mudo donde la gente parecía caminar muy velozmente, a dieciséis cuadros por segundo.

Como Linda siempre ha sido una especie de liebre, inquieta y rápida, solía ganar la competencia *estajanovista*. Recuerdo su respuesta cuando le pregunté si el método del empleador no le generaba cierto rechazo: "Es al revés —me dijo—, les estoy agradecida por darme la oportunidad de trabajar. Si no me gustara buscaría otro empleo. Tienen que servir a sus clientes y estos son muy exigentes". Con el paso del tiempo pidió pasar a la oficina y se lo concedieron.

Mi próximo trabajo fue de *busboy*. El *busboy* es un simple ayudante de camarero. Generalmente, es una persona joven que limpia las mesas. Es el tipo de empleo que desempeñan los jóvenes sin oficio ni beneficio en Estados Unidos, generalmente mientras estudian. Creo que me propuso mi amigo y condiscípulo Pedro Portal (hoy un médico eminente), quien también fungía de *busboy* en el mismo sitio. No lo cuento para quejarme. Era divertido. Trabajaba en el único Playboy Club de Miami, radicado en Biscayne Boulevard y la 77.

En esa época remota, el mundillo de las *bunnies*, de las *conejitas*, era la mayor cantidad de erotismo que abiertamente se permitía la sociedad masculina norteamericana. Los clientes solían ser unos señores gordos y mayores que fumaban puros. Acababa de enterarme de que fumar podía producir cáncer, porque me lo había escrito el doctor Martiniano (Nano) Orta, mi excompañero de asilo en la Embajada de Honduras. Se había mudado a Buffalo a trabajar, precisamente, en la investigación clave que reveló esa nefasta consecuencia de aspirar y echar humo, pero la noticia todavía no había alarmado a la sociedad estadounidense.

Mi mujer, molesta, pero malvadamente sonriente, me dijo: "Mientras yo corro con un *cuentamillas* en el tobillo, tú te diviertes con las *bunnies*". Era falso. La amaba solamente a ella y no tonteaba con nadie más, pero mostrarse celosa era un juego conyugal casi inevitable. Por otra parte, las *bunnies* solo miraban a los hombres gordos que fumaban puros. Rectifico: solo tenían ojos para las chequeras de los hombres gordos que fumaban puros. Los *busboys* éramos transparentes, como de celofán. Incluso le conté a Linda la historia de uno de nuestros compañeros, famoso por su fama de ligón en la sociedad cubana. Había acabado enamorando al cocinero, pero mis alegatos eran inútiles. Poco después mejoré y cambié de empleo.

25

La CIA y las organizaciones anticastristas

El próximo trabajo fue en una tienda por departamentos de Miracle Mile, en Coral Gables, llamada Jackson-Byrons, exitosamente iniciada en el estado de Florida. Ya contaban con una docena de tiendas. Laboraba en el almacén y me gustaba. Llenaba y cargaba cajas. Me pagaban unos cincuenta dólares a la semana. Hasta que, cierto día, un miembro del servicio de inteligencia norteamericana fue discretamente a preguntarle al gerente quién yo era y qué hacía en la empresa.

Tal vez le intrigó una denuncia anónima sobre un balazo que se había escapado en la casa de Carlos Zárraga y casi me mata. Carlos era un exiliado al que solía visitar por su amistad con Pepe Jesús Ginjauma (había formado parte de la UIR y conocía a Fidel Castro perfectamente) y porque comía de la cantina que él elaboraba. Una tarde me encontré a Benito Clark, un joven amigo que había pertenecido a los *teams* de infiltración en la Isla. Limpiaba una ametralladora calibre 30 y se le fue un disparo que me rozó la camisa, atravesó una pared y se clavó en la cuna de la hija recién nacida de Carlos. Todos nos quedamos helados. Probablemente un vecino que oyó el balazo dio parte a la policía.

El agente seguía de cerca las labores políticas de los exiliados y tal vez le había intrigado mi presencia en Rescate Revolucionario al frente de la Secretaría Juvenil. Era una visita rutinaria, pero el gerente de la tienda me despidió tan pronto se marchó el funcionario. No quería líos innecesarios. Argüí que yo nada tenía que ver con los esfuerzos patrióticos de Carlos y Benito, salvo que los admiraba y eran mis amigos, y que los cubanos luchábamos por la libertad con

el auxilio de Estados Unidos. El norteamericano se mantuvo imper-
térrito con cara de no entender nada:

—*Son, I don't care. You are fired* —me dijo.

El Consejo Revolucionario Cubano tenía sus oficinas en un chalet de Biscayne Boulevard y la 14 que ya no existe. En esa época —
principios del año 62— las organizaciones anticastristas pululaban en
Miami. El Consejo Revolucionario, presidido por José Miró Cardona, era la más importante. Tenía el apoyo y la bendición de Washington. Se trataba de una institución *sombrilla* que reunía a media
docena de organizaciones: Rescate Revolucionario, el Movimiento
de Recuperación Revolucionaria, 20 de mayo y otras. Había sido el
brazo político de la Brigada 2506 durante la invasión de Playa Girón
o Bahía de Cochinos.

Miró fue en Cuba un prominente abogado y catedrático. En ese
momento tenía unos sesenta años. (Nació con la república en 1902).
Había sido primer ministro de la Revolución durante cinco semanas
tras la caída de Batista. Luego Fidel Castro lo despidió y lo nombró
embajador en España. Abandonó su cargo poco antes de la invasión
de Playa Girón y se trasladó a Miami para dirigir o dar la cara tras el
triunfo de la oposición. La CIA lo había enrolado como jefe político
porque no estaba asociado a ningún grupo y se le veía como una figura no sectaria. Era hijo del general Miró Argenter, un catalán independentista ayudante de Antonio Maceo, algo que Miró Cardona
tenía a mucho orgullo, porque la prosapia cubana no se fundaba en el
dinero o en los títulos nobiliarios, sino en las vinculaciones familiares
con las guerras de independencia.

Rescate Revolucionario estaba adscrita al *Consejo,* como se le llamaba popularmente a la institución sombrilla. La dirigía Manuel Antonio (Tony) de Varona, nacido en el 1908, abogado, expresidente del
Senado y ex primer ministro (1948-1950) del gobierno constitucional
de Carlos Prío. Pertenecía a una prestigiosa familia camagüeyana
cuyo miembro más destacado había sido Enrique José Varona, uno
de los mayores ensayistas cubanos y exvicepresidente de Cuba. Tony
Varona era un hombre con fama de haber sido un político honrado
y testarudo. Se trataba del segundo de a bordo del Consejo. Tanto
Miró como Tony tenían hijos presos en Cuba como consecuencia

de la invasión de Playa Girón. Una característica de la clase dirigente cubana era que sus miembros y sus familiares cercanos se jugaban la vida en las luchas políticas. Así había sido desde el siglo XIX y frente al comunismo continuaba la tradición.

La batalla política de los cubanos la pagaban los *taxpayers* norteamericanos, Washington mediante. La CIA era el instrumento para esos menesteres. La oficina de Biscayne y los modestos salarios de Miró y de una docena de los jefes cubanos eran sufragados por ese conducto. Como mi mujer y yo trabajábamos, no recibíamos ni un centavo de "los americanos", ni jamás lo solicitamos, pero me parecía perfectamente razonable que quienes dedicaban todo su tiempo a organizar el fin del comunismo cubano fueran sostenidos por los socios poderosos. Al fin y al cabo, la estructura comunista en la Isla, comenzando con Fidel y Raúl, era mantenida por la URSS, mientras que el régimen de La Habana, con esos recursos, les daba parada y fonda a todos los subversivos que se asomaban a Cuba o eran convocados a la Isla para hacer la revolución en sus países.

Lo que Washington hacía con los cubanos era lo mismo que en la Segunda Guerra Mundial había llevado a cabo con la resistencia francesa. Eran los tiempos de la Guerra Fría y los demócratas cubanos, conocedores de que se enfrentaban a la Unión Soviética, sabían, o pensaban, que los americanos eran sus únicos aliados efectivos para lograr el derrocamiento de la dictadura que se forjaba en la Isla. John F. Kennedy nos había defraudado por la falta de apoyo durante la invasión, pero había síntomas que indicaban que estaba dispuesto a rectificar y a desalojar a Castro del poder por medio de las armas. Bobby Kennedy, su poderoso hermano, estaba en contacto frecuente con los exiliados.

Prácticamente, todas las organizaciones se calificaban como "revolucionarias" y exhibían su *pedigree* antibatistiano, lo cual era políticamente entendible, pero resultaba injusto con muchos militares del ejército constitucional que no tenían las manos manchadas de sangre y, sin embargo, resultaban repudiados por los anticastristas. La tesis que entonces prevalecía era la de "la revolución traicionada". Quienes la postulaban —y yo entre ellos— afirmábamos que los revolucionarios habían prometido elecciones libres a corto plazo y regresar a la Constitución del 40, pero Fidel y un pequeño grupo de cómplices habían secuestrado el proceso y lo convirtieron en una aventura totalitaria comunista.

Los exiliados adversarios, muchos de ellos batistianos, alegaban que la revolución siempre había sido comunista (entre ellos mi padre y su periódico *Patria*), y que Batista y sus portavoces se cansaron de advertirlo inútilmente (lo cual no era incierto). A lo que agregaban que algunas de las organizaciones eran expresiones de una especie de "fidelismo sin Fidel", acusación que le hacían al Movimiento Revolucionario del Pueblo, fundado por el ingeniero Manuel Ray, exministro de Obras Públicas en el primer gabinete de la Revolución, quien era un genuino socialdemócrata.

No obstante, las declaraciones del propio Fidel Castro, y los pactos previos a la caída de Batista, nos daban la razón a quienes alegábamos que la revolución había sido traicionada. Todavía me resuena en los oídos un mal poema de Manuel Artime, pero muy efectivo, de cuando la poesía rimbombante era parte del debate de ideas, en el que resumía su perplejidad ante el rumbo tomado por la revolución: "rojo, blanco y azul era ese paño / por él fue a morir un pueblo entero / qué maldito poder oscuro, extraño, / envolvió sus colores con engaño / para volverlo rojo y extranjero".

En todo caso, a varias décadas de aquel debate, en el que la administración de Kennedy acabó decantándose por la tesis de "la revolución traicionada", me parece que lo más grave que sucedía en Cuba en el plano ideológico era la total ausencia de un pensamiento verdaderamente liberal o conservador. Desde la revolución de 1933 contra la dictadura del general Gerardo Machado, todos en Cuba se proclamaban *revolucionarios*. Todos éramos *revolucionarios* y profesábamos una devoción especial a Antonio Guiteras, un revolucionario que en los años treinta había bajado el costo de la electricidad con la punta de su ametralladora, porque asociábamos su nombre a la justicia expedita que prometía una mítica revolución que algún día se llevaría a cabo en la Isla.

Yo no estaba exento de esa tara ideológica. Recuerdo la primera charla que pronuncié en mi vida. Tenía diecinueve años y fue en el local de Rescate frente a un grupo de jóvenes correligionarios. Fue lamentable. Dediqué una hora a defender elocuentemente la estupidez de que no era cierto que el Estado fuera un pésimo administrador. Si los gerentes tenían una noble conciencia revolucionaria —dije— su gestión sería admirable. El estatismo no estaba reñido con la democracia. En esa época me sentía, y creo que casi toda Cuba, socialdemócrata. Y lo peor es que me aplaudieron.

26

La vocación de escritor

Mi verdadera (y hasta entonces secreta) vocación era la de escritor. Como el título de "escritor", como sucede con los artistas plásticos, es de autodesignación, no me atrevía a presentarme como tal. (Hasta que a principios de los setenta publiqué *Perromundo,* mi primera novela y mi cuarto libro, no me sentí capaz de llamarme escritor). En Cuba hubiera estudiado Derecho, porque esa carrera era una especie de trampolín para otras actividades, y no me disgustaba, pero no me percibía en medio de pleitos ajenos: prefería los propios. Tal vez era la influencia paterna o el atractivo de los diarios, verdaderos manicomios muy divertidos. No lo sé.

Quería escribir artículos, ensayos, cuentos, novelas, poesía, pero ¿cómo? Mi lengua era el español y vivía en un país cuya lengua única era el inglés. Ya conocía la desdeñosa opinión del maestro Borges: el español es un idioma para cantar en la ducha. Pero hasta eso me resultaba imposible. En una familia en la que todos cantaban, a mí me estaba vedada la actividad. Tenía un oído espantoso. Bromeaba contando que dejé de cantar el himno en la adolescencia, en la Havana Military, cuando quisieron acusarme de traición a la patria y fusilarme al amanecer por lo mal que lo hacía. Solo un enemigo de la nación cubana podía cantar tan rematadamente mal el himno nacional.

Eso explicaba mi falta de habilidad para los idiomas. En cambio, mi hermano menor, Roberto Alex, había llegado de Cuba a los once años y poco después había ganado el concurso de *spelling* de su recién estrenada escuela en West Palm Beach, llena de estudiantes blancos (todavía no había comenzado la integración escolar) de clase media alta. (Luego había aprendido francés, sin acento, durante el *high school*). Es verdad que en Cuba había estudiado en la Academia Cima, una pequeña institución bilingüe, pero también que tenía un magnífico oído que le permitía cantar estupendamente, a lo que se unía su enorme memoria.

Pero mágicamente comenzó a despejarse el panorama. Conocí casualmente a un profesor muy caballeroso y solidario de la Universidad de Miami, se llamaba Riis Owre —el nombre era de origen noruego o danés—, quien me invitó a visitarlo en la UM. Era uno de los decanos de la Universidad. Fue por él que conocí a Kessel Schwartz y descubrí una nueva manera de acercarme al mundo universitario estadounidense. Ahí supe que la universidad norteamericana era mucho más flexible, y en la UM necesitaban instructores de español. Podían intercambiar mis servicios por la posibilidad de estudiar.

Fue entonces cuando me dediqué a la venta ambulante de la *Enciclopedia Británica*. Eso podía hacerlo a cualquier hora y momento, lo que me dejaba tiempo para estudiar y enseñar. Mi campo de acción era la creciente población hispana que comenzaba a transformar Miami en una ciudad cosmopolita y bicultural. La empresa me vendía los cupones que llenaban en los supermercados o que enviaban por correo los potenciales clientes. El propósito no era explotar a los vendedores, sino cerciorarse de que perseguiríamos los *leads* hasta confirmar la seriedad del presunto comprador.

Tuve éxito. Probablemente me adiestraron bien. Primero tenía que identificar a quien tomaba las decisiones. En los matrimonios latinos solía ser el hombre, pero entre los cubanos, las mujeres y los jóvenes tenían mucho peso. Casi siempre el argumento de más valor era que los niños de la casa podrían hacer mucho mejor los deberes escolares. Pero cuando no había niños, o cuando eran muy pequeños, apelábamos a otros ángulos, incluido el de lo hermosa que se vería en el salón una colección tan respetable de veintiocho volúmenes que podían adquirirse en rojo vino, negro o piel verde para combinarla con el color de las paredes o la tapicería de los muebles. Para vender libros, como en el amor: todo vale.

Mis más curiosas ventas fueron las de un señor gordo y muy anciano que me recibió desnudo, y debí explicarle las infinitas ventajas de la *Británica*, en la que colaboraban trece premios Nobel y un sinfín de genios, sin que se cubriera las vergüenzas y sin que abriera la boca. A los veinte minutos, cuando llegué al fin de la explicación sin saber cómo sería la reacción del sujeto, emitió un gruñido que yo quise interpretar de aceptación, le extendí el contrato, lo firmó, pagó la cuota inicial y me marché velozmente.

Si esa experiencia era con un comprador que carecía de inhibiciones, igualmente sorprendente fue la de un tipo al que jamás le vi la cara. Era exactamente lo contrario del exhibicionista citado. Llamé a su puerta. Me respondió sin abrirme. Me preguntó qué quería. Le expliqué que él había llenado un cupón y que venía a explicarle en qué consistía la *Británica*. Me dijo que no me abría porque no me conocía, pero que podía decirle lo que quisiera a través de la puerta. Le planteé que vendría en otro momento, pero me dijo que no. Ahora o nunca. Resignado, le solté la historia de los trece premios Nobel y de la mejor enciclopedia jamás publicada, en la que la Universidad de Chicago empeñaba su prestigio. Me preguntó el precio. Creo que entonces eran unos 350 dólares. Me dijo que me esperara. A los poco minutos me pasó un cheque por debajo de la puerta. Nada de plazos. *Cash*. Me fui contento y curioso. Contento por haber hecho una venta. Curioso, porque nunca supe si era enano, tenía dos cabezas o se trataba, simplemente, de una persona tímida.

La otra transacción que recuerdo con deleite fue en una casa de exiliados cubanos, evidentemente pobres, en la que un adolescente locuaz y larguirucho consiguió convencer a los adultos de que adquirieran los libros. Fue él quien llenó el *lead* en el supermercado. El muchacho había salido de Cuba auxiliado por la Iglesia católica en la Operación Peter Pan, un discreto éxodo continuado que rescató a catorce mil niños de las manos del comunismo, cuyo desempeño posterior fue ejemplar. Su padre era un notable preso político en Cuba. Los tíos lo acogieron en su casa. Él se comprometió formalmente a utilizar los volúmenes de la enciclopedia. Probablemente lo hizo abundantemente. De adulto, se convirtió en un brillante periodista radial y en un notable líder cívico. Llegó a ser alcalde de Miami durante los dos periodos que autoriza la ley. Al terminar, aceptó dirigir Radio y TV Martí. Se llama Tomás Regalado.

Las comisiones eran altas, de manera que trabajaba menos, podía estudiar y ganaba tres veces lo que hasta entonces me habían pagado. Sin embargo, era una curiosa actividad en la que había expertos que obtenían mucho dinero por las comisiones, mientras otros, más tímidos, no conseguían trascender a la familia y a los amigos y abandonaban la empresa. No soportaban la frustración que les producían los rechazos. Yo me acostumbré a ellos, incluso contaba, con cierto orgullo, cómo un sujeto me gritó: "¡Váyase, usted molesta más que un testigo de Jehová!". Cuando le relaté la anécdota al gerente, me felicitó lleno de satisfacción y me regaló un bolígrafo, me dijo, para llenar los nuevos contratos.

Los primeros artículos los publiqué en la revista *Réplica,* que editaba Max Lesnik, un viejo amigo, entonces muy anticastrista, al que mi padre, junto con su compañera de entonces, Lourdes Anaya —quien lo acompañaría hasta el fin de su vida—, habían escondido de la policía de Batista en un apartamento que compartían en La Víbora, un barrio de La Habana. En esa época mi padre y Lourdes tenían una mirada indulgente hacia Fidel, mientras Max lo calificaba de gánster peligroso y contaba cómo había tenido que crear una *contraturba* dentro de la juventud del Partido Ortodoxo para enfrentarse a los pogromos organizados por la peor gente del Movimiento 26 de Julio contra la tendencia electoralista con la que él y su jefe político, Millo Ochoa, simpatizaban.

Max quería sacar a Batista del poder mediante elecciones, y eso era el fin de la revolución comunista que Fidel se proponía llevar a cabo. Cuando Max, en las últimas semanas de 1958, advirtió que la insurrección ganaría la batalla, se alzó en el Segundo Frente del Escambray junto a Gutiérrez Menoyo y a Aurelio Nazario Sargén, su compañero del Partido Ortodoxo, acaso porque sabía que no sería bienvenido en la Sierra Maestra. De aquellos tiempos remotos de esa *Réplica* que denunciaba los crímenes de Castro, guardo una vieja y cariñosa amistad con la persona más precoz que he conocido nunca, un jovencísimo escritor llamado Jorge Ulla, cineasta, publicitario y, sobre todo, un ser enormemente creativo, que, como yo, dio sus primeros pasos profesionales en esa revista.

27

Una reunión y el comienzo
de la crisis de los misiles

En aquellos años, como dirigía el ala juvenil de Rescate Revolucionario, solía reunirme con Tony Varona y, algunas veces, pocas, con Miró
Cardona. Entre los directivos de mi sección contaba con jóvenes muy
valiosos que, con el tiempo, se convirtieron en buenos profesionales y
hombres de bien: Tony Piñera, luego médico; Pedro Portal, también
médico; José de la Hoz, inversionista en bienes raíces; Jorge Luis Hernández, periodista; Rolando Alum, más tarde antropólogo y profesor
universitario, el más joven de todos nosotros; y Pedro Peñaranda,
quien, con el tiempo, se transformaría en un notable ingeniero. Peñaranda, además, dirigía la parte juvenil de la organización 20 de mayo.

Las noticias que procedían de Cuba eran alarmantes. La vacila-
ción y parálisis norteamericana durante el episodio de Playa Girón
había envalentonado a Moscú. La sovietización de la Isla iba a paso
rápido. En un pequeño territorio como Cuba era imposible esconder cuarenta mil militares y funcionarios rusos. Se veían por todas
partes y eran numerosos los reportes de cubanos que decían haber
visto grandes misiles que transitaban por las carreteras cubanas. Uno
de esos informes los llevó personalmente a Estados Unidos un joven
hispanocubano llamado Enrique Tous. Tenía hasta un dibujo del
enorme misil sobre la rastra que lo conducía hacia su emplazamiento.
Según me contara en Madrid, muchos años después, al llegar a Miami
se lo entregó a un funcionario de la CIA que no le hizo el menor caso.

En el verano de 1962, Tony Varona me convocó a una reunión en
la que estaban sus hombres de confianza: Mario del Cañal y Roberto

Méndez Pírez. Tony acababa de regresar de Washington y se había reunido con la plana mayor del gobierno norteamericano vinculada a los asuntos cubanos. Nos pidió a todos la mayor confidencialidad y enseguida nos contó el motivo de su viaje. Había sido llamado para que escuchara la posibilidad de que el ejército norteamericano desembarcara en Cuba. En Washington, además, deseaban hacerle una pregunta crucial: ¿había cubanos dispuestos a enrolarse en la aventura de una nueva invasión pese al fiasco de Playa Girón?

Tony les dijo que sí, pero aclarando que debía ser dentro del ejército americano, no como un cuerpo aparte manejado por la CIA. Apenas habían transcurrido dieciocho meses de Bahía de Cochinos y la memoria de aquel agravio estaba muy fresca. Mientras las Fuerzas Armadas de Estados Unidos tenían la reputación de jamás olvidar a sus hombres, la invasión de la Brigada 2506 había sido vilmente traicionada tras el desembarco en Cuba, lo que mantenía en prisión a algunos de sus familiares más queridos.

Le dije a Tony que me había parecido muy atinada su respuesta. Estaba seguro de que Rescate podría reclutar un mínimo de doscientos jóvenes para pelear en Cuba dentro de las FF. AA. norteamericanas. A ese compromiso le agregué una pregunta que me parecía clave: como ya era notorio que había conversaciones para liberar a los prisioneros de la Brigada 2506, ¿no sería un elemento de presión que Fidel Castro se enterara de que podía ser invadido si no trasladaba a Estados Unidos a los cautivos de la fracasada expedición?

Tony me dio su opinión: no creía que fuera un *bluff*. Tampoco le parecía una operación de amedrentamiento. A su juicio, los dos hermanos Kennedy sentían una profunda antipatía por Fidel Castro y su régimen, a lo que añadían la humillación de Playa Girón. O tal vez sabían, por los servicios de inteligencia, que Moscú se proponía convertir la isla de Cuba en una base desde la cual intimidar a Estados Unidos por medio de misiles o incluso de aviones o submarinos. Si existía el "odio africano", mucho más intenso era el "odio irlandés" profesado por Jack y Bob Kennedy hacia Fidel y su revolución.

Apenas tres meses más tarde, en octubre de 1962, se resolvería la incógnita. El 22 de octubre, el presidente John F. Kennedy compareció en la televisión nacional para anunciar el bloqueo naval a Cuba. Un avión de reconocimiento U-2 había retratado lo que, sin la menor duda, eran misiles capaces de portar cabezas nucleares que estaban siendo emplazados en Cuba para amenazar a Estados Unidos. En el mismo acto les pidió a los exiliados cubanos jóvenes que se sumaran a los planes militares de Estados Unidos.

Dicho y hecho. Linda convino conmigo en que se trataba de algo muy serio y entendió mi decisión. No podía ni debía evadirme de mis responsabilidades. Ella se marcharía a Tennessee, junto a su madre, acompañada de nuestra hija Gina. Perla, mi suegra, se lo imploró. Pensaba que, en caso de guerra, Miami sería un blanco para soviéticos y castristas. Acabábamos de alquilar un pequeño apartamento sin muebles y teníamos que abandonarlo. Éramos tan pobres que poseíamos nuestra cama y la cuna de la niña. Linda consiguió vender la cama en catorce dólares. Aproximadamente lo mismo que le costaría un boleto en el autobús Greyhound rumbo a Nashville. Ni siquiera había plata para aviones.

Al día siguiente acudí a la calle Altara, de Coral Gables, donde estaba la oficina de reclutamiento. Nos presentamos varios amigos vinculados a Rescate, incluido mi hermano Ernesto. Llamamos a decenas de personas. Muchos tenían compromisos personales o laborales que les impedían incorporarse al esfuerzo. Otros se sumaron gustosos. Entre los primeros en acudir estuvo Mario Elgarresta, quien luego sería un extraordinario asesor político de algunos líderes latinoamericanos. Ese día también vi de lejos a Frank Calzón. Parecía un niño de doce o trece años. Gesticulaba y levantaba la voz para hacer valer sus derechos de mayor de edad para poder pelear por la libertad de Cuba. El entrevistador no le creía y trataba de disuadirlo, pero Frank insistía en sus deberes con el país y la sociedad que había dejado atrás. Tuvo que traer a su madre a asegurar que tenía dieciocho años y deseos de pelear por la libertad de Cuba. Desde entonces, y desde hace casi seis décadas, no ha habido un instante en el que no hiciera algo para demostrar la perfidia del régimen, lo que lo ha convertido en una de las *bestias negras* del aparato de desinformación castrista.

Temeroso de que me impidieran ingresar en las FF. AA. de Estados Unidos, oculté que mi brazo izquierdo estaba impedido de realizar ciertos movimientos importantes producto de una fractura infantil mal curada. A los tres días volábamos hacia Fort Knox, en el estado de Kentucky, en un avión contratado por el gobierno federal. Todas las plazas habían sido ocupadas por jóvenes. Estábamos entre los primeros reclutas de las Unidades Cubanas.

28

Fort Knox: bienvenidos a la guerra

El olor a la guerra inmediata todo lo invadía. Los primeros *cadres* pertenecían a las *Special Forces*. Eso daba la medida de la urgencia. Usualmente los reclutas son recibidos por militares corrientes y molientes. Para impedir las infiltraciones de la contrainteligencia cubana, a todos los reclutas nos habían hecho pasar por un detector de mentiras que, hasta donde sé, no reveló la presencia de ningún espía, pero sí un problema imprevisto: muchos de los cubanos procedentes del campo alguna vez habían practicado el bestialismo. Habían tenido relaciones sexuales con animales. Eran tantos, que alguien del alto mando americano tomó la sabia decisión de ignorar las respuestas a esa pregunta. Al menos en las zonas rurales de Cuba el patriotismo no estaba reñido con amancebarse cariñosamente, de vez en cuando, con una dulce chiva. La persecución de esa conducta, decían los cubanos defensivamente, eran "excesos calvinistas".

Nos tocó integrar el primer pelotón de la segunda compañía creada en Fort Knox dentro de las Unidades Cubanas. En general, había moral de combate. Existía entre todos nosotros el deseo ardiente de ir a pelear a Cuba. Algo que nos parecía inminente, entre otras razones por la alteración de la secuencia del adiestramiento básico. El mejor soldado de la compañía se llamaba Teófilo Ruiz Alum. Andando el tiempo, tras graduarse con honores de Princeton University, sería director del Departamento de Historia de la UCLA y recibiría de manos de Barack Obama la medalla presidencial que otorga la Casa Blanca, en este caso muy merecida. Nos llevaron rápidamente a las prácticas de tiro, nos preguntaron quiénes eran católicos y deseaban confesarse, y propiciaron unas lecciones teóricas impartidas por un victorioso general de la Segunda Guerra Mundial.

No olvido a este militar que conocía el himno cubano y los versos que advertían: "no temáis una muerte gloriosa, que morir por la patria es vivir". Según este experimentado general, la visión norteamericana era radicalmente diferente: el propósito de la guerra era que el otro *son of a bitch* muriera por su causa, gloriosa o detestable, mientras nosotros continuábamos vivos. Me pareció una enseñanza sustancial que señalaba la diferencia esencial entre el sentido práctico de Estados Unidos y la visión idealista de muchos latinoamericanos.

Mientras tanto, continuaban frenéticamente las negociaciones entre la Casa Blanca y el Kremlin con el propósito de impedir la guerra. El presidente Kennedy pensaba que disponía de unas pocas horas antes de que estuvieran listos los misiles para ser disparados desde Cuba. Kruschev tenía una información más precisa de lo que ocurría en la Isla. Ya existían varios cohetes listos para entrar en acción. No eran "apenas una docena de misiles" como suponían los servicios norteamericanos. Eran unos cuarenta. El propio Fidel Castro, irresponsablemente, le pedía en un telegrama cifrado a Kruschev que atacara preventivamente a Estados Unidos, aunque ello comportara la desaparición de la Isla en un mar de fuego nuclear. Afortunadamente, el líder ruso no le hizo caso y hasta lo amonestó por su obscena propuesta.

En medio de ese torbellino ocurrió lo impensable. Un avión U-2 fue derribado sobre suelo cubano por medio de dos cohetes soviéticos V-75. La orden fue dada por el general Stepan Grechko para evitar que el avión espía fotografiara las bases ocultas de las baterías que rodeaban Guantánamo. Tenía autoridad para tomar esa decisión de manera inconsulta. Cuando Nikita Kruschev se enteró, se apresuró a ofrecer la retirada de los misiles a cambio de los que amenazaban a la URSS desde Turquía. Era su forma de expresar su voluntad de no enfrentarse militarmente con Estados Unidos, pese al imprudente derribo del U-2. Kennedy se dio cuenta de que la guerra era evitable y optó por no tomar represalias militares. Tal vez fue útil que los dos líderes —Nikita y John F.— hubieran sido combatientes en la Segunda Guerra Mundial y le hubieran visto el rostro al horror. Ambos sabían que podían destruirse y destruir medio planeta si persistían en continuar la escalada de terror.

A nosotros, simples reclutas, nos parecía inconcebible que el presidente de Estados Unidos no respondiera al derribo del avión lanzando la invasión contra la Isla que nosotros soñábamos encabezar. Fue dichoso que no lo hiciera. Nos hubieran matado a todos. En ese momento no sabíamos, ni Washington tenía conocimiento de ello, que las tropas de infantería soviéticas acantonadas en Cuba disponían de armas nucleares tácticas que podían ser utilizadas a discreción de los coroneles. Uno de esos artefactos era capaz de destruir a una división entera del ejército americano. Naturalmente, la respuesta de Estados Unidos hubiera sido borrar del mapa a la isla de Cuba con los cuarenta mil soviéticos. Resultaba totalmente ilusoria la doctrina de la guerra nuclear controlada. Una vez desatada, los dos contendientes llegarían al final.

Hubo, incluso, un momento más peligroso durante la crisis de los misiles. Se ha sabido muchos años más tarde, al desclasificarse la documentación soviética y revelarse el nombre del héroe que evitó la conflagración. Y fue más peligroso porque se trataba de unos marineros asustados, tripulantes de un submarino que estaba siendo atacado por un destructor americano ajeno a la capacidad militar de la nave en cuestión, en posesión de cohetes nucleares que en segundos podían convertir en cenizas el barco estadounidense.

Todo sucedió el mismo 27 de octubre que derribaron el U-2. Cinco días antes, el presidente norteamericano había decretado el bloqueo naval a Cuba. Un carguero soviético con pertrechos de guerra se dirigía al Caribe escoltado por tres submarinos B-59. Ese día había sido escogido por el Estado Mayor de Estados Unidos para iniciar la copiosa invasión de Cuba. Robert MacNamara, el hombre encargado del Armagedón, se despidió de su mujer y pensó que no solo sería el fin de la URSS, sino el suyo propio por las represalias nucleares de los rusos. Antes de reunirse con el presidente, repasó la lista de las armas que entrarían en combate: casi tres mil misiles nucleares intercontinentales, más los submarinos Polaris, más la enorme flota de aviones B-52 repletos de bombas atómicas.

Cuando el carguero pasó la zona acotada por Estados Unidos en torno a Cuba, el destructor detectó a uno de los submarinos y comenzó a tirarle cargas explosivas. La situación dentro del submarino era dramática. El oxígeno era limitado, algunos marinos se desmayaban y todos sentían como si un martillo gigante golpeara la superficie de la nave. ¿Había comenzado la Tercera Guerra? Nadie sabía. No había comunicaciones fiables con el exterior. *The rules of engagement*, las reglas para disparar los cohetes, señalaban que los tres oficiales de mayor rango debían decidirlo por unanimidad. El capitán votó que sí. El representante del Partido, también. Solo se opuso el segundo de a bordo, un marino llamado Vasili Arkhipov que pidió esperar antes de asumir una responsabilidad tremenda. Si ellos le disparaban al destructor un cohete nuclear, la represalia norteamericana sería total.

Esa requerida unanimidad salvó al mundo. Pocos minutos después, la jefatura de la Marina norteamericana le ordenó al destructor que no le disparara más al submarino y el embajador soviético Dobrynin llegó a un acuerdo con Kennedy, que debía ser ratificado por Kruschev, mediante el cual el Kremlin se llevaba de Cuba los misiles de la discordia y la Casa Blanca hacía lo mismo con algunos cohetes apostados en Turquía. Por una punta era un acuerdo para "salvar la cara" de los contendientes. Una cuestión de imagen. Por la otra, era la prudente salvación del planeta. En las negociaciones inmediatas, Kruschev le arrancó a Kennedy el compromiso de no invadir a Cuba y de no propiciar que otros lo hicieran. Era el premio que le tocaba a Fidel Castro por haber sido el convidado de piedra en el instante en que el mundo, o al menos el hemisferio norte, estuvo a punto de desaparecer.

29

Panorama después de la batalla que no fue

Me pareció notar que los soldados regulares estaban satisfechos con no arriesgar el pellejo. Era comprensible. El grueso de la tropa estaba formado por conscriptos obligados a vestir el uniforme. En esa época, en Estados Unidos existía el reclutamiento obligatorio. Era predecible que no desearan participar en una aventura bélica. La mayor parte de los oficiales de carrera mejoran sus currículums en tiempos de paz durante simulaciones de juegos bélicos, pero los empeoran en medio de los conflictos. Los resultados de las guerras son demasiado inciertos.

Las Unidades Cubanas de Fort Knox, en cambio, estaban íntegramente conformadas por voluntarios. Tal vez fueron los únicos militares del planeta que no respiraron aliviados por los acuerdos alcanzados. Los cubanitos reclutados queríamos acción y no la tendríamos. Esa contrariedad tuvo consecuencias. La moral de combate se convirtió rápidamente en un pesimismo nefasto, aunque todavía existían esperanzas de que en algún momento se produciría el desembarco de las tropas americanas en la Isla y lograríamos nuestro propósito de liberar a Cuba.

Llamé por teléfono a Tony Varona para que me informara lo que sabía. No era diferente de lo que traía la prensa convencional. Afuera de la cabina había algunos amigos y compañeros de Rescate ansiosos y preocupados por el desenlace final del episodio. Esperaban un resumen final de la conversación. Varona todavía estaba optimista y no creía que el Pacto Kennedy-Kruschev —como se comenzó a llamar a los acuerdos que le pusieron punto final a la crisis de los misiles— incluyera el compromiso norteamericano de no invadir la Isla.

Remataba su argumento con una conjetura que me pareció muy débil, aunque no se lo dije por respeto: "Estados Unidos —opinó— no haría una movilización tan costosa si no estuviera dispuesto a utilizarla". El razonamiento era absurdo. El desenlace nunca llegaría de la mano de una razón económica. Probablemente Kennedy lamentaba no haber erradicado antes al gobierno comunista de Cuba, pero ahora el reto era de otra naturaleza: cómo impedir la conversión de la Isla en una plataforma nuclear soviética y aprovechar la crisis de los misiles para reforzar la magullada imagen de Washington ante la opinión pública norteamericana. Esos elementos tenían más peso que la garantía dada a Moscú de que el remoto satélite caribeño no sería invadido.

Aunque Fidel Castro, acaso por su personalidad de macho alfa, no lo entendiera así, y encontrara insoportable y humillante que se discutiera el futuro de Cuba sin siquiera consultarlo, pese a su condición de amo total de la Isla, su régimen fue uno de los factores que salió *ganando* de la confrontación entre los dos superpoderes. A partir de ese momento, el gobierno de La Habana obtuvo una suerte de impunidad o patente de corso que le fue muy útil para proyectar la influencia de la Revolución cubana en cualquier rincón del planeta mediante la subversión.

¿Qué hubiera hecho Fidel Castro si se hubiera producido el desembarco americano en la Isla? ¿Huiría, como se ha publicado? No lo creo. Conociendo el carácter del sujeto y, más aún, sabiendo que acababa de enviarle a Kruschev la sugerencia de que atacase preventivamente a Estados Unidos, sin importarle que las represalias norteamericanas en la Isla serían demoledoras, sospecho que tenía razón Luis Aguilar León, profesor de Georgetown University, excondiscípulo de Fidel y gran *castrólogo*: se inmolaría él y liquidaría a millones de cubanos en un final sanguinario y operático que fuera algo así como una versión moderna y cuantiosa de la tragedia de Numancia ante las legiones romanas. Por lo pronto, se supo que colocó cargas de explosivos en todas las cárceles políticas. Decenas de miles de adversarios habrían muerto en medio de la desaparición de millones de cubanos.

El gobierno norteamericano, al menos aparentemente, ganó más de lo que perdió. John F. Kennedy se sacudió la mala imagen de debilidad y amateurismo que le habían dejado los previos enfrentamientos con la URSS y compareció ante la sociedad norteamericana como un presidente enérgico y, al mismo tiempo, prudente, capaz de manejarse con flexibilidad y de evitar una conflagración nuclear devastadora. Según algunos cálculos, inevitablemente imprecisos, el 70 % de la población americana y cuarenta ciudades importantes hubieran sido arrasadas por esa hipotética Tercera Guerra.

Quien *perdió* fue Nikita Kruschev. A los dos años exactos de la crisis de los misiles, en octubre de 1964, fue víctima de un golpe de Estado orquestado por Leonid Brezhnev, hasta ese momento uno de sus directos y dilectos protegidos. Es verdad que la coartada principal fue la inútil pérdida de recursos en el cultivo de tierras vírgenes, pero también pesó considerablemente el compromiso festinado con Cuba y la manera en que manejó la crisis de los misiles, percibida por sus camaradas como una gestión torpe en la que la URSS llevó la peor parte.

Incluso, le achacaron cierta negligencia en la forma en que se protegía el poderío nuclear soviético del acoso de la CIA. El 22 de octubre de 1962 fue detenido Oleg Penkovsky, coronel de la inteligencia militar soviética que trabajaba clandestinamente para los estadounidenses y los británicos. Entre el 14 de octubre —cuando el U-2 retrata las bases de cohetes instaladas en Cuba— y el 22 —cuando lo detienen—, el espía había conseguido responder a una pregunta crucial para Estados Unidos: ¿estaba lista la URSS para una confrontación militar con Estados Unidos?

A su juicio, la debilidad relativa de la URSS era manifiesta en todos los órdenes. Los soviéticos tratarían de evitar la guerra, según el espía, porque sabían que la perderían aunque le hicieran considerables daños al enemigo americano. El 16 de mayo de 1963, tras sufrir siete meses de torturas e interrogatorios implacables dirigidos a evaluar la profundidad del daño, tras un juicio sumario, Penkovsky fue ejecutado en los cuarteles del KGB en Moscú.

El desenlace de la crisis de los misiles tuvo un efecto desmoralizador sobre la tropa de cubanos acantonados en las unidades militares. Lo que en los primeros días era entusiasmo patriótico se volvió otra cosa. Hubo huelgas de hambre por el tipo de comida y por el clima frío, algo impensable al inicio de la aventura militar. Incluso, un recluta que antes de llegar al campamento había sido proxeneta (chulo, para entendernos a las claras) llevó a una de sus pupilas a ejercer la prostitución en un tráiler que consiguió aparcar dentro del perímetro de la base, en la que, por cierto, se guardan las barras de oro de las antiguas reservas de Estados Unidos.

El chulo y su *protegida* tuvieron un enorme éxito económico entre los cubanos y los norteamericanos. Ninguno de los dos había podido leer *Pantaleón y las visitadoras,* de Mario Vargas Llosa. El futuro premio Nobel, sin la menor información de la aventura de Fort Knox, publicaría su divertida novela muchos años más tarde, en la que contaba la historia de un maniático oficial del ejército peruano que organizaba un servicio de alivio genital a los soldados internados en las selvas de su país.

30

Fort Jackson o la incómoda rutina

Para el gobierno norteamericano no era una gran preocupación qué hacer con las Unidades Cubanas una vez que había alcanzado un acuerdo con Moscú. Para Washington, lo esencial era sacar los misiles de la Isla y lo había logrado. El resto del asunto era *peccata minuta,* pero resultaba conveniente manejar con alguna delicadeza el desmantelamiento de ese cuerpo extraño agregado a las FF. AA. de Estados Unidos. Al fin y al cabo, originalmente, los cubanos habían respondido a una llamada del presidente Kennedy para lo que parecía ser una inminente invasión a la Isla.

Lo primero fue eliminar la sensación de urgencia e improvisación de los primeros días en Fort Knox, Kentucky. Esto se logró trasladando el adiestramiento de las tropas cubanas a Fort Jackson, en el estado de Carolina del Sur, en la ciudad de Columbia. Las Fuerzas Especiales de los primeros tiempos fueron reemplazadas por oficiales que hablaban español, casi todos puertorriqueños y la mayor parte veteranos de la guerra de Corea.

Los reclutas serían tratados de la misma manera rutinaria con que se manejaba a los conscriptos convencionales, pero se mantendrían relativamente aislados de los soldados americanos en unas barracas propias. Por otra parte, como la inercia es parte integral de la burocracia norteamericana, o de todas las burocracias, y porque no sabían exactamente qué hacer con nosotros, continuó la labor de reclutamiento, aunque había desaparecido el objetivo de invadir a Cuba. Los que al principio éramos apenas unos centenares de cubanos, llegamos a ser algo más de cinco mil.

Cuando pensé que no desembarcaríamos en Cuba, me sentí atrapado en las FF. AA. de Estados Unidos. El periodo de servicio era de dos años. Yo no tenía la menor vocación militar, mi mujer y mi hija no podían mantenerse con los cien dólares mensuales que nos abonaba el Pentágono, y me parecían ridículos los alaridos de guerra que pretendían que diéramos. Me resultaba absurdo gritar "sangre y muerte" ante un inocente muñeco de paja al que debía clavarle mi bayoneta sin que previamente la marioneta me hubiera agredido.

Primero me mentalicé, pero en la "prueba de agresividad", que comprometía a toda mi escuadra —unos diez hombres—, me distraje y le pasé por al lado al muñeco de paja sin verlo. Seguí corriendo mientras me preguntaba dónde diablos estaría el supuesto *enemigo*. Entre tanto, el sargento me perseguía para que regresara y rematara al fantoche. Cuando me alcanzó y me explicó lo sucedido, volví sobre mis pasos, totalmente desmoralizado, y apuñalé al muñeco casi con ternura. Sacamos la peor puntuación posible.

Pero ese no fue el único percance. Me ocurrió un insólito accidente carente de cualquier explicación lógica. No sé cómo, ni por qué, ni dónde, se cayó la mirilla delantera de mi rifle el día de la prueba de puntería. Tuvieron que facilitarme un arma nueva con la que hice ciertos blancos mediocres, aunque en el *honorable discharge*, el documento de licenciamiento con que nos dispensaron al fin del servicio, piadosamente se me califica de *sharpshooter*.

Ni siquiera era diestro en los ejercicios habituales de los reclutas. Me doblé un tobillo durante una carrera matinal. Fue un doloroso esguince cuyas secuelas duraron varios años y provocó que el nuevo capitán de mi compañía, un hombre inteligente y comprensivo de apellido Torres, me recomendara y facilitara el ingreso en la Escuela de Telegrafía, acaso porque comprendió mi falta total de adecuación a las normas militares.

Allí descubrí que la incapacidad para reproducir los ritmos no era solo un problema para entonar el himno de la patria: era un obstáculo para aprender telegrafía. La telegrafía es una especie de musiquita hecha de sonidos desagradables. Yo me hacía un lío tratando de memorizarlos, así que, antes que reconocer un nuevo fracaso, tomé una decisión vergonzosa de la que no estoy nada orgulloso: copiaría los exámenes del telegrafista más próximo, con la esperanza (y la certeza) de que no nos enviarían a pelear a ningún sitio. Mi pelotón hubiera sido pulverizado en la playa. Ni yo sabía transmitir ni podía interpretar los sonidos.

Eso sí: no pude librarme de los intentos fallidos de aumentar mis secreciones de adrenalina gritando "sangre y muerte". Ya ni siquiera debíamos inspirarnos frente a un inocente muñeco de paja. Los telegrafistas teníamos que chillarles a los postes antes de escalarlos para desplegar las líneas de transmisión. Era una ridícula estupidez gritarles "sangre y muerte" a unos inertes troncos de madera con el objeto de, supuestamente, aumentar nuestros instintos homicidas. Había algo enfermizo en el diseño psicológico del adiestramiento.

En las vacaciones navideñas de 1962 no sabíamos qué ocurriría con nosotros. Esa vez llamé a Miró Cardona a su teléfono particular de Miami Beach. Como sucedía con Tony Varona, Miró creía que Kennedy no había olvidado su promesa de liberar a Cuba. Me dijo que podíamos contar con un tren para trasladar a Miami a las Unidades Cubanas para que pasaran esos días de diciembre con sus familiares. Se lo habían prometido las autoridades norteamericanas. Inmediatamente les transmití la buena noticia a los compañeros del ejército. El tren jamás llegó y yo quedé muy mal. Nunca supe si había sido otra promesa incumplida de Washington o simple *wishful thinking* de Miró.

Por aquellos días, el gobierno cubano había liberado a los invasores presos de la Brigada 2506 y el presidente de Estados Unidos, acompañado por la primera dama, la hermosa Jacqueline, se había reunido con ellos en un estadio deportivo de Miami. Había sido una emotiva ceremonia en la que Kennedy, rodeado de los jefes de la expedición derrotada, había recibido una bandera cubana y había prometido que la devolvería a Cuba cuando el país fuera libre.

Durante las vacaciones de diciembre, las esposas de algunos soldados casados, ante la eventualidad de ser trasladados a Fort Jackson, en Carolina del Sur, decidieron alquilar conjuntamente una casa grande para reunirse con nosotros, aunque continuaríamos durmiendo en las barracas. No sabíamos cuándo saldríamos de aquella inútil pesadilla militar, pero no estábamos dispuestos a sacrificar inútilmente la vida conyugal. Linda se sumó con entusiasmo al grupo. Teníamos muchas ganas de encontrarnos. Iría a Fort Jackson junto a Gina, nuestra hija, de apenas dos años.

La casa estaba muy cerca del fuerte y, siempre que podíamos, nos escapábamos a ver a nuestras esposas. Yo lo hice con cierta insistencia. Los inquilinos, algunos de ellos amigos para toda la vida, fueron Leopoldo Cifuentes, heredero de los tabacos Partagás, y Carlos Núñez Tarafa, del Banco Núñez, casados con dos primas hermanas; Mario Inchausti, un estudiante de Medicina, cuya mujer era Beria Cabello, otra estudiante de la misma disciplina (ambos terminarían sus carreras en España y serían dos exitosos médicos en Estados Unidos); y Juan Fernández de Castro, cuya esposa, Marta Santeiro, formaba parte de la familia propietaria de la casa que fuera sede de la residencia de Honduras y Venezuela en La Habana, donde había pasado encerrado siete meses de mi vida. Recuerdo que se rio mucho cuando supo que su inocente casita de jugar a las muñecas se convirtió en una posada para amantes furtivos necesitados de un lugar en el cual desplegar su lujuria. En todo caso, alquilar esa casa cerca de Fort Jackson fue una magnífica decisión que hizo más llevadera la frustrada historia del ejército americano.

31

El día que mataron a Kennedy

Sin fanfarria, como si hubiera sido la cosa más natural, nos notifica-
ron que a los seis meses de haber sido reclutados para desembarcar en
Cuba, lo haríamos en Miami o en Nueva York, o donde hubiéramos
respondido al llamado del presidente Kennedy. Terminaba nuestra
vida castrense en Estados Unidos, menos para los pocos cubanos que
realmente tenían vocación militar, como ocurrió con algunos de los
veteranos de la Brigada 2506 que fueron a Fort Benning, en Georgia,
y luego alcanzaron altos grados dentro de las FF. AA. norteamericanas. (Contrario a lo que afirman los voceros del régimen cubano,
jamás he estado en Fort Benning).

Entre ellos estaban Erneido Oliva —más tarde general de la Guardia Nacional estadounidense—, Amado Gayol, Johnny de la Cruz,
Jorge Sonville, Humberto Cortina —quien, en Cuba, había sido herido en combate—, Jorge Mas Canosa y Félix Rodríguez, el joven
oficial de la CIA que posteriormente contribuiría a la captura de Che
Guevara en Bolivia, cuya vida trató inútilmente de salvar transmi-
tiendo la opinión de sus superiores en la CIA. Sonville, Cortina y
Mas Canosa se licenciaron al poco tiempo y se reinsertaron exitosamente en la vida civil.

Fue en esa época, de regreso a Miami, cuando comencé a pensar que la dictadura de Fidel Castro tenía síntomas de permanencia
que nos precipitaban a Linda y a mí a tratar de enrumbar nuestros
pasos fuera de Cuba, continuando los estudios comenzados y buscando otros horizontes. Sin embargo, creía que los Kennedy —que
nos habían dado la espalda en Playa Girón, y que luego se habían

comprometido a no invadir la Isla por medio de los acuerdos con los soviéticos que le pusieron punto final a la crisis de los misiles— sentían a la dictadura cubana como una espina desagradable que algún día se sacarían del corazón.

¿Por qué John F. Kennedy renovaba públicamente sus compromisos con los cubanos si acababa de sellar un pacto con los soviéticos por el que se comprometía a no invadir la Isla ni propiciar que otros lo hicieran? ¿O sería que los acuerdos, desde la perspectiva americana, no excluían la muerte de Fidel y el acoso a la Revolución por medio de operaciones comando? Este fue el camino adoptado por la Casa Blanca bajo la discreta ejecución de Bobby, quien odiaba a los comunistas desde la época en que estuvo bajo la directa influencia del senador republicano Joseph McCarthy, también amigo, por cierto, de su hermano Jack.

Por mi parte, entendí el concepto y la expresión "planes de contingencia", propios de las naciones responsables. El objetivo táctico de Estados Unidos había variado, pero no el estratégico. Ya no se trataba de eliminar a un gobierno comunista mediante la utilización de medios convencionales, sino, primero, de erradicar las armas que pusieran en peligro la seguridad del país, algo que ya habían conseguido. Y, en segundo lugar, liquidar al causante de tantos quebrantos, a Fidel Castro, y cambiar la naturaleza de ese régimen.

Para lograr lo primero, Kennedy cometió el error fatal y la inconsistencia moral de permitir que la CIA se coludiera con la mafia perjudicada por la confiscación y cierre de media docena de casinos en Cuba. Para conseguir lo segundo, la CIA organizó unas operaciones comando que actuaron exitosamente hasta que se produjo el asesinato del presidente norteamericano.

22 de noviembre de 1963. Fecha inolvidable. Recuerdo que el día que Lee Harvey Oswald asesinó al presidente de Estados Unidos yo estaba en Miami, en el auto, oyendo la radio junto a Ismael Pérez, mi vecino y amigo, quien terminaría siendo un gran médico, prematuramente muerto por un fallo cardiaco. Ismael me contaba sus peripecias con el adiestramiento que recibía de la CIA para infiltrarse en Cuba.

Las primeras informaciones escuchadas por la radio daban cuenta de otro tirador desde un montículo cercano a los hechos ocurridos en

Dallas, y de las sospechas de que la larga mano de Cuba podía estar tras el crimen, aunque no se descartaba la presencia de la mafia. Todo era muy confuso (y lo sigue siendo). Ambos convinimos en que, si se confirmaba la vinculación de Cuba con el asesinato, a Washington no le quedaba otra respuesta que invadir la Isla.

A las pocas horas, a bordo de un avión, el vicepresidente Lyndon B. Johnson asumió la jefatura del Estado y del gobierno americano, y se asomó exactamente a ese dilema. LBJ estaba convencido de que Fidel Castro estaba detrás del gatillo de Oswald, un joven comunista perteneciente a una organización pantalla creada por la Seguridad cubana (el Comité Pro Justo Trato para Cuba), pero si lo decía públicamente, tenía que invadir la Isla y todavía estaban muy frescas las imágenes de la crisis de los misiles y el mundo al borde de la catástrofe nuclear.

También tendría que revelar los motivos de Cuba para matar al presidente americano: el aparato de contrainteligencia cubano había detenido a varios mafiosos en La Habana que, en contubernio con Bobby Kennedy, intentaban asesinar a Fidel Castro. Mientras tanto, Bobby perseguía a la mafia en Estados Unidos, de manera que los gánsteres, que nunca han sido famosos por su lealtad, se sentían utilizados, y muy bien pueden haber sido ellos los que estimularon a Oswald y luego borraron sus huellas asesinándolo por medio de Jack Ruby.

¿Existía en esos momentos un plan de reconciliación entre Washington y La Habana como se ha dicho insistentemente? No lo creo. Lo que había, por ambas partes, eran planes de contingencia. Kennedy intentaba utilizar a la mafia para matar a Castro y recurría a las acciones comando para cambiar al régimen cubano, mientras que Fidel estaba dispuesto, como dijo en la embajada brasileña en La Habana poco antes del crimen, a darles la vuelta a las armas que hoy apuntaban hacia su cabeza. Ambos, sin embargo, conversaban por medio de interpósitas personas.

Lo cierto es que LBJ, el 20 de enero de 1964, a menos de dos meses de estar gobernando, firmó un decreto presidencial poniéndoles fin a las acciones violentas y desestabilizadoras de los comandos y a cualquier intento de matar a Fidel Castro. A partir de ese momento, y por los próximos años, las misiones de la CIA en Cuba se limitaron a la búsqueda clandestina de información sobre la peligrosidad y las intenciones del vecino. Algunos de mis amigos que participaron en docenas de misiones de infiltraciones y exfiltraciones relacionadas con la seguridad estadounidense me contaron que uno de los tabús de la CIA a partir de ese momento era atentar contra la vida de Fidel. Eso quedaba totalmente fuera de los planes de Washington. El cambio de régimen en la Isla había desaparecido de los objetivos norteamericanos, pero no mantener a salvo a Estados Unidos.

32

Vísperas de Puerto Rico

Hace muchos años, tal vez en Cuba, escuché el símil: "el comunismo cubano es tan raro como llegar a la casa y encontrarse un elefante en la sala. Pero uno se acostumbra a todo. Uno se acostumbra hasta a vivir con el dichoso elefante instalado en la casa". Tras el pacto Kennedy-Kruschev, el asesinato de Kennedy y la pasividad de Johnson con la vecina dictadura, llegué al convencimiento de que el régimen de Fidel Castro era una etapa de pronunciada duración, aunque jamás pensé que duraría sesenta años. Estados Unidos se acostumbraba a vivir con el elefante en la sala y no había forma de desembarazarse ni del sujeto ni del sistema que había impuesto.

En aquellos azarosos años de Alpha 66; Gutiérrez Menoyo y Ramonín Quesada; Vicente Méndez; Santiago Álvarez; Tony Cuesta, al frente de Comandos L; Herminio Díaz, obsesionado con matar a su antiguo compañero de la UIR, Fidel Castro; los esfuerzos del Directorio de Manuel Salvat y el resto de las aventuras insurreccionales me parecían admirables y heroicos, pero inútiles, salvo con el fin de mantener viva la llama de la oposición. Podían atacar algunas naves o instalaciones portuarias, incluso podían desembarcar en la Isla, pero el Comandante, con la ayuda de los soviéticos, poseía el control total de Cuba y de los cubanos. Se había consolidado.

No había mucho que hacer, salvo escapar personalmente del fracaso. Como yo era joven, el camino era obvio. Ahora, que soy viejo, me es sencillo entender el concepto y la enorme dificultad de reinventarse. No era mi caso. Yo tenía que inventarme, no reinventarme. La frase, tantas veces escuchada en mi familia durante mi niñez, me venía constantemente a la memoria: "estudia idiota, que es lo único que no pueden quitarte". Sabía que solo estudiando podía escapar de la rutina, y lo hice con urgencia mientras vendía enciclopedias y enseñaba español a norteamericanos en la Universidad de Miami. Eso me reducía el costo de las asignaturas, aunque el pobre dominio del inglés me trajera algunos dolores de cabeza, como la tarde en que todos los estudiantes se rieron maliciosamente cuando explicaba los verbos reflexivos *peinarse* o *bañarse*, pero se me ocurrió decirles que en español *you don't eat yourself*.

Tuve profesores excelentes en la especialidad (Literatura Española e Hispanoamericana) que elegí. El puertorriqueño José Agustín Balseiro —todo un caballero— siendo muy joven había tratado a varios miembros de la generación del 98 antes de la Guerra Civil (1936-1939) en el Ateneo de Madrid. Conocía muy bien la literatura española contemporánea. Oírlo hablar de Unamuno y de Valle Inclán me despertó el deseo de vivir en España. Kessel Schwartz, con su honda sabiduría, agregaba un matiz importante: daba unos cursos excelentes sobre el pensamiento latinoamericano. Pero fue por Robert Kirsner —discípulo en Columbia de Américo Castro— que me interesé en la figura de Benito Pérez Galdós y acabé escribiendo mi tesis sobre el humorismo en las novelas de este inmenso escritor canario.

Pero si buenos eran los profesores y el sistema de enseñanza, tan buenos como ellos eran los compañeros estudiantes. La mejor dotada desde el punto de vista de la inteligencia y la memoria era Eliana Suárez Rivero. Se graduó, obtuvo su doctorado y fue profesora en la Universidad de Arizona durante muchos años. Me ayudó a estudiar un riguroso curso de Bajo Latín que ofrecía el profesor Boggs. Pero todos los que recuerdo eran excelentes y mantuvimos una buena amistad a veces interrumpida por la distancia. Entre ellos: Gastón Fernández de la Torriente, Rosita Abella, Ariel Remos, Horacio Ledón, Linda Flower, Enrique Fernández-Barros, José Simón y Piedad Ferrer.

Me gustaba enseñar y compartir con los estudiantes, pero también me daba cuenta de que no disfrutaba investigando y redactando comentarios de texto sobre las obras literarias, y mucho menos sobre el lenguaje, actividades relacionadas con la carrera elegida. Me gustaba la crítica impresionista, ligera y creativa, muy alejada del estructuralismo y de la infantil pretensión de convertir en ciencia lo que no podía serlo. Pero, más aún, secretamente acariciaba la idea de hacer literatura en vez de vivir de y para los que hacían literatura.

En aquellos días, le llegó una carta al profesor Balseiro de la Universidad Interamericana de Puerto Rico solicitando que les recomendara a un joven para trabajar como *assistant professor* para el Departamento de Español del campus que comenzaba a funcionar en San Juan. Debía tener su *Master* terminado y Balseiro me preguntó si me interesaba optar por el puesto.

Me faltaban algunas asignaturas, el examen *comprehensive* (ya había sacado el GRE) y debía terminar y presentar la tesis. La conversación con Balseiro me animó. Estaba dispuesto a intentarlo. Finalmente, pude satisfacer todos los requisitos del empleador. El salario no era mucho (unos 600 dólares mensuales de 1966), pero suficiente para vivir como clase media-media en aquellos tiempos remotos, hace más de medio siglo.

Me gustaba la idea de irme a Puerto Rico. Era la menor de las Antillas hispanas. Se trataba de una isla histórica y culturalmente parecida a Cuba. Hablaban español. Miles de exilados cubanos acabaron instalados allí y ya había algunas historias de éxito. La Interamericana era una institución educativa fundada en San Germán en 1912 por dos hermanos vinculados a la Iglesia presbiteriana, aunque absolutamente laica cuando Balseiro me habló de la posibilidad de unirme a ella si conseguía terminar a tiempo el *Master*.

San Germán estaba en el otro extremo de San Juan, pero yo iría a enseñar en un edificio alquilado en Hato Rey (luego fabricarían un enorme y funcional Recinto Metropolitano), el distrito económico de la capital. En los años cuarenta del siglo XX, la Interamericana —como se le conocía— había sido acreditada por la Middle States Association of Colleges and Secondary Schools, tenía varias decenas de miles de estudiantes en diversos campus de la isla, y era una respetable universidad privada.

Consulté con Linda. Sopesamos los pros y los contras. Nos habíamos acostumbrado a tomar las decisiones como pareja. Si acertábamos o fracasábamos, era porque ambos habíamos decidido hacerlo.

En todo caso, lo probable era que, al terminar el *Master*, nos hubiéramos ido lejos de Miami. Nunca habíamos viajado a San Juan, pero no sabíamos en qué estado o universidad iríamos a parar si no explorábamos la opción puertorriqueña. La posibilidad de marchar a Puerto Rico con un trabajo era fortuita y seguramente no se repetiría.

Para mí es importante contar esta historia. Entre los grotescos esfuerzos hechos por el régimen cubano para arruinar mi reputación está la leyenda, muchas veces repetida, de que la CIA me sembró en Puerto Rico para combatir a los independentistas. Falso de toda falsedad. Fui a ganarme la vida gracias a la intercesión del profesor José Agustín Balseiro, un puertorriqueño destacadísimo. Lo que Cuba alega es solo una burda parte del intento de *character assassination* típico de las naciones totalitarias, especialmente aquellas adiestradas por el KGB.

Tercera parte

Puerto Rico

33

Otra versión de Cuba

Vendimos o regalamos los cuatro trastos que teníamos y nos marchamos a Puerto Rico. El auto era tan malo que lo vendí en treinta y cinco dólares. Francamente, no nos costó nada desde el punto de vista emocional. Nos sentíamos frustrados en Miami, especialmente porque era evidente que no habría regreso a Cuba, por lo menos a corto plazo. Incluso, Linda y yo convinimos en que era conveniente para la pareja y para la familia cambiar de aires.

Para dos muchachos que se habían casado muy jóvenes, en plena adolescencia, y ya tenían una hija, evitar la rutina era clave. Sabíamos que el exilio sería largo, aunque no podíamos imaginarnos que viviríamos el resto de nuestras vidas fuera de Cuba. En cierta manera, era comenzar de nuevo, y eso poseía sus indudables ventajas.

Todavía tenía en la memoria los recuerdos de La Habana —ciudad con la que entonces soñaba con frecuencia— e inevitablemente contrastaba la ciudad a la que había llegado con la que había dejado. El Viejo San Juan nos pareció precioso. Aunque más pequeño, mucho mejor conservado que La Habana Vieja. Pese a ello, la capital de Puerto Rico, en 1966, era más sosegada, menos sibarita, menos impresionante, sin grandes restaurantes o lugares de esparcimiento, pero contaba con algunas ventajosas diferencias con relación a Cuba.

Los puertorriqueños me parecían más tolerantes y menos violentos que los cubanos, rasgos que, sin proponérselo, comenzaban a trasladar a la población de exiliados. Probablemente debido a la tutela americana, el siglo XX había transcurrido sin dictaduras, con tribunales confiables y representaba una experiencia única en América

Latina del éxito de las instituciones de derecho. Por otra parte, desde 1898, desde la invasión norteamericana, aunque sin grandes saltos, Puerto Rico había progresado de manera ininterrumpida abandonando la pobreza rural abyecta. Los puertorriqueños eran libres, aunque no fueran independientes.

Si Miami acabaría convirtiéndose en una Habana de poliéster, como decía el humorista Álvaro de Villa, Puerto Rico era otra versión de Cuba. Las tres islas (Puerto Rico, República Dominicana y Cuba) formaban parte de una zona cultural indígena que, junto a otras entidades menores, tenían vínculos antes de la llegada de los españoles. Tras el arribo de Colón, a fines del siglo XV, fueron la plataforma para la conquista de Tierra Firme y se creó una nueva expresión *antillana* de esa España transterrada que casi borró la huella de los pueblos precolombinos.

Desaparecieron los dioses, las estructuras políticas y el lenguaje que hablaban, pero junto a la yuca, el casabe y el tabaco, quedaron algunas palabras propias de las islas. Por ejemplo: huracán, canoa y Borinquen. Ese era el nombre con que los taínos designaban a lo que comenzó a llamarse Puerto Rico, y que quería decir "tierra de los valientes señores", según el escritor y político Luis Llorens Torres. ¿Quiénes eran esos *señores*? Probablemente los caciques taínos Guarionex, Caguax y otros que mandaban en una veintena de *yucayeques* o villas que encontraron los conquistadores españoles.

Nadie sabe con precisión cuántos indígenas había en Borinquen a la llegada de los españoles, pero probablemente serían un máximo de cien mil. Esos eran los que podía sostener la frágil estructura económica de los cacicazgos. Casi todos los varones fueron esclavizados y murieron. Las mujeres sufrieron una suerte diferente y muchas resultaron preñadas por los invasores. ¿Cómo se sabe? Siempre se sospechó, pero hace pocos años, con el perfeccionamiento y el abaratamiento de las pruebas de ADN, se averiguó que el 60 % de los puertorriqueños posee elementos genéticos que transmitían las mujeres taínas. No había rastros de los varones.

El arribo a la universidad fue muy grato. El primer año lo pasamos en los Gallardo Apartments de Guaynabo, unos dignos, pero discretos edificios de clase media del gran San Juan, no muy lejos de

Hato Rey, donde impartiría las clases. El San Juan de aquellos días era tranquilo, con muy pocos problemas de seguridad, acaso porque la droga todavía no había comenzado a destrozar la convivencia. La directora del Departamento de Español se llamaba Carmen Mora, era muy joven, de Palencia, España. En su país natal había cursado el doctorado y se había animado a "hacer las Américas". Creo que todavía da clases. En Puerto Rico se había casado con otro profesor, el cubano Edelberto (Alberto) Mora, desaparecido prematuramente, que también enseñaba en el departamento. Ambos fueron muy generosos y receptivos. Nos ayudaron a instalarnos en nuestro nuevo destino. A Edelberto le debo la lectura de mis primeros cuentos y el ánimo para que continuara escribiendo.

Me asignaron cursos de literatura y lengua españolas. A los primeros les di un giro histórico para que los estudiantes no creyeran que lo que les contaba les resultaba ajeno. Quería que vieran la literatura española como algo propio. Cuando hablábamos de La Celestina, por ejemplo, dispuse la lectura en voz alta de la obra, dado que originalmente se trataba de "teatro para ser leído", lo que acercaba emocionalmente a los estudiantes a un drama universal que le sirvió a Shakespeare como inspiración para su Romeo y Julieta. Creo que alguno de ellos encontró allí su vocación de actor.

Recuerdo la sorpresa de aquellos jóvenes cuando descubrieron, en una clase sobre "la picaresca", a propósito de El lazarillo de Tormes, que un pícaro hispano-boricua de carne y hueso, llamado Bartolomé Conejo, había creado en San Juan el primer prostíbulo de América. Mientras sus compatriotas se dedicaban a conquistar nuevas tierras, él intentaba medrar por otros procedimientos. Había conseguido el permiso para instalar una casa de lenocinio alegando que su interés era proteger el honor de las españolas avecindadas en la isla de la constante lujuria de los españoles.

Los de lengua, sin olvidar el syllabus, los transformé en cursos prácticos de redacción y expresión oral. Siempre he creído que la lengua es un instrumento para transmitir con claridad historias, vivencias, emociones. Por eso mi rechazo, casi instintivo, al lenguaje barroco y mi aprecio por la estética anglonorteamericana. Puedo admirar la poesía de Lezama Lima, pero mucho menos que la de César Vallejo o el primer Neruda. Más importante que la disección del lenguaje, que nos brinda la gramática, es el uso real de la lengua.

Sin embargo, no tardé en comprobar que el nivel de los estudiantes era muy bajo. En la Interamericana, como en todas las instituciones universitarias privadas de la Isla, la primera opción era la Universidad de Puerto Rico (UPR), que entonces contaba con los mejores alumnos y muy buenos profesores. Incluso existían facultades de élite y renombre internacional, como sucedía con Ingeniería en el campus de Mayagüez o Medicina y Derecho en Río Piedras. Me dicen que ese panorama académico se ha modificado con el paso del tiempo.

En la Interamericana, no obstante, había bolsones de calidad. Recuerdo a un gran profesor de matemáticas que enseñaba a las dos de la tarde, tras los copiosos almuerzos boricuas. Como me tocaba simultáneamente en otro salón, le comenté que a esa hora lo más difícil era lograr mantener despiertos a mis estudiantes. Se sonrió y me invitó a ver una de sus clases, algo que hice en la primera oportunidad que tuve.

El profesor de matemáticas comenzó a explicar un tema abstruso, como todos los suyos, pero aproximadamente a los diez minutos gritó: "¡SEXO!", y todos los estudiantes, tras reírse nerviosamente, se desperezaron y continuaron prestándole atención. Luego me contó que utilizaba ese recurso pedagógico cuando advertía que había más de un alumno dormido o con los ojos vidriosos. No me atreví a copiarle el método, pero me pareció ingenioso.

Mis bisabuelos en 1906:
Manuela Álvarez y José Surís
Domenech, ambos españoles.

Los Lavastida: abuela María
Altagracia Lavastida,
primera fila a la izquierda.

Mis abuelos maternos:
María Altagracia Lavastida
y José Surís Álvarez.

Mi madre, Manuela (Manola),
y tres de sus hermanos: Jesús,
José (Pepe) y Carlos.

Pedro María Montaner
Pulgarón, mi abuelo paterno.

Mi padre, Ernesto Montaner
(el más pequeño), y sus hermanos
Hilda y Pedro, que murieron
de tuberculosis.

Ernesto Montaner, mi padre,
cuando conoció a mi madre a finales
de los años treinta.

Mis padres, Manola y Ernesto,
el día de su boda en 1939.

Yo a los seis meses,
octubre de 1943.

En la Salle de Miramar, a los diez años de edad.

Con Linda
en 1957,
cuando éramos
enamorados.

Linda y yo el día de nuestra boda, el 3 de diciembre de 1959.

Algunos de los asilados en la Embajada de Venezuela, a mediados de 1961.

Alfredo Carrión Obeso, amigo y jefe de la célula de Rescate Revolucionario. Fue asesinado en prisión.

Horacio Parra en La Habana. Fue el oficial del ejército que me ayudó a escapar. Falleció hace pocos años.

Mi llegada a Miami, 9 de septiembre de 1961.

Manola, mi madre, en 1962, el día de su segundo matrimonio con Davis Wyville.

En el ejército de Estados Unidos. Miami, enero de 1963.

Miami, 1962. De izquierda a derecha, de pie: Pedro Portal, Óscar Ruiz Sierra, yo, Alberto Hernández, José Luis Hernández, Tony Piñera y José de la Hoz. Sentados: Al centro, Tony Varona y a su izquierda, Mario del Cañal.

En 1969, en la Universidad Interamericana, con Elpidio Yegros y Mario Villar, en la conferencia: "10 años de Revolución cubana".

Con Sofía Imber,
Armando y Marta
Valladares en París.

Con Huber Matos
y mi hijo Carlos.

Con Manolo Caño,
director de *Perromundo*.

Con Heberto Padilla.

Con Mario Vargas Llosa, en el Congreso de Libertad en apoyo de su candidatura presidencial, marzo de 1990.

Con el viceministro Manuel Sánchez Pérez en Madrid, 1987.

En Felica, Federación Liberal Centroamericana. Guatemala, 1990.

En primer plano, Martha Frayde,
a principios de los noventa en Madrid.

Mi amigo el narrador Enrique
Labrador Ruíz.

Ramón Mestre, centro,
en el Congreso de
Intelectuales en París.

Mi amigo Arturo
Rodríguez
(seudónimo:
Hieronimus Fromm).

Durante la presentación
de mi libro *Perromundo*
en ruso: Irina Zorina, yo,
Juan Suárez Rivas
y Ariadna Blinova.
Moscú, 1992.

Linda y yo con
Leví Marrero.

Presentación de mi libro
Viaje al corazón de Cuba
con Paquito D'Rivera.

En la creación de la Fundación Hispano Cubana en los años noventa, Alberto Recarte, yo, Guillermo Gortázar, Mario Vargas Llosa y Jorge Mas Canosa.

Con Václav Havel y Tomas Pojar.

Con el presidente Lech Walesa de Polonia.

To Carlos Alberto Montaner
With Appreciation,   *Bill Clinton*

Con el presidente Bill Clinton, marzo de 1996.

Con el vicepresidente Al Gore en la
embajada de Estados Unidos en Madrid,
mayo de 1996.

Con el presidente José María Aznar.
España, octubre de 1999.

Linda en la años ochenta.

Foto de Germán Puig

Mi madre Manola Vda. de Wyville con sus tres hijos: Roberto Alex, Ernesto y yo.

Con mis hijos
Carlos y Gina
en Madrid.

Con mi hijo
Carlos en 1992.

Con mi hija Gina.

Foto de Alberto Romeu

Linda y yo a los cincuenta años de casados.

Con mi nieta Claudia, hija de Carlos.

Con mis nietas Paola Ramos y Gabriela Aroca, hijas de Gina.

34

El dichoso tema del *status*

Una vez radicado en Puerto Rico es inevitable sumergirse en el tema del estatus: ¿independencia, Estado Libre Asociado o estadidad? Nadie puede evadirse. Y ni siquiera era un asunto ajeno o lejano. En la Universidad de La Habana existía un Comité Pro Independencia de Puerto Rico y hasta el periodista cubano Juan Gualberto Gómez, amigo de Martí, había escrito una breve historia de la isla vecina tan elemental como imaginativa.

En Puerto Rico toda discusión comenzaba o terminaba por la cuestión del estatus. Y lo tremendo es que este asunto lleva discutiéndose desde la segunda mitad del XIX, cuando había hispano-boricuas que optaban por la independencia, la autonomía o por convertirse en un fragmento de ultramar de España, como acabaron por hacer los habitantes de Martinica y Guadalupe con relación a Francia.

Para los cubanos debía ser muy fácil entender el cuadro político puertorriqueño. Uno de los rasgos de los antillanos ha sido la inseguridad. Tal vez por los devastadores huracanes, por temor a las revueltas de los numerosos esclavos —como sucedió en Haití—, por la relativa pequeñez territorial o por la presencia masiva de España, siempre un número notable de nativos temía separarse de la metrópolis. Muchos pensaban que la supervivencia era imposible sin un poder colonial fuerte que corrigiera los desastres ocurridos en las islas.

Ninguna de las tres islas se había sumado a los esfuerzos independentistas de Bolívar. Eran tan españolas que Miranda se las había ofrecido a los británicos a cambio de su ayuda a la independencia del continente. Los dominicanos les habían pedido a los españoles que volvieran a tomar las riendas de su país en 1861, tras experimentar durante diecisiete años con la independencia. Lo hicieron por miedo a la amenaza haitiana, pero lo hicieron. Finalmente, restauraron la república en 1865 mediante una guerra que fue el banco de pruebas de la que pronto se desataría en Cuba compartiendo algunos protagonistas. El dominicano Máximo Gómez —que en su país había estado al servicio de España y llegó a capitán—, una vez desterrado en Cuba, a poco de estallar el conflicto, se convirtió en el jefe del ejército mambí.

A fin de cuentas, la evolución ideológica de Puerto Rico y Cuba fue parecida. Tras el Pacto del Zanjón en 1878, que le puso fin a la guerra de los Diez Años, cambió el trato político de España hacia Cuba y surgió un gran partido autonomista de carácter liberal que recibió el apoyo del conjunto de la sociedad, incluido el de muchos independentistas. Luego se torcieron las relaciones por la incapacidad de los políticos españoles de aceptar el plan de Antonio Maura, que concedía una mayor autonomía a los cubanos. Guiados por los esfuerzos de José Martí, en 1895 resurgió el independentismo con ímpetu.

El líder autonomista Luis Muñoz Rivera fue declarado cabeza del Consejo de Ministros de Puerto Rico. Era la figura más vistosa de la política local hasta que se produjo la intervención norteamericana. Los españoles, bajo la dirección de Práxedes Mateo Sagasta, cuando este asumió el poder en España tras el asesinato de Cánovas del Castillo (el 8 de agosto de 1897), le concedieron la autonomía a Puerto Rico en 1898, poco antes de que Estados Unidos se apoderara de la isla.

Asimismo, los autonomistas cubanos fueron llamados a administrar el país y algunos viajaron desde el exilio, donde se encontraban. Lo cierto es que fueron los autonomistas cubanos los que les entregaron las llaves de La Habana a los interventores norteamericanos. En ese punto de la historia, como señala el historiador Rafael Rojas, se produjo un paradójico cambio en los objetivos de los actores políticos cubanos: los autonomistas comenzaron a defender la independencia mientras los españoles preferían que los norteamericanos asumieran permanentemente la soberanía que ellos antes detentaban. Pensaban que sus intereses serían mejor defendidos en una colonia norteamericana que en una república independiente. Mientras, la mayor parte de los independentistas apoyaron la presencia de Estados Unidos en la Isla.

¿Por qué Estados Unidos se apoderó de Puerto Rico y no de Cuba? Porque el Congreso y el Senado de Estados Unidos, el 18 de abril de 1898, aprobó una resolución conjunta que establecía que Cuba era y debería ser "libre e independiente". Fue la víspera de comenzar la guerra contra España, y este era un país de leyes que (casi siempre) respetaba sus compromisos. Menos claro resulta por qué Estados Unidos hizo esa declaración conjunta.

Hay varias conjeturas al respecto. A mi juicio, influyó emocionalmente la historia del senador republicano John Thurston de Nebraska. Había ido a Cuba junto a otros legisladores en el yate Anita, del magnate de la prensa William Randolph Hearst. Fueron a ver con sus propios ojos la triste realidad de los campesinos cubanos *reconcentrados* por Valeriano Weyler en algunas ciudades, con el objeto de eliminarles el apoyo a los insurrectos cubanos, pero el gobierno español no asignó recursos para alimentarlos o curarlos. Vivían en la total indigencia mendigando un poco de comida.

El senador fue acompañado por su mujer Martha S. Poland, una señora muy emotiva e impresionable a la que (literalmente) se le partió el corazón cuando llegó a Matanzas y vio el horrendo estado de los reconcentrados, hambrientos y macilentos. La pobre mujer murió en el yate al regresar a Estados Unidos, la envolvieron en la bandera norteamericana y relataron a los periodistas su última voluntad: que no olvidaran a las víctimas de la Reconcentración. Cuando Thurston habló en el Senado fue la apoteosis del llanto.

Hubo, claro, otras explicaciones más racionales y, si se quiere, cínicas. Una era que se trataba de un compromiso entre legisladores imperialistas y legisladores solidarios con la causa de los cubanos, impulsado por el reconocimiento que el Senado había hecho pocos días antes a los beligerantes cubanos tras una proposición del senador republicano Joseph Foraker, miembro del Comité de Relaciones Exteriores. Otra, que Horatio S. Ruben, abogado, amigo de Martí hasta su muerte, y lobista de la causa cubana, logró que se aprobara porque el bufete que él representaba manejaba los bonos de la República de

Cuba y la única manera que tenía de redimirlos era que, en efecto, se creara la nación independiente.

Lo cierto es que ambas islas tuvieron un tratamiento diferente, aunque la independencia de Cuba estuvo mediatizada desde 1901 por la Enmienda Platt, realmente escrita por Elihu Root, un gran funcionario estadounidense que recibiría el Premio Nobel de la Paz en 1912. La Enmienda (al presupuesto norteamericano del ejército) fue presentada por el senador republicano Orville Platt y convertía a la mayor de las Antillas en un virtual protectorado norteamericano. Fue abrogada en 1934.

35

Panorama universitario
e intelectual en Puerto Rico

En 1966, cuando llegamos a Puerto Rico, el gobernador era Roberto Sánchez Vilella, pero el jefe autonomista era Luis Muñoz Marín, líder del Partido Popular, e hijo de Muñoz Rivera. Muñoz Marín había abandonado el poder, pese a que tenía los votos para continuar en La Fortaleza. Había gobernado a Puerto Rico ininterrumpidamente desde 1949 hasta 1965, durante cuatro periodos completos, pero en 1952 creó el Estado Libre Asociado y se aprobó una Constitución. Sin embargo, Puerto Rico siguió siendo un "territorio no incorporado" gobernado por el Congreso de Estados Unidos. No era estado ni asociado, pero al menos sí era libre. Era libre para elegir permanecer dentro de la Unión Americana y no escoger la independencia.

En 1965, finalmente, Muñoz Marín optó por dejar entronizado a su discípulo Sánchez Vilella, un eficiente y disciplinado burócrata. Durante los dieciséis años de su mandato, Puerto Rico dio un extraordinario salto económico y social hacia la prosperidad y se situó a la cabeza de América Latina, eliminando totalmente la pobreza abyecta. En 1966 no había un niño puertorriqueño sin acceso a la escuela o a la ayuda alimentaria si la necesitaba, lo que acaso explica que la longevidad promedio de los boricuas era un poco más alta que la de sus compatriotas estadounidenses. Aun así, tenía el 50 % del PIB per cápita de Misisipi, el estado más pobre de la Unión.

Cuando arribamos a Puerto Rico, encontramos que los exiliados cubanos, como era predecible, se habían dividido en la cuestión del estatus más o menos como la población de la isla: la inmensa mayoría simpatizaba con la autonomía, un porcentaje significativo creía que la mejor opción era convertirse en el estado 51 de la Unión, mientras menos del 5 % pensaba que la independencia era el camino correcto. En líneas generales, la mayor parte de los cubanos le estaba muy agradecida a Muñoz por la buena acogida que les había dado. El exgobernador era muy crítico con la dictadura de Castro y muy solidario con quienes se oponían a ella.

Donde mejor se apreciaba la receptividad del gobierno era en la Universidad de Puerto Rico, cuyo rector era Jaime Benítez, una persona muy cercana a Muñoz. Benítez tuvo la generosidad (y la inteligencia) de contratar como profesores a personas muy destacadas que provenían de la Universidad cubana. (Antes lo había hecho con algunos eminentes exiliados españoles, como fue el caso de Juan Ramón Jiménez). A la UPR fueron a parar, entre otros cubanos ilustres, Jorge Mañach, Anita Arroyo, Alberto Blanco, Ramón Infiesta y Leví Marrero. En su momento, cuando rompió los lazos políticos con el gobierno norteamericano, Benítez hizo contratar a José Miró Cardona.

En rigor, Benítez y la UPR se portaron con los académicos cubanos mucho mejor de lo que había hecho Cuba con los desterrados republicanos españoles que provenían de la universidad y trataron de revalidar sus títulos en La Habana. En lugar de abrirles los brazos, lo que sin duda hubiera elevado la calidad de la Universidad cubana, los gobiernos de turno, presionados por el corporativismo docente, les exigió la ciudadanía para poder enseñar, gesto que trataron de hacer pasar por el mejor nacionalismo cuando se trataba de una vergonzante muestra del provincianismo más burdo. Muchos de los profesores que hubieran preferido quedarse en Cuba acabaron en México y unos pocos en Argentina, como fue el caso del jurista Luis Jiménez de Asúa y del historiador Claudio Sánchez de Albornoz.

Tuve una buena relación amistosa con el matrimonio puertorriqueño formado por los catedráticos de la UPR Julia Córdova Infante y su marido Wilfredo Braschi. Braschi era un magnífico escritor, formado en su isla, en Estados Unidos, Madrid y Londres. Política e ideológicamente estaba muy cerca de Muñoz Marín. Alguna vez le pregunté por qué don Luis había pasado, de defender la

independencia en su juventud, a constituirse en el apóstol del auto-
nomismo y en el padre del Estado Libre Asociado, y me contó que
se debió al impacto de las imágenes de Haití que Muñoz había visto
a principios de los años cuarenta, tras un vuelo a la isla vecina. No
quería ser responsable de la pauperización de Puerto Rico y ese sentido de la responsabilidad le cambió la mirada hacia su pueblo y a la
vinculación con Estados Unidos.

En aquellos años los independentistas tenían dos tendencias: el
Partido Independentista Puertorriqueño (PIP), dirigido por un abogado combativo, esencialmente demócrata, llamado Gilberto Concepción de Gracia, quien deseaba romper amarras con Estados Unidos,
pero preservando las libertades, de manera que no tenía inconveniente
en calificar al gobierno cubano como una dictadura y mantenía buenas relaciones con algunos exiliados. La otra ala independentista,
aunque muy pequeña, tenía un brazo estudiantil muy sonoro y castrista, la Federación Universitaria Pro Independencia (FUPI), y un
brazo político claramente marxista: el Movimiento Pro Independencia (MPI), cuya cabeza más visible era Juan Mari Brás. Obviamente,
los puertorriqueños procomunistas sentían una clara simpatía por la
Revolución cubana y una manifiesta animadversión contra los exiliados. Eran pocos, pero se hacían sentir en la opinión pública por
medio de *Claridad,* un semanario que, junto a los temas puertorriqueños, difundía la propaganda generada en La Habana.

En esa época, como todos los exilios políticos, solíamos reunirnos en tertulias donde primaban las noticias del terruño, el humor y
ese insuperable instinto de estar con *los tuyos.* Me vienen a la memoria
las reuniones en Las Nereidas, en el Condado, y las que se congre-
gaban en una cafetería llamada Bobo's, en Hato Rey, en la que hice
una buena amistad con Alberto Rodríguez —un exoficial de las
guerrillas antibatistianas transformado en un magnífico educador en
Puerto Rico—, con un señor apellidado Fojo, y con Enrique Núñez,
editor de *Réplica* en la Isla del Encanto, un semanario que coincidía
en el nombre con la publicación miamense, pero poseía una línea
editorial independiente y absolutamente anticastrista.

Sin embargo, el más peculiar de los asistentes a las tertulias era
un viejo cubano, totalmente sordo, que utilizaba un dispositivo para

215

escuchar. Solía llegar al final de la tarde —yo recogía a mi hija Gina de la escuela y la sometía a la tortura de las tertulias— y preguntaba, con franqueza total: "Díganme si están hablando en serio o si están hablando mierda". De acuerdo con la respuesta, apagaba o no los audífonos. No era una persona grosera. Lo hacía para ahorrar baterías. Las indicaciones que le dábamos solían ser totalmente honestas.

Era la década de los sesenta. América Latina se radicalizaba hacia la izquierda. África entraba en un periodo de intensa descolonización. El gobierno cubano, víctima de un fuerte espasmo imperial, prohijaba todos los movimientos antiamericanos del planeta. En Cuba se había creado la *Tricontinental* para esos fines. En 1968 murió Gilberto Concepción de Gracia, cabeza realmente democrática del Partido Independentista Puertorriqueño. Quería crear una república independiente en su isla, no una sucursal de Moscú. Lamentablemente, sus sucesores se acercaron más a La Habana como consecuencia de la permanente solidaridad cubana con la independencia de Puerto Rico. La diplomacia cubana veía en este tema un lado flaco del proverbial enemigo estadounidense, aunque se sentiría mucho más confiada en los Macheteros, nombre que recibía el Ejército Popular Boricua, creado en las décadas de los setenta y ochenta con el auxilio, el adiestramiento y la total complicidad de Cuba.

Años después, en 1977, cuando vivía en España, me enteré de que a Enriquito Núñez, como le llamábamos sus amigos, lo habían asesinado de un balazo en lo que parecía una ejecución políticamente motivada, aunque el crimen fue a la vista de todos y el criminal fue liquidado a los pocos instantes. Unos meses antes, en 1976, los terroristas puertorriqueños de izquierda, dirigidos por el oficial cubano de la Seguridad Tony de la Guardia, habían matado en las calles de San Juan a Aldo Vera, excomandante de la Revolución, exiliado, y exjefe de Acción y Sabotaje del Movimiento 26 de Julio. (El coronel Tony de la Guardia fue fusilado por órdenes de Fidel Castro en 1989).

Por la otra punta de la violencia, aunque nunca se aclaró nada en los tribunales, es probable que algún cubano exiliado en Puerto Rico participara en el atentado que le costó la vida a Carlos Muñiz Varela en abril de 1979. Carlos era un joven cubano simpatizante del régimen de los Castro, quien había fundado una empresa de viajes a Cuba llamada Varadero Travel. Le dieron dos balazos mortales. Asimismo, Santiago Mari Pesquera, hijo de Juan Mari Brás, resultó muerto en un confuso incidente. Lo mató un amigo suyo, hijo de puertorriqueño y cubana, quien alegara que había sido en defensa propia, pero fue condenado a una larga pena. Juan Mari Brás acusó de la muerte de Santiago a la CIA, al FBI y al exilio cubano. Eran tiempos tortuosos y cruelmente apasionados.

36

La vida transcurre

Con mi salario de profesor de la Interamericana no podíamos prosperar demasiado. Podíamos vivir en los Gallardo Apartments y cubrir los gastos generales, pero nada más. Puerto Rico era más caro que Miami. Queríamos tener otro hijo y mudarnos a una buena casa, pero jamás nos ha gustado endeudarnos. Linda, que siempre ha sido muy laboriosa, comenzó a trabajar en una empresa dedicada a la venta de alfombras cuyo copropietario era mi amigo José (Pepín) de la Hoz. Le pagaban comisiones sobre ventas cerradas y recibía unas magníficas liquidaciones. Era muy buena vendedora. Pronto pasó al Departamento de Alfombras de Sears, con todas las ventajas que les daba a sus empleados esa empresa.

Primero nos mudamos a una casa alquilada en Summit Hills, en San Juan, pero tan pronto pudimos reunir el dinero del "pronto pago" o la "entrada", adquirimos una casa en la calle Ángel Ganivet, de El Señorial. Era una vivienda nueva, prefabricada, de dos plantas, que tenía una ventaja adicional: los vecinos. Junto a nuestra casa vivía una familia de *newyoricans,* muy agradable, cuya lengua materna era el inglés. Como el niño de esa casa tenía la edad de Gina —siete u ocho años— solían jugar constantemente y se comunicaban en inglés. Dado que la escuela de Gina no cuidaba esa disciplina porque eran monjas españolas, el vecinito, que era un listísimo niño, acabó mejorando notablemente el dominio que ella tiene de esa lengua. Fue sobre esa curiosa relación, más los veranos que pasaba en West Palm Beach junto a su abuela, que nuestra hija conservó el inglés hasta que, muchos años más tarde, estudió y se graduó en el Barnard College en Nueva York.

La conversación con Linda sobre el número de hijos que deseábamos tener fue importante. Como ella venía de una familia muy numerosa pensaba que debían ser pocos, pero muy queridos. Estuve de acuerdo con Linda. Uno más quizás era suficiente. Quedó embarazada tan pronto suspendimos los anticonceptivos, y al año de estar en Puerto Rico, en agosto de 1967, nació nuestro hijo en el Hospital del Maestro, con bastante más dolor de lo previsto. Si Gina fue la hija inesperada, pero muy querida, Carlos, quien andando el tiempo se convertiría en un magnífico cineasta dedicado a la dirección de fotografía, sería el hijo esperado y también muy querido.

Lamentablemente, el médico partero que le tocó en (mala) suerte no creía en la anestesia. "Parirás con dolor", dice una frase del Génesis especialmente machista. Como estábamos muy orgullosos del nuevo hijo, por insistencia mía cometimos el error de llamarlo por mi nombre, Carlos Alberto, con lo cual heredó a todos mis adversarios políticos.

En esa etapa ocurrieron varias cuestiones relacionadas con Cuba que merecen ser mencionadas. En el 1967 se produjo el ajusticiamiento del Che Guevara en Bolivia por órdenes del presidente René Barrientos. Había creado una guerrilla con cubanos y bolivianos en una zona remota del país. Si lo hubieran juzgado por el fuero militar, podían haberlo fusilado legalmente. Prefirieron asesinarlo. A Fidel Castro seguramente no le pareció nada mal que lo mataran. El Che era más útil muerto que vivo, por su hostilidad permanente a los soviéticos.

Ese año fue también el del asesinato de mi amigo Alfredo Carrión. Intentó escaparse de la cárcel de Jagüey Grande, en Cuba, y lo mataron tras detenerlo. Al año siguiente, en 1968, ocurrieron dos sucesos que estremecieron a Cuba: Fidel decretó la estatización de todas las actividades privadas que existían en la Isla en lo que llamó la *ofensiva revolucionaria*. De un bocado revolucionario, se tragó casi sesenta mil microempresas. Medio siglo después, el país no consigue recuperarse de esa estupidez e intenta reconstruir ese microtejido empresarial con los *cuentapropistas*. En agosto, cuando los cubanos no se habían recuperado de la ofensiva revolucionaria, se produjo la invasión de Checoslovaquia por las fuerzas del Pacto de Varsovia lideradas por la URSS. Muchos ingenuos cubanos esperaban que Fidel condenara el hecho. Por el contrario: lo justificó en el más abyecto *cipayismo*.

En Puerto Rico recuperé el trato frecuente con Carlos Varona Duque-Estrada; con Ana, su mujer; y con sus tres hijas, a quienes había visto, muy niñas, durante una visita que le hicieron a su padre en la embajada en La Habana en la que ambos —y otro centenar de asilados— habíamos buscado refugio. Tras llegar a Miami, Carlos había sido relocalizado en California, donde había pasado los primeros años de su vida como exiliado. Ana y las niñas habían viajado de Cuba a Costa Rica y pronto se reunieron con Carlos.

Coincidimos otra vez en Puerto Rico, lo que me dio una gran alegría. Carlos —buen abogado en Cuba y exviceministro de Trabajo en el primer gabinete de la Revolución— dirigía el Departamento de Ciencias Sociales en una universidad privada, mientras Ana, farmacéutica, enseñaba Biología y otras asignaturas relacionadas con su especialidad. Las niñas eran ya unas inquietas adolescentes que se transformarían en buenas profesionales. Emilia, la mayor, estudiaría un doctorado en Psicología y ejercería durante muchos años en Boston. Anita sería masajista y trabajaría en la rehabilitación de adultos. Magda, la pequeña, es artista plástica: pintora, ceramista y grabadora. Simultáneamente, se dedicaría a enseñar Historia del Arte en la Universidad Interamericana.

Hicimos algunos nuevos amigos, muy queridos. Uno de ellos fue Mario Villar Roces, abogado y persona muy responsable y competente que trabajaba en la Autoridad de Tierras, una "agencia" oficial del gobierno de Puerto Rico. También estaban Jesse Fernández, gran pintor y fotógrafo que en esa época vivía en el Viejo San Juan, en un apartamento con vista al Atlántico, y a quien le compré algunos dibujos que aún conservo; y el pintor y escultor Rolando López Dirube, que también vivía frente al mar, en Cataño, de quien había podido admirar el mural que realizara en el *lobby* del Hotel Habana Riviera cuando pasé allí mi luna de miel. Dirube —como se le conocía en los ambientes de la plástica— era un extraordinario artista que podía dibujar delicadamente con una punta de plata, como Da Vinci o Durero, o realizar uno de los murales mayores del mundo en la fachada de unos edificios, sirviéndose de una *concretera* para verter el cemento que él mismo operaba.

A Rolando lo llamaban el Sordo Dirube. En su niñez se quedó absolutamente sordo debido a una rara infección que le destruyó los nervios auditivos en una noche, mientras dormía. Poseía su estudio y vivienda en el poblado de Cataño, al otro lado de la Bahía de San Juan, y tuvo numerosos discípulos entre los artistas de la Isla. Alguna vez escribí que la gran herencia de los cubanos en Puerto Rico llegaría de la mano de los buenos artistas que se habían asentado allí: Dirube, Alfredo Lozano, Cundo Bermúdez, José Luis Díaz de Villegas y Cubiñá eran los más reconocidos y brillantes de la primera hornada, pero luego llegarían algunos muy notables, como Williams Carmona.

Otros, entonces muy jóvenes profesores o estudiantes, que conocí, y con los cuales tuve un trato afectuoso, fueron María Vaquero, Gladys Crescioni, Alberto Hernández Chiroldes —un gran estudiante de la UPR y luego un excelente profesor universitario—, Rita Molinero, Pedro Subirats, Ramón Cernuda, Mike Moenk y Humberto López Morales, el mejor lingüista de la historia de Cuba y el que mayores reconocimientos ha obtenido: unos veinte doctorados *honoris causa* de excelentes universidades y la designación, por muchos años, como secretario de las Academias de la Lengua Española de Hispanoamérica ante la Real Academia de la Lengua Española en Madrid.

En 1969, cuando se cumplían diez años del inicio de la Revolución cubana, organicé en el recinto de la Interamericana unas jornadas para explicar algunos aspectos de aquella catástrofe. Era la primera vez que se hacía algo de ese calibre en el mundo universitario. En ese momento, me parecía increíble que aquella sacudida hubiera durado nada menos que una década.

Los ponentes fueron Elpidio Yegros —prominente exiliado socialdemócrata paraguayo—, Mario Villar Roces, Alberto García Menéndez, Alberto Baeza Flores —poeta y ensayista chileno-cubano—, Carlos Varona, Leonardo Fernández-Marcané, el periodista Luis Ortega, y yo mismo. Las ponencias fueron recogidas en un libro diseñado por José Luis Díaz de Villegas (padre), quien también aportó una ponencia muy interesante sobre las artes plásticas y la Revolución. Tal vez con esa obra se inauguró la costumbre de evaluar cada diez años ese proceso.

37

El hastío

Consulté con Linda. Quería irme. Es un síndrome típico de los exiliados. Por primera vez en muchos años teníamos estabilidad. Yo enseñaba en una institución respetable que estaba en proceso de crecimiento y ella trabajaba en Sears muy exitosamente. Teníamos una bonita casa propia (en realidad era del banco, pero siempre es así) y dos automóviles. La casa era suficientemente grande como para contar con alcobas independientes y un cuarto que convertí en mi estudio. Mi hermano menor, Roberto Alex, y Perlita, una de las hermanas de Linda, se instalaron en nuestra casa. Venían a estudiar a la universidad. Ambos acabaron terminando Medicina en República Dominicana, pero antes de esa deriva, Perlita se hizo abogada en Tennessee y mi hermano, psicólogo en West Palm Beach. Perlita, curiosamente, pudo haber sido una gran soprano. Tenía voz para ello. Prefirió ser neuróloga en Miami. Una excelente neuróloga. Nuestros dos hijos parecían estar felices. Incluso, nos alcanzaba el dinero para tener una asistente que, por el día, se ocupaba de las labores de la casa.

¿No sería una locura dejarlo todo? Tal vez, pero en 1970, mi último año en Puerto Rico, sentí la necesidad de otro cambio. Por eso me fui. No era un problema de la isla o de la Universidad Interamericana. Nada tenía que ver con nuestro estándar de vida. Tanto la sociedad puertorriqueña como el centro docente funcionaban estupendamente bien. El problema era mío. Podía sacar el doctorado en la UPR. Probablemente me concederían el *tenure* (la permanencia), pero cuando analizaba el futuro no me visualizaba dando las mismas clases a estudiantes que probablemente tenían poco interés en los temas que me tocaba desarrollar. Uno de los últimos cursos que dicté fue sobre el modernismo y la poesía de Rubén Darío. Noté que perdía entusiasmo por lo que hacía y eso me mortificó tremendamente. Me gusta amar lo que hago. Odio el cinismo.

En realidad, había descubierto que no me gustaba enseñar de una manera regular. Aquel torbellino de experimentación e ideas que me había figurado se había vuelto una experiencia repetitiva y burocrática. Era un destino agradable y seguro, pero aburrido. Me satisfacía dictar conferencias y comunicar mis propias conclusiones, pero no enseñar sistemáticamente. Además, en Puerto Rico, contrario a lo que había imaginado, no era nada sencillo escribir en los diarios o publicar libros. Apenas había diarios o casas editoriales. El mundillo intelectual solía ser castrista. Cuba era el único país comunista que hacía causa común con los independentistas y muchos les devolvían el afecto. Moscú y el resto de sus satélites los apoyaban, pero sin ningún entusiasmo especial.

En 1970, la última etapa de nuestra vida en Puerto Rico, todo pareció cambiar. Mi amigo Carlos Castañeda se trasladó a la isla. Era un cubano rubio de ojos claros, con apariencia gringa, muy locuaz, que había estudiado periodismo en Estados Unidos y luego, muy joven, se había abierto paso en los medios habaneros, hasta que tuvo que exiliarse a los dos años escasos del triunfo revolucionario. Venía a dirigir un periódico que apenas circulaba fuera de la ciudad de Ponce. Se llamaba *El Día* y era poco más que un polvoriento panfleto sin el menor peso en la sociedad. Carlos lo rediseñó y lo rebautizó como *El Nuevo Día*. Se trataba de un tabloide con muchas fotos, desplegadas como si fuera una revista. Hasta ese momento, el gran diario puertorriqueño era *El Mundo* y parecía imposible competir con ese monstruo. Al cabo de pocos años, *El Mundo* cerraría sus puertas y *El Nuevo Día* terminaría acaparando el 75 % de los presupuestos de publicidad y el 80 % de los lectores de la isla.

En 1968 lo había visitado en el apartamento de Nueva York que compartía con Lillian, su grata mujer. En ese momento Carlos era subdirector de *Life* en español. Recuerdo que le conté mi frustración con la prensa de Puerto Rico. Me preguntó si conocía a Joaquín Maurín. Le respondí que no tenía la menor idea. Entonces me mencionó uno de sus pseudónimos: W. K. Mayo. Ese sí lo conocía. Me dio las señas. Vivía cerca de su casa. Era el director de ALA, una agencia de prensa literaria.

La vida de Maurín fue muy interesante. Era un español republicano que en su juventud fue comunista, durante la guerra civil española cayó preso con otro nombre, y su mujer lo dio por muerto. Tras una década de encierro, fue indultado por Franco y partió a Nueva York.

Carlos me abrió las puertas de *El Nuevo Día*. Su contrato con Puerto Rico coincidió con el cierre de *Life* en español. Escribí un par de reportajes. El más notable, por el entrevistado, fue una conversación con el anciano chelista y compositor catalán Pau Casals, de noventa y tres años, tal vez la última entrevista que concedió. Casals, hijo de madre puertorriqueña, vivía en Isla Verde casado con una joven y hermosa chelista boricua, Marta Montañez, sesenta años más joven que su ilustre marido. Las fotos las tomó Orlando Jiménez Leal, un estupendo cineasta cubano, muy célebre porque en 1961 había dirigido junto a Sabá Cabrera Infante un documental titulado *PM* que Castro utilizó como pretexto para establecer la censura en Cuba. Fidel lo hizo mediante un discurso titulado *Palabras a los intelectuales*, en el que explicó su fórmula de entender la libertad de prensa: "Dentro de la Revolución, todo; fuera de la Revolución, nada". Evidentemente, *PM* caía fuera de la Revolución, pese a tratarse de una visión franca e ingenua de la vida nocturna de los barrios populares habaneros. O quizás por eso. En todo caso, Jiménez Leal debió exiliarse poco después del incidente de *PM* y a él se deben algunos de los mejores largometrajes producidos en el destierro sobre la Revolución.

En 1970, Linda y yo habíamos decidido irnos a España, país que no conocíamos directamente. La Interamericana me facilitaba un pequeño préstamo para hacer el doctorado en Madrid en un par de años. Mi intención era permanecer en España, y devolver el préstamo si conseguía una manera de ganarme la vida y sostener a la familia. Era la manera de comenzar otra vez sin correr el riesgo de tener la retaguardia en peligro. Si fracasaba, podía regresar a Puerto Rico y a la Universidad, pero, para reforzar la decisión, vendimos la casa en lugar de alquilarla, como quien quema las naves.

Cuarta parte

España

38

España, por fin

Linda y yo volamos a Madrid en el verano de 1970. Desde el avión me asombró la aridez del entorno de la capital de España. Había leído que era la ciudad con más árboles de Europa y el dato me confundió. No esperaba este paisaje desolado. Tal vez estaba acostumbrado al follaje intenso del Caribe. Era nuestro primer viaje a Europa. Habíamos dejado a nuestros hijos con mi madre en West Palm Beach. El plan era tomarnos unas vacaciones antes de comenzar la vida realmente española. A las pocas semanas, cuando alquiláramos la vivienda y los hubiéramos matriculado en alguna buena escuela, volveríamos a reunirnos. Gina, que acababa de cumplir diez años, viajaría junto a su hermano Carlos, que tenía algo menos de tres.

El punto de llegada fue una magnífica casa de huéspedes en la céntrica calle María de Molina. Nos la había recomendado mi amigo Alberto Hernández Chiroldes. Acertó plenamente. Era limpia, soleada y cocinaban divinamente. No conocíamos a nadie en Madrid. Tenía un amigo editor en Barcelona, Gordo Guarinos, el primer impresor de *Póker de brujas,* y me habían aceptado en la Complutense madrileña.

Averigüé dónde eran más baratos los autos. Como extranjero, podía adquirirlo en Andorra y llevarlo a España sin pagar impuestos. Ahí, en Andorra, me enteraría que no era el primer Montaner contrabandista. Como conté al principio de estas memorias, en Andorra existe "el paso de los Montaner", un camino recóndito que utilizaban mis antepasados remotos para burlar a lomo de mula el fisco y las frecuentes alcabalas que encarecían las mercancías. De alguna manera, eran precursores de las ideas liberales.

El contacto inicial con Madrid fue muy grato. Era mucho mejor de lo previsto. Quizás la literatura "garbancera" de Pérez Galdós, tan extraordinaria como dura en *Fortunata y Jacinta*, o los claroscuros de Valle Inclán, me hablaban de una España que ya no existía. En ese momento los españoles ya tenían el 78 % de la renta de la Comunidad Económica Europea, precursora de la Unión Europea (UE), y se veían los frutos de la reforma económica emprendida en 1959, destinada a enterrar las supersticiones falangistas y anticapitalistas del bando de Franco durante la Guerra Civil.

Aunque todavía existía el recuerdo pavoroso de aquellas batallas fratricidas, existía entonces en el país, y se notaba, una sociedad esperanzada y luchadora, en la que los recién casados deseaban adquirir un Seat 600 y un pisito, aunque practicaran el pluriempleo, horizonte económico perfectamente al alcance de un país que no tenía paro, poseía acceso al crédito, varios millones de cartillas de ahorro, y en el que el 80 % de las familias residía en viviendas propias. Simultáneamente, esa España era un país muy barato. Cuando eso suele suceder es porque todavía muchas personas cobraban muy poco por su trabajo, pero los salarios y los costos aumentaban paulatinamente.

Alquilamos un piso amueblado con tres habitaciones pequeñas y dos baños, más cuarto de servicio, en la calle Lérida, cerca de Cuatro Caminos, por apenas setenta y cinco dólares mensuales. Ahí viviríamos durante cinco años como clase media-media con doscientos cincuenta dólares, incluida una muchacha que provenía de una aldea y atendía las labores domésticas. Los ahorros y los préstamos no daban para mucho más. En 1975 nos cambiaríamos a la calle Doctor Fleming, a un buen piso de clase media alta. Años más tarde, mi hija Gina me contó su decepción infantil con el traslado. Le parecía que habíamos descendido en calidad de vida, pero no se quejó por delicadeza. Recordaba la casa que había estrenado en Puerto Rico como mucho más amplia y luminosa. Era cosa de ajustar la pupila a la nueva realidad española.

El piso de la calle Lérida estaba a tres cuadras del colegio en el que matriculamos a Gina. Un edificio moderno y bien diseñado. Se llamaba Patrocinio de San José y lo administraban unas monjas josefinas pedagógicamente audaces, pese a que la escuela era para niñas.

Experimentaban con un método de enseñanza bastante exitoso, impuesto por el Ministerio de Educación, que generaba una suerte de independencia intelectual, basado en fichas que llenaban las propias alumnas.

Tras contar con el piso y la futura escuela de Gina, nos fuimos a Barcelona por tren. Nos esperaba, muy generosamente, Gordo Guarinos. Nos llevó a Andorra, adquirimos un modesto Renault 4 con poco uso, y mi mujer y yo emprendimos el viaje a Francia, Italia y Grecia, tras aprovisionarnos de un botellón de cinco litros de vino tinto (pese a que ninguno de los dos teníamos afición al alcohol), una enorme tarta de queso y abundante pan. Descubrimos que en Europa, si eres joven y no te importan excesivamente las incomodidades, es posible viajar y ver sitios maravillosos con muy poco dinero. Tanto para Linda como para mí era otra forma de estrenar la libertad.

En París, y en todos los lugares y ciudades —Florencia, Roma, Pisa, Brindisi, en la costa adriática, en donde tomamos el *ferry*, las inolvidables islas del Mediterráneo griego, la sin par Atenas— visitamos lo que ven todos los turistas, a lo que tratábamos de agregar el mundillo de los nativos, mucho menos glamoroso, pero más apegado a la realidad cotidiana. Pocas veces hemos sido más felices.

En París nos quedamos en un hotel tan pobre que el baño quedaba dos pisos más abajo y la luz se apagaba automáticamente a los siete minutos de abrir la puerta. Era angustioso vaciar la vejiga y mucho menos los intestinos o darnos una ducha. Solo que, a los veintiocho años, esos inconvenientes son hasta divertidos.

39

La universidad española

"Vuelva usted mañana". Había leído la crónica de Mariano José de Larra, como todos los periodistas, pero no la entendí cabalmente hasta que tuve que enfrentarme a la burocracia española. Se trataba de una oficina de convalidación de notas y títulos universitarios que abría ciertos días por la mañana y otros por la tarde. No me fue fácil acudir con la papelería correspondiente en el momento adecuado. Cuando lo logré y finalmente pude ver a un ser humano, me quejé, y el funcionario, muy simpático, para consolarme me hizo un cuento que no he olvidado:

—¿Sabe usted la historia del extranjero que, en Madrid, fue a un Ministerio por la tarde y encontró a un ujier que leía un periódico? —me preguntó.

—No —le respondí intrigado.

—"¿Pero aquí no trabaja nadie por la tarde?", gritó el tipo airado. "No. Por la tarde no vienen. Cuando no trabajan es por la mañana", le contestó burlonamente el ujier.

Afortunadamente, ese desdén con el sufrido pueblo que debe hacer trámites casi ha desaparecido en las instituciones oficiales, pero en 1970, en algunos aspectos, todavía existía la España de Larra.

Tuve varias sorpresas en mi contacto con la universidad española. La primera fue que en la etapa final del régimen de Franco los departamentos de Historia y Humanidades estaban tomados por la izquierda marxista. No conocí a ningún estudiante que estuviera de acuerdo con el gobierno. Probablemente existían, pero no abrían la boca. Los pocos falangistas que se atrevían a manifestarse lo hacían

232

con un lenguaje antiamericano y anticapitalista vecino a la prédica de los comunistas que aparecía en la revista SP que entonces publicaban.

La segunda era la poca severidad de los estudios para el doctorado en Literatura. Se trataba de aprobar tres asignaturas dentro de la especialidad, una en otro departamento (yo escogí una clase de Historia con el canario Mario Hernández Sánchez-Barba, que fue la mejor decisión), y, como colofón, escribir una tesis de aproximadamente doscientas cincuenta páginas. Nunca la redacté tras decidir no volver a la enseñanza convencional. Me quedé en esa zona incómoda del ABD (*All But Dissertation*) en la que muchos estudiantes se instalan para siempre.

Y la tercera sorpresa: la cantidad de faltas de asistencia de los profesores titulares. Casi siempre —menos en el caso de Mario Hernández Sánchez-Barba— la clase la impartían los adjuntos. Era verdad que los catedráticos solían tener una sólida preparación, pero ¿de qué servía esa erudición si los estudiantes no teníamos acceso a ellos y, además, en las clases prevalecía la conferencia magistral en lugar de un espacio para la libre discusión? En ese sentido, las clases en la universidad norteamericana me parecieron mejores. Más rigurosas.

En realidad, era mucho más lo que se aprendía en las conversaciones de la cafetería universitaria y en las calles de Madrid que en las aulas. Recuerdo con agrado a los compañeros de entonces, y entre ellos a Vicente González Loscertales, desde hace muchos años exitoso comisario europeo de exposiciones; a la cubana Gilda Calleja, que fue mi estudiante en Puerto Rico, más tarde mi compañera de estudios en España y mi amiga siempre, profesora en la provincia de León, a donde se fue a vivir con su marido, el arquitecto Luis Ameijide; y a Pedro Santiago, un dominicano que terminó su doctorado, regresó a su país y murió muy joven de cirrosis hepática.

Había un peruano aprista, muy amistoso y risueño, conocido como el Cholo Peralta. Tenía una novia francesa, algo malvada, que nos contó, con su pronunciación gala que arrastraba las erres y su marcado racismo, que ella tenía un "interés antropológico" en el Cholo. ¿Qué haría? ¿Le examinaría los dientes para averiguar si eran de "pala", típicos de los aborígenes indios? ¿Cuando se desnudaban, buscaría la "mancha mongólica" en la espalda del Cholo?

A mí, sin embargo, me resultó más curiosa la doblez ideológica de Peralta. Mientras estuvo entre nosotros, escuchando las historias que le hacíamos al grupo Gilda y yo sobre la naturaleza estalinista de la Revolución cubana, asentía con la cabeza y se sumaba a las críticas, pero cuando regresó a Perú me escribió una carta desdiciéndose y proclamando su adhesión incondicional a ese horror. Ni siquiera recuerdo si le respondí, pero sentí una profunda pena por alguien que no era capaz de defender sus ideas con entereza.

40

La idea de la editorial Playor

Llegó el momento de cortar las amarras con la Universidad Interamericana. Había terminado las asignaturas del doctorado, aunque, como he señalado, nunca escribí la tesis. Había elegido, y la Complutense me había aprobado, un tema que me resultaba grato (la vida y la obra de Jorge Mañach), mas decidí sumarme a ese 60 % que renuncia voluntariamente al mundo académico convencional. Naturalmente, les di las gracias al decano puertorriqueño y a la directora de Departamento, la doctora Carmen Mora, y les notifiqué que había decidido quedarme en España.

Se portaron muy bien. Me desearon suerte, la oficina administrativa elaboró un plan de pagos para que devolviera el préstamo (algo que hice puntualmente), y todos me aseguraron que las puertas de la institución estaban abiertas para mí si deseaba regresar. Sospecho que no hubiera sido tan sencillo porque la plaza ya había sido ocupada, pero esas palabras me sirvieron de aliento para iniciar mi tercer exilio en España. Carmen, que es española, me dio unos cuantos consejos válidos que le agradecí profundamente.

Mis cuatro años en la Universidad Interamericana, de los cuales guardo un grato recuerdo, me enseñaron que existía una deficiencia grande en el capítulo de los libros de texto. Se necesitaban buenos libros a todos los niveles: en los primeros grados, en la escuela intermedia y en el universitario. Solo que para editarlos hacía falta dinero y en ese momento no lo tenía, pero la doctora Mora me dijo algo muy cierto que me preocupó: "los inmigrantes siempre sueñan con volver a su lugar de origen hasta que descubren, al cabo de cierto tiempo, que eso no es posible". Tal vez fue lo que le sucedió a ella. Probablemente nos ocurra a mi mujer y a mí con relación a Cuba.

Acuciado por la magra cuenta bancaria —teníamos recursos para sobrevivir dos años en Madrid modestamente—, traté de conseguir empleo en alguna editorial, pero no era nada fácil, así que pensé crear mi propio sello editorial y lanzarme a la aventura de publicar libros por mi cuenta, pese a que carecía de experiencia empresarial. Como ni siquiera tenía recursos para alquilar una oficina, me conformé, de momento, con elegir un apartado postal en la central de correos de Cibeles, en el corazón de Madrid, y un nombre comercial: editorial Plaza Mayor.

Mi primera intención era publicar ficción, pero eso también requería cierta cantidad de dinero y un arraigo que no tenía en la sociedad española, de manera que los primeros libros que edité contaron con el subsidio de entidades universitarias norteamericanas interesadas en publicar buenos libros académicos, pero con limitado interés comercial. Ahí encontré mi acceso al poco capital que necesitaba.

Me favorecía, claro está, la necesidad de publicar que existía en el sector académico y el conocido dilema de *publish or perish*. No solo la permanencia como profesor a veces dependía de la publicación, sino también el prestigio de la universidad. Hasta el *ranking* de la institución estaba basado en el número de profesores con doctorado, el de las publicaciones que hubiesen firmado y la cuantía de las citas que se hacían de esas publicaciones.

A poco de comenzar, tuve el primer tropiezo. Existía una revista de agricultura con ese nombre, que no conocía, y tuve que cambiar la manera de designar mi microempresa unipersonal. Tomé sílabas de las dos palabras, formé el vocablo *Playor*, lo registré e hice una furiosa campaña de correo en procura de manuscritos. Comoquiera que las decisiones administrativas de las universidades debían basarse en elementos objetivos cuantificables, las editoriales dedicadas a estos temas minoritarios desempeñaban un rol constructivo que nos permitiría sobrevivir.

Playor era mucho más que un *vanity press*. Quería que el primer libro que apareciera en nuestro sello editorial tuviera calidad para que animara a otros autores e instituciones. Y así fue, el título con el que inauguré la colección Scholar fue la excelente tesis doctoral de Eliana Rivero sobre Pablo Neruda: *Regresó el caminante.* Ella nunca lo supo, pero el cheque de su universidad me llegó cuando solo nos quedaban 200 dólares en el banco. Nos salvó la vida.

A partir de ese oportuno comienzo, a lo largo de treinta años publicamos más de seiscientos títulos. Entre ellos, la primera traducción al español de la magnífica *Historia de España,* de Stanley G. Payne; *Cuba: Economía y Sociedad,* de Leví Marrero, en quince volúmenes, la mejor en los anales de la bibliografía cubana; poemarios valiosos de Lilliam Moro, José Abreu, Edith Llerena, Laura Ymayo Tartakoff, Ángel Cuadra, Jorge Valls, María Elena Cruz Varela y un sinfín de autores y títulos excelentes. Muchos de ellos arrojaban pérdidas, pero la calidad compensaba los recursos invertidos.

Había, pues, que ganar dinero para subsidiar el catálogo de Playor. Los títulos que nos procuraron mayores ingresos durante mucho tiempo fueron los libros auxiliares relacionados directamente con la enseñanza de la lengua española. Las colecciones de ortografía, vocabulario, redacción y memorización se reeditaban constantemente, y algún autor, como José Escarpanter, profesor en Auborn University de Alabama, una buena universidad estadounidense del sur, era sinónimo de buena pedagogía.

La secuencia de los domicilios de la editorial Playor tuvo que ver con el creciente éxito económico de la empresa, aunque siempre fue una actividad menor destinada a subsidiar la vida que queríamos darnos, especialmente porque a mí me faltaban rasgos típicos del empresario. Del apartado postal, pasamos a alquilar un despacho. De ahí, compramos un apartamento en el sótano de un edificio en el extrarradio. En la segunda mitad de los setenta, cuando pudimos, compramos una oficina en la calle Santa Polonia. En los ochenta la vendimos y nos mudamos a un magnífico local en la calle Santa Clara, muy cerca del Palacio Real, casi en la esquina en donde Mariano José de Larra se dio un balazo en el corazón tras un desengaño amoroso. Esta última oficina, dotada de un amplio sótano que servía de almacén, se la vendimos al Vaticano, dado que estaba frente al costado de la iglesia de Santiago. Roma tuvo que dar el visto bueno, pues debía aportar el aval para la transacción bancaria.

Descubrí en España el mínimo interés que despertaba el mundillo iberoamericano. Mas ni siquiera era un fenómeno focalizado en América Latina: a los españoles les interesaba muy poco lo que ocurría en Portugal o Francia, los países limítrofes, y mucho menos lo que sucedía en el Reino Unido o en Italia. Pero tampoco era un problema estrictamente español. Los latinoamericanos mostraban un mínimo interés en las sacudidas políticas de sus países vecinos. Era casi imposible conseguir que un colombiano leyera lo que sucedía en México o en Chile. En la Feria del Libro de Frankfurt, la mayor del mundo, escuché una frase tremenda pronunciada por un editor inglés: "Si quieres fracasar rápidamente, publica un libro sobre América Latina".

Pensé que Cuba era otra cosa. Al fin y al cabo, el aparato de propaganda del castrismo dedicaba ingentes cantidades de recursos a promocionar a la Revolución cubana. Así que, cuando tuve dinero para publicar libros críticos sobre la situación política de Cuba, me aventuré a hacerlo por un sentido de la responsabilidad y para tratar de contrarrestar la enorme bibliografía procastrista.

No obstante, apenas tuve éxito. En las Ferias del Libro de Madrid, cuando un par de millones de personas desfilan frente a las casetas de las editoriales, continuaban vendiéndose los libros de autoayuda para mejorar la capacidad expresiva del lector —de alguno de ellos llegamos a editar un millón de ejemplares—, pero los libros políticos sobre Cuba carecían de gancho, aunque eran los únicos que despertaban cierto interés. Pero no se trataba del poco éxito de los libros críticos sobre la Revolución. Tampoco se vendían los de las editoriales obsequiosas con la dictadura. Era un tema sin lectores.

Por eso, nada me extraña que el flamante presidente de Cuba, Miguel Díaz-Canel, se quejara del desinterés de la gran prensa norteamericana por su viaje a la ONU en el 2018. Solo Fidel Castro despertaba algún "interés antropológico" en los medios de comunicación. Ni siquiera la izquierda le prestó atención a Díaz-Canel.

41

Las series infantiles
y los ilustradores centroeuropeos

No tenía dinero para hacer estudios de mercado, de manera que confiábamos en nuestra intuición y en una frase muy alentadora que le leí al empresario polaco Maksymilian Faktorowicz, más conocido por Max Factor, el dueño de la gran compañía de cosméticos: "no hay un estudio de mercado que compita con el sentido común".

Esa era la parte que más me gustaba de Playor. Uno de los mejores rasgos del mundo editorial es que se trata de una empresa creativa. Salvo en los libros que nos proponían, que cada año tenían menos peso en nuestro catálogo, el proceso era el siguiente: yo suponía una necesidad del mercado, buscaba a los autores, discutía con ellos las características de la obra y, cuando llegábamos a un acuerdo final, levantaba un primer índice y ellos se ponían a trabajar. Por último, cuando la obra estaba en la fase de las pruebas finales, buscaba un editor poderoso que la coeditara a cambio de *royalties*. (Dicho sea de paso, hay muchos libros hechos por la editorial que aún generan ingresos tras casi medio siglo de haberlos editado).

Ese solía ser el *modus operandi*. Había conocido en Puerto Rico a José Luis Díaz de Villegas, ingeniero de profesión, pero gran ilustrador, con una magnífica veta humorística, cuyo hijo mayor, quien tenía el mismo nombre, era también un excelente dibujante. José Luis (hijo) me enseñó su magnífico *portfolio* y lo contraté para redactar e ilustrar una serie infantil para que los niños aprendieran las primeras letras, números y texturas. Esa serie fue un éxito en nuestro catálogo y en el de los coeditores.

En los años ochenta, convencí a un joven amigo y gran pintor, Arturo Rodríguez, para que ilustrara una colección de clásicos de la literatura española. Incluso, de esa serie salió un libro titulado *Mitos en blanco y negro*, pero, como suele ocurrir con las ideas, y confirmada la capacidad de Arturo para contar en imágenes la esencia de los libros, le pedí que ilustrara veinte libros clásicos de la literatura universal, pero para menores de ocho años.

El resultado fue espléndido. La idea era presentarles a los niños la trama y los principales personajes de las grandes obras, para abrirles el apetito de la lectura juvenil y adulta. Arturo ilustró toda la colección, desde *El Quijote* hasta *Moby Dick*, pasando por *Los tres mosqueteros* y *Las mil y una noches*. Comoquiera que se trataba de una obra de cierta envergadura, llevé las ilustraciones a la Feria del Libro de Frankfurt y una traducción de los textos al inglés que había hecho muy cuidadosamente Ramón Mestre, para interesar a los editores de otras culturas.

Ese año no tuve éxito. Tropecé con un prejuicio terrible contra las ilustraciones, pero no por su calidad, que era extraordinaria, sino por el autor. Un joven cubano, que ni siquiera era de La Habana, no podía ser el responsable de esos dibujos. No era creíble. Un niño polaco o alemán no compraría esos libros ni les pediría a sus padres que se los regalara. A mi regreso a Madrid hablé con Arturo. Se rió del tropiezo y estuvimos de acuerdo en utilizar un pseudónimo.

Arturo le puso el nombre y yo el apellido. Las ilustraciones las firmaría Hieronimus Fromm. El nombre, por el gran pintor medieval-renacentista Hieronymus Bosch, el Bosco, nacido en Holanda, cuya obra *El jardín de las delicias* (¿1500?) se exhibe en El Prado y era uno de los cuadros favoritos de Arturo, mientras el apellido era del ensayista alemán Erich Fromm, psicoanalista radicado en México que había escrito *El miedo a la libertad*, un libro particularmente inteligente.

Al año siguiente volví a visitar Frankfurt, pero con una colección de libros ilustrados por "Hieronimus Fromm" y me puse de acuerdo con varias personas para coeditar la obra. Les encantaron las ilustraciones y destacaron la calidad de "los dibujantes de Europa central". Debo decir que ensayé una suerte de *poker face* y no los saqué de su error. ¿Cómo eliminar los prejuicios de los editores? ¿Cómo explicarles a unos seres convencidos de la inferioridad de los artistas latinoamericanos que el talento y la sofisticación pueden surgir en una isla del Caribe?

Las series infantiles y juveniles fueron una de las fuentes de ingreso de Playor, pero casi siempre indirectamente, vendiéndoles los derechos a otros editores poderosos y ya establecidos. Así conocí y me hice muy amigo de los cubanos Florencio Brito, en Puerto Rico; de Frank (Pancho) Rodríguez, en Cincinnati, Ohio, un exiliado que llegó a Montana siendo un niño rescatado por la Operación Peter Pan y conservó la cubanía, el sentido del humor y la pasión política hasta nuestros días; los diligentes colombianos Edgar y María José Bustamante, magníficos editores; y, ya en la etapa digital de la edición, tras el triunfo de su majestad Internet, al argentino Eduardo Varela-Cid, a quien conocí en su etapa de diputado, quien luego tuvo la inteligencia de reinventarse como editor en Estados Unidos para el vasto mundo hispano, cosa que hace con notable éxito.

42

Balada del delator

Debió ser en el otoño del 71. Iba abstraído en el metro o *subway*, como le llaman los gringos. Creo que regresaba de la universidad madrileña. Sé más o menos la fecha porque recogí el episodio en la novela *Perromundo* que entonces escribía y que publiqué al año siguiente. Me bajé en la estación de Sol y allí, sorpresivamente, me encontré a mi amigo Alberto *Tuto* Benítez. Me dio una enorme alegría. No sabía que estaba en España. No teníamos contacto desde que me detuvieron. Linda fue la última persona que lo vio en Cuba. Esa madrugada, tras la detención, mi mujer, que entonces era una chiquilla, fue a su casa llorando a contarle lo que había pasado para que se deshiciera de cualquier documento que pudiera comprometerlo. Ella no recuerda su reacción.

A Tuto se le aguaron los ojos cuando nos vimos. Nos abrazamos. Tuto era una persona emotiva. Recuerdo que le gustaba la música clásica. Eso entre los jóvenes de mi generación era poco frecuente e indicaba cierta sensibilidad cultural. Atribuí su reacción al hecho de encontrarnos. A la grata impresión de verme sano y salvo. A veces, pensé, se llora de felicidad. Le pedí que me acompañara a casa a saludar a Linda. Fue y le dio un abrazo, también compungido. Recordaron aquella noche fatídica. La madre había abierto la puerta sorprendida por la hora. Él salió de su habitación enseguida. Linda le dijo que se escondiera y se cuidara. Fue una visita muy breve. Esa noche ella llamó a la casa de todos los amigos que pudieran estar en peligro.

Tuto ya se había casado cuando nos reencontramos en Madrid. Salió de Cuba a los pocos meses de mi detención. Había pasado más de una década. Quedó en regresar a casa. Nos vimos otra vez. Fue con su esposa. Nos sorprendió que no nos mirara de frente. Linda me hizo la observación. Recordé que cuando nos habíamos encontrado se había emocionado visiblemente. Se lo dije a mi mujer. Los dos pensamos que había un sentimiento de culpa y eso le impedía levantar la mirada.

Jugar al psicoanálisis no es una buena manera de juzgar las conductas ajenas. Forjé para Linda y para mí una historia policiaca. Creí que a Tuto lo habían detenido pocas horas antes, como le sucedió a mi compañera de estudios, Edwina Díaz-Bartomeu, pero mientras ella se mantuvo firme, Tuto se había "roto", pensaba. Al fin y al cabo, las policías políticas de los regímenes totalitarios son capaces de hacer hablar a las piedras. Recordé los *procesos de Moscú* de la era de Stalin. Los inculpados se autoacusaban de los delitos más inverosímiles. No todo el mundo tiene madera de héroe, me dije para mis adentros, y hasta me dio pena por lo que debió pasar.

Lo llamé por teléfono y lo cité en el bar-cafetería llamado Correos frente a Cibeles. "Tenemos que hablar", le dije. Por su respuesta, supe que intuía que hablaríamos de algo importante y molesto. Correos era un sitio muy conocido. Hoy se llama de otra manera, como muchos establecimientos en Madrid. Llegué antes que él para ordenar las ideas. Le diría mi conjetura: lo habían atrapado y él, lleno de un comprensible pánico, había contado todo lo que sabía. Existe la tortura psicológica. La conocía de cerca y me confortaba saber que yo había resistido. Esto último no se lo iba a decir. Yo estaba preparado para sacarle esa espina del corazón y absolverlo con una frase útil para esa delicada situación: "Uno no tiene que ser un héroe todo el tiempo. La vida es muy larga y a veces cumplimos y a veces no logramos hacerlo".

Tuto llegó muy seguro de sí mismo. Casi desafiante. Tan pronto le conté las sospechas de Linda y mías comenzó a hablar. Ni siquiera tuve tiempo de contarle mi inventado relato de su delación. En efecto, él era el "chivato", pero todo había ocurrido de otra manera. Como nos conocíamos casi desde niños —incluso habíamos fantaseado con el propósito de alzarnos en Pinar del Río, cerca de La Habana, durante la dictadura de Batista—, el suponía que yo estaba conspirando contra Castro. Se me acercó y se ofreció para sumarse al grupo.

Mi reacción fue la que él había previsto. Yo no iba a desconfiar de mi amigo Tuto. Los dos sabíamos que había sido un ardiente fidelista, pero esa era la historia de numerosos revolucionarios. Yo mismo había simpatizado con la Revolución durante las primeras semanas. Tuto, además, era católico. En esa época era un hombre de fe. Su rectificación tenía sentido.

Según me contó, muy afectado, aquella terrible mañana en Correos, cuando conoció los nombres de las personas vinculadas a la célula, acudió voluntariamente a la jefatura del G-2, como entonces se llamaba la Seguridad del Estado, para contar su historia. No había sido forzado. Ni siquiera era un agente de la policía política. Era un soplón voluntario.

Yo me quedé horrorizado. ¿No seguiría siendo un agente? Era mi amigo desde que era un chiquillo. Jamás habíamos tenido problemas de ninguna índole. Él sabía que mi familia y yo le teníamos mucho afecto. Supuestamente no lo hizo para ganar galardones revolucionarios. Me reiteró que, en ese momento, como media Cuba, ya estaba enfrentado a la Revolución y pensaba marcharse del país. Tampoco, como yo creía, lo habían detenido, lo apretaron, y "cantó". No era eso.

¿Por qué me contaba a mí esa historia? Creo que se sentía muy mal con lo que había hecho, pero buscar el perdón le parecía indigno y prefirió sacarse de adentro la infamia acogiéndose a una verdad desafiante e inexplicable. Nos había delatado porque se trataba de una persona malvada. Tal vez yo estaba más conmovido que él. No puedo saberlo, pero la intención que traía de excusarlo se transformó en un acceso de cólera.

Le dije que a mí no me había causado daño, porque la edad, la suerte y la amistad con Víctor de Yurre me habían librado de los graves quebrantos causados por su delación, pero que a mi amigo Alfredo Carrión lo habían asesinado en la cárcel. Le conté que a Néstor Piñango la familia se le había descarrilado cuando él les faltó porque estaba preso. Le agregué que los padres de Jorge Víctor Fernández languidecían tratando de ayudar al hijo preso. Las consecuencias de su delación habían sido devastadoras.

En ese momento, Tuto y yo sollozábamos, pero no pude hacer otra cosa que recordarle el momento más amargo de su vida, el suicidio de su padre (creo que a él le tocó descolgarlo de la soga). Me alcanzó la rabia para decirle que debía hacer lo mismo para pagar su traición. Debía ahorcarse, como había hecho su padre. En ese punto me levanté y me fui. Nunca más he vuelto a saber de Tuto. Cuando repaso las fotos de mi boda con Linda aparece él reflejado en un espejo. Han pasado muchos años y me sigue acompañando una sensación de asco cada vez que recuerdo la conversación en Correos.

43

El caso Padilla

En España y Francia el "caso Padilla" tuvo el efecto de sacudir y dividir el mundo literario. Por esas fechas, en marzo y abril de 1971, en la propia Cuba se produjeron escenas que recordaban la peor época del estalinismo.

Heberto Padilla, uno de los mejores poetas cubanos, a sus apenas treinta y dos años, fue detenido a los pocos meses de la publicación de *Fuera de juego*. El libro de poemas había sido premiado por un jurado internacional contra el criterio de los *apparatchiks* de la Isla. Lo publicaron con una nota acusatoria, probablemente escrita por José Antonio Portuondo, a la espera de la gran venganza. No habían podido evitar la edición de la obra, pero los ideólogos del régimen esperaban su oportunidad. Era evidente que en su momento lo machacarían.

Fidel y Raúl Castro estaban decididos a no permitir que surgiera un foco de resistencia dentro de la intelectualidad, lo que provocó que en la primera oportunidad Heberto fuera acusado de *contrarrevolucionario* por los más celosos guardianes de la ortodoxia comunista. Querían dar un escarmiento. La policía política buscaba el manuscrito de una novela "comprometedora" en la que serían evidentes sus "desviaciones burguesas".

Tras pasar por los calabozos de la Seguridad del Estado, donde recibió la intimidante visita de Fidel Castro, y hasta llegaron a golpearlo en la cara con su manuscrito, el 27 de abril Heberto accedió a acudir a una sesión de autocrítica en la Unión de Escritores y Artistas de Cuba, la UNEAC. Ese infame día, Padilla, tras darles las gracias a la policía política por haberle enseñado el camino de la verdad y la Revolución, se acusó de las peores conductas políticas e incluyó entre sus cómplices a varios escritores notables, como a José Lezama Lima; a su propia mujer, Belkis Cuza Malé, una notable poetisa; a Manuel Díaz Martínez y a César López.

El episodio fue el punto de ruptura definitivo para que Mario Vargas Llosa, Plinio Apuleyo Mendoza, Italo Calvino, Carlos Fuentes, Jean-Paul Sartre y otros cincuenta intelectuales de primer rango se distanciaran de la Revolución. La carta creo que la escribieron Mario Vargas Llosa y Plinio Apuleyo Mendoza en la redacción de la publicación *Libre*, que editaban en París con el auxilio económico de una millonaria boliviana, heredera de Patiño, quien había sido en su país "el rey del estaño".

Vale la pena reproducir algunos párrafos del documento firmado por muchos de los grandes intelectuales europeos, latinoamericanos y algún norteamericano, como la ensayista Susan Sontag:

El lastimoso texto de la confesión que ha firmado Heberto Padilla solo puede haberse obtenido mediante métodos que son la negación de la legalidad y la justicia revolucionarias. El contenido y la forma de dicha confesión, con sus acusaciones absurdas y afirmaciones delirantes, así como el acto celebrado en la UNEAC en el cual el propio Padilla y los compañeros Belkis Cuza, Manuel Díaz Martínez, César López y Pablo Armando Fernández se sometieron a una penosa mascarada de autocrítica, recuerda los momentos más sórdidos de la época del estalinismo, sus juicios prefabricados y sus cacerías de brujas.

Con la misma vehemencia con que hemos defendido desde el primer día la Revolución cubana, que nos parecía ejemplar en su respeto al ser humano y en su lucha por su liberación, lo exhortamos a evitar a Cuba el oscurantismo dogmático, la xenofobia cultural y el sistema represivo que impuso el estalinismo en los países socialistas, y del que fueron manifestaciones flagrantes sucesos similares a los que están ocurriendo en Cuba.

Algunos de los signatarios —además de Mario Vargas Llosa, Plinio Apuleyo Mendoza y Julio Cortázar, quien luego retirara su firma— fueron personas muy destacadas en la literatura y el cine: Jaime Gil de Biedma, Jorge Semprún, Italo Calvino, Alberto Moravia, Pier Paolo Pasolini, Jean-Paul Sartre, Alain Resnais, Marguerite Duras, Carlos Fuentes, José Emilio Pacheco, Juan Rulfo y Carlos Monsiváis.

El documento, dirigido a Fidel Castro, significó, por una punta, la ruptura de "los intelectuales" con la Revolución cubana, y por la otra, la división tajante entre los intelectuales castristas y los que habían dejado de serlo, rivalidad que se mantiene hasta hoy, aunque son pocos quienes le dan su apoyo explícito a la dictadura cubana. Incluso, existe una tercera parte masiva y positivamente afectada: para los intelectuales cubanos exiliados y para los disidentes, muchos de ellos en las cárceles, ese conflicto fue una gran señal de que no estábamos solos en nuestra lucha, algo que agradecíamos profundamente.

Entonces se dijo —y yo me ocupé de preguntárselo a Heberto cuando salió de Cuba— que la declaración del poeta ante la UNEAC fue tan marcadamente abyecta que había sido concebida por Padilla de manera que recordara los procesos de Moscú y sirviera para provocar la reacción de rechazo internacional que, en efecto, produjo. Me dijo que esa era su secreta intención, aunque estaba realmente asustado por tener que desempeñar tan triste papel y saber que pagaría por ello un alto precio.

44

Perromundo: mi primera novela

Mientras estudiaba en la Complutense y daba los pasos iniciales como editor, escribí mi primera novela. La titulé *Perromundo*. Lo hice tras el ejemplo de *Juntacadáveres*, una novela del magnífico escritor uruguayo Juan Carlos Onetti. Mi novela nada tenía que ver con la suya (un gran libro de ficción en torno a un personaje tremebundo, "Juntacadáveres", que crea un prostíbulo), salvo en la idea de designar la obra con un nombre inventado que, en una sola palabra compuesta, definiera la atmósfera en que se desarrollará la trama: "Perromundo".

Me había impresionado mucho el asesinato en la cárcel de mi amigo Alfredo Carrión y el siniestro dilema a que sometían a los presos políticos. Tenían que *reeducarse* en el terreno político o padecer toda clase de maltratos. Valía la pena abordar literariamente esa agónica elección entre la rebeldía sin destino o la sumisión dolorosa.

Por su parte, los carceleros más ilustrados sabían que casi todos los presos políticos que se prestaran al "plan de rehabilitación" simularían una nueva posición política afín al régimen, pero también conocían, aunque no lo mencionaban, el fenómeno de la *disonancia cognitiva*: el doloroso fenómeno de pensar una cosa y creer algo diferente.

Contrario a lo que muchas personas suponen, los seres humanos están biológicamente programados para decir la verdad. Ahí están, para demostrarlo, las consecuencias somáticas de mentir: nos sudan las manos, cambiamos el timbre de voz, se nos dilatan ligeramente las pupilas, nos sonrojamos, hacemos ciertos gestos —nos tocamos la nariz o las orejas involuntariamente—, y hasta aumenta el ritmo de las palpitaciones del corazón. Son tan severos los cambios que se ha inventado un aparato, el *polígrafo* o "detector de mentiras", que posee un altísimo porcentaje de aciertos.

Como muy bien habían aprendido los represores soviéticos, y les habían transmitido a sus homólogos cubanos, la necesidad de coherencia de los seres humanos es tan vigorosa que muchos de los presos acabarían por creer lo que se habían visto obligados a decir. Salvo en los casos de los mentirosos patológicos, no se puede tener un discurso interno que contradiga tajantemente lo que expresamos. El Gulag no solo era un vasto sistema carcelario impuesto por Stalin en la URSS: también era un terrible laboratorio psicológico en el que destrozaban anímicamente a los reclusos, de manera que, los que sobrevivían y regresaban al seno de sus familias, difícilmente podían convertirse nuevamente en un peligro.

Mi amigo Alfredo Carrión no sobrevivió. No murió exactamente como el protagonista de mi libro, no lo mataron como al personaje Ernesto Carrillo, pero fue vilmente asesinado por un guardia al que llamaban Jagüey Grande, seguramente por el pueblo del que procedía. En todo caso, sí hubo en la fuga de Alfredo un intento de buscar la libertad antes de cumplir los treinta años, aun a riesgo de morir, porque la cárcel y los planes de rehabilitación se le antojaban como algo íntimamente insoportable. En su historia, y en la de veinte amigos, incluida la mía, están anudados los mimbres con que tejí *Perromundo*.

En esa época (y hasta fines de los años ochenta) yo escribía a mano en unos blocs amarillos convencionales, así que le entregué el manuscrito a una muy joven y muy competente secretaria de la Complutense, llamada Rosa Villacastín, para que los pasara a máquina. Con los años, Rosa se convertiría en una desenvuelta celebridad en la televisión española, pero entonces, en la postadolescencia, trabajaba en la cátedra o el archivo Rubén Darío, su ilustre antepasado, por el parentesco que la unía a Francisca Sánchez, la española a la que el poeta nicaragüense había amado en Madrid.

La opinión de Rosa me estimuló. Coincidió con la lectura de Linda, mi primera y a veces implacable crítica. Rosa era mucho más que una hábil mecanógrafa. "De casta le viene al galgo ser rabilargo", afirma el viejo *dictum* español. No le importunó que yo jugara con algunas palabras y párrafos. Era la época de la narrativa experimental y no quise sustraerme a ella. Posteriormente, me fui haciendo más y más realista. Llegué a la conclusión de que no era acertada, o no me complacía, la postura de los escritores barrocos que se encomiendan a las formas y encuentran su deleite en ese mundillo estético que consiste en crearles dificultades a los lectores para generarles la satisfacción de solucionarlas. Yo creo que el mejor lenguaje literario es el que dice las cosas directa y claramente, con elegancia, creatividad y economía: por eso mi admiración por Jorge Luis Borges es absoluta. No he leído en español a nadie más directo e imaginativo con el lenguaje.

Como todos los autores primerizos —era mi primera novela—, le envié sin éxito el manuscrito a las principales editoriales, pero ni siquiera me acusaron recibo. Entonces probé con las pequeñas. Finalmente, se interesó Alfredo Llorente, de Ediciones 29, una minúscula editorial catalana dotada de un buen catálogo en el que abundaban los grandes poemarios de autores consagrados en ediciones bilingües (la lengua original y la traducción al español).

No me gustaron las carátulas que me proponía Llorente, de manera que le pedí a Tony Évora un diseño más impactante. Tony, cubano, notable diseñador gráfico formado en Europa central, gran dibujante, percusionista y musicólogo, que había escapado de Checoslovaquia tras la invasión soviética del verano de 1968, comprendía a cabalidad el drama presentado en *Perromundo* y pudo hacer una excelente cubierta que recogía, en una imagen, el dolor de los presos políticos cubanos.

Lo que no pude imaginarme fue la lucha contra la censura. Pensaba que esa imbecilidad había sido derogada mucho tiempo atrás, pero me equivocaba. En esa época existía un discreto ejército de oscuros funcionarios dedicados a hurgar en las obras ajenas en busca de alguna ofensa a las reglas que imponía el franquismo. Aunque era clara la filiación cubana de *Perromundo,* era cierto que la palabra Cuba no se mencionaba y se dejaba abierta la interpretación al lector.

Al censor le inquietaba que el apellido del protagonista fuera Carrillo, Ernesto Carrillo. Él no sabía quién era Alfredo Carrión y yo no tenía idea de que el líder de los comunistas españoles se llamaba Santiago Carrillo. Hechas las aclaraciones, tuve que eliminar algunas frases carcelarias que, supuestamente, herían la sensibilidad de los católicos. Un personaje, en una blasfemia típica, se "cagaba en Dios", pero tuve que transar y modificarlo a "cagarse en diez", frase sugerida por el propio censor en un alarde de piadosa creatividad.

El libro tuvo varias ediciones en poco tiempo. La colección Reno, de Plaza y Janés, lo reprodujo y lo distribuyó masivamente en esa dimensión de bolsillo. También apareció en una colección dirigida por el notable poeta boliviano Pedro Shimose; pero la anécdota más curiosa fue la que sucedió con la edición de Círculo de Lectores, entonces bajo la dirección del editor y cuentista colombiano Edgar Bustamante.

El desenlace de *Perromundo,* al final de la novela, consiste en el dramático asesinato de Ernesto Carrillo. Como se trataba de la página final y solo ocupaba tres párrafos que comenzaban tras un punto y aparte, no llevaba numeración, algo perfectamente normal en la tipografía. Pero a media novela, un capítulo también comenzaba con mayúscula y terminaba con los mismos tres párrafos, obviamente, sin la numeración requerida.

Como dicen en España, los "duendes de la imprenta" intercambiaron las páginas y el desenlace apareció a mitad de la edición de Círculo de Lectores, mientras que la página final formaba parte de otro capítulo. Como no suelo releer las obras una vez publicadas, no lo advertí hasta que un lector (solo uno en una edición de miles de ejemplares) me escribió para felicitarme por tan original ocurrencia. Ya era muy tarde para cambiar las cosas.

45

A la sombra del volcán Irazú en Costa Rica

Este epígrafe de mis memorias pude reconstruirlo gracias a Mario Rivadulla, un brillante y laborioso periodista cubanodominicano dotado de una asombrosa memoria, examigo de Fidel Castro cuando ambos militaban en el Partido Ortodoxo (en esa época, mediados los cuarenta, Mario era el secretario general de la Juventud de ese Partido), lo que no impidió que Fidel lo hiciera condenar a varios años de cárcel que cumplió rigurosamente.

Yo llevaba un par de años en España, pero seguía muy vinculado a los asuntos de Cuba, esencialmente por medio de los exiliados radicados en Puerto Rico. Me llamó mi amigo Emilio Guede y, tras las vacilaciones de quien había visto fracasar algunos esfuerzos parecidos, acepté formar parte del "comité iniciador" de un nuevo partido político, el Partido Revolucionario del Pueblo (PRP), junto con Leví Marrero, Manolo Ray, Enrique Núñez, Arturo Villar y otros valiosos cubanos, aunque yo no participara en las deliberaciones por vivir en Madrid.

Finalmente, la reunión se llevó a cabo en Costa Rica, en noviembre de 1972, en un hotel de montaña, junto al volcán (todavía activo) Irazú, bajo los auspicios de José Figueres, quien, por segunda vez, era presidente del país y no había abandonado su vocación internacionalista. Nos reunimos un par de docenas de cubanos (todos nos pagamos nuestros gastos), entre ellos, Pedro Ramón López, estudiante de Derecho, una buena amistad que conservo desde entonces.

Los propósitos del PRP eran:

- Proveer a Cuba de un instrumento revolucionario capaz de fomentar la rebelión. Apoyar todo esfuerzo libertador que surja en el interior del propio régimen.
- Aglutinar elementos del exilio que compartan la misma visión.
- Proyectar una nueva imagen internacional de la lucha anticastrista que gane el respeto y colaboración de los países democráticos.
- Definir con precisión el pensamiento político revolucionario que permita establecer la democracia.
- Encauzar luego el país por las vías más justas y expeditas del desarrollo integral.

Se recibió la visita de Pepe Figueres —me recuerda Mario Rivadulla—, *entonces presidente, en dos ocasiones, la de Luis Alberto Monge, secretario general del Partido de Liberación Nacional y vicepresidente de la Asamblea Legislativa, del diputado Francisco Morales y del embajador de Costa Rica, Benjamín Núñez.*

Como delegados fraternales —sigue diciendo Rivadulla—, *asistieron Frances Grant, presidenta del Comité Interamericano Pro Democracia y Libertad [la que fuera musa juvenil de la Izquierda Democrática Latinoamericana, integrada, en su momento, por Víctor Raúl Haya de la Torre, Rómulo Betancourt, José Figueres, Luis Muñoz Marín y Juan José Arévalo]; Arturo Morales Carrión, exsubsecretario de Estado de los EE. UU., en representación del Partido Popular de Puerto Rico; Elpidio Yegros, destacado dirigente del exilio paraguayo; y Andrés Townsend del Partido Aprista Peruano. Hubo mensajes de adhesión del doctor Pierre Rigaud, líder democrático del exilio haitiano, y de Daniel Oduber, presidente de la Asamblea Legislativa de Costa Rica.*

Tras ese esfuerzo había un par de convicciones más o menos secretas: creíamos —y yo entre ellos— que los exiliados radicados en Puerto Rico habíamos aprendido de los boricuas cierto talante negociador y democrático, que no prevalecía en Miami, requisito esencial para rescatar a Cuba (uno de los rasgos del grupo consistía en la procedencia esencialmente de esa isla de los participantes). También pensábamos, contradictoriamente, que había que rechazar cualquier forma de diálogo con la tiranía y debíamos liberar a la Isla por el procedimiento habitual en las luchas cubanas: esa "guerra necesaria" de que hablaba Martí.

Por otra parte, no nos dábamos cuenta —y yo entre ellos— de que el lenguaje utilizado para lograr nuestros objetivos nos remitía a las guerras de independencia del siglo XIX o, a lo sumo, a los años treinta, cuando un grupo de jóvenes cubanos derrotó al general Gerardo Machado, y no a la creación de una verdadera república organizada de acuerdo con los principios y valores de la *democracia liberal*. Hablábamos de *revolución*, no de libertades y respeto a los derechos humanos. No se nos ocurría mencionar la palabra *mercado* o la expresión *propiedad privada*. Lo sé porque me tocó redactar el Manifiesto del Irazú.

Tres líderes tuvo el PRP: Arturo Villar, Tony Santiago y Mario Rivadulla. Los tres fueron designados como Comisión Ejecutiva. Villar, un ingeniero textil muy hábil, quien había sido un exitoso empresario, tenía la decisión de encabezar el Partido y llevarlo hasta el triunfo final. Había un Consejo Político en el que figuraban Enrique Barroso, Orlando Castro, Emilio Guede, Manuel Ray, Israel Romero, Roberto Soto y Ángel Larramendi, más dos de los tres miembros de la Comisión Ejecutiva: Santiago y Rivadulla. Todos eran personas responsables con amplia experiencia en las luchas políticas cubanas.

Sin embargo, el PRP no levantó vuelo. ¿Por qué? Por supuesto, por falta de recursos, pero esa era solo una de las razones. La de más peso era que Fidel Castro, con el apoyo de los soviéticos, había ganado la contienda. En esencia, los comunistas se habían apoderado firmemente de Cuba y los métodos de lucha convencionales eran totalmente ineficaces para enfrentarlos. En la Isla, desde principios de la Revolución, en 1959, la inteligencia y contrainteligencia, en manos de los prosoviéticos, habían controlado el poder y habían penetrado a todos los grupos de opositores. Nosotros nos resistíamos a ver la verdad, pero los Castro tenían todo el control del territorio y del pueblo cubano, como me explicara muchos años después Santiago Morales.

Santiago vivía y estudiaba en Estados Unidos, pero a los dieciocho años, con el concurso de la CIA, se infiltró en Cuba poco antes de la invasión de Bahía de Cochinos en 1961. En ese momento, tuvo la sensación de que una buena parte del pueblo estaba enfrentado al gobierno de Castro. Meses después del fracaso, fue capturado y condenado a treinta años de prisión. A los cinco años, logró evadirse de la cárcel y estuvo varios meses prófugo. Entonces, y hasta que lo capturaron de nuevo, tuvo la percepción contraria: la sociedad cubana había cambiado y casi todos parecían obedecer voluntariamente las órdenes del gobierno. Cumplió casi veinte años de presidio. Marchó al exilio y creó una empresa muy exitosa de fabricación y exportación de piezas de repuesto para maquinaria agrícola.

Por otra parte, en los años setenta la atmósfera internacional se había vuelto contra nosotros. La crisis de los misiles de 1962 se solucionó con el acuerdo Kennedy-Kruschov y Fidel Castro tenía una especie de ilimitada libertad para hacer y deshacer en el planeta, como pronto se vería tras la impune invasión a Angola. Hasta que no evolucionaron los regímenes autoritarios de Portugal y España, parecía imposible que los cambios se produjeran sin violencia. Naturalmente, estos gobiernos eran de derecha.

46

La muerte de Luis Carrero Blanco

Me llamaron por teléfono en la mañana del 20 de diciembre de 1973 para contarme, con cierta ansiedad, que un grupo terrorista había asesinado al almirante Luis Carrero Blanco, primer ministro de España. Era un jueves, día de trabajo, muy cercano a la Navidad. Todavía no se conocía a los autores del crimen, pero todos pensaban en ETA. Era un grupo lo suficientemente audaz como para ejecutar una acción de esa naturaleza, pues, pese a tener un origen católico, mezclaban el nacionalismo vasco con los ideales comunistas.

Como el resto de los habitantes del país, supe de inmediato que la noticia era absolutamente trascendente. Era el hombre designado por Franco para darle continuidad al régimen. Sin él la sucesión se complicaba. Entonces recordé el asesinato de Cánovas del Castillo, acaecido en 1897 en Mondragón, pueblo de Guipúzcoa. Suceso que probablemente cambió el destino de España y acaso precipitó el comienzo de la guerra hispano-americana de 1898. Esto era absolutamente diferente, mas también podía ser una especie de parteaguas en la historia del país.

Poco después, comenzaron las rutinarias llamadas de la prensa internacional, en mi caso entreveradas con gestiones empresariales y actividades relacionadas con las labores universitarias. Ya no era importante lo que había pasado, sino lo que podía suceder en el futuro. ¿Qué iba a ocurrir en España cuando faltara Franco si los adversarios del franquismo habían logrado matar al sucesor del Caudillo? ¿Significaba esa muerte un paso de avance hacia la transformación del país o era un claro retroceso?

En junio de 1973 el generalísimo Francisco Franco tenía ochenta y un años y estaba muy enfermo. Ocho años antes le habían diagnosticado la enfermedad de Parkinson y la dolencia, en gran medida, era responsable de la rigidez de sus gestos, de su lentitud y de su semblante indiferente, aunque nunca fue nada emotivo. En consecuencia, le asignó la tarea de la administración de España al almirante Luis Carrero Blanco, un hombre doce años más joven, también militar, muy próximo a él, a quien le había transmitido sus filias y, sobre todo, sus fobias.

Hasta ese momento, Franco había acaparado las funciones de jefe del Estado y de Gobierno. Su nombramiento significaba el fin de esa dualidad. Carrero Blanco, como primer ministro, se ocuparía de la gestión de la administración pública y él, Franco, se reservaría la jefatura del reino (como una especie de monarca sin corona), cargo que a su muerte le legaría al príncipe Juan Carlos, también cuidadosamente educado en los principios del Movimiento Nacional.

A la postre, Carrero Blanco era una especie de Franco bis. Creía en la conspiración judeo-masónica, era antiliberal y antidemocrático, y estaba dispuesto a continuar la misma línea política de su mentor tras la predecible muerte del Caudillo. Hago esta observación porque existe la leyenda de que Franco preparó la transición ocurrida en España después de su muerte. No lo creo: mi sospecha es que deseaba prolongar su régimen por muchos años, como es habitual en los dictadores.

El nombramiento de Carrero Blanco da fe de su parálisis histórica. Para Franco, la Guerra Civil seguía viva y los españoles de la década de los setenta seguían siendo los mismos de los años treinta, cuando, según el Caudillo, "no tuvo otro remedio que alzarse contra la República dado el alto grado de descomposición que el país vivía en 1936".

Pero Carrero Blanco solo duró seis meses como primer ministro. Cuando regresaba de la iglesia por el acostumbrado camino diario, la ETA vasca —una de las tres facciones de la organización— lo mató con una enorme carga explosiva que hizo volar por los aires —literalmente— el auto del almirante, depositándolo en la azotea de un inmueble de los jesuitas en la calle Maldonado. En el atentado, como consecuencia de la onda expansiva, murieron Carrero Blanco, su edecán y el chofer que conducía su coche.

Los detalles de la acción terrorista se conocieron puntualmente tras la aparición de un libro titulado *Operación Ogro,* firmado por Julen Agirre, seudónimo tras el que se refugiaba Eva Forest, mujer de Alfonso Sastre, una pareja comunista de escritores que se había unido a la causa independentista vasca. Eva Forest, quien había vivido varios meses en Cuba tras el triunfo de Fidel, había sido clave en el apoyo dado al comando etarra e, incluso, fue ella quien le comentara al joven José Miguel Beñaran Ordeñana, Argala —el jefe del comando de ETA—, el recorrido que solía hacer el muy católico almirante.

Tras el atentado, Eva Forest escondió y trasladó a Francia a los integrantes de la banda terrorista. Todos fueron indultados en 1977, a los inicios de la transición, pese a que ETA continuaba asesinando militares y funcionarios españoles durante la etapa democrática; pero Argala murió tras la explosión de un coche bomba colocado a su paso el 21 de diciembre de 1978 en el país vasco francés.

Franco sustituyó a Luis Carrero Blanco con el abogado madrileño Carlos Arias Navarro, ministro de Gobernación en el gabinete de Gobierno. A partir de ese momento, España tenía de nuevo un primer ministro, a quien la entonces muy débil oposición acusaba de haber sido el carnicero de Málaga por el alto número de condenados a muerte en esa ciudad tras el triunfo del franquismo, provocados por su condición de fiscal. Era una persona reservada y amable, aparentemente de línea tan dura como la de su antecesor, pero al menos no era militar, elemento que facilitó la transición hacia otro tipo de gobierno tras la muerte de Franco.

47

La muerte de Franco

Mi familia y yo vivíamos pegados a la televisión. El tema era la salud de Franco y qué ocurriría tras su muerte. Como buenos exiliados, esa circunstancia nos mantenía en vilo. Había quienes suponían que no ocurriría nada, dado que Franco lo había dejado todo "atado y bien atado", hasta los que pensaban que, muerto Franco, era posible que se reanudara la guerra civil terminada en 1939. Nosotros nos preguntábamos si nos tocaría continuar la escapada, aunque confiábamos en el sentido común y la moderación de la mayor parte de los españoles.

De alguna manera, ese clima de incertidumbre fue fomentado por el propio Franco. En marzo de 1974 firmó la sentencia de muerte por garrote vil de Salvador Puig Antich, un anarquista catalán acusado de asesinar a un policía, pese a la campaña internacional organizada para detener la ejecución. Incluso el papa Pablo VI trató inútilmente de pedírselo, pero Franco, aparentemente, no le respondió la llamada telefónica.

La ley que afectaba a los españoles, dictada por las Cortes en 1947, afirmaba que al Caudillo le tocaba la responsabilidad de ser el jefe del Estado y del Gobierno y escoger a su sucesor. Franco lo hizo el 22 de julio de 1969, asignando esa responsabilidad al joven Juan Carlos, nieto de Alfonso XIII e hijo de don Juan, legítimo heredero de la Corona. Pero Juan Carlos no asumiría el cargo hasta que Franco lo decidiera o, en su defecto, muriera. En todo caso, los españoles, con sorna, le llamaban Juan Carlos el Breve. Suponían, y no era incierto, que le faltaba la autoridad de hierro que se le atribuía al Caudillo para reinar en una nación tan difícil como España.

El propósito de Franco era restaurar por segunda vez la dinastía de los Borbones —la primera había sido en 1874, tras los desórdenes de la Primera República—, mas saltándose a don Juan, un *liberal* por quien no sentía ninguna simpatía, como se evidenciaba en el hecho de que lo mantenía exiliado y vigilado en Portugal. ¿Por qué? Por la marcada preferencia de este por las naciones democráticas como Estados Unidos, Inglaterra o Francia durante la Segunda Guerra Mundial, actitud claramente acentuada tras el triunfo de los aliados.

Esa mala relación no fue un obstáculo para que don Juan admitiera que su hijo Juan Carlos se trasladara a España en 1947, a los once años, a formarse con unos preceptores especiales que, presumiblemente, le inculcarían los principios del Movimiento junto con estudios convencionales. También recibiría adiestramiento militar en las tres armas y pasaría por algunos cursos de Derecho en la Complutense. En la postadolescencia, uno de los sus preceptores, Torcuato Fernández-Miranda, sería clave en la desconocida evolución política del rey designado por Franco, cargo que ocuparía tras la muerte del Caudillo.

Finalmente, el 20 de noviembre de 1975, un ojeroso primer ministro, Carlos Arias Navarro, anunció que "el generalísimo Francisco Franco, jefe del Estado y caudillo de España por la gracia de Dios", había fallecido "tras recibir los santos sacramentos de la Iglesia". Estaba visiblemente emocionado y a punto de llorar, pese a que el deceso era totalmente predecible.

Desde hacía varias semanas, la televisión comenzaba y terminaba con un parte médico. El último explicaba que el Generalísimo acababa de morir en la madrugada del 20 de noviembre de: "enfermedad de Parkinson, cardiopatía, úlcera digestiva aguda y recurrente con hemorragias abundantes y repetidas, peritonitis bacteriana, insuficiencia renal aguda, tromboflebitis, bronconeumonía, choque endotóxico y parada cardiaca".

Era como si los facultativos cercanos al cadáver de Franco quisieran evadir cualquier responsabilidad en su muerte. Murió porque cualquier persona de ochenta y dos años aquejada de tantos males tenía que fallecer, aunque se rumoreaba que el origen de esta crisis definitiva estaba en una operación de úlcera mal efectuada durante el proceso.

¿Quién fue este enigmático y distante personaje que mantenía a España atada a su visión de la historia? Era, en el terreno físico, un gallego, lo que impone cierto carácter, y, según los prejuicios populares, una persona desconfiada. Era pequeño, rechoncho, con voz aguda, hijo de Nicolás, un alcohólico que lo golpeaba con una correa, cuyo único signo de carisma era su inmensa seriedad y la distancia que guardaba de los demás seres humanos.

En el campo de las ideas no existía un trasfondo complejo: se trataba de un militar nacionalista, muy católico, que creía en el orden y la obediencia a las reglas por encima de todo. Durante su juventud había contemplado con preocupación las sacudidas de los anarquistas y sus enemigos, y había participado en las guerras del norte de África como teniente, donde fue gravemente herido en el vientre.

En esa guerra adquirió fama de valiente hasta la temeridad, de tener mucha suerte —que sus compañeros de armas denominaban con una palabra árabe: *baraka*, Franco poseía *baraka*— y de ejercer la autoridad a rajatabla. Ascendió rápidamente hasta llegar a ser general a los treinta y tres años. El más joven de Europa.

No era, ciertamente, un demócrata y desconfiaba totalmente del liberalismo, al que le atribuía una debilidad que le abría la puerta a los males de España. Tampoco era un fascista a lo Mussolini o un nazi a lo Hitler, aunque sostenía una visión conspirativa de los judíos y de los masones. Los falangistas —la versión española del fascismo— lo habían acompañado en la Guerra Civil, pero los veía con cierto escepticismo. Cuando se le enfrentaron, los reprimió con dureza y sin contemplaciones, como le sucedió al escritor Dionisio Ridruejo, uno de los creadores del himno de la Falange, "Cara al sol", quien pasó por los calabozos del franquismo y acabó evolucionando hacia la socialdemocracia.

Franco estaba convencido de la importancia de mantener a España unida y en paz —objetivos que explican su condición de monárquico— contra los que conspiraban, contra lo que él llamaba los "demonios familiares": el separatismo de catalanes y vascos, la anarquía, las tendencias socialistas y comunistas, la masonería y el judaísmo. Desconfiaba de "los americanos" —sus profesores en la academia militar habían sido derrotados por ellos en la guerra de 1898—, aunque comprendía la importancia de Estados Unidos.

La gran ironía fue que el primer y último episodio militar de Franco ocurrieron en Marruecos. El primero, en los años veinte, afianzando el dominio colonial de España sobre una porción de Marruecos. El último, mientras agonizaba, en noviembre de 1975, cuando Hassan II, rey de Marruecos, lanzó la gigantesca Marcha Verde, con decenas de miles de participantes civiles acompañados por una parte sustancial de militares camuflados, con el objeto de ocupar el Sáhara español, al sur de Marruecos, en proceso de descolonización por mandato de Naciones Unidas.

El Sáhara español tenía unos doscientos sesenta y seis mil kilómetros cuadrados —algo más de la mitad del territorio español—, pero solo estaba poblado por apenas noventa mil habitantes, de los cuales unos setenta y cinco mil eran nómadas saharauis que habían creado un movimiento político llamado Frente Polisario (Frente Popular de Liberación de Saguía el Hamra y Río de Oro) respaldado por Argelia y la URSS. Dentro de los esquemas de la Guerra Fría, Marruecos era visto como un aliado por Washington.

De alguna manera, la Marcha Verde se trataba de una comprensible y oportuna respuesta marroquí a lo sucedido en Angola poco antes. En el verano de 1975, cuando Portugal descolonizó el territorio angoleño y huyó precipitadamente, Moscú y La Habana apoyaron con rapidez a la facción prosoviética del Movimiento Popular para la Liberación de Angola (MPLA) dirigida por Agustín Neto. Ello dio lugar a la intervención de miles de militares cubanos en territorio africano que impidieron el triunfo de los otros dos grandes grupos independentistas que no eran prosoviéticos: el de Jonás Savimbi (prochino) y el de Holden Roberto (prooccidental). En el Sáhara español, fueron Marruecos y Estados Unidos quienes se movieron velozmente.

48

Comienza la transición: "de la ley a la ley"

Recuerdo con mucha emoción lo que se ha llamado "la transición española". Fue un periodo de cambio muy intenso y rápido, aunque duró varios años, del cual inevitablemente hice una lectura cubana. A mí me demostró que era posible la pacífica transformación de un sistema totalitario de mano fuerte y partido único a una *democracia liberal*, aunque en esos años todavía no se le llamara así. Para mí, como cubano, era una esperanza de que algo similar pudiera ocurrir en Cuba cuando los soviéticos aflojaran las riendas, algo que entonces no era predecible, pero acaso algún día podría suceder.

Los hechos ocurrieron velozmente, aunque entonces no nos lo pareciera. Tras la muerte de Franco, ocurrida el 20 de noviembre de 1975, asumió el control del Estado español el Consejo de Regencia. Este debía juramentar como "rey" a Juan Carlos I, algo que hizo dos días después del deceso del Caudillo. Era lo que seis años antes había dispuesto el propio Franco. ¿Por qué Franco restauró a los Borbones en el trono si, en general, no tenía una buena opinión de esa familia ni del desempeño histórico que había tenido?

En primer lugar, porque poseía peor criterio del desorden republicano. El desastre de la Primera República (febrero de 1873 a diciembre de 1874) terminó con la atomización del Estado y levantamientos armados en varias partes del país. El *cantón* de Cartagena, en Murcia, hasta había pedido su anexión a Estados Unidos. La catástrofe de la Segunda República (1931-1939), con las quemas de conventos y los asesinatos de religiosos, caos que culminó en una devastadora guerra civil (1936-1939). Ese panorama lo llevaba a pensar que la restauración de los Borbones era la solución menos mala ante los "fantasmas" del separatismo y la anarquía que aquejaban a un notable número de españoles y de regiones.

En segundo lugar, como he señalado antes, porque Franco pensaba que la continuidad de su régimen y el futuro de España estaban "atados y bien atados" con un Juan Carlos que había llegado a España a los diez años a aprender el engranaje y la doctrina del Movimiento. Al fin y al cabo, era evidente —pensaba Franco— el éxito de su régimen: las heridas de la Guerra Civil habían cicatrizado, durante varias décadas los españoles habían prosperado notablemente y Juan Carlos contaba con tutores de primer nivel que habían sabido comunicarle eficazmente la forma de gobernar a los levantiscos españoles.

Pero nada sucedió como Franco había previsto. *Sotto voce* existía un clamor reformista en las filas del franquismo que envolvía hasta al novísimo rey Juan Carlos I. A casi nadie le gusta el rol del político abusador y dictatorial y esa era la imagen que poseía el franquismo dentro y, sobre todo, fuera de la Península, lo que había precipitado a los hijos y nietos de los franquistas originales en brazos de la oposición, incluido el Partido Comunista.

Juan Carlos I no era extraño a este fenómeno. Era anticomunista, pero esa no era su preocupación cardinal. El monarca no había heredado la visión arcaica del Caudillo de los problemas de España y de sus soluciones. No quería ser un rey de los años veinte o treinta, cuando se enfrentaban en las calles fascistas y comunistas, como pretendía Franco, sino de mediados los setenta, como los reyes de Inglaterra, Suecia, Noruega, Dinamarca, Holanda o Bélgica. Quería ser un rey moderno y democrático, aunque el precio fuera una pérdida casi total de poder.

Pero tenía un serio obstáculo: Carlos Arias Navarro, jefe de gobierno designado por Franco y ratificado por el propio monarca a poco de asumir la Corona. Arias Navarro pretendía hacer reformas menores que le permitieran darle continuidad a la era de Franco. Finalmente, el 1 de julio de 1976 el rey le pidió la renuncia. Toda España comenzó a creer el rumor de que el rey era un reformista *in pectore*, aunque muchos se empeñaban en negar la evidencia repitiendo una frase tan equívoca como vistosa: "los monstruos no pueden parir gacelas".

Tras la renuncia de Arias Navarro, comenzó la verdadera reforma. Le sometieron al rey una terna y el monarca eligió a Adolfo Suárez, el más desconocido e improbable de los tres candidatos a presidente de Gobierno. Pertenecían a la misma generación, se habían hecho amigos en Radio Televisión Española, dirigida por Suárez, y ambos compartían la voluntad de traer la democracia a España, aunque los dos hubieran tenido que esconder sus preferencias y jurar los principios (aparentemente) firmes del Movimiento.

Suárez, incluso, pertenecía a "los cuarenta de Ayete". Ese era un grupo de cuarenta miembros prominentes del Movimiento, convocados por el propio Franco, que solían reunirse en el palacio de Ayete, en San Sebastián, comprometidos a mantener vigente la ortodoxia del régimen. Cuando llegó el momento de la transición, treinta y siete de ellos se colocaron junto al rey Juan Carlos y junto a Adolfo Suárez. Solo tres rechazaron la reforma democrática.

Fue en ese momento en el que comenzó a resonar la expresión "de la ley a la ley". No se trataba de una revolución, sino de una evolución basada en la legalidad. Los reformistas del franquismo, con el rey y Suárez a la cabeza, querían que las Cortes aprobaran una ley que posibilitara el pluralismo y el cambio democrático. Previamente, Suárez tuvo reuniones con los líderes de la oposición, incluido Santiago Carrillo, dirigente histórico de los comunistas que en esa época predicaba el *eurocomunismo*, una suerte de marxismo *light* que se había desprendido del leninismo. El rey y Suárez pretendían —y lo lograron— que las Cortes se hicieran el *harakiri*, como entonces se dijo.

En efecto, las Cortes, en medio de tensiones y asesinatos continuos de la ETA, a los que se agregaban algunos reprobables crímenes de la extrema derecha, aprobó la Ley para la Reforma Política, que desmontaba totalmente el sistema franquista de gobierno y la selección vertical de líderes, basados en una amalgama entre el fascismo de la primera mitad del siglo XX y las venerables Cortes de Castilla medievales. No obstante, como afectaba a la esencia del gobierno, fue necesario (y conveniente) llevar a cabo un referéndum para que el pueblo aceptara el nuevo orden. Este se llevó a cabo el 15 de diciembre de 1976 —a solo un año y un mes de la muerte de Franco— y la ley fue aprobada por una abrumadora mayoría. La promulgaron el 4 de enero de 1977.

Las primeras elecciones democráticas se celebraron seis meses después: el 15 de junio de 1977. Las ganó Adolfo Suárez, aunque no por mayoría absoluta. Había organizado la Unión de Centro Democrático (UCD), una coalición mal trabada de franquistas reformistas, socialdemócratas, democristianos y liberales. Comoquiera que la Ley para la Reforma Política autorizaba la redacción de una nueva Constitución, el Congreso de los Diputados —como se llamó a las antiguas "Cortes"— nombró a siete expertos constitucionalistas de entre sus filas para llevar a cabo la tarea.

Estaban desde Manuel Fraga Iribarne, de Alianza Popular, como representante de la derecha democrática; hasta Jordi Solé Tura, de los comunistas catalanes; pasando por Gregorio Peces-Barba, del Partido Socialista Obrero Español (PSOE). También había tres representantes de UCD (Gabriel Cisneros, José Pedro Pérez-Llorca y Miguel Herrero de Miñón), más un independentista moderado catalán, el liberal Miguel Roca i Junyent. No fue una Constitución perfecta, porque se trataba de una transacción entre contradictorios representantes de tendencias opuestas, pero fue lo mejor que se pudo lograr en un momento muy crítico y tenso de la historia española.

El proyecto de Constitución, que liquidaba totalmente al régimen franquista y homologaba a España con las demás democracias europeas, tras ser ligeramente ajustado por el Congreso y el Senado, se sometió a referéndum popular el 6 de diciembre de 1978 y un contundente 87.78 % de los españoles lo aprobaron. La región más entusiasta con el texto, por cierto, fue Cataluña.

El 29 de diciembre la nueva Constitución fue publicada en el Boletín Oficial del Estado (BOE), un requisito formal para que entrara en funcionamiento. Fue disuelto el Parlamento y se convocaron a nuevas elecciones el 1 de marzo de 1979. Volvió a ganar Adolfo Suárez, pero seguido de cerca por Felipe González al frente del PSOE.

Iniciado el 1981, Adolfo Suárez dimitió. No fue exactamente una sorpresa. Había perdido la capacidad de mantener unida a la coalición de UCD, a lo que se agregaba la disminución del respaldo del rey. Lo sucedió en el poder Leopoldo Calvo Sotelo. En su investidura, algunos militares inconformes —principalmente los generales Alfonso Armada y Jaime Milans del Bosch, y el teniente coronel Antonio Tejero, de la Guardia Civil— intentaron tomar el poder. La siniestra maniobra fue impedida por el rey Juan Carlos, lo que le valió el respaldo y la simpatía instantánea de casi toda España.

Leopoldo Calvo Sotelo heredó de Suárez un partido envenenado. Era un hombre inteligente, un buen ingeniero de caminos, primer expediente de su curso, sobrino de José Calvo Sotelo, el diputado de derecha cuyo asesinato en 1936 marcó el levantamiento de Franco y el comienzo de la Guerra Civil. Seis meses antes de terminar su mandato, tuvo que convocar a nuevos comicios. En las elecciones anticipadas del 28 de octubre de 1982, Felipe González ganó por mayoría absoluta. Obtuvo doscientos dos escaños de los trescientos cincuenta diputados que tenía el Congreso. El triunfo del PSOE significaba la evidencia absoluta del fin del franquismo. Se había demostrado que los "monstruos sí podían parir gacelas". Constatar esa verdad me llenó de esperanzas. ¿Quién sería el Adolfo Suárez cubano? ¿Existiría y surgiría tras la muerte de Fidel? ¿Y qué ocurriría con la URSS?

49

Todos los factores convergieron. ¿Podía pasar eso en Cuba?

Los jóvenes españoles suelen negar los méritos de la Transición y señalar con cierta displicencia sus errores, pero quienes la vivimos sabemos que fue un periodo casi mágico en la historia del país. ¿Por qué se mantuvo el rumbo, pese a las pistolas de la ETA y al "ruido de sables", como tradicionalmente se les llamaba en España a las intrigas conspirativas en los cuarteles?

A mi juicio, por dos razones fundamentales: se sabía a dónde se quería llegar y qué era lo que debía evitarse a cualquier costo. En Europa era palpable el modelo exitoso de la democracia liberal, ese era el punto de destino. Y, por el otro lado, en 1975 todavía existía un claro recuerdo de la guerra civil española, concluida en 1939 tras tres años de lucha con cientos de miles de muertos en medio de un país devastado: ninguna persona en su sano juicio quería repetir esa experiencia.

Estas dos convicciones provocaron que todos los factores importantes de la sociedad transigieran y se movieran hacia el centro del espectro político:

- El monarca Juan Carlos I prefirió ser un jefe de Estado moderno, creando una corona limitada por la Constitución, como los otros reyes europeos, sin interferencias directas en el manejo del gobierno, aunque renunciara a prerrogativas legadas por el franquismo.
- El grueso del franquismo se identificó con la corriente reformista encabezada por Adolfo Suárez. Esos franquistas

reformistas estuvieron dispuestos a permitir el pluripartidismo y se sentaron junto a los comunistas y socialistas en el Congreso.

- Los comunistas abandonaron el leninismo y aceptaron formalmente las reglas de la democracia liberal.
- Los socialistas del PSOE abandonaron el marxismo, como habían hecho los socialdemócratas alemanes en el Congreso de Bad Godesberg de 1959, y, también como ellos, acabaron apoyando la pertenencia de España a la OTAN.
- La Iglesia aceptó la democracia y la presencia de otros cultos en el país.
- La mayor parte de las fuerzas independentistas, especialmente en Cataluña, admitió la Constitución de 1978 porque les concedía a las regiones un alto grado de autogobierno.

De alguna manera, la transición española fue un secreto aliento para los cubanos exiliados (al menos para mí). Demostró cómo era posible terminar pacíficamente con una dictadura monocolor si existía un mínimo de buena fe. Por otra parte, aprendimos que era posible pasar la página sin pagar por ello un alto precio. Los españoles se habían hecho mucho daño. La derecha había ejecutado alevosamente a Lorca. La izquierda, a Muñoz Seca y a Ramiro de Maeztu. La derecha había continuado fusilando tras el fin de la guerra. La izquierda, antes de comenzar el conflicto, había quemado iglesias y conventos y había matado religiosos.

Recuerdo, una noche en que se debatían estos hechos en Televisión Española, a un joven francés que tenía sentados frente a frente a Santiago Carrillo, dirigente comunista y principal responsable de los miles de ejecuciones sumarias ocurridas en la cárcel de Paracuellos del Jarama, y al historiador Ricardo de la Cierva, cuyo padre había sido fusilado con la venia de Carrillo en aquellos terribles sucesos.

El francés, en perfecto español, le preguntó a De la Cierva qué le reclamaba a Carrillo. De la Cierva se quedó pensando y le respondió, más o menos, en estos términos:

—Nada. Mi interés es salvar el futuro. El pasado lo echamos a perder y no tiene salvación. Si yo le reclamara a Carrillo sus responsabilidades, no tendríamos para cuándo acabar.

En la España de la Transición, tirios y troyanos, como entonces se dijo, habían decretado la *amnesia* más que la *amnistía*. ¿Serían los cubanos capaces de hacer algo así? ¿Estarían dispuestos a silenciar el pasado para salvar el porvenir? No lo sabía entonces y no lo sé hoy día. No es nuestra tradición, pero tampoco era la de España. Además, estaba la URSS viva y reprimiendo intensamente. Mientras existiesen la URSS y las limitaciones de la Guerra Fría no era creíble pensar en que Cuba pudiera cambiar.

¿Por qué, cómo y cuándo terminaría el espasmo imperial de los soviéticos? Vivíamos en el apogeo de Leonid Brezhnev al frente de la URSS y en lo que parecía el evidente agotamiento del liderazgo norteamericano bajo la presidencia de Jimmy Carter. En agosto de 1977, cuando España intentaba cambiar de piel, el diario *The Times*, de Londres, les hizo esa pregunta a sus expertos, y uno de ellos, tal vez el mejor de los periodistas ingleses de aquellos años, Bernard Levin, famoso por su inteligencia e irreverencia, respondió con una pasmosa exactitud.

El *porqué* tenía que ver con la fibra moral de las personas sometidas al yugo soviético. En el 68, el Pacto de Varsovia, dirigido por Moscú, había aplastado las ansias de libertad y reformas de los checos. Levin daba por sentado que la mayor parte de las personas, incluso dentro de la URSS, quería lo mismo. Bajo la aparente calma de los satélites existía una notable inconformidad con la opresión y la sinrazón de un sistema fallido.

El *cómo* se adelantó a lo que luego ocurriría: un día —vaticinó Levin— llegarían al poder en la URSS unos dirigentes sin vínculos muy estrechos con la mitología original, y comenzarían a efectuar cambios que no solucionarían los problemas vigentes, y entonces ocurriría una revolución sin sangre, sin colgar a nadie en los postes, sin que los comunistas trataran de defender su legado porque la militancia en el Partido era una pantomima. Ni siquiera había fanáticos. Había funcionarios y farsantes. Solo eso.

El *cuándo* resultó asombrosamente exacto. Dijo que ocurriría en el verano de 1989. El derribo del Muro de Berlín sucedió en noviembre de 1989, pero unos meses antes se desplomó la tiranía comunista polaca tras unas elecciones al Parlamento en la que los demócratas ganaron todos los escaños disponibles. ¿Cómo Levin pudo predecir cuándo se hundiría la URSS? Creo que acertó por casualidad. Partió del ejemplo de la Revolución francesa, oficialmente iniciada el 14 de julio de 1789, dos siglos antes, y desplegó su fantasía. En todo caso, acertó en el porqué y en el cómo, que acaso requería más sagacidad. Levin, por cierto, vivió lo suficiente para ver el cumplimiento de su profecía. Murió en el 2004 aquejado del mal de Alzheimer. Tenía setenta y seis años.

50

Una bandera al revés y 200 años de gringos

En realidad, no me podía quejar. Había publicado *Perromundo* en España en 1972 y la novela había tenido varias reediciones, pero hasta tres años después, en 1975, no volví como autor al mercado español. Fue un libro difícil, pese a estar escrito en clave sarcástica, como recomendaba Voltaire con su propio ejemplo: *Informe secreto sobre la Revolución cubana*. Lo que tenía de "secreto" era el relato anticastrista. Los españoles, en general, no querían que les contaran cuanto acontecía en Cuba. En el mundillo intelectual prevalecía una actitud procastrista que había comenzado a resquebrajarse con el caso Padilla, pero seguía siendo mayoritaria.

El castrismo de aquellos años tal vez era una reacción contra el franquismo, o formaba parte de una especie de antiamericanismo difuso que tenía sus orígenes en la guerra del 98, o acaso mucho antes, en el trasfondo antiprotestante que se había gestado en las guerras religiosas encabezadas por Carlos V y continuadas por su hijo Felipe II, aunque los españoles de hoy no tuvieran la menor idea de cuándo había partido esa tendencia. Sencillamente, los estadounidenses eran los herederos de la "pérfida Albión".

Fidel Castro y su dictadura contaban, pues, con una buena imagen en España debida al antiamericanismo prevaleciente, lo que nos afectaba a los demócratas de la oposición cubana. Con frecuencia, solían vernos como un apéndice de Washington y se nos criticaba por ello, tanto a la izquierda como a la derecha del espectro político español. En su momento, recuerdo que llegué a discutir con un obispo español sobre la naturaleza del régimen. El prelado le achacaba la conducta de Castro al "imperialismo yanqui" y al *embargo* decretado por Kennedy.

Por esas fechas surgió y comenzó a publicar profusamente la editorial Sedmay, y una de sus figuras clave era un latinoamericano corpulento, afincado en España desde hacía mucho tiempo, que conocía muy bien la realidad cubana. Fue con él que pacté la edición de *Informe secreto sobre la Revolución cubana*. La primera edición apareció en 1975, muy bien diagramada —estaba llena de fotos y algunos documentos—, pero tenía un terrible error de diseño en la portada: habían utilizado como detalle la bandera puertorriqueña en lugar de la cubana.

Cuando le protesté al diseñador, no le dio importancia, se rio, y me dijo que casi nadie en España sabía la diferencia entre la bandera cubana y la puertorriqueña. Era cierto: los puertorriqueños habían invertido los colores. Las tres franjas azules las habían teñido de rojo y el triángulo rojo de la bandera cubana era azul en la enseña puertorriqueña. Era fácil confundirse. Afortunadamente, la edición de 1976 utilizó otros elementos gráficos e ignoró las banderas.

Más sorprendido quedó el diseñador gráfico —creo recordar que era un joven chileno quien luego muriera en un accidente de tránsito—, cuando le relaté que la bandera cubana no solo había desovado a la puertorriqueña, sino también a la *estelada blava* (estrellada azul), la insignia independentista catalana.

Fue un secesionista catalán, Vicenç Albert Ballester, gran admirador de los cubanos y de su guerra contra España, como era frecuente entre los catalanes radicados en la Isla a principios del siglo XX, quien diseñó ese estandarte inspirado en la bandera cubana. Tanto era el celo independentista de este catalán que firmaba sus artículos con un enardecido pseudónimo: VICIME, acróstico cuyas iniciales querían decir "Viva la independencia de Cataluña y muera España".

Como en el 1976 se conmemoraba el bicentenario del establecimiento de Estados Unidos como nación independiente, Sedmay me solicitó un libro a propósito del tema. No pretendía que contara otra vez la historia de la redacción de la Declaración de Independencia a cargo de Thomas Jefferson, sino que, en una prosa periodística, sin erudición académica, explicara lo que Estados Unidos significaba para el mundo contemporáneo. Se trataba de una obra de divulgación. La editorial quería equilibrar un libraco apasionado, profundamente antiamericano, escrito por un exdiplomático de la dictadura cubana que procuraba entenderse con el régimen de Castro. La obra en cuestión se titulaba *Los estados juntitos de América*. El autor había llegado al colmo de la indignidad tratando de reclutar para labores de inteligencia de Cuba al joven Ramón Mestre, quien pasaba en España su semestre de estudiante de Georgetown University, y cuyo padre estaba preso en Cuba. Ramón, literalmente, lo mandó "al carajo".

Busqué, eso sí, un título ambiguo que no revelara el contenido pronorteamericano de mi corto ensayo. Se llamó *200 años de gringos*. Unos años más tarde, Sedmay echó el cerrojo. El catálogo era valioso, pero los españoles no leían tanto como para absorber los sesenta mil títulos nuevos que aparecían anualmente en las librerías. En los ambientes editoriales se comentaba que el consejero delegado de Sedmay, tras declarar bancarrota a principios de los ochenta, se había sacado la lotería. Nunca supe a ciencia cierta si era verdad, pero ojalá lo hubiera sido. Lo merecía.

51

El Congreso de París y los otros congresos

Lo que sigue recoge fragmentos de mi libro *Viaje al corazón de Cuba*, publicado en 1999, aunque rehecho y puesto al día por Miguel Sales recientemente. Lo traigo a cuento porque es un importante punto de inflexión en la lucha de los cubanos por recobrar sus libertades. Había que defenderse de la ofensiva castrista en el terreno de la cultura, como no dejaba de insistir Eduardo Manet, el escritor y cineasta cubano exiliado en Francia.

En la primavera de 1979, se convoca en París el Primer Congreso de Intelectuales Cubanos Disidentes, al que se suman una docena de figuras de primer orden como Fernando Arrabal, Alain Ravennes, Bernard-Henri Lévy, Philippe Sollers, el novelista rumano Paul Goma, el disidente ruso Vladimir Bukovsky y el escritor checo Pavel Tigrid. Eugène Ionesco, Jean-François Revel, Néstor Almendros, Juan Goytisolo y Jorge y Carlos Semprún prestan su apoyo entusiasta. El novelista cubano Juan Arcocha sirve como intérprete. Habla y escribe varios idiomas perfectamente (francés, inglés, ruso y —claro— español). Este acto toma al gobierno cubano por sorpresa.

El Congreso tuvo un presidente de honor, Armando Valladares, poeta y pintor preso en Cuba, cuya heroica resistencia se había conocido en el exterior gracias a Martha, su mujer. Los organizadores colocaron una silla de ruedas vacía en un lugar prominente. Valladares había perdido la locomoción tras una huelga de hambre. Con el tiempo, afortunadamente, la recuperó.

En esos años, en Francia, daba la gran batalla contra los comunistas una organización de la sociedad civil llamada Comité de

Intelectuales para la Europa de las Libertades (CIEL), que en algún momento había dirigido Raymond Aron. Francia seguía siendo el país de la libertad y la resistencia. No en balde los disidentes de diversas naciones, en los momentos de tensión política colectiva, entonaban *La Marsellesa*. Era el himno de la rebeldía.

El poeta y ensayista Miguel Sales, y el novelista y dramaturgo cubano-francés Eduardo Manet, se ocuparon de coordinarlo junto al pintor Siro del Castillo y el abogado agrarista Mario Villar Roces. Varias docenas de intelectuales cubanos viajaron a París desde diferentes partes del globo. La escritora y profesora Uva [de Aragón] Clavijo y su exesposo Jorge Clavijo dicen "presentes" con su contagioso entusiasmo. Pedro Ramón López Oliver —una rara y eficaz combinación de cuentista, banquero e ideólogo socialdemócrata— junto a su mujer de entonces, Teresa Saldice, facilitan generosamente buena parte de los fondos que se requieren. El editor Ramón Cernuda también paga una porción no menor de la factura. Hago esta historia para refutar la mentira difundida por La Habana de que la CIA o el Departamento de Estado norteamericano pagaron el Congreso.

La novelista Hilda Perera, finalista del Premio Planeta (1972), veinte veces galardonada en certámenes literarios, escribe algunos de los documentos que luego circulan. A mí me tocará escribir, como casi siempre, el documento final del evento. La psicóloga Marian Prío se ocupa de una buena parte de la logística. Lo importante es demostrar que la *intelligentsia* democrática de Europa no solo se opone y condena a Castro, sino que apoya a la oposición y se identifica con los intelectuales cubanos disidentes. Lo que se intenta es romper el aislamiento y hasta el rechazo en que han vivido numerosos intelectuales y artistas cubanos por oponerse vigorosamente al régimen.

En ese Congreso se les rinde homenaje a algunos de los grandes escritores cubanos totalmente silenciados y hasta desacreditados por el castrismo: Lydia Cabrera, Gastón Baquero, Lino Novás Calvo. Si el caso Padilla marcaba el inicio de la ruptura entre los intelectuales democráticos del mundo occidental y el castrismo, este Congreso de París señalaba el acercamiento expreso y el aval moral a la oposición.

Tras la experiencia de París, los intelectuales exiliados celebraron otros congresos igualmente exitosos en Nueva York (1980),

Washington (1982), Madrid (1986) y Caracas (1987). En Nueva York, en Columbia University, el dramaturgo Iván Acosta y los profesores Julio Hernández Miyares y Modesto Maidique, exprofesor de Harvard, quien luego presidió durante más de veinte años la Florida International University, lograron la participación de importantes figuras del mundo académico estadounidense. Los encabezaba el sociólogo Irving L. Horowitz.

En Washington, fueron Oilda del Castillo, Frank Calzón y Marcelino Miyares —politólogo, publicitario y buen comunicador— quienes lo organizaron. En la capital de Estados Unidos, lo importante era lograr la difícil atención de la clase política con un análisis de la situación cubana que trascendiera los tópicos convencionales. Se logra a plenitud.

En el de Madrid hubo dos notables incorporaciones: la del novelista César Leante, que acababa de asilarse en España asqueado de la represión policiaca en la estela de los sucesos del Mariel, y la del poeta Armando Valladares, puesto en libertad tras una vigorosa campaña de Fernando Arrabal, quien prácticamente obligó al presidente François Mitterrand a pedirle a Castro la libertad de este prisionero, dado el estado de indignación generado por el dramaturgo hispano-francés en los influyentes medios intelectuales de París.

En ese Congreso de Madrid, la policía española captó en cámara el momento en el que un funcionario cubano del consulado, disfrazado de activista de la organización anticastrista Alpha 66, pintarrajeaba las paredes acusando a Felipe González, presidente del gobierno español, de "comunista". La operación tenía tres objetivos: presentar a los exiliados como unos locos intransigentes, "castigar" al gobierno de González por habernos permitido celebrar el Congreso (como si España fuera una dictadura en la que podían prohibírnoslo), y —en tercer lugar— desacreditar el evento.

El primer paso dado por los agentes del castrismo en Madrid fue pintar en varias paredes letreros de Alpha 66 contra el gobierno socialista de Felipe González, calificando de "asesino" al joven presidente español. Alpha 66 es una vieja organización anticomunista radicada en Miami y sin el menor contacto con la sociedad española.

El segundo paso fue colocar un reportaje en una revista pornopolítica de gran circulación y ningún prestigio, en el que se afirmaba que el IV Congreso de Intelectuales Cubanos Disidentes era, en realidad, un pretexto de ciertos terroristas, incluidos los de Alpha 66, para reunirse en España y urdir planes conspirativos. El reportaje, escrito por los servicios cubanos de inteligencia, según fuentes de entero crédito, fue entregado a un periodista canario por el diplomático Justo Orlando Cortina, segundo secretario de la Embajada de Cuba en España.

El tercer movimiento consistió en el recorrido de Eduardo Araoz por las oficinas de la diplomacia española, advirtiendo que al IV Congreso de Intelectuales Cubanos Disidentes acudirían terroristas y provocadores. Eduardo Araoz era el hombre fuerte de la Embajada de La Habana en España y el máximo responsable en este país de la Dirección de Inteligencia de Cuba. Figuraba como primer secretario y se esperaba que pronto fuera reemplazado, tal vez —incluso— por el mencionado Justo Orlando Cortina (acabó en Cuba, degradado y en el clásico "plan pijama".

La cuarta medida no se hizo esperar. Los días 28 y 29 de mayo, los mismos del Congreso, Silvio Rodríguez y Pablo Milanés fueron contratados para dar un recital en un estadio de Madrid.

Simultáneamente, para sembrar la confusión entre los exiliados, el aparato policíaco cubano, desde Madrid, falsificó unas invitaciones al evento con la firma —también apócrifa— de Carlos Franqui. Y para supervisar toda esta frenética actividad, a mediados de mayo, procedente de Moscú, llegaba a Madrid el comandante René Rodríguez Cruz, presidente del Instituto Cubano de Solidaridad con los Pueblos, máximo responsable de la imagen del castrismo en el exterior, y autor, entre otras "operaciones", de la reciente campaña de difamación contra *ABC*, *Diario 16* y un grupo de honrados periodistas españoles.

La primera y más obvia pregunta que provoca la actitud del castrismo es inescapable: ¿por qué la policía política de Cuba le da tanta importancia a una simple y pacífica reunión de escritores y artistas en un hotel de Madrid? Y la respuesta a esa pregunta la dio hace algún tiempo el escritor Daniel Iglesias Kennedy —un exmiembro de la Seguridad cubana enviado al exilio con la misión, precisamente, de infiltrarse en los círculos disidentes de la emigración—: porque Cuba está hondamente preocupada con el creciente deterioro de su imagen en el exterior.

Los analistas de la Seguridad, del DGI y del Comité Central del Partido Comunista de Cuba han llegado a la conclusión de que sería mortal para la política exterior del castrismo que continúe propagándose en el extranjero la imagen de una revolución ineficaz, corrupta y opresiva, sometida a los soviéticos y repudiada por su propio pueblo.

Para La Habana no es una sorpresa que desde hace mucho tiempo el "proceso revolucionario" —como les gusta llamarlo a los cubanos— perdió todo atractivo ante la mayor parte de los intelectuales de valía en Occidente, y esa misma convicción desciende y se extiende en cascada sobre las capas de la opinión pública menos informada. El castrismo sabe que ya es impopular no solo en Cuba, sino también en el extranjero, donde solo se mantienen fieles a La Habana los estalinistas más ortodoxos y desacreditados.

En segundo término, porque Castro sabe que el alcance internacional de su influencia está íntimamente relacionado con la imagen que consiga proyectar fuera de Cuba. En la medida en que su régimen sea percibido como una sombría dictadura controlada por la policía y desastrosamente administrada a golpes de capricho, se limitará su capacidad de acción en el exterior, entre otras razones, porque no habrá demasiadas personas dispuestas a convertirse en cómplices de un régimen tan radicalmente impresentable.

Pero hay otro argumento de peso para que Cuba intente silenciar a la oposición, aun recurriendo a las burdas medidas activas que ha practicado su embajada en España: los exiliados cubanos, como ocurre con los paraguayos frente a Stroessner o con los chilenos frente a Pinochet, con eventos como este Congreso de Intelectuales Disidentes, aportan una imagen de vitalidad, seriedad y rigor que transmite a los cubanos de la Isla y a la propia estructura de poder un formidable mensaje subliminal: existen alternativas al castrismo. Hay soluciones. Hay pensadores y creadores en el exterior que están trazando el camino y gestando las condiciones para que alguna vez Cuba sea libre. Y no es un coto cerrado y sectario, sino un foro libre al que siempre es posible incorporarse. Ese año, en el IV Congreso, hablará y debatirá sus ideas Manuel Sánchez Pérez, el viceministro del sector económico que recientemente desertara. El propio Iglesias Kennedy contará cómo lo reclutaron para espiar en el seno de la *intelligentsia* de la emigración. Y así, hasta un centenar de viejos y nuevos exiliados, de una manera racional y serena, demostrarán que lo único irreversible que existe en el proceso cubano es —precisamente— el descrédito de la Revolución.

En Venezuela —el único de estos Congresos organizado en América Latina—, la reunión tuvo el apoyo de los sindicatos internacionales cristianos, dirigidos por Emilio Máspero y Eduardo García Moure, este último un notable disidente cubano, y contó con la presencia de los parlamentarios Ramón Guillermo Aveledo, José Rodríguez Iturbe y Carlos Raúl Hernández, los tres escritores y analistas de primer rango, así como de los cubanos Silvia Meso, Fausto Masó y Roberto Fontanillas-Roig.

52

Cuba y un *acto de repudio* en Canarias

Una tarde, a principios de 1979, recibí una amable llamada. Por el tono, la voz y el vocabulario empleado, pensé que se trataba de un cubano educado. Era el novelista canario J. J. Armas Marcelo. Los cubanos educados hablan como los canarios educados. Así debió ser el acento de José Martí, el hombre clave de la independencia de Cuba, aprendido de su madre canaria y no de su padre, que era valenciano.

Armas Marcelo me invitó a participar en el I Congreso Internacional de Escritores de Lengua Española que se celebraría en Canarias en la primera quincena de junio de 1979. Lo presidiría el uruguayo Juan Carlos Onetti, gran escritor, quien, por timidez, miedo escénico, o simplemente porque prefería la soledad empapada en whiskey, no participó en ninguna de las ceremonias del evento. Afortunadamente, Armas Marcelo y el también escritor José Esteban consiguieron llevar a buen puerto lo que parecía condenado al fracaso desde el inicio.

En efecto, los comunistas le abrieron fuego al acto en el momento en que supieron que en el evento participarían algunos escritores cubanos exiliados, como era mi caso o el de Severo Sarduy, dado que tanto Armas Marcelo como José Esteban se mantuvieron firmes en la defensa de la libertad de expresión. En vista de ello, los voceros de la delegación cubana (para disgusto de la mayor parte de los previamente invitados) se negaron a acudir y no dieron explicaciones de por qué no participarían, aunque se dedicaron a boicotear el Congreso bajo cuerda.

Creo que Armas Marcelo había leído *Perromundo* y le había gustado, como me mencionó de pasada en nuestra conversación (aunque podía ser un gesto de cortesía), lo que demostraba una amplitud de miras que no era frecuente en la España de su tiempo. El canario provenía de las filas del antifranquismo y había tenido su encuentro con los censores del Movimiento e incluso había sufrido un consejo de guerra franquista, ya había pasado la *rubeola* ideológica y conocía el fondo y trasfondo de la Revolución cubana. Estaba dispuesto a hacer el Congreso Internacional de Escritores en Canarias, pero no a montar un circo de apoyo a una dictadura que acababa de cumplir veinte años.

Había un sinnúmero —más de ciento cincuenta— de autores españoles y latinoamericanos, entre los que se destacaban Dámaso Alonso, Juan Rulfo, Luis Goytisolo, Fernando Arrabal, Jorge Edwards, Fernando Sánchez Dragó, Zamora Vicente, Arturo Azuela y Guillermo Morón. Presidieron los actos los ministros de Cultura de España, Manuel Clavero Arévalo, de la UCD, y de Venezuela, Guillermo Yepes Boscán, ensayista y poeta vinculado a la democracia cristiana.

El Congreso, como todos los eventos de ese tipo, transcurrió sin penas ni glorias hasta que se politizó. Yo lo politicé y, con la inesperada ayuda de Federico Jiménez Losantos, ardió Troya. Denuncié cuanto sucedía en Cuba, y puse el acento en el caso Padilla, a quien tenían secuestrado en Cuba y no le permitían abandonar la Isla.

Tras la lectura de mi ponencia, inmediatamente respondieron airados los paniaguados de La Habana. Los dos peores fueron Manuel Scorza, un estimable novelista peruano, aunque un mal sujeto, autor de *Redoble por Rancas*, y Ariel Dorfman, un chileno nacido en Argentina y radicado en Estados Unidos, coautor de *Para leer al Pato Donald*, uno de los ensayos más tontos y delirantes de la historia de la literatura pedagógica, pero también de *La muerte y la doncella,* una notable obra de teatro llevada al cine posteriormente.

Dorfman, no sé si porque cumplía una misión de la embajada cubana, o si porque realmente pensaba que me hacía un favor (aunque me inclino más a lo primero), me siguió hasta el baño donde vaciaba mi vejiga y me dijo, mientras yo orinaba, que lo que estaba haciendo era muy peligroso y podía costarme muy caro. Pensé hasta en empaparlo, pero opté por una respuesta más civilizada: le respondí que sabía muy bien los riesgos que corría, y no iba a dejar de denunciar los crímenes de esa repugnante dictadura estalinista.

Cuando Dorfman abandonó el baño, otro compañero de urinario, que lo había oído todo en silencio, me reveló que había estado en Cuba, que le parecía un horror el país, pero que no lo había dicho públicamente para evitarse problemas. Agregó que quería darme un abrazo solidario. Le respondí que no tenía inconveniente, siempre que antes de esa ceremonia nos laváramos las manos.

Fue tal el *acto de repudio* montado por estos camaradas que, junto con Linda, mi mujer y compañera en todas estas batallas, nos sentíamos desolados. Tal vez, por no darnos cuenta, con certeza, de que era una maniobra orquestada por la Seguridad del Estado, aprendida del KGB soviético, dado que los comunistas cuidaban con esmero la imagen de una revolución redentora protegida por la labor "espontánea" de los intelectuales del mundo entero.

Para eso siempre había dinero, ediciones en lenguas misteriosas, invitaciones a Varadero. Necesitaban a los intelectuales del exterior para acallar los gritos de las víctimas y la falta de respaldo real que el régimen padecía dentro de Cuba. Era lo que había hecho la URSS durante décadas. "Los intelectuales nunca se pelean con la izquierda", decía Alejo Carpentier, quien ocultaba que en la Venezuela de Pérez Jiménez había escrito anónimamente los discursos del dictador por encargo de la empresa de publicidad que lo había contratado.

Había cariñosas "Julietas" del aparato para acompañar la soledad de los escritores que se acercaban a ponerle el hombro al "proceso", o apuestos "Romeos" que les daban servicio a las damas o a los caballeros intelectuales, artistas o políticos que requerían sus favores. Todo se podía justificar en el altar de la Revolución. Una de esas arrepentidas "Julietas" alguna vez me contó en Madrid, en presencia del doctor Antonio Guedes, mi buen amigo y médico en España, expresidente de la Unión Liberal Cubana y exvicepresidente de la Internacional Liberal (IL), cómo le había dado servicios sexuales a un cura del aparato, llamado Manuel Ortega, pero habían acabado enamorándose realmente.

Naturalmente, hubo escritores que se colocaron de nuestro lado. Recuerdo, muy agradecido, la posición frontal de Federico Jiménez Losantos. Fue en ese Congreso de Canarias cuando lo conocí. Entonces era muy joven, pero parecía un adolescente. Tenía la rara virtud de haber pertenecido al Partido Comunista, lo que le daba a su opinión un vigor insospechado y a él la determinación de los conversos. Incluso, poseía el contradictorio prestigio de haber pasado por la China de Mao, donde juró combatir esa deformación del cerebro y del espíritu mientras viviera, algo que ha cumplido a rajatabla.

Con su elocuencia y su sabiduría —realmente era muy culto— desarmó diestramente los argumentos de los adversarios de la libertad. Desde entonces, guardamos una gran amistad. Le pedí que me prestara su memoria para consignar lo que había sucedido en Canarias y estos son algunos de los recuerdos más intensos de Federico:

Aquel era, además, un congreso por todo lo alto, con una semana larga de actos y conferencias, mesas redondas y saraos. Estaba la democracia recién estrenada y los grandes y pequeños escritores americanos querían acercarse a la madre patria. Vino gente de todos los países y generaciones. Hubo anécdotas para agotar cien tertulias y fueron homenajeados ancianos escritores españoles vueltos tras décadas de exilio. Pero, al final, el gran asunto político no fue hablar sobre la libertad en España, sino sobre la falta de libertad en Cuba. En concreto, sobre la libertad para salir de la isla del poeta Heberto Padilla, que pocos años antes había ido a la cárcel y solo había salido de ella tras hacerse una de las clásicas y humillantes "autocríticas" propias de los regímenes comunistas. Tras su calvario, Padilla quería irse y el régimen no le dejaba. Nada mejor que un congreso de aquella envergadura para forzar al régimen castrista a soltar al preso. Cosa fácil, pensaba yo.

Evidentemente, yo no tenía ni idea de la fuerza del castrismo en los medios intelectuales, especialmente en los iberoamericanos. En una de las primeras mesas redondas, se planteó que el Congreso pidiera la libertad de Heberto Padilla. No sé si lo hizo Carlos Alberto Montaner, escritor cubano exiliado a quien yo por entonces no conocía, pero sin duda fue él quien intervino de forma más brillante apoyando esa moción. Para mi sorpresa, empezaron a pedir la palabra distintas especies microbianas del género escriba, negándose a apoyar ese ataque a la Revolución cubana. Y la cosa empezó a ponerse fea cuando una cuarta columna de lamelibranquios equidistantes, mayoritariamente españoles, se puso de perfil pidiendo que se encontrara una solución de consenso para que el I Congreso de Escritores de Lengua Española no fuera también el último por diferencias políticas insalvables. Que habría que crear una comisión para llegar a un acuerdo, y que patatín y que patatán.

Yo me levanté entonces y dije que como español me avergonzaba que hubiera escritores españoles tan miserables como para felicitarse por tener democracia mientras le negaban a un cubano siquiera el derecho a escapar de la dictadura. Que un congreso de escritores que buscase ante todo una buena relación con un régimen que manda a los escritores a la cárcel no merecía sobrevivir. Que hasta los famosos novelistas del "boom" que tanto habían apoyado al castrismo condenaban la represión del llamado "caso Padilla". No sé si añadí que los que no pedían la libertad de un escritor cuyo único delito era ejercerla eran aspirantes a limpiabotas de sus verdugos, pero si no dije eso, sería algo parecido. Vamos, que me puse hecho una fiera. Y, por lo menos, conseguí que la mesa decretara un descanso. Momento que aprovechamos para tratar de organizar las menguadas y dispersas huestes liberales y socialdemócratas frente a la disciplinada y nutridísima brigada castrista con Scorza a la cabeza y Ariel Dorfman detrás.

El lugar no era el más noble. La logia de nuestra conspiración era el lavabo de caballeros, institución cuyo prestigio no hace justicia a su necesidad. Pero allí acabamos encontrándonos Juancho Armas Marcelo, Fernando Sánchez Dragó, yo, y el que desde ese día ha sido uno de mis mejores amigos, Carlos Alberto Montaner. Como Juancho era el que estaba más al tanto de las llegadas y salidas del escritoriaje, convinimos en que necesitábamos tiempo y la llegada de un nuevo avión de Barcelona con escritores menos devotos de Beria y el Che para conseguir una mayoría en favor de la libertad de Padilla. Y, en efecto, creo que se consiguió. Pero los bolcheviques, que eran menos que los mencheviques, no aceptaron la derrota y, tras el manifiesto pidiendo la libertad del poeta, sacaron otro defendiendo la revolución socialista, es decir, el derecho de la izquierda a meter en la cárcel a quien pide libertad. Nunca pensé que los intelectuales fueran especialmente listos, ni siquiera buenos, pero desde entonces tengo la seguridad de que son, como dirían en México, "de lo peor".

Dos años después del Congreso de Canarias trataron de matar a Federico Jiménez Losantos, me relató, compungida, la profesora de literatura María Torres, su mujer y también gran amiga. Fue el sector más violento de los independentistas catalanes —Terra Lliure—, una organización terrorista que cometió más de doscientos atentados, al más puro estilo mafioso, lo ató a un árbol y le disparó en una pierna. Por poco se desangra.

53

Cuatro relevantes exiliados: Paquito D'Rivera, un curioso asesino, Iglesias Kennedy y Manuel Sánchez Pérez

Nuestra vivienda en Madrid, especialmente entre 1979 y 1989, la década que vivimos en la calle Cervantes, fue una especie de tabla de salvación para algunos cubanos que pedían asilo en el aeropuerto de Barajas. Le pregunté a uno de esos presuntos disidentes cómo había dado con mi número de teléfono y la respuesta me sorprendió: "Estaba escrito en una pared de la habitación donde nos recluyen tras solicitar la protección de España". En otro caso, fue un policía el que le dio las señas de mi oficina, pero en estos cuatro casos entablamos relaciones de otra manera.

PAQUITO D'RIVERA

Paquito D'Rivera, el gran saxofonista, clarinetista y compositor de jazz, llegó a casa de la mano de sus amigos Norma Rojas y Marcos Miranda, un matrimonio de exiliados cubanos que llevaba poco tiempo radicado en Madrid. Norma era una socióloga muy imaginativa y competente, y Marcos, un ser extraordinariamente creativo, realizador de televisión, actor y director de teatro.

Ambos padecieron lo indecible para salir de Cuba. Marcos, incluso, fue sometido a varias *electroconvulsiones*, hasta que los "jefazos", magnánimamente, los dejaron irse del país, convencidos de que no tenía sentido retener contra su voluntad a un matrimonio decididamente contrarrevolucionario, máxime cuando al marido, creían ellos, le habían "freído" el cerebro.

La que habló fue Norma, muy divertida:

—¿Sabes cómo se forma un cuarteto cubano? Es lo queda de una orquesta sinfónica cuando sale de gira. —Y luego siguió—: Paquito D'Rivera desertó. Tienes que escucharle la historia directamente. Paquito tiene una vis cómica increíble.

Era cierto. Además de ser un músico fuera de serie, era muy simpático.

Y así fue. Paquito llevaba años deseando escapar del manicomio comunista cubano. El *jazz* había sido calificado de "música imperialista" y el saxofón como un "instrumento del imperio", hasta que unos cuantos músicos extraordinarios, como el pianista Chucho Valdés, el trompetista Arturo Sandoval, y el propio Paquito, a mediados de los setenta crearon el grupo musical Irakere (palabra que en yoruba quiere decir "bosque"), y recibieron varias invitaciones para tocar en el extranjero.

Como era habitual en el campo socialista, la manera de impedir que emigraran los músicos, los deportistas o cualquier profesional notable, y se instalaran donde deseaban hacerlo —porque el Partido era el dueño de los seres humanos— era nunca permitir que salieran acompañados del país. El precio de ejercer la libertad de movimiento era correr el riesgo de nunca más ver a la familia. Se trataba de la típica extorsión del campo socialista.

Ante la imposibilidad de abandonar la Isla junto a su familia, Paquito tomó la durísima decisión de quedarse en Madrid en 1980 y armar una campaña de prensa para lograr que su mujer y su hijo se le unieran en el exilio. Así las cosas, Paquito no solo no pudo conciliar el sueño durante las largas horas de vuelo hacia la libertad, sino el estrés y el terror de saber que los acompañaban, como siempre, algunos agentes de la Seguridad decididos a impedir las fugas, le produjo una asombrosa nata de caspa que le blanqueó el cabello prematuramente. Cuando aterrizaron, tenía la cabeza blanca, fenómeno que le duró hasta la primera ducha en libertad.

—Yo había preparado un "discursito" para el oficial del aeropuerto al que me presentaría, convencido de que me protegería, dada su enorme experiencia en casos como este. Le diría algo así como: Yo soy el músico Paquito D'Rivera, me persiguen, y quiero pedir asilo político en España. ¡Viva la libertad!

—¿Y qué pasó? —le pregunté intrigado.

—Primero, que los "segurosos" cubanos corrieron detrás de mí por los pasillos del aeropuerto madrileño, casi me alcanzan, y solo se frenaron cuando me detuve frente a un guardia civil y le dije mi "discursito".

—¿Y qué te respondió el guardia civil?

—El tipo no entendía nada. Ni mi modo de hablar, ni mi situación. Nada. Se me quedó mirando, observó a los "segurosos", mal escondidos tras una columna, y me preguntó: "¿Usted es de la delegación polaca?". Le dije, molesto, ¿cuándo usted ha visto a un mulato polaco hablando en español? Acababa de confirmar que Madrid no era nada segura.

Desde que está asilado, Paquito ha tocado y dirigido las mejores orquestas en los mejores sitios, ha ganado premios codiciadísimos, y hasta ha publicado un par de libros valiosos. Incluso, rescató del olvido a Bebo Valdés, otro estupendo pianista, padre de Chucho, y grabó con él un CD memorable.

Finalmente, después de muchos años de lucha logró sacar a su hijo, pero su matrimonio se fue a pique. Hoy está casado con una magnífica soprano puertorriqueña, Brenda Feliciano, y ni las amenazas ni las polémicas han conseguido callarlo.

Un hombre adiestrado para asesinar

Sin embargo, tal vez el caso más extraordinario fue el de un agente de inteligencia cubano procedente de Bulgaria que hizo escala en Madrid. Había acudido a Bulgaria a recibir adiestramiento para colocar isótopos radioactivos que podían generar cáncer en los sujetos seleccionados para ser ejecutados. Este exagente llegó a mi oficina una mañana acompañado de su novia española. Cuando le pregunté cómo lo habían tratado los policías españoles, me dijo que todavía no los había visto. ¡Se había escapado de todos los controles del aeropuerto!

El propósito de la pareja era trasladarse a los Estados Unidos y allí perderse, lejos de la larga mano de la inteligencia cubana. Le pregunté cómo llevaban a cabo esas siniestras tareas. Me contó que los isótopos radioactivos que utilizaban eran unos filamentos parecidos a los que existían en muchos hospitales del mundo, precisamente para combatir el cáncer, solo que "los oncólogos los aplicaban por periodos breves", me explicó. Si la dosis de radiación era prolongada, había una altísima posibilidad de que el "objetivo" (así dijo) desarrollara la enfermedad y muriera.

Intrigado, le pregunté cómo lo hacían. "Ese es el papel de los agentes; para eso me adiestraron". Según me relató: dependía del acceso que tenían a la vida cotidiana del "objetivo". Si podían entrar a las alcobas, colocaban los filamentos en las camas. Si sabían qué auto utilizaba y dónde solía sentarse, el sitio elegido era el respaldar o el asiento. Si se trataba de la oficina, lo mismo. Los fatalmente elegidos generalmente desarrollaban el cáncer en el mediastino o la próstata, y si eran señoras, en ovarios o pulmones.

En ese punto, agregó una historia particularmente macabra: pensaba probar el curso tomado en Bulgaria con su suegra, una hispano-soviética que aparentemente lo molestaba tanto que era capaz de asesinarla. Para suerte de todos, incluso para la señora rusa, que nunca se enteró, se enamoró de una muchacha española y desertó en Madrid con el objeto de seguir rumbo a Estados Unidos.

Le pregunté, finalmente, si creía que el doctor Manuel Artime Buesa, exjefe político de la Brigada 2506, muerto de cáncer en 1977, antes de cumplir cuarenta y cinco años, pudo ser víctima de esa clase vil de asesinato. "Puede ser —me respondió—, pero no me consta". Volví a hacerme la pregunta años más tarde, cuando Jorge Mas Canosa murió de cáncer a los cincuenta y ocho años y su segundo de a bordo, Pepe Hernández, también había padecido la misma enfermedad. Naturalmente, el exagente cubano no estaba frente a mí para opinar. Él y su novia se habían presentado en la embajada norteamericana en Madrid e inmediatamente se los habían llevado a ambos a Estados Unidos. Parece que la información que traía era muy valiosa.

Daniel Iglesias Kennedy

Otro caso muy interesante fue Daniel Iglesias Kennedy, un magnífico narrador cubano que "desertó" en Canarias con cierta alharaca. Aunque en la distancia conocía vagamente sus condiciones de disidente que había sufrido represalias por parte de la policía política cubana, no habíamos tenido contacto previo.

A los pocos días de aparecer la información en la prensa española, me visitó en la oficina de la editorial en Madrid. Era una persona muy joven y agradable. Tras preguntarle si Kennedy era un pseudónimo, me contó que se trataba de su apellido real. Su padre era cubano, su madre norteamericana y él hablaba inglés casi sin acento. Había estudiado filología inglesa en la universidad.

No lo dejé continuar. Como la editorial a veces necesitaba los servicios de un buen traductor, le pregunté si quería trabajar con nosotros. Sonrió y dijo algo cómo "qué fácil ha sido", y enseguida me contó su historia: era, ciertamente, un escritor que dominaba el inglés a la perfección, pero era más cosas.

Se trataba de un agente de inteligencia cubano quien, supuestamente, había "desertado" en España precisamente para acercarse a mí, trabajar en la editorial e informar puntualmente de mis actividades al aparato cubano, dado que de tanto repetir la mentira de que yo era un "agente de la CIA" habían acabado por creérsela ellos mismos, como suele ocurrir.

Obviamente, tras un primer momento de estupor le pregunté por qué debía confiar en él. ¿No sería esa la perfecta coartada de un agente que deserta, pero realmente se mantiene vinculado al *aparato*?

—Podría ser —me dijo—, pero a mí no me interesa trabajar contigo ni colaborar con la editorial. —Y enseguida agregó—: yo odio a ese sistema como el que más y quiero dejar cuanto antes mi colaboración con esos sujetos.

A Daniel lo "reclutaron" cuando estaba en la universidad y era un estudiante contestatario. Fue detenido varias veces para crearle una "leyenda" de disidente y, como sabía muy bien inglés, lo colocaron en la playa de Varadero como un factor de contrainteligencia para conocer de cerca las intenciones de algunos turistas prominentes.

Uno de ellos fue un visitante canadiense que tenía el rango de ministro y era, aparentemente, amigo del gobierno cubano. La misión de Iglesias Kennedy era hablarle mal del régimen y entregarle un manuscrito, con el ruego de que lo llevara a Canadá y lo ayudara a publicarlo. Era una "prueba" que le estaba poniendo Cuba al canadiense para saber su grado de lealtad revolucionaria.

—¿Y qué hizo el ministro canadiense? —le pregunté intrigado.

—Era una rata. Se lo entregó a su *handler* con una larga nota explicando que yo era un malvado disidente.

Daniel Iglesias Kennedy ha publicado varias novelas en el exilio. Entre ellas se destacan *Esta tarde se pone el sol* y *Espacio vacío*. Creó y dirige en Toledo un instituto para el aprendizaje de idiomas.

MANUEL SÁNCHEZ PÉREZ

Estábamos en el alegre diciembre madrileño de 1985. Las Navidades imprimen carácter a la época. Manuel Sánchez Pérez había estudiado Economía en la Alemania comunista y era endiabladamente inteligente. Hacía unos días, había desertado en Madrid y los agentes de la embajada cubana en Madrid, y un comando llegado de Cuba, trataron de secuestrarlo en plena calle.

Su primer trabajo en La Habana, al regresar de Alemania, había sido precisar el destino de todos los equipos pesados de que, supuestamente, disponía el país, pero la lista y los hallazgos eran deprimentes. La mayor parte de las grúas, las excavadoras, los martillos neumáticos y el resto de las máquinas yacían inermes y rotos, paralizados y sin piezas de repuesto.

Manolo hizo un informe detallado que llegó a la oficina de Fidel Castro. El Máximo Líder estaba indignado, pero no con la situación de los equipos, sino con el informe.

—¿Cómo llegó usted a esas conclusiones? —le preguntó Fidel.

—Es la realidad —le respondió Manolo—. Recorrí Cuba de una punta a la otra tomando notas.

—¿La realidad? La única realidad que hay en este país es la Revolución y su informe nos perjudica.

Manolo Sánchez Pérez comprendió el mensaje y desde entonces aprendió que la única realidad que existía era la versión oficial, así que la manera de sobrevivir en la *nomenklatura* cubana era mintiendo y adulterando las cifras, como todos, y aplaudiendo, como todos.

Como Manolo tenía una gran formación técnica y era muy laborioso, no tardó en escalar hasta convertirse, primero, en jefe del Departamento de Materiales para la Construcción de la Junta Central de Planificación de Cuba (Juceplán), y luego lo designaron miembro del Comité Estatal de Abastecimiento Técnico y Material, con el rango de viceministro. Era, en la práctica, el gran experto en las tenencias y carencias materiales de Cuba. Lo sabía todo y todo lo guardaba en su prodigiosa memoria. Por eso querían secuestrarlo y devolverlo a Cuba.

Un juez decretó la expulsión de los cuatro funcionarios cubanos que participaron en el intento de secuestro: el vicecónsul y tres funcionarios armados. De nada le valió a la embajada cubana acreditarlos como diplomáticos. Habían sido sorprendidos en flagrante delito común. Interceptaron a Manolo a la salida de un banco y trataron de meterlo en un coche a la fuerza. Manolo gritaba. Le partieron dos dientes. Dos taxistas impidieron el paso del auto de los secuestradores. Un guarda jurado exigió que lo soltaran. La gente se arremolinó junto al auto y no le permitieron moverse. Los municipales llegaron y los arrestaron a todos.

La policía política española se dio cuenta de que Manuel Sánchez Pérez era una fuente inagotable de información y decidió protegerlo tras el fallido intento de secuestro. Lo escondieron, pero el diario *ABC* de Madrid publicó un dibujo a plumilla de su rostro. Linda, mi mujer, la vio y comentamos que sería magnífico entrevistarlo para un programa que estaba haciendo para Radio Martí, una emisora de nueva creación auspiciada por el gobierno de Ronald Reagan.

Al día siguiente, Linda fue a El Corte Inglés a comprar regalos navideños. Al ver a Manolo lo reconoció y, sin dudarlo, se le acercó:

—¿Es usted Manuel Sánchez Pérez?

Los escoltas, nerviosos, se llevaron la mano a la cintura. Linda ni siquiera había reparado en ellos. Manolo dudó, pero le respondió la verdad.

—Sí, yo soy. ¿Cómo lo supo?

—Por el dibujo que salió en *ABC*. Yo soy la mujer de Carlos Alberto Montaner. A él le encantaría entrevistarlo por Radio Martí —le dijo y le extendió un papel con nuestros números de teléfono.

Cuando Linda regresó a la editorial y me contó la anécdota, pensé que nunca me llamaría, pero me equivoqué. A las pocas horas timbró el teléfono. Era Manuel Sánchez Pérez. Le hice una entrevista que estremeció al gobierno. Tanto, que en su momento nos enviaron dos libros bomba preparados para no estallar, pero el mensaje era muy claro: podemos asesinarlos cuando lo deseemos. El título del libro era muy descriptivo: *Una muerte muy dulce*, de Simone de Beauvoir. Desde los primeros años, cuando abundaron las fugas importantes, no había habido un desertor con tanto manejo de la realidad económica y social del país.

Era cierto que José Luis Llovio Menéndez, consejero del Ministerio de Finanzas, se había fugado en Montreal en 1981, y el viceministro de Industria Luis Negrete también había desertado ese año, como mismo lo hiciera Jesús Raúl Pérez Méndez, oficial de inteligencia, en julio de 1983 (el hombre a cargo de reclutar supuestos exiliados en Estados Unidos), pero ninguno de ellos tuvo el nivel de conocimiento de Manuel Sánchez Pérez.

Desde aquella entrevista, Manolo y la española Ana —la amorosa mujer con la que se casaría poco después— fueron nuestros apreciados amigos.

Lamentablemente, Manolo murió todavía joven, como consecuencia de un accidente de tránsito que algunos calificaron de "sospechoso".

54

Otra vez se abren las cárceles parcialmente

Bernardo Benes, un banquero cubano exiliado en Miami, abogado, estaba en Panamá, en 1978, en gestiones de su compañía, cuando se le acercó un empresario conocido por sus vínculos con La Habana y le transmitió un mensaje importante: el gobierno de Castro estaba dispuesto a soltar a miles de prisioneros políticos, siempre que Estados Unidos los aceptara y los exiliados admitieran participar en un *diálogo* que, de alguna manera, era una aceptación de la derrota.

¿Por qué los Castro se decidieron a dar ese paso? A mi juicio, por tres razones: primero, porque después de veinte años en el poder se sentían fuertes y con total dominio de la situación; segundo, porque los planes de rehabilitación en las cárceles políticas habían volcado en la sociedad a un número grande de desafectos al régimen y La Habana prefería tenerlos lejos de la Isla; tercero, porque el presidente era Carter y Castro sabía que estaba frente a un gobierno débil. En ese momento, Fidel tenía la percepción de que triunfaba en todas partes.

Benes, que detestaba la dictadura y tenía un gran espíritu de servicio, viajó a Washington, se entrevistó con las autoridades y aceptó dirigir la operación de acuerdo con la Casa Blanca. Al final, tres mil seiscientos prisioneros políticos alcanzaron la libertad, aunque Benes tuvo que soportar los injustos ataques de muchas personas que lo calificaban de *traidor* por haberse sentado a discutir con el dictador las condiciones para poner en libertad a los cautivos. Fue durante ese periodo que ciertos cubanos de Miami pusieron en circulación un adjetivo peyorativo que todavía hoy subsiste: *dialoguero*.

Esto tuvo algunas consecuencias personales. Mi casa de Madrid se transformó en el punto de llegada de los exprisioneros políticos cubanos que lograban salir de los centros de detención, y en el sitio en el que se forjaron algunas estrategias para conseguir que los excarcelaran.

HUBER MATOS BENÍTEZ

Uno de esos exprisioneros fue el comandante Huber Matos, aunque su salida de la prisión nada tuvo que ver con la gestión de Benes. Huber cumplió hasta el último día de la injusta condena a veinte años de cárcel impuesta por el castrismo. Llegó a Madrid tras su estancia en Costa Rica, donde gobernaba Rodrigo Carazo Odio, quien le dio todo su apoyo. Nos contó que no le dejaron saborear la libertad dentro de la Isla. Realmente, era una combinación de resquemor y miedo lo que el régimen le profesaba.

En 1959 no lo fusilaron porque resultaba evidente que la mayoría del pueblo lo apreciaba y el aparato de propaganda y difamación del castrismo no había conseguido convencer a los cubanos de que se trataba de un "traidor". Por el contrario, lo veían como una víctima o como un héroe, pero nunca como alguien que había sido desleal con la Revolución. El criterio popular era que había sido al contrario: la Revolución había traicionado a Huber Matos y a todos los revolucionarios que lucharon por rescatar la democracia para el país. Incluso, su condición de héroe legendario se había acrecentado tras los años que pasó encarcelado en las peores condiciones. Al menos una vez vi llorar de emoción a un cubano cuando le estrechó la mano. (Se trataba de un notable pintor que llevaba poco tiempo exiliado).

Cuando Matos salió de la cárcel tenía casi sesenta años, pero muy pronto se dio a la tarea de organizar Cuba Independiente y Democrática (CID). Para su fortuna, su fiel esposa, María Luisa Araluce, además de hacer infatigables gestiones para sacar a su marido de la cárcel, mientras trabajaba como costurera en Nueva Jersey, había criado a unos hijos dotados del mismo patriotismo que tenía el comandante Matos.

Huber tenía entonces —y la mantuvo durante ciertos años— la romántica idea de regresar al frente de una expedición armada que repitiera el camino trillado por José Martí a fines del siglo XIX y luego reiterado por Fidel Castro y por el propio Matos. Afortunadamente, no consiguió intentarlo. Lo hubieran liquidado a él y a sus acompañantes rápidamente. Lo único que funcionaba a plenitud en las dictaduras comunistas eran la represión, la propaganda, y la hábil contrainteligencia capaz de penetrar a todos sus adversarios. Cuando murió en Miami, en febrero del 2014 —Matos murió a los noventa y cinco años—, acudí al velorio y me pidieron que dijera unas palabras. Me ocurrió lo que al pintor: la emoción casi lo impidió. Me eché a llorar. Solo alcancé a decir que ese día enterrábamos al último mambí. Un hombre de honor.

ARMANDO VALLADARES

Como he contado antes en estas memorias, conocí a Armando Valladares la noche en la que el G-2 me detuvo y me trasladó a los calabozos de Quinta y Catorce. Nunca antes lo había visto. Era una persona amable, de sonrisa pronta y con gran sentido del humor. Tratamos infructuosamente de fugarnos. Lo habían detenido sin pruebas. Lo apresaron "por la convicción" de que se trataba de un "desafecto" y, realmente, lo era. No se callaba las críticas al comunismo que, a todas luces, se entronizaba en el país. El oficial que lo interrogaba se lo dijo a las claras: "No tenemos ninguna prueba en tu contra, no te hemos ocupado en tu casa armas o explosivos o propaganda contrarrevolucionaria, nadie te acusa, pero tenemos la convicción moral de que eres un enemigo potencial de la Revolución y por eso te vamos a condenar". El propósito no era ser justos, sino condenarlo. Y la sentencia fue tremenda: treinta años de cárcel.

Pocos días después de coincidir en La Cabaña, le perdí el rastro. Me trasladaron a la cárcel de menores, de donde me fugué a las pocas semanas, como conté, oportunamente, mientras que Armando marchó a Isla de Pinos. Muchos años más tarde, en España, volví a escuchar su nombre. Ya era todo un poeta. Se había forjado en la cárcel, como tantos jóvenes que alcanzaron la madurez tras la reja resistiendo la opresión. En una de las diversas prisiones en donde estuvo encarcelado, había conocido a una muchacha muy bonita y muy católica, Martha, que iba a visitar a su padre, compañero de infortunios de Valladares. Se enamoraron y se casaron por poder, aunque no pudieron consumar el matrimonio hasta la excarcelación de Armando.

En 1974, Valladares hizo otra huelga de hambre junto a muchos presos políticos que protestaban contra los maltratos que sufrían. Estuvo cuarenta y seis días sin ingerir alimentos. Junto con otros seis prisioneros, contrajo una severa polineuritis carencial que lo privó del movimiento de sus piernas debido, según el diagnóstico, a una *paraplejia flácida.* Uno de esa media docena de presos jamás pudo recuperar la movilidad de las piernas. Fue entonces cuando Armando escribió *Desde mi silla de ruedas,* un emocionado poemario. Martha logró sacar el manuscrito que, una vez editado en España, lo catapultó a la fama y paulatinamente se fue convirtiendo en una causa célebre de los intelectuales franceses, encabezados por el dramaturgo Fernando Arrabal.

El socialista François Mitterrand visitó Cuba precisamente el año en que Valladares y otros cubanos desesperados internados en la cárcel hicieron huelga de hambre. Fidel y Mitterrand se hicieron grandes amigos. Lo acompañaba Danielle, su mujer, quien encabezaba una ONG que defendía a los prisioneros, siempre que fueran procomunistas o girasen en esa órbita, cosa que se cuidaron mucho de revelar. En ese momento, Mitterrand presidía el Partido Socialista, pero fue electo presidente de Francia en 1981, cuando el caso de Valladares era celebérrimo en el país gracias a los intelectuales más combativos.

El flamante presidente de Francia, y especialmente Danielle, su mujer, tenían la intención de ayudar a su amigo cubano Fidel Castro, pero necesitaban una manera de contentar o callarles la boca a los intelectuales que le reprochaban a Mitterrand que fuera solidario con una tiranía como la cubana. Mitterrand le explicó la situación a Fidel y le pidió que soltara a Valladares y lo hiciera ostensiblemente en París para callar a sus adversarios.

Naturalmente, antes de excarcelar a Valladares, la dictadura debía rehabilitarlo. Veamos lo que dice el propio Valladares: *Cuando decidieron soltarme, me llevaron al hospital de rehabilitación Frank País. Después de meses de tratamiento, comencé a caminar allí mismo con ayuda de unas pequeñas prótesis. Me devolvieron a la prisión cuando lo de la Embajada del Perú [un escándalo que conmocionó a Cuba: casi once mil personas pidieron asilo en la Embajada de Perú en La Habana en setenta y dos horas]. Vaciaron una sala del hospital de la prisión Combinado del Este. Allí, secretamente, siguieron dándome terapia y en tanto le decían a mi familia que yo me negaba a recibirla para que en el exterior siguieran denunciando que estaba inválido y al salir caminando, yo quedara como un farsante y mis amigos como unos mentirosos.*

Fidel estaba seguro de que destruiría a Valladares con la truculenta filmación de un video, pero fue desenmascarado por la periodista Mirtha Ojito. Cuando llegó a París, se bajó del avión por sus propios pies y recibió un clamoroso aplauso. La maniobra del aparato cubano de inteligencia había sido derrotada. Fue contraproducente.

Me fui a verlo a París, junto a Linda, y allí coincidimos con dos de los latinoamericanos que más habían hecho por la libertad de Valladares: mis amigos Carlos Rangel y Sofía Imber, un matrimonio de excelentes comunicadores venezolanos que, durante muchos años, hicieron juntos un *magazine* matutino en Venevisión que comenzaba prácticamente en la madrugada y mantuvieron viva la causa de Valladares en Venezuela. Carlos, muy conocido en Francia, había escrito uno de los ensayos más importantes de la historia intelectual de América Latina, *Del buen salvaje al buen revolucionario,* cuya primera edición había aparecido en francés con un buen prólogo de Jean-François Revel.

A las pocas semanas, Valladares y Martha se mudaron a España, donde Armando, en un piso muy modesto, escribió sus memorias de presidio, *Contra toda esperanza.* Una vez en Madrid, con la invalorable ayuda de Mari Paz Martínez Nieto, fundó el Comité Pro Derechos Humanos en Cuba, con once sucursales en América Latina, y comenzó a distribuir artículos contrarios a la dictadura. En el momento en que inició su trabajo, la inteligencia cubana lograba colocar quince artículos en la prensa española por cada uno contrario a la dictadura. Tres años más tarde, se habían invertido las proporciones.

Cuando terminó el manuscrito de sus memorias, me lo pasó y lo leí con una enorme admiración por los sacrificios tremendos que tanto

Armando como muchos de sus compañeros habían hecho, pero sin presentir que la obra se convertiría tanto en un *bestseller* como en un *long seller* en varios idiomas, y serviría para arrancarle la venda de los ojos a numerosos ingenuos que todavía sostenían los mitos de la Revolución cubana. (Aprovecho para aclarar un envenenado comentario echado a rodar por la contrainteligencia cubana y repetido por los enemigos de Valladares en el exilio: ni una coma de esas memorias fue colocada por mí. Me consta que fueron escritas enteramente por él).

Si su poemario *Desde mi silla de ruedas* le sirvió para conquistar su libertad tras veintidós años de una durísima prisión, *Contra toda esperanza* contribuiría a dotar a los presos políticos cubanos de un alegato colectivo contra la dictadura de los Castro y, por carambola, le allanaría el camino para seguir ayudando a divulgar la verdadera situación de la Isla, pero desde el cargo de embajador de Estados Unidos ante la Comisión de Derechos Humanos de Ginebra.

La historia merece ser conocida. ¿Cómo un humilde disidente cubano, preso político durante veintidós años, súbitamente se convirtió en embajador de Estados Unidos? No fue, como atribuyen algunos, a la labor de los *lobbies* cubanos. Fue una mujer, Maureen Reagan, que leyó la edición norteamericana de *Contra toda esperanza* y, muy impresionada, se la pasó a su padre, recién electo presidente de Estados Unidos, para que conociera las vicisitudes de un verdadero luchador por los derechos humanos. Reagan, que no era famoso como lector, se lo bebió en un fin de semana y convino con su hija en que era un gran libro de alguien que tenía el apasionado fuego de los disidentes y las víctimas.

Cuando el presidente le devolvió el libro a su hija Maureen, le dijo:

—Es asombrosa la historia de este hombre y su lucha por los derechos humanos.

A lo que ella le respondió:

—¿Por qué no lo nombras embajador de los Derechos Humanos en la ONU? Nadie lo hará mejor que él, que ha sufrido tanto por la pérdida de esos derechos.

Al presidente le pareció una buena idea nombrarlo al frente de la diplomacia norteamericana para el tema de la defensa de los derechos humanos, siempre que encontrara cómo condenar a Cuba, algo que la hábil diplomacia de La Habana había conseguido evitar durante años. Le preguntó a su hija si Valladares aceptaría y Maureen le respondió que debían preguntárselo.

Reagan lo hizo y nombró a su hija como segunda de a bordo en esa embajada, que era, por cierto, *pro bono*. (Reagan vio a Valladares catorce veces mientras fue presidente, lo que lo convirtió en uno de los embajadores con más acceso a la Casa Blanca).

Armando consultó con Martha, dio su conformidad y se comprometió a aportar todas las pruebas para que Cuba fuera condenada, algo que logró durante los años que estuvo al frente de ese Departamento.

Reagan, impresionado, le otorgó la Medalla Presidencial del Ciudadano, una de las mayores distinciones que puede recibir una persona en Estados Unidos. Y si su sucesor, George Bush (padre), ante la inesperada renuncia del embajador Valladares, motivada por justificadas razones económicas, no le concedió la Medalla de la Libertad, como le pidieron decenas de funcionarios destacados de la Administración, fue porque el *lobby* cubano en Estados Unidos, que no había servido para nombrarlo, sí se las agenció para evitar que ese gran honor le tocara a Valladares. Como dice el refrán español: "no hay peor cáscara que la del mismo palo". A mí me dio mucho gusto reencontrármelo en Miami en el Interamerican Institute for Democracy, a cargo, naturalmente, de dirigir las batallas vinculadas a la protección de los derechos humanos de todos los injustamente perseguidos en América Latina.

El Interamerican Institute for Democracy, dicho sea de paso, es un notable *think tank* liberal, independiente, creado en Miami por el boliviano Carlos Sánchez Berzaín y el argentino Guillermo Lousteau, ambos con gran tradición pedagógica y experiencia directa de gobierno en sus respectivos países. Carlos, exiliado de la dictadura de Evo Morales, es el director ejecutivo, mientras Guillermo fue el presidente hasta su regreso a Buenos Aires. Luego, durante casi tres años, me tocó presidirlo a mí. Hoy ese cargo lo ostenta Maurice Ferré, exalcalde de Miami.

55

Eloy Gutiérrez Menoyo

Era español. Hablaba con entonación y acento español. Tenía dos patrias: Cuba y España, y a las dos las amaba intensamente. Cuando Eloy salió de Cuba rumbo a Madrid en 1986, insistentemente reclamado por Felipe González y por Manuel Fraga, entonces líder de la oposición, mi mujer y yo estábamos esperándolo en una sala especial del aeropuerto de Barajas junto a su hija, su hermana y su cuñado, la familia más próxima. Su hija Patricia, quien no desmayó un minuto en la lucha por la liberación de su padre, le entregó una carpeta con casi un centenar de artículos y reportajes escritos, esencialmente, por cubanos y españoles que habían mantenido vigente la lucha por su liberación. Algunos eran míos. La causa de Eloy era buena. Valía la pena luchar por ella.

Mi mujer y yo le teníamos (y le tenemos) un especial cariño a Patricia. Nos parecía una joven mujer equilibrada y sensata, muy laboriosa y bien preparada, y la contratamos como cabeza de nuestra pequeña empresa editorial en Puerto Rico, pese a que ella había estudiado hostelería y la consideraban mucho en la empresa para la que trabajaba. Siempre hizo su trabajo muy bien y muy honradamente.

Finalmente, en 1992, cometí un grave error político con consecuencias empresariales. Supuse que la dictadura cubana colapsaría, como les había ocurrido a una docena de regímenes comunistas en Europa, y decidí desprenderme de la empresa que vendía libros de texto en Puerto Rico. Escogí venderle a Patricia la editorial en Puerto Rico en condiciones muy ventajosas para ella, compromiso que cumplió religiosamente. Si regresaba a Cuba, no quería estar condicionado por una actividad comercial que me preocupara.

El interés de Felipe González por Eloy era entendible. Su padre, el doctor Carlos Gutiérrez Zabaleta, había sido miembro del PSOE y mayor del Ejército durante la guerra civil española. Eloy había nacido en España en 1934. Su hermano José Antonio, a quien Eloy apenas conoció y probablemente no recordaba, murió en la batalla de Majadahonda, en las cercanías de Madrid. Tenía dieciséis años. Su otro hermano, Carlos, exiliado en Francia, se unió al general De Gaulle en el norte de África e hizo la guerra en la División Leclerc. El tanque de guerra que tripulaba desfiló en el París liberado. Pasó a Cuba, junto a su familia, y allí lo sorprendió el golpe de Batista el 10 de marzo de 1952. Comenzó a conspirar y murió durante el asalto al Palacio Presidencial, intentando ajusticiar a Batista, el 13 de marzo de 1957. El "asalto a Palacio" fue una operación esencialmente planeada y ejecutada por los "auténticos". Las armas entraron por el puerto Coloma, en Pinar del Río. Las habían traído de México Carlos de la Torre y Carlos Gutiérrez Menoyo. Carlos Gutiérrez Menoyo era la quintaesencia del hombre de acción.

Cuando el asalto a Palacio, Eloy solo tenía veintidós años. En consecuencia, su hermano Carlos no lo llevó a esa peligrosa acción. Eloy, sin embargo, recogió las armas que no utilizaron los asaltantes al Palacio y se convirtió en el jefe de Acción del Directorio Revolucionario, un grupo invitado por los auténticos que había participado indirectamente en el ataque al Palacio Presidencial.

Eloy no desembarcó en Cuba: se alzó directamente en las montañas del Escambray, en el centro de la Isla, mientras Fidel estaba en la Sierra Maestra. Era mucho más arriesgado alzarse en el Escambray, siempre a pocos kilómetros de un teléfono, que en la Sierra Maestra. El mérito de Fidel es haber percibido que el 90 % del ejército de Batista —treinta mil hombres— no existía, ni estaba dispuesto a pelear. Era un ejército para desfilar el día de la patria. Lo que explica que tanto Fidel, como Eloy Gutiérrez Menoyo, como Rolando Cubelas, como Dermidio Escalona —un miembro del PSP vinculado al 26 de julio— hubieran logrado asentar focos guerrilleros y ganar combates. Fidel, en la Sierra Maestra; Cubelas y el Gallego Menoyo —así le decían los cubanos—, en el Escambray; y Escalona, en la Sierra de los Órganos, en Pinar del Río, en el occidente del país, consiguieron poner en fuga al dictador y derrotar a sus fuerzas armadas.

Hago esta observación porque la historiografía oficial cubana ha presentado a Menoyo y a sus hombres como "come vacas" dedicados al abigeato y a la extorsión de campesinos, pero no es verdad. Afortunadamente, el capitán Roger Redondo, el jefe de Inteligencia del Segundo Frente, una persona dotada de una enorme información, memoria, inteligencia y lealtad, ha servido para reconstruir la historia. Menoyo, como Redondo ha demostrado, era un hombre idealista y valiente hasta la locura, rodeado de hombres idealistas y valientes, como el doctor Armando Fleites, uno de sus comandantes; como el norteamericano William Morgan, quien encontró en Cuba una causa noble a la cual dedicarse y en la cual redimirse de sus pecados juveniles en Estados Unidos, o como Aurelio Nazario Sargén, un político experimentado.

Cuando Eloy se separó del Directorio, esencialmente por las intrigas de Faure Chomón, creó el Segundo Frente Nacional del Escambray para no dejar de luchar por la libertad de Cuba ni un minuto. La pésima relación política entre Fidel y Menoyo proviene de que el español y los comandantes a sus órdenes se negaron a convertirse en un apéndice del Che Guevara y del Movimiento 26 de Julio.

Más aún: la supuesta "invasión" que dirigieron Guevara y Camilo Cienfuegos a Occidente tuvo como objeto consolidar la jefatura indiscutible de Fidel Castro como jefe de la revolución, lo que le acarreó al Che un fuerte encontronazo con el comandante Jesús Carreras, jefe de la Zona Norte del Segundo Frente, conflicto que le costó la vida a Carreras en marzo de 1961, cuando Fidel y el Che lo hicieron fusilar junto a otro comandante, William Morgan.

Eloy se desencantó de forma creciente a partir del último trimestre de 1959, cuando era inocultable el sesgo comunista de la Revolución. En enero de 1961, parte clandestinamente en un bote junto a su Estado Mayor rumbo a Estados Unidos, operación que coordina la médica Isabel Rodríguez. Las autoridades americanas los retienen en un fuerte militar, probablemente porque Washington preparaba el desembarco de Bahía de Cochinos. Los sueltan en las calles de Miami poco después del fracaso de los expedicionarios.

Ahí comienza la segunda rebelión del Gallego Menoyo. Crea Alpha 66 para desarrollar pequeños ataques por mar contra el castrismo. Finalmente, Eloy decide establecer un frente guerrillero permanente dentro de Cuba. Era un acto muy valiente condenado al fracaso. Desembarca en la región oriental junto a Ramonín Quesada y Domingo Ortega, dos de sus mejores oficiales. A los pocos días los capturan tras un prolongado combate. Fidel le hace a Eloy una propuesta malvada: fusilaría a los dos oficiales que lo acompañaban y lo dejaría vivo a él, a Menoyo, a menos que el Gallego se prestara a decir frente a las cámaras de la televisión que habían fracasado por el apoyo tremendo que tenía la Revolución. Eloy acepta el trato para salvar a sus dos hombres y permanece en prisión veintidós años en las peores condiciones y sufriendo los más graves maltratos. Tras una grave golpiza, perdió parcialmente la facultad de oír o ver con nitidez.

En ese punto, Fidel escucha las peticiones de Felipe González y de Manuel Fraga, entonces cabeza de la oposición española, y le entrega el prisionero al gobierno español. Menoyo viaja a España. En mi piso de Madrid, en la calle Cervantes, se reúne con algunos de sus viejos amigos, entre ellos los comandantes Armando Fleites y Rolando Cubelas, ambos médicos. Para sorpresa de todos, incluida la mía, Eloy propone regresar a Cuba, nuevamente, con las armas en la mano, dado que él conoce un lugar inaccesible para las tropas del gobierno. En esa reunión nadie se atreve a contradecirlo, pero reciben la propuesta con frialdad. Todos saben que es una locura.

Fue después, en conversaciones con el siempre lúcido Jorge Ulla, cuando Eloy advierte que ese no es el camino para derrotar el comunismo. Esto sucederá de manera imprevisible, pero como consecuencia de la lucha política. Mucho más adelante, en la década de los noventa, Fidel lo recibe y hablan un par de horas. Ya entrado el siglo XXI, Menoyo se muda a la Isla a la espera de que el gobierno le autorice la creación de un partido político socialdemócrata. Fidel lo hace vigilar estrechamente y, por supuesto, no le permite ninguna actividad política o ideológica. Fidel no cree en compartir el poder y mucho menos en abandonarlo.

Eloy murió en Cuba el 26 de octubre del 2012, cuatro años antes que Fidel. Su hija Patricia cumplió su última voluntad y esparció sus

56

Cubanos en España

Los cubanos en Madrid tenían un lugar para reunirse, hablar de los asuntos de la Isla, conmemorar las fechas tradicionales de la patria y comer comida criolla: el Centro Cubano de España. Era un modesto primer piso en la calle Claudio Coello, en la zona más noble de la capital.

No resultaba nada pretencioso, pero era amplio, ventilado y cómodo, dedicado a la nostalgia y a ayudar a los recién llegados. Lo habían fundado en los años sesenta, entre otros, el exmagnate Julio Lobo; Enrique Tous, gran distribuidor de alimentos y de carga marítima en Cuba; el abogado Vega Penichet, creador en 1962 de uno de los primeros bufetes internacionales de España; Jesús Manzarbeitia y su mujer, Conchita Yebra (la hermana de Julio Antonio). Casi todos tenían un especial arraigo familiar en la "madre patria". Habían nacido en España o eran primera generación de cubanos.

Cuando llegué a Madrid en 1970, el Centro Cubano era, fundamentalmente, un restaurante más una asociación de exiliados. Los dueños del restaurante, el matrimonio de Fernando Fernández y Marisa, solían darles trabajo a algunos de los nuevos exiliados como camareros o ayudantes de cocina, hasta que se encaminaban en otros asuntos mejor remunerados. La directiva del Centro me pidió un par de veces que utilizara la tribuna —un 20 de mayo, un 24 de febrero— para comentar las tribulaciones de la República, cosa que hice puntualmente.

En aquellos años, los comedores populares, generalmente operados por religiosas, se ocupaban de darles de comer a los refugiados de todas las latitudes. Los platos eran razonablemente buenos, aunque resultaba difícil acertar tratándose de pueblos de diferentes orígenes y costumbres. Los cubanos, con cierta gracia, se referían a estos lugares, como "el valle de los caídos".

Era importante el ropero del Centro Cubano, dirigido por María Comella, la mayor de dieciocho hermanos, mi compañera de asilo en la embajada en La Habana, una heroína en la lucha clandestina. El ropero se nutría de la ropa usada, mas en buen estado, que donaban cubanos y españoles. Pero la palma se la llevaba la monja sor Isabel, una cubana extraordinaria, de la Orden de las Hermanas de la Caridad, que había servido a sus compatriotas desde la Isla cuando era la religiosa más joven del orfanato de La Habana. Nada le era imposible a esta buena mujer. Todo lo lograba: desde matricular y becar a los cubanitos en escuelas católicas, o conseguirles apartamentos a las familias desamparadas, hasta recabar las mantas de sus compañeras para abrigar con ellas a los cubanos, pues "los pobrecitos no aguantan el frío madrileño".

Con el tiempo, desarrollé una buena amistad con varios de los asiduos visitantes al Centro Cubano, aunque mi intenso trabajo me impidió asistir frecuentemente. Fueron mis amigos:

- Fernando *Bichy* Bernal, un ilustrado excombatiente de Sierra Maestra, lo cual era una rareza —un barbudo muy instruido—, más tarde diplomático en Europa, quien luego me acompañara en la tarea de crear la Unión Liberal Cubana y la Plataforma Democrática Cubana.
- Nicky Silverio, gerente de empresas de venta a domicilio, en su momento uno de los mayores empleadores de España, quien en su primera juventud había sido un gran nadador olímpico y un combatiente urbano en la lucha contra Batista, muy cercano a Haydée Santamaría.
- Guillermo Avello fue otro caso notorio de éxito empresarial. De simple contable se convirtió en gerente de la compañía óptica Bausch & Lomb, transformando la sucursal de España y Portugal en la más rentable de la empresa si se tiene en cuenta la relación costo-beneficio.

- Guillermo Álvarez Guedes, el notable cómico, vivió muchos años en España, antes de marcharse a Estados Unidos. Tenía el sello musical Gema. Nos veíamos con cierta frecuencia. Era tan ocurrente en los escenarios como en su vida privada.
- Fernando Vega Penichet fue otra de las personas cercanas a mí. Era empresario e inversionista y el mayor de los catorce hermanos establecidos en España por el abogado Vega Penichet, patriarca de la familia. Fernando, muy bien relacionado con el *establishment* político y social de España, puso sus vinculaciones al servicio de la Unión Liberal Cubana.
- Leopoldo *Polo* Cifuentes. Habíamos coincidido en el ejército norteamericano. Era el principal heredero de los tabacos Partagás y pudo ganarle un pleito al régimen cubano. El abogado de La Habana, el profesor Durán, por cierto, desertó en España y se pasó al bando de Polo.

España fue (y es) un lugar en el que viven (o por el cual pasaron) numerosos artistas de todos los géneros. Lo que sigue no es una lista de todos los que eran, sino solo de unas cuantas de las personas de las muchas que traté y admiré.

Entre los músicos recuerdo:

- A Armando Oréfiche (1911-2000), compositor y pianista, quien comenzara con los Lecuona Cuban Boys en los años treinta, y luego continuara, por varias décadas, con los Havana Cuban Boys.
- A Elsa Baeza, cantante excepcional que en los años sesenta y setenta estaba en la cumbre de su fama. Hija de Alberto Baeza Flores, un notable poeta chileno-cubano del que fui buen amigo y admirador. Pasamos con ellos nuestro primer Año Nuevo en España.
- A Marisela Verena, jovencísima cantautora, pero ya dueña de una valiosa veta humorística teñida de ironía.
- Al guitarrista y compositor Flores Chaviano. Flores ganó en Segovia la cátedra de su especialidad en unas difíciles oposiciones, que es tanto como "bailar en la casa del trompo".

Chaviano, en su momento, constituyó un cuarteto junto a su mujer, Ana Valdés-Miranda, mezzo-soprano; su hija Nadia Chaviano, virtuosa de la viola; y la soprano Akemi Alfonso, con el objeto de divulgar la buena música cubana.

- Al gran pianista José Luis Fajardo, que hizo lo mismo en el Conservatorio de Madrid (ganó unas oposiciones muy difíciles), notable intérprete de la música de Lecuona, y a Maribel, su mujer, funcionaria del Ministerio de Gobernación, siempre dispuesta a echarle una mano a cualquier cubano que se lo pidiera.

- A Alfredo y Mercedes Brito, que cambiaron las distinciones que el régimen les hacía por una vida modesta, pero libre, en el exilio. No olvido una lacerante frase de Alfredo: "En Cuba vivía en la seguridad que te dan las jaulas. En el exilio debes enfrentarte a los peligros de la selva. Prefiero lo segundo".

- A Ramón Veloz (hijo), cantante y actor, quien heredara la tersa voz de tenor y el oído de su padre, príncipe de la música campesina.

- A Óscar Gómez, quien compuso la música y grabó los *Versos sencillos* de José Martí. Fue una valiosa obra juvenil. Con el tiempo, se convirtió en uno de los editores de música y productores más importantes del país hasta que Internet prácticamente terminó con ese tipo de actividad empresarial.

Los buenos escritores abundaban:

- El primero que se instaló en España fue el poeta Gastón Baquero. Llegó a fines de 1959, tras escribirles una carta pública a los intelectuales cubanos. Había estudiado Ingeniería en La Habana, pero jamás la ejerció. Fue un magnífico escritor y un gran "hablista". Alguna vez pude contemplar y escuchar una conversación entre Gastón y Enrique Labrador Ruiz en el Café Comercial. Poco a poco se fueron callando las mesas para escuchar las cosas que decían ambos personajes. (Los españoles, si lo que se dice es interesante, son "cotillas"). Al final, hubo un aplauso generalizado. El café se había convertido en un auditorio.

- Lydia Cabrera y su compañera de toda una vida, María Teresa Rojas, vivían cerca de mi piso, entonces en la calle Lérida. Nos veíamos con cierta frecuencia y almorzábamos juntos en un restaurante del barrio. Me la presentó el poeta y activista político Fernando Palenzuela, también radicado en España en aquellos años, tras múltiples infiltraciones en Cuba. Lydia, muy *francesa*, me decía, admirada de Palenzuela: "Es una mezcla de Rimbaud y André Malraux pasado por Lezama Lima". Buena definición.
- José Mario fue un poeta combativo. En Cuba lo encarcelaron supuestamente por homosexual. Tal vez sería por eso, pero las represalias fueron por una serie de libros publicados al margen del Estado. La colección se tituló *La gota de agua*. En algún punto, José Mario desbordó la estrecha copa de la dictadura.
- Lilliam Moro llegó a Madrid en 1970, como nosotros. Es una excelente poeta. Venía, claro, de Cuba, y me explicó la tragedia de quienes deben ocultar sus inclinaciones sexuales por razones ideológicas. El Estado había adquirido los rasgos de los inquisidores morales. Los comunistas hablaban de "la culpa" y castigaban a las personas "diferentes". Lilliam vive en Miami. Hace unos años el corazón se le detuvo veinticuatro veces, pero un médico se empeñó en revivirla veinticuatro veces. Hoy no solo figura en las antologías como una de las mejores escritoras de la Isla, sino también en los libros y revistas de cardiología.
- José Abreu es escritor y profesor de matemáticas. Pertenece a una familia de escritores. Son tres hermanos y los tres publican buenas obras. Llegó a Playor, mi editorial, a enseñarle matemáticas a mi hijo Carlos, una misión casi imposible. Pero le publicamos un valioso poemario y desde entonces es un buen amigo.
- Felipe Lázaro, editor, poeta, periodista. Fue mi alumno en Puerto Rico, pero prefirió irse a vivir a España. En su editorial, Betania, ha publicado magníficas obras. Entre ellas, un gran poemario de Laura Tartakoff y una larga entrevista a Gastón Baquero, un autor que, como dijo Martí en otra circunstancia: "crece bajo la hierba". También publicó Jacobo Machover en

Betania su primera novela, *Memoria de siglos*. Machover es un destacado escritor y profesor avecindado en Francia.

- Enrique Labrador Ruiz nació en 1902, "con la república", como le gustaba decir, y llegó a Madrid en torno a 1980, acompañado de su inseparable Cheché, su mujer de muchos años. Fue periodista y novelista, creador de lo que llamaba las *novelas gaseiformes*. Lo primero que hicimos cuando nos conocimos fue deshacer un equívoco. Su nombre aparecía en una lista compilada por mí en *Informe secreto sobre la Revolución cubana*. Era cierto, pero Enrique creía que yo lo había incluido entre los verdugos y censores. Eso era falso. Le enseñé el libro. Estaba entre las víctimas y los perseguidos. Nos dimos un abrazo. Desde entonces fuimos buenos amigos. Era un gran conversador. Conocía, y transmitía con mucha gracia, mil anécdotas de Pablo Neruda y de Nicolás Guillén. ¿La prueba de que la dictadura cubana era inaguantable?: "Es la primera vez que viajo a España y tengo yo mismo que pagarme el pasaje", me dijo y se rio.

- Miguel Ángel Sánchez llegó a Madrid directamente de Polonia. Ahí "desertó". Había escrito un par de libros notables. Uno sobre Capablanca, el cubano campeón mundial de ajedrez, y otro sobre Playa Girón, en el que no logró publicar todo lo que supo sobre el evento porque sufría la imagen de Fidel Castro y no se lo permitieron. Las represalias cubanas las tomaron contra el hijo, un niño indefenso al que ponían de espaldas cuando juraban la bandera "porque su padre era un traidor". El hijo, también llamado Miguel, tardó muchos años en salir del país. Lo hizo por Costa Rica.

- Raúl Rivero era la cabeza más conocida del Grupo de los 75. Era un poeta y ensayista prodigioso. Su libro *Lesiones de historia* es una maravilla. Recoge muchas de sus crónicas. En 1991, convocado por María Elena Cruz Varela, firmó en La Habana el *Manifiesto de los 10* contra la dictadura cubana. En el 2003, Fidel Castro ordenó apresarlo para poner fin a las crecientes manifestaciones contra la Revolución. Lo condenaron a veinte años. Se convirtió en una causa célebre en España y Fidel

Castro decidió soltarlo en el 2004 por la enorme presión internacional, siempre que España lo aceptara. Se radicó en Madrid y colaboró asiduamente con el periódico *El Mundo*.

- Las tribulaciones del escritor José Antonio Zarraluqui y de su mujer, Lucía Guerra, periodista radial, revelan el horror y la imposibilidad de ser intelectuales independientes en Cuba. Zarra nunca supo por qué fue a parar a los campos de concentración de las llamadas UMAP (Unidades Militares de Ayuda a la Producción). Tras ese nombre inocuo se escondía el intento de "reeducar" por la fuerza a los homosexuales y creyentes. Zarra no era homosexual ni ostensiblemente creyente, aunque había estudiado en La Salle, pero lo confinaron en la UMAP. Los horrores que vivió le sirvieron para pergeñar un manuscrito de cuentos. Como no se sentía seguro, le dio el manuscrito a un amigo, Lázaro Lazo, también disidente, y se olvidó del asunto. Su amigo le escribió una carta a alguien refiriéndose a Fidel como Guarapo. La carta fue interceptada por la policía política y registraron su casa. Allí encontraron el manuscrito de Zarraluqui. Los juzgaron y condenaron a ambos. A Zarra le tocó una sentencia de cuatro años por "propaganda enemiga". A Lazo le tocaron otros cuatro por "Desacato a la figura del comandante Fidel Castro". Cuando José Antonio y Lucía llegaron a Madrid, estaban deshechos por la experiencia.
- Jesús Díaz fue un notable novelista, cineasta y animador de la cultura cubana. Fue comunista durante los primeros treinta años de la Revolución, pero siempre mantuvo alguna independencia de criterio, como demostrara en la revista *Pensamiento Crítico* publicada por el Departamento de Filosofía de la Universidad de La Habana. En los noventa, tras pasar un tiempo en Alemania, se asiló en España, rompió totalmente con el régimen de los Castro y fundó en Madrid *Encuentro con la Cultura Cubana*, una revista que pronto derivó hacia Internet. Lo acompañó en esa operación Annabelle Rodríguez, hija de Carlos Rafael Rodríguez, viejo comunista del PSP y tercer hombre en la jerarquía cubana. A principios de mayo del 2002, Jesús Díaz fue a cenar con Víctor Batista, editor de *Colibrí* y

313

mecenas anónimo de muchas causas nobles. Esa noche murió mientras dormía.

- Mario Parajón era el miembro más joven del Grupo Oríge-nes, así llamado por la revista que fundara José Lezama Lima. Se exilió en Madrid en 1971 y murió en el 2006. En la Cuba de Castro no le perdonaron que fuera católico. Fue hombre de teatro, ensayista, biógrafo, teólogo y filósofo. Una persona ex-tremadamente culta.
- Carlos Verdecia fue viceministro de Comercio Exterior en Cuba, pero sus creencias religiosas, sus desavenencias con el sistema y su amistad con Heberto Padilla lo precipitaron a la oposición. En su caso, lo castigaron convirtiéndolo en estiba-dor de sacos de azúcar en el muelle de La Habana. Se exilió en España en los ochenta —yo era amigo de su hijo, poeta y presentador de televisión en Miami— y lo vi tener éxito en Madrid por su perfecto dominio del inglés y su sentido de la responsabilidad. Cuando se marchó a Estados Unidos, se con-virtió en un destacadísimo periodista.
- Jorge Dávila Miguel. Es un buen periodista y narrador. Parti-cipó en la guerra de Angola y allí perdió un hermano. Llegó a Madrid a principios de los ochenta muy defraudado con la Revolución cubana. Es un emprendedor nato. Se fue a Miami. Hemos coincidido en CNN, donde trabaja como analista.
- Víctor Batista. Poeta, editor y mecenas. Impulsó y sufragó en España la editorial Colibrí. En Nueva York lo había hecho con las revistas *Exilio* y *Escandalar*.

En el Madrid de mi tiempo (ya hay que comenzar a decir esa frase obscena), entre otros, hubo cinco médicos cubanos notables a los que traté intensamente; cuatro, ya fallecidos, y uno, el quinto, que está a punto de jubilarse:

- Oscar Gómez, un otorrino bien formado en Estados Unidos, padre del compositor y músico de igual nombre. Operó a mi hijo de la garganta. En los setenta no era frecuente que utiliza-ran anestesia. Eso lo catapultó a la fama española. (A los niños los obligaban a comer helado después de extirparles las amígdalas). El doctor Gómez en Cuba era conocido por recorrer los campos corrigiendo, sin costos, las deformidades del labio leporino entre los campesinos. Tenía un gran instinto solidario.

• Jorge Tablada, cirujano general y plástico. Muy agradable. Me quitó un pequeño bulto sebáceo de la espalda. Se empeñó, generosamente, en no cobrarme. Tuvo una hermosa familia que continúa en las primeras páginas de la prensa *couché,* también llamada "cardiaca".

• Mateo D'Costa, un personaje simpático y combativo. Murió prematuramente. Se lo llevó un cáncer intestinal escondido en su abultado vientre de gordo feliz. Tenía un gran ojo clínico.

• Martha Frayde, una buena ginecóloga. Exembajadora de Castro en la UNESCO y luego expresa política. Fundó el Comité Cubano Pro Derechos Humanos junto a Bofill y a Gustavo Arcos. Le dio continuidad en España con la incorporación de Leopoldo Fornés, Andy Blanco y la señora Díaz Argüelles.

• Antonio (Tony) Guedes es, de los cinco médicos que veía con frecuencia, el único vivo. Estudió en Cuba y se graduó en Madrid. Es médico de familia. No pudo terminar en Cuba porque lo echaron de la Facultad de Medicina. Era católico de los que no lo ocultaba. Lo dice la orden de expulsión: lo echaban por sus creencias religiosas. Llegó a Madrid casado con Lourdes, una criolla muy simpática y bonita que lo ayudó a convencerse de que el sacerdocio no era para él, al menos mientras mantuvieran como regla la abstinencia sexual. Llegó también con una hija, Beatriz. Aquí, mientras trabajaba y estudiaba, tuvo una segunda hija, Cecilia. Igualmente fenomenal. Lo convencí, y no fue fácil, de que me reemplazara al frente de la Unión Liberal Cubana, siempre que el Ejecutivo lo respaldara, como sucedió. Luego, la Internacional Liberal lo reconoció como vicepresidente de la organización. En su momento, le transmitió la responsabilidad al escritor Miguel Sales Figueroa. Guedes es "médico de familia". Desde hace más de veinte años dirige un centro de la Seguridad Social en Madrid, lo que no le impide ver entre treinta y cuarenta y cinco pacientes al día. Hace años

sacamos la cuenta. Había examinado a más de cien mil personas. Es un médico muy notable con una enorme experiencia.

Arquitectos, pintores, cineastas "y otras gentes de malvivir" con las
que compartí tiempo y mesa en Madrid:

- Osvaldo Tapia-Ruano. Arquitecto y urbanista. Lo último que
  me mandó fue una refutación de las ideas urbanistas de nuestro
  común amigo, también arquitecto, Nicolás Quintana sobre la
  reconstrucción de Cuba.
- Irma Alfonso. Arquitecta muy talentosa. Actriz. Musa de toda
  una generación de cineastas.
- Juan Tapia-Ruano. Era primo del arquitecto que ya mencioné.
  Pintor. Poseo un hermoso *collage* suyo.
- Roberto Fandiño. Realizador de cine. Director. Montador de
  los de antes: de los que pacientemente unían el celuloide. Muy
  creativo. Tenía un gran sentido del humor. Conocía muy bien
  al ICAIC y la responsabilidad que tuvo Alfredo Guevara en
  todo ello, para mal y, en menor medida, para bien.
- Germán Puig. Era un tipo exquisito. Gran fotógrafo. Dirigió
  en Cuba la Cinemateca y marchó a París. Cuando lo conocí en
  España, estaba casado con Adoración, una mujer muy hermosa
  en su juventud. Germán le hizo a Linda unos bellos retratos.
- Rogelio Quintana. Estudiaba arquitectura en la Universidad de
  La Habana. Lo echaron por contestatario, pese a su amistad
  con Abel Prieto (o quizás por ello). Ilustrador, editor, redactor,
  pintor. Todo lo hace bien porque tiene un enorme buen gusto
  y una mirada artística. Cuando me hablaron de él, estaba en
  Cuba. Quedé en mandarle el importe de un boleto aéreo si me
  ilustraba una edición muy, muy abreviada de la *Divina comedia*
  para niños de ocho años. A las cuarenta y ocho horas un piloto
  de Iberia me entregó los impecables originales. Nunca había
  visto a alguien tan desesperado por escapar de esa Isla. Pese a
  la presión del tiempo, las ilustraciones eran muy buenas. Me
  contó, cuando nos vimos en Madrid, que no había dormido
  esa noche.

- Waldo Díaz-Balart. Pintor. Excuñado de Fidel y contemporáneo de Raúl Castro. Su obra, hecha de colores y figuras geométricas, recuerda a Mondrian. Ha sido un gran conversador y sabe innumerables anécdotas de sus inevitables parientes.
- Amaury Suárez. Es un pintor muy bien formado. Llegó a Madrid a los treinta años, en 1990. Fue alumno de San Alejandro y luego profesor de esa institución. Es un gran dibujante figurativo. Uno de sus temas recurrentes son los bellos instrumentos de cuerda (guitarras, cellos, violas, violines, contrabajos). En su momento, se trasladó a Castellón, provincia de la Comunidad Valenciana, donde tiene su taller y donde ha formado a numerosos artistas.

57

Perro de alambre, Manuel Caño y Tarzán

Nunca había oído hablar de Manuel Caño, director de cine. Se me apareció a fines de 1978 en mi oficina de la calle Santa Polonia en el viejo Madrid. Me dijo que había leído mi novela *Perromundo*. Quería hacer una película. Una gran película. Yo me entusiasmé y me sentí halagado, pero no le dije nada hasta averiguar más del personaje.

Caño era, en efecto, director de cine o "realizador", como solía llamárseles en España. Tenía oficio. Era simpático y sabía reírse de sí mismo. Había trabajado para una empresa norteamericana de películas "clase B". Era productor, guionista y director. Tocaba todas las teclas. En general, las películas "clase B" son de género (*westerns*, terror, espías, etc.), pero de bajo presupuesto y con actores poco conocidos.

Caño había hecho un par de Tarzanes con un croata como protagonista: *Tarzán y las grutas doradas* y *Tarzán y el arco iris*. No habían quedado muy bien. Después lo intentó con un Tarzán español, creo que de apellido Rodríguez, pero tampoco funcionó. No era suficientemente musculoso ni creíble. El elefante le temía a las gallinas y el mono le tomó manía a Rodríguez. El desastre fue de tal naturaleza que la familia de Edgar Rice Burroughs, el autor de Tarzán, le prohibió acercarse a la obra del escritor, muerto en 1950.

Caño me ofreció veinticinco mil dólares por los derechos de *Perromundo* y por el guion. No le discutí la suma. Me gustaba de sobremanera la idea de que la novela se filmara. Todos los novelistas quisieran que sus ficciones encarnaran en el cine. En realidad, Caño no tenía dinero (eso lo supe después), pero pensaba que la película generaría beneficios para todos. A estas alturas, no sé si realmente se lo creía o si la manera de hacer cine era estimular esas fantasías económicas. Lo cierto es que yo quise creerlo y durante los próximos meses mi mujer y yo nos divertimos muchísimo "haciendo cine". El lugar elegido para la filmación fue Santo Domingo. La República Dominicana se parece mucho a Cuba en la luz, el paisaje y la gente, y *Perromundo* es una historia que transcurre en la cárcel cubana. En esa época no tenía la menor idea de que mi abuela María Altagracia Lavastida había nacido en esa isla antillana, y que mi antepasado directo, Gonzalo Fernández de Oviedo, el primer cronista de América, había muerto en la Torre del Homenaje en 1557 (uno de los lugares de filmación, construcción militar parecida a La Cabaña habanera). Todo eso lo averiguó mi hermano Roberto Alex cuando fue a estudiar Medicina en ese país pocos años después.

La filmación comenzó en la segunda mitad de 1979. Lo primero fue cambiarle el nombre al proyecto. Existía un famoso documental italiano de 1962 llamado *Mondo Cane* [Mundo de Perros] y no queríamos crear confusiones. El nombre del film, *Perro de alambre*, viene de una frase de la novela que recordó el pintor Dirube. El equipo técnico y los actores principales procedían de España y muchos de los figurantes eran dominicanos. Yo había acudido junto a Linda para ayudar en lo que se terciara, pero a poco de comenzar el rodaje, Caño me comunicó dos alarmantes asuntos:

—Vengo a contarte una noticia muy incómoda y otra no tan grave. Primero, nos quedamos sin dinero y tendremos que desalojar el hotel. Segundo, el actor que hace de cura y la supuesta mujer de uno de los presos han decidido quedarse en España y no participar de la película.

Para el asunto de la plata hablé con Frank Marino Hernández, un sociólogo y amigo dominicano, una de las personas más inteligentes que he conocido en mi vida. Me dijo que hacer cine independiente era una de las empresas más riesgosas de cuantas existen, pero, no obstante, me iba a echar una mano. Y así fue: habló con el hotel Sheraton y consiguió las habitaciones baratísimas. Puso dinero de su bolsillo y le entregó las cuentas a Vianella, su amable secretaria. Mi hermano Ernesto me prestó setenta y cinco mil dólares y mi mujer y yo pusimos todos nuestros ahorros en la empresa.

Lo del cura y la mujer del preso tuvo una fácil solución:

—Tú tienes cara de cura —me dijo—, y Linda puede hacer la secuencia de la mujer del prisionero.

Me quedé sin saber qué era tener cara de cura, pero nos resignamos a trabajar en la película.

Una tarde pasamos por la catedral de Santo Domingo, la Primada de América. Yo iba vestido de cura, con sotana negra y larga. Me dirigía al set, supuestamente a darle la absolución a un reo que sería ejecutado por un piquete de fusilamientos. Linda iba junto a mí. Conversábamos. Como solíamos hacer, sin darme cuenta, le pasé mi brazo por encima. Una vieja beata nos vio y nos increpó:

—Sinvergüenza —me dijo la dama.

Yo protesté torpemente:

—Es mi mujer —dije aproximándome más a Linda.

—Encima, descarado —agregó la señora blandiendo su sombrilla.

Huimos hacia el set para no sufrir un humillante sombrillazo de aquella confundida defensora del casto celibato sacerdotal.

Fueron algo más de tres meses inolvidables y ocurrieron varios episodios estrafalarios. Uno de ellos tuvo que ver con la filmación de desnudos. El guion señalaba que los presos debían abandonar las celdas sin ropa para que estas fueran revisadas a conciencia. A ese proceso los cubanos lo llaman la *requisa* y los guardias utilizan la mayor brusquedad para obligar a los presos políticos a salir desnudos al patio.

Los dominicanos primero se negaban a quitarse la ropa, hasta que algunos se animaron. Los españoles, confiados en el ejemplo, lo hicieron, pero fue peor. Se vieron (con dificultad) unos pequeños y mustios penes europeos que contrastaban con la desbordada humanidad de los mulatos y negros dominicanos, dotados de dosis abundantes de testosterona. Hasta que se oyó la nerviosa voz de Caño:

—La cámara de la cintura hacia arriba.

La película se terminó a principios de 1980 y tuvo una corta vida en cartelera, pese a haberse estrenado en el Cine Azul de la Gran Vía y haber recibido buena (aunque escasa) crítica y algún premio menor. Me ocupé de que Frank Marino y mi hermano Ernesto recibieran cuanto habían invertido. Linda y yo perdimos todos nuestros ahorros de entonces (trescientos cincuenta mil dólares), pero nos divertimos mucho en aquella aventura.

Unos años más tarde, Manuel Caño volvió a mi oficina, ya mudados a la calle Santa Clara y repuestos del fiasco cinematográfico.

—¿Te atreves a escribir un argumento para cine en una semana? —me preguntó.

—Sí, claro. ¿De qué género?

—Una comedia picante —me respondió.

Al lunes siguiente le entregué el argumento y el "primer tratamiento" de una comedia: *Silencio, se rueda porno*. Era la cómica historia de un director de cine que había sido cesado de los estudios en los que trabajaba porque estaba empeñado en hacer un *Tarzán* en el que el rey de la selva era un intelectual con gafas que meditaba sobre el sentido de la vida. En vista de su apremiante situación laboral, había decidido hacer una película porno con su mujer, ambos con caretas, mediante una cámara accionada automáticamente con el pie. Naturalmente, suceden mil cosas hilarantes antes de poner el punto final.

El guion jamás se filmó, Caño murió prematuramente del corazón y nunca supe qué le había parecido la historia, pero una de las consecuencias de nuestras relaciones fue mi afición a visitar frecuentemente República Dominicana, donde hice grandes amigos antes de saber que una de las ramas de mi madre procedía de ese país.

Fue en los años ochenta cuando conocí a Eduardo Palmer, un abogado y documentalista cubano radicado en República Dominicana tras pasar por Nueva York, que desarrolló el primer y único programa internacional que se ha hecho en América Latina: *Planeta 3*. Me invitó tres o cuatro veces a participar en mesas redondas muy serias, moderadas, primero, por Jaime Bayly, y luego, por Álvaro Vargas Llosa. Con gran sacrificio económico, traía personas de América Latina o de España, los mezclaba con figuras importantes locales y los ponía a discutir sobre los grandes temas de la Guerra Fría. Fue así como conocí y aprendí a apreciar a José Israel Cuello, a Frank Marino Hernández, a Federico Henríquez Gratereaux y a Luis Felipe Haza, padre del comunicador Oscar Haza, uno de los presentadores clave de la televisión en Miami.

58

Un frac pequeño para recibir un premio grande

Continuaba con mis columnas habituales distribuidas por ALA en numerosos medios de América Latina, pero no era fácil acercarse a la gran prensa española. Afortunadamente, la aparición del Grupo 16 tras la llegada de la democracia comenzó a cambiar el panorama. Periodistas como Juan Tomás de Salas, Xavier Domingo, Pedro J. Ramírez, Pedro Páramo o Alberto Míguez —primero con *El País* y luego con *La Vanguardia*— provenían del antifranquismo y no encontraban ninguna contradicción en ser anticomunistas. Les parecía una deriva totalmente adecuada.

En España, donde hay mucha gente que escribe muy bien, no era nada sencillo conseguir divulgación para unos textos redactados por extranjeros. Así fue, hasta que leí en el diario *ABC* que convocaban a un nuevo premio anual que se asignaría desde la sede, en Madrid, pero se llamaría ABC de Sevilla por la vocación americanista de la empresa. Naturalmente, se concederían los premios habituales de *ABC*: el Mariano de Cavia, el Luca de Tena y el Mingote, a los que se agregaría el ABC de Sevilla. El jurado fue presidido por Alonso Zamora Vicente, secretario perpetuo de la Real Academia Española, Pedro de Lorenzo, Manuel Blanco Tobío y Álvaro López Alonso.

Como nada tenía que perder, elegí "Los hermanos Pinzones", un artículo culturalmente urticante, publicado en América unos meses antes. Envié al concurso el original de *El Informador*, de Guadalajara, México, junto a las fotocopias de rigor y cómo me podían localizar, y me olvidé del asunto. No obstante, una mañana me llamaron para notificarme que habían seleccionado el artículo y me explicaron que habría una entrega formal de los premios ABC.

—¿Formal? ¿Cuán formal? —pregunté temeroso.

—Todo lo formal que *ABC* suele hacer estas ceremonias. Los premios los entregará Adolfo Suárez y los asistentes deberán vestir de etiqueta. Los premiados son José García Nieto, Enrique de Aguinaga, Teodoro Naranjo y usted.

Mentalmente me negué a comprar un traje de etiqueta. Lo alquilaría. Cerca de mi oficina había una empresa de disfraces que le daba servicio al cine. Lo mismo alquilaban un frac para una película de alto *standing* que un taparrabos para falsos indios en los espagueti *westerns* de Almería. Los llamé y me dijeron que disponían del esmoquin oscuro que necesitaría, incluida la camisa con botonadura negra, el indispensable lazo y la faja para el vientre.

Era cierto, pero la víspera había pasado una sinfónica polaca que solo había dejado disponibles unas tallas pequeñas para obesos, imposibles de vestir. No me dijeron nada y me fui con mi esmoquin en un perchero. El día de la ceremonia descubrí el desastre. El traje era para un enano gordo. No tenía tiempo de alquilar otro diferente, así que decidí cambiar mis palabras de aceptación del ABC de Sevilla y dedicarlas a las tribulaciones de quien debe alquilar un disfraz de etiqueta después de una sinfónica polaca. Esa noche descubrí que a los españoles, como a todos, les gusta reírse de las imposturas y de las ceremonias.

59

La década liberal que todo lo cambió

La década de los ochenta comenzó en 1979. En ese año fueron elegidos Margaret Thatcher y Ronald Reagan. En mayo de 1979, los ingleses optaron por una mujer que citaba a Friedrich Hayek (Premio Nobel de Economía en 1974) —juraba que era su gurú, especialmente en la defensa del mercado—, y que fue capaz de privatizar algunas grandes empresas que lastraban al obeso Estado del Reino Unido. En noviembre de ese año, los estadounidenses votaron por Ronald Reagan, quien tenía las obras de Milton Friedman (Premio Nobel de Economía en 1976) sobre su escritorio y repetía como un mantra que el gobierno no podía resolver los problemas de la sociedad "porque el gobierno forma parte del problema, no de las soluciones".

Tanto la Thatcher como Reagan contaron con la paradójica ventaja de dos guerritas inesperadas que aumentaron sus niveles de popularidad. Entre abril y junio de 1982 se produjo lo que los argentinos llamaron la guerra de las Malvinas y los británicos *the Falklands War*.

El día 2 de abril, el general Leopoldo Galtieri, presidente *de facto* argentino, ordenó la invasión del archipiélago —unas diminutas islas escasamente pobladas que desde 1833 estaban en poder de los ingleses— y lo tomaron sin mucho esfuerzo, lo que provocó una explosión de júbilo popular en Argentina. Naturalmente, Margaret Thatcher acudió al Parlamento y planteó la recuperación *manu militari* de la soberanía del archipiélago, lo que también aumentó notablemente su popularidad, hasta entonces menguante. Las reacciones a ambos lados del Atlántico le hicieron exclamar al escritor argentino Jorge Luis Borges, rey de las *boutades*: "se trata de dos calvos peleando por un peine".

En la Embajada de Estados Unidos en Madrid trabajaba un diplomático que sirvió de intérprete entre Reagan y Galtieri cuando el presidente norteamericano trató de mediar en el conflicto. Hace muchos años me contó lo que le tocó traducir:

—Presidente Galtieri, Maggie habla en serio cuando dice que recuperará el archipiélago cueste lo que cueste. Los ingleses saben hacer la guerra. Tienen una vieja tradición.

—Presidente Reagan, la señora Thatcher es una vieja menopáusica que no sabe lo que dice. Las Malvinas están muy cerca de Argentina y muy lejos de Inglaterra. Los británicos no pueden ni siquiera llegar, y si llegan serán destruidos.

En junio de ese año los argentinos se rindieron. Tuvieron seiscientos cincuenta muertos, casi todos, jóvenes reclutas. Los ingleses, apenas doscientas cincuenta bajas. Pero el absurdo conflicto se saldó con el descrédito total de la jefatura de las Fuerzas Armadas Argentinas, lo que facilitó la recuperación democrática del país. En el Reino Unido, en cambio, solidificó el gobierno de Margaret Thatcher, que duró hasta 1990, lo que le permitió cambiar las coordenadas ideológicas de los conservadores e, incluso, de los laboristas, quienes, a partir de ese gobierno, fueron mucho menos intervencionistas.

La "guerrita" de Reagan ocurrió un año más tarde, en 1983, en otra isla diminuta, pero situada en el Caribe: Grenada. Grenada o Granada es apenas una excrecencia geológica de trescientos cuarenta y cinco kilómetros cuadrados y unos cien mil habitantes. Su capital es St. George's, y de ahí tomó el nombre la Universidad cuya Escuela de Medicina instruye a unos cuantos centenares de estudiantes estadounidenses todos los años.

En 1979, Maurice Bishop había tomado el poder mediante un incruento golpe dado a Eric Gairy. Su segundo de a bordo era Bernard Coard. Bishop estableció un "gobierno revolucionario" y Fidel Castro inmediatamente lo apadrinó y lo vinculó a los soviéticos. La inteligencia norteamericana supo que en la isla se construiría un gigantesco aeropuerto capaz de recibir los bombarderos de la URSS y varios centenares de militares cubanos participarían en el plan junto a los albañiles y técnicos procedentes de Cuba.

En 1983, Bernard Coard dio un golpe militar por la izquierda e hizo detener a Bishop y a su gabinete. Fusiló a Bishop; a su amante Jacqueline Creft, ministra de Educación, con la que Bishop tuvo un hijo al que llamaron Vladimir Lenin; y a otros tres miembros del gabinete, creando una sensación de inestabilidad muy pronunciada. El general Hudson Austin, uno de los principales golpistas, asumió el poder. Ronald Reagan vio la oportunidad de actuar. Creó rápidamente una coalición de islas del Caribe, teóricamente encabezada por Barbados y Dominica, que lo invitaron a invadir Grenada. Utilizó como coartada legal la protección de los estudiantes norteamericanos que estudiaban medicina en la isla e inmediatamente envió una expedición de unos ocho mil hombres a arrebatarles la presa a los cubanos y soviéticos.

La operación militar, como era predecible, fue un claro éxito norteamericano (murieron diecinueve soldados de Estados Unidos) y una derrota absoluta para los cubanos. Fidel Castro les dio la orden a sus centenares de hombres de que resistieran hasta la muerte para hacerles pagar un alto precio a los norteamericanos, y para que supieran lo que ocurriría si invadían Cuba. El aparato de propaganda del castrismo llegó a difundir la información de que los últimos seis soldados cubanos se habían inmolado cubiertos por la bandera de la patria. Luego se supo que apenas había habido bajas entre ellos y casi no ofrecieron resistencia. El coronel que los mandaba, Pedro Tortoló, fue objeto de burlas y chanzas entre los cubanos ("si quieres correr veloz, usa tenis Tortoló", decía un pareado mal construido, pero muy revelador).

La invasión a Grenada aumentó la paranoia de Fidel Castro frente a Reagan y dio la orden de que se aceleraran los trabajos de crear refugios bajo tierra a lo largo de toda la geografía cubana. Al mismo tiempo, le creó algunos problemas con los soviéticos porque no habían tratado de salvar al satélite *grenadino* con suficiente ahínco.

60

Los rusos también mueren

En el año 1982 los rusos comenzaron a morirse. Quiero decir, los rusos que mandaban. El primero fue Leonid Brezhnev. Tenía setenta y seis años cuando pasó a peor vida. Era la quintaesencia del *apparatchik*. Le debía su carrera política a Nikita Kruschev, pero no vaciló en traicionarlo cuando le pareció útil para ascender dentro de la jerarquía soviética. Fidel Castro se relacionaba muy bien con él. Brezhnev le había notificado que, en caso de que la Isla fuera atacada por Estados Unidos, solo le daría apoyo político, pero le entregaba petróleo e insumos para la economía de Cuba y lo apoyaba militarmente, casi siempre, en sus locuras imperiales, como en 1975, cuando Fidel decidió "invadir" África.

Yuri Andropov, el exjefe del KGB, lo sucedió en el cargo del PCUS. Pero solo estuvo en la dirección del Kremlin hasta 1984. Apenas quince meses. Tenía "solo" sesenta y nueve años cuando murió de una grave enfermedad de los riñones y el hígado. Andropov poseía fama de aperturista, pero no lo era. Le gustaban, sí, el *jazz*, el *whiskey* y la literatura norteamericana, pero difícilmente podía ser catalogado de otra cosa que de un comunista convencido. Había recomendado el aniquilamiento de los revolucionarios húngaros durante su levantamiento en el otoño de 1956. En ese periodo era el embajador de la URSS en Hungría. Sin embargo, había protegido a dos personas que serían clave en la apertura de la URSS: Mijail Gorbachov, un oscuro técnico en las cuestiones agrarias, a quien elevó al Comité Central, y Alexander Yakovlev, al que hizo regresar a Moscú en 1983, tras diez años "desterrado" en Canadá, donde era embajador, enviado por

Brezhnev por plantear en una revista académica la glásnost o transparencia como forma de perfeccionar el comunismo.

El próximo en la lista de secretarios generales del PCUS, y por lo tanto jefe del Estado, fue Konstantin Chernenko. Solo duró trece meses en el cargo y nunca fue "acusado" de ser una persona especialmente inteligente. Reagan se defendió de un ataque que le hicieron los demócratas de que no trataba de contemporizar con los líderes soviéticos con un comentario jocoso: "Trato, pero se me mueren. Los soviéticos no realizan elecciones, sino funerales".

La lista de las enfermedades de Chernenko era mayor que la de los méritos que lo catapultaron a la cabeza de la URSS. Como comenzó a fumar a los nueve años, padecía de enfisema y probablemente de cáncer de pulmón. Cuando murió, a los setenta y cuatro años, además sufría de hepatitis y cirrosis del hígado. Su deceso convenció a los mandamases soviéticos de que hacía falta una cara joven al frente de Moscú. Por eso apelaron al "joven" Mijail Gorbachov. "Solo" tenía cincuenta y cuatro años recién cumplidos cuando asumió el poder.

¿Cómo era el hombre que enterró a la URSS? Sin duda era una persona realista a la que le constaba la improductividad tremenda de su país, agravada por las incosteables aventuras militares en Afganistán y en los acantonamientos de tropa en Europa del Este. Pero el principal rasgo de Mijail Gorbachov era su renuencia al uso de la violencia para imponer sus puntos de vista o su conveniencia. Eso me lo explicó Yuri Kariakin en su apartamento de Moscú. Kariakin era asesor de Gorbachov y conocía muy bien las intrigas del Kremlin. Cuando le pregunté qué hubiera ocurrido si en medio de los desórdenes surgidos durante la perestroika y la glásnost Gorbachov saca los tanques a la calle y aplasta o detiene a cien mil personas, dijo:

—Hubiera terminado con las protestas, el comunismo hubiera continuado y la situación nuestra y del planeta sería peor.

Exacto. Los chinos recurrieron a la mano dura y terminaron con las protestas de la plaza Tiananmen en 1989. (¡Bendita la repugnancia a la violencia de Gorbachov!). Y no se crea que Gorbachov era un hombre sin carácter. De lo que carecía era del instinto homicida de las personas persuadidas de que tienen derecho a imponer a sangre y fuego su modo de entender su perspectiva de las cosas, como había sido la tradición soviética desde Lenin hasta Chernenko.

Gorbachov tenía una visión crítica de los resultados prácticos del marxismo. Era comunista, pero sabía que el sistema era notablemente improductivo y abusador, y quería reformarlo. Tenía una buena formación como técnico agrícola y como abogado. Además, su mujer, Raisa, su principal consejera, había estudiado Sociología y Derecho y compartía sus inquietudes.

Gorbachov visitó Checoslovaquia tras la abortada Primavera de Praga de 1968 para recoger impresiones sobre la revuelta. De alguna manera, esa experiencia lo sobrecoge. Antes de ser designado como el sucesor de Chernenko, viaja por Canadá, Francia, Italia y Alemania occidental. Los servicios de inteligencia británicos le cuentan a Margaret Thatcher que Yuri Andropov en su lecho de muerte deseaba que Gorbachov, un reformista, lo sucediera en el cargo. ¿Por qué? Nunca lo reveló. Tal vez la fama de Gorbachov era de ser un trabajador eficiente, que lo era, y no un reformista, como ocultaba. La Thatcher invitó a Gorbachov a Londres y habló con él. Le pareció un reformista sincero con el que se podía trabajar. Le contó su experiencia a Ronald Reagan y a algunos medios de prensa. Esa evaluación favoreció a Gorbachov.

En 1983, Aleksander Yakovlev recibió una visita muy especial en la embajada poco antes de regresar a Moscú de su destino canadiense perdonado por Andropov. El "joven" Gorbachov debió refugiarse durante varios días en la sede diplomática a la espera de que arreglaran el avión de Aeroflot que se había descompuesto.

En ese breve periodo —nos contó Yakovlev en Moscú— le explicó a Gorbachov que los problemas del comunismo derivaban de la falta de *checks and balances*, concretada en la imposibilidad de debatir serenamente los inconvenientes que surgían por culpa de la violencia ínsita en un sistema que había sido administrado con mano de hierro por Lenin, Stalin y sus sucesores. ¿Quién se atrevía a criticar el sistema si en ello te iría la vida?

El comunismo florecería cuando existieran la glásnost y el Partido pudiera competir con otras formaciones políticas diferentes. Gorbachov quedó tremendamente impresionado por los argumentos de Yakovlev. Cuando le tocó gobernar a la URSS, lo convirtió en su asesor principal. Entre ellos dos y el georgiano Eduard Shevardnadze, canciller de Gorbachov, sin proponérselo, liquidaron la URSS y el comunismo.

61

Radio Martí

Ronald Reagan cumplió lo prometido a los cubanos durante la campaña: Radio Martí comenzó a transmitir el 20 de mayo de 1985, pero los fatigosos trámites comenzaron en 1983. No fue nada fácil y difícilmente se hubiera logrado sin el tesón de Jorge Mas Canosa. El gobierno cubano se movilizó para impedirlo con sus amplios contactos en la sociedad norteamericana. Trataron de evitar la salida de la emisora utilizando los camaradas habituales, algunos por afinidad ideológica, entre ellos profesores enquistados en el mundo académico, o personas del entorno de la revista *The Nation*. Otros actuaban por puros intereses económicos, como los exportadores de granos empeñados en que el gobierno federal garantizara las exportaciones a Cuba.

Incluso, abundaban los enemigos del exilio cubano que sentían un profundo desprecio por "esos reaccionarios". La Seguridad llegó, incluso, a solicitarle a un sacerdote que fuera a Washington a pedirles a las autoridades que no utilizaran el *sacrosanto* nombre de Martí para esos menesteres contrarrevolucionarios a favor de los "gusanos". Según el cura, "los cubanos reaccionarían mal ante el uso político del nombre de Martí". Afortunadamente, el equipo de Reagan aguantó de pie el chaparrón y no se dejó intimidar.

Radio Martí era la versión cubana de Radio Free Europe. En esa época creíamos que bastaba diseminar información verdadera sobre la naturaleza del comunismo y el daño que le hacía a la sociedad cubana para provocar una reacción adversa. Tal vez no nos dábamos cuenta de los resortes de control que tenía en sus manos el gobierno comunista.

No nos percatábamos de que no solo era una cuestión de saber, sino de poder. La contrainteligencia se había apoderado de todo el ámbito vital de los cubanos: los espiaban en los edificios en los que vivían, en las escuelas a las que acudían, en los centros de trabajo y hasta en el seno de las familias.

Cuando las personas criticaban al régimen o al Máximo Líder, les aplicaban *in crescendo* los anillos represivos. Primero, el oficial de la Seguridad les advertía que se habían extralimitado de los "parámetros revolucionarios" y les aconsejaba que regresaran a la obediencia para que no sufrieran los castigos que ordenaba el Código Penal. Si insistían, la Seguridad y el Partido —uno y lo mismo— les enviaban un coro vociferante que podía o no utilizar la violencia: los terribles actos de repudio. El tercer anillo era la cárcel.

Todo eso —pensábamos— llegaría a su fin con la información vertida por Radio Martí. Detrás de la creación de ese medio de comunicación estaba la Fundación Nacional Cubano Americana, un efectivo aparato de *lobby* que logró la creación de la estación y la aprobación de dos leyes fundamentales en la lucha contra Castro. Primero, la Ley sobre Democracia en Cuba, conocida como ley [Roberto] Torricelli, un senador demócrata de Nueva Jersey, aprobada en 1992 durante el gobierno de George Bush (padre).

Cuatro años más tarde, y más importante aún, fue la Ley de la Libertad Cubana y de la Solidaridad Democrática, conocida como ley Helms-Burton, presentada por el senador de Carolina del Norte Jesse Helms y el representante Dan Burton, de Indiana, ambos republicanos, en la que trabajó arduamente Lincoln Díaz-Balart, entonces congresista republicano. La nueva ley, firmada por el presidente Bill Clinton en 1996, codificaba treinta y cinco años de legislaciones dispersas.

En esa época, mis relaciones con Jorge eran muy buenas y me invitó a dirigir la estación que estaba a punto de salir al aire. A mí no me interesaba trasladarme a Washington, dado que me sentía muy bien en Madrid y la editorial marchaba viento en popa, pero sí deseaba colaborar con la emisora. De manera que contribuí a diseñar la programación original tratando siempre de proponer espacios radiales que suplieran lo que Cuba le ocultaba a la población.

El primer director propuesto (y elegido) por Mas Canosa fue Ernesto Betancourt. Y uno de los primeros directores de programación fue el profesor y poeta Orlando Rodríguez Sardiña (Orlando Rossardi). Fue un acierto total. Betancourt tenía un gran conocimiento de Cuba y de la estructura de poder. Llevaba muchos años en Washington y conocía al dedillo el mundillo oficial norteamericano. Durante la lucha contra Batista, había sido el representante del 26 de Julio en Estados Unidos y la persona que consiguiera el embargo de armas contra esa dictadura. Ernesto entendía muy bien que la función de Radio Martí era informativa y no propagandística, porque los cubanos de la Isla estaban saturados de propaganda. Querían otra cosa mucho más seria. Su segundo de a bordo sería Humberto Medrano, un periodista muy querido con una larga lucha por la democracia, quien dirigió *Prensa Libre*, un diario de oposición contra el gobierno de Batista.

Medrano era hijo del coronel mambí Ignacio Medrano, un colombiano que peleó en la columna de Antonio Maceo. La historia me la hizo el propio Humberto en su oficina de Radio Martí y es digna de que se repita. Su padre se acababa de graduar como ingeniero de minas en Alemania. La goleta de regreso se detuvo en Nueva York unos días en 1895. Como tenía la noche libre, se fue a "oír a José Martí", de quien solo tenía vagas noticias. Hablaba en un templo masónico. Fue tal la impresión que le causó que decidió enrolarse en una expedición para ir a pelear a Cuba. Su adiestramiento como ingeniero de minas le fue muy útil: sería el dinamitero de la columna de Maceo y pronto escalaría hasta convertirse en coronel.

Finalizada la guerra, conoció a una bella muchacha en Pinar del Río, hija de españoles. Madrid se había rendido a los norteamericanos, pero el coronel Medrano decidió hacer su última acción dinamitera. Era una travesura y la llevó a cabo sin advertir que se trataba de la propiedad de los padres de la muchacha de la que se había enamorado. Afortunadamente, le aceptaron las excusas. La muchacha de 1898 en 1916 fue la madre de Humberto Medrano.

En los primeros tiempos de Radio Martí hice semanalmente comentarios de actualidad y un programa titulado *Los libros prohibidos* que llegó a tener mucha penetración en la Isla. *Los libros* los hacía con el abogado y economista español Emilio Jiménez, quien era, realmente, la estrella del programa. Yo me limitaba a elegir los libros y se los entregaba. Él los leía cuidadosamente, me pasaba un resumen, y me sugería el temario de nuestra conversación en torno a la obra. Todo se grababa en el humilde estudio madrileño de la actriz cubana Teté Blanco y de su esposo español, y se enviaba por correo. Hoy, cuando las comunicaciones son instantáneas, parece (y es) un método primitivo, pero era el que entonces existía.

Todavía —y han pasado casi cuarenta años— me encuentro con cubanos que escuchaban ávidamente mis colaboraciones y *Los libros prohibidos*, y que recuerdan cuán importante fue para ellos escuchar esas transmisiones. Ricardo Bofill, el conocido disidente, me reveló que *Los libros prohibidos* era material de estudio en su grupo contestatario. Curiosamente, el régimen primero decidió no interferir las transmisiones. ¿Por qué? Probablemente porque no tenían idea del grado de penetración que lograría Radio Martí en esa etapa: todo el mundo escuchaba la emisora, al extremo de llamarla "por casualidad". Para protegerse de los chivatos, los oyentes solían decir: "intentaba buscar otra cosa y *por casualidad* tropecé con la emisora imperialista" y luego venía la historia de lo escuchado.

Andando el tiempo, conocí en México un exitoso cubano de la televisión local apellidado Núñez, exiliado en el país azteca. Me contó que cuando radicaba en La Habana, para poder sobrevivir, formaba parte de los servicios cubanos de contrainteligencia. La función de su grupo era escuchar todos los programas de Radio Martí y comunicarse por diferentes vías con la emisora para confundir a los responsables. Siempre posaban como disidentes y opositores al sistema. Aplaudían los programas que ellos consideraban que no le hacían daño a la Revolución (por ejemplo, las radionovelas) y criticaban severamente los que la perjudicaban. Confieso que me gustó oírle decir que "en Cuba el gobierno me odiaba porque yo ponía el dedo en la llaga". En esa etapa, uno de los programas más escuchados fue la entrevista que le hice al viceministro Manuel Sánchez Pérez.

Años más tarde, decidí transmitir hacia Cuba mis columnas "sindicadas", especialmente tras el fin de mis actividades políticas. La lógica de la operación era impecable. Si varias docenas de publicaciones en todo el ámbito de la lengua las recibían, ¿cómo los cubanos no iban a tener acceso a ellas?

Sin embargo, el 8 de septiembre del 2006 amanecí con una curiosa noticia en *The Miami Herald*, maliciosamente titulada "10 Miami journalists take U.S. pay", con las fotos nuestras como si fuéramos unos delincuentes sorprendidos en un acto delictivo.

Había sido una trampa urdida por la inteligencia cubana, que necesitaba "demostrar" que los cinco espías condenados por atentar contra la seguridad de Estados Unidos no habían tenido un juicio justo por culpa de lo que se publicaba en *The Miami Herald* o se difundía en otros medios del sur de la Florida, dado que 10 de los colaboradores de Radio y TV Martí recibían dinero del gobierno de Estados Unidos para difamar a los espías sorprendidos en flagrante delito, y debían ser puestos en libertad inmediatamente.

El periodista que cayó en esa trampa, o que se prestó voluntariamente a hacerle el juego a la policía política cubana, se llamaba Oscar Corral, quien poco después fue separado del periódico, probablemente por un feo delito de carácter sexual en el que fue sorprendido por la policía de Miami. El artículo de Corral, que le costó el puesto a Jesús Díaz, *publisher* del *Miami Herald*, se saldó con la restitución a sus cargos de Pablo Alfonso, Wilfredo Cancio y Olga Connor en el *Herald* —habían sido separados por una actividad absolutamente legal autorizada por los directores del periódico—, y la exoneración total de la señora Helen Aguirre Ferré —del *Diario las Américas*—; de Miguel Cossío y Juan Manuel Cao, ambos vinculados a los noticieros del canal 41 de Miami; así como la mía, que vivía en España ajeno a todas esas intrigas organizadas por la Seguridad cubana.

Afortunadamente, las cortes federales que revisaron los casos de los cinco espías ratificaron las sentencias previas y no creyeron los falsos argumentos de la "intoxicación" inducida por periodistas pagados por el gobierno federal. Si hoy esos oficiales de la inteligencia cubana están en la Isla, se debió al perdón presidencial que les otorgó Barack Obama cuando se reconcilió con La Habana.

62

Mario Vargas Llosa

La primera vez que coincidí con Mario Vargas Llosa yo era profesor de Literatura en la Universidad Interamericana de Puerto Rico y él, "profesor visitante" de la Universidad de Puerto Rico en Río Piedras. Fue en la segunda mitad de los años sesenta y opté por admirarlo en la distancia. Había leído *La ciudad y los perros* y me había parecido una magnífica novela. No quise hablarle porque daba por sentado que se trataba de un castrista sin redención. Mario había obtenido la primera edición del Premio Rómulo Gallegos, que otorgaba Venezuela, por su novela *La casa verde* y dedicó una parte sustancial del texto leído a alabar a la Revolución cubana. Para mí eso era imperdonable.

Pocos años más tarde encabezó la revuelta de los intelectuales internacionales contra el castrismo durante el caso Padilla, lo que lo reivindicó ante los ojos de los cubanos y lo enemistó para siempre con la izquierda comunista. Recuerdo haberle preguntado, muchos años después, por qué había escrito y leído esa indigna subordinación al totalitarismo cubano en la recepción del Rómulo Gallegos, y me dio una respuesta que me convenció, paradójicamente, de que estaba ante una persona absolutamente íntegra y honorable: "Me juré nunca más decir algo en lo que no creía". Lo ha cumplido a rajatabla.

A fines de los setenta, Vargas Llosa presidía el PEN Club Internacional y le escribí una carta pidiéndole respaldo político a favor de algunos intelectuales cubanos presos. Inmediatamente respondió volcando todo el peso de la institución en esa dirección. Años más tarde, aunque ya no presidía el PEN, hizo valer su influencia para que un grupo de escritores exiliados cubanos, dirigidos por el excelente poeta Ángel Cuadra, constituyeran un capítulo nacional, pese a encontrarse en el exilio. El argumento era irrecusable: en Cuba no les permitían congregarse y afirmaban que el PEN Club era un instrumento del cacareado imperialismo yanqui.

A mediados de los ochenta fui a Lima. En 1985, los peruanos habían elegido masivamente a Alan García. Era el presidente más joven de la historia peruana. Nadie hubiera podido imaginarse que aquel muchacho impetuoso se suicidaría en el 2019 acosado por sus adversarios y acusado de corrupción. Había conocido a García en Madrid a principios de los años setenta. Me lo había presentado mi abogado en España, Javier Valle Riestra, un aprista peruano desterrado por la dictadura de Juan Velasco Alvarado. Recuerdo que me dijo:

—Vamos a almorzar con un joven exiliado llamado Alan García. Vive en París, pero está de paso por Madrid. Haya de la Torre lo estima mucho. Será presidente de Perú.

—¿Será un buen presidente? —le pregunté.

—No. Será terrible —me respondió con absoluta convicción.

El almuerzo fue distendido y amable, pero Valle Riestra tuvo razón: el primer periodo de Alan García fue espantoso (no así el segundo). También su vaticinio sobre Alberto Fujimori, muchos años más tarde. El Chino acababa de hacer primer ministro a Valle Riestra (en junio de 1998) y este me explicó que Fujimori no tenía la menor idea sobre cómo se gobernaba dentro de las instituciones democráticas.

—Y la prueba es que me acaba de nombrar primer ministro.

Era cierto. Javier solo duró un par de meses en el gobierno. Era muy crítico. En agosto se retiró del gobierno. En el 2006 se reconcilió con el APRA y formó parte del Congreso hasta el 2011.

Pero volvamos a Vargas Llosa. Llegué a él de la mano de un amigo común, Alfredo Barnechea, ensayista notable y hombre de televisión con una gran cabeza política. Alfredo —exaprista, hoy candidato a presidente por Acción Popular, un partido socialdemócrata— y su mujer, Claudia Ganoza, tenían una vieja relación amistosa con la familia Vargas Llosa: con Mario; Patricia, su muy amable y eficiente mujer de entonces, gran administradora, capaz de organizarle la vida al escritor; Álvaro, el hijo escritor y economista, muy talentoso; Gonzalo, el hijo funcionario de la ONU; y Morgana, la hija fotógrafa, sensible y con un gran ojo.

Esa primera reunión me convenció de que Mario Vargas Llosa era un personaje clave para la defensa de los ideales democráticos en toda América Latina. Sentía el fuego de las injusticias, aunque el conflicto no le concerniera directamente. Desde joven, además, poseía una seriedad absoluta con sus compromisos políticos. Algunos de sus amigos lo llamaban el *sartrecillo* valiente, recordando la devoción juvenil de Vargas Llosa por la obra y la actitud de Jean-Paul Sartre, pero mezclando esa profunda querencia con la historia de los hermanos Grimm, *El sastrecillo valiente*, una fábula medieval alemana. El sastrecillo, a fuerza de astucia, audacia y equívocos acaba por desposar a la hija del rey. Pasados los años, Mario fue alejándose del Sartre político por su postura contraria a las ideas de la libertad.

En julio de 1987, Alan García lanzó el decreto de nacionalización de la banca peruana. A fines de septiembre, la Asamblea lo aprobó. Obviamente, los banqueros estaban furiosos. Dionisio Romero, el peruano más rico del país, dijo que resistiría físicamente la ocupación de su banco y se mudó a las oficinas centrales junto a un grupo de personas armadas de la seguridad de sus bancos.

En realidad, era una medida extemporánea. Después de la Segunda Guerra Mundial, se había experimentado con "la nacionalización de las entidades financieras" en diversos países, incluido el Reino Unido, y no había dado resultados positivos, sino todo lo contrario. En América Latina sería aún peor. Mario Vargas Llosa ya había dado un giro de 180 grados y era un liberal completo. Temía que la nacionalización de la banca aumentara la ineficiencia del país y, especialmente, que fuera el principio de un Estado totalitario. Para Mario, la pobreza no era el resultado de la gestión de la banca, sino de que no había suficientes bancos compitiendo por otorgar suficientes créditos a suficientes emprendedores.

En agosto de 1987, Mario primero encabezó un manifiesto contra la estatización de los bancos, firmado por un centenar de intelectuales y líderes, y luego convocó a un mitin multitudinario en la Plaza San Martín, la mayor de Lima, con el mismo objetivo. En esa plaza y en ese acto ocurrieron dos importantísimos fenómenos: Mario se convirtió en un brioso líder político y surgió el Movimiento Libertad, que le dio vida al pensamiento político liberal latinoamericano como no se había visto antes en la historia política de América Latina. Curiosamente, Perú había influido intensamente en la visión ideológica de los latinoamericanos con *Siete ensayos de interpretación de la realidad peruana*, una visión marxista de los problemas sociales, publicado por José Carlos Mariátegui en 1928, y, simultáneamente, con la creación en México, en 1924, de la Alianza Popular Revolucionaria Americana (APRA), de Víctor Raúl Haya de la Torre, una organización política peruana y transnacional que procreó pequeños partidos del mismo signo en casi todos los países del continente latinoamericano. El impulso de Perú al pensamiento liberal era la tercera vez que un movimiento incubado en Lima repercutía en otras naciones del entorno.

Después del mitin contra la estatización de la banca, Mario Vargas Llosa creó el Movimiento Libertad y lo convencieron de que aspirara a la presidencia del país. Lo pensó y finalmente aceptó, pero a regañadientes. Lo acompañaron en aquella aventura un grupo notable de jóvenes entre los que estaban, en primer término, su propio hijo Álvaro, quien dirigiera la campaña; Enrique Ghersi, quien saldría elegido diputado y se convertiría, tras abandonar la política, en el primer abogado criminalista de Perú; Pedro Cateriano, exvicemistro de Justicia del gobierno de Toledo y, primero, ministro de Defensa y luego, primer ministro de Ollanta Humala; Diana Álvarez-Calderón, ministra de Cultura de Ollanta Humala; Luis Bustamante Belaúnde, exsenador y exrector de la Universidad Peruana de Ciencias Aplicadas; el arquitecto Miguel Cruchaga y el notable escritor y comunicador Jaime Bayly, entre otros cientos de personajes valiosos que no menciono para no convertir mis memorias en un catálogo inútil.

Pocos meses antes de las elecciones de abril de 1990, hubo una conferencia internacional en Lima sobre el pensamiento de la libertad. El propósito era, no tan secretamente, apoyar la candidatura de Mario. Acudí acompañado de Linda, mi mujer. De algún modo, celebramos anticipadamente el triunfo del amigo que tanto nos había ayudado y el triunfo del pensamiento liberal, aunque resultaba sospechoso que necesitáramos guardas armados para protegernos de la furia de la izquierda. Participaron Jean François Revel, Guy Sorman, Enrique Krauze, Israel Kirzner y otras docenas de pensadores notables. En ese momento, jamás había escuchado hablar de Alberto Fujimori y creo que mis compañeros de simposio tampoco.

En Perú las elecciones poseen una segunda vuelta entre los dos candidatos más votados. En la primera, ganó Mario por pocos puntos. En la segunda, como se temía, Alberto Fujimori barrió totalmente, aunque "perdió" los debates habidos entre él y Vargas Llosa entre abril y junio, mes del *ballottage*. ¿Qué sucedió? Tal vez Mario no conectaba totalmente con el electorado. Era demasiado blanco y demasiado culto. Tal vez Alan García, la quintaesencia del político, se dedicó a hundirlo. Volcó todo el voto aprista tras la candidatura de Fujimori por temor a ser indagado por corrupción. Tal vez el país era más populista de lo que creíamos. O, tal vez, todo eso junto.

Mario, poco tiempo después, volvió a su carrera de escritor, para la que estaba mejor dotado que nadie. A fin de cuentas, era internacionalmente más importante ser el escritor Vargas Llosa que el presidente Vargas Llosa. Queda una pregunta flotando en el ambiente: si Mario Vargas Llosa hubiera ganado, ¿habría sido un buen presidente? Yo creo que sí. Le sobraban ideas y buenas intenciones. Se hubiera preparado para escribir su mejor libro. Era un rebelde ilustrado, como me tocó decir años después en un simposio universitario. Era nuestro Víctor Hugo.

La derrota de Mario no significó nuestro alejamiento, sino todo lo contrario. En 1994, cuando en España le otorgaron el Premio Cervantes, Vargas Llosa facilitó que me reuniera a solas con el rey Juan Carlos para que el monarca escuchara directamente la opinión de la oposición cubana. La entrevista se llevó a cabo en el Palacio de Oriente. También escribió dos de los prólogos en la saga del *Manual del perfecto idiota latinoamericano*, tres libros escritos junto a Álvaro Vargas Llosa y a Plinio Apuleyo Mendoza (los otros dos fueron *Fabricantes de miseria* y *El regreso del idiota*). Cuando creó en el 2002, junto con Gerardo Bongiovanni, la Fundación Internacional para la Libertad, me invitó a formar parte de la directiva y asistió a un par de coloquios en Punta del Este, auspiciado por el Banco Julius Baer, donde yo le hacía las preguntas y Mario aportaba las respuestas con su habitual elocuencia.

63

Gabriel García Márquez

Tuve dos contactos personales con Gabriel García Márquez, además de una llamada telefónica para ayudar a un escritor que hacía huelga de hambre dentro de Cuba, más un encuentro fortuito. Eso fue todo, pero acaso me sirvió para entender mejor al admirado novelista y abominable político.

A principios de los noventa, hace casi treinta años, ya con la Unión Liberal Cubana y la Plataforma Democrática Cubana en marcha, pensé que lo mejor era sondear directamente a Fidel Castro, de manera que recurrí a dos personas por las que Castro sentía cierto aprecio y su naturaleza paranoica no lo llevaría a suponer que se trataba de una estratagema de la CIA: Adolfo Suárez, expresidente del gobierno español, y el novelista colombiano Gabriel García Márquez.

García Márquez y yo compartíamos la amistad y los servicios de Carmen Balcells por medio de su agencia de representación de autores. De manera que la llamé o le escribí una nota (no lo recuerdo) diciéndole que deseaba tener una cita discreta con García Márquez para plantearle algo relacionado con Cuba.

Carmen reaccionó muy bien. Recientemente, ella había participado en un simposio en Lima en torno a Vargas Llosa y habíamos viajado juntos en una avioneta privada entre dos ciudades peruanas y hablamos, claro, de la Isla, de manera que tenía muy frescas mis opiniones sobre la dictadura cubana. Para mí, Carmen era un ejemplo de tolerancia y del famoso *seny* o sentido común catalán. Se llevaba extraordinariamente bien con Mario Vargas Llosa y con Patricia, su mujer, lo que no le impedía tener las mejores relaciones con Gabriel García Márquez y su esposa Mercedes.

García Márquez reaccionó bien. Primero comprobó, con recelo, que mi intención no era insultarlo o agredirlo. Nos vimos en un rincón apartado del *lobby* de un hotel de Barcelona. Me pidió total discreción y se la prometí. Le pregunté si le temía a la policía política cubana. Me dijo que no. Le temía a Mercedes, su mujer. La gran fidelista era ella. Tenía que ocultar nuestra relación. Eso era algo que, con tristeza, me ratificó Plinio Apuleyo Mendoza. La fidelista era Mercedes. García Márquez estaba más allá del bien y del mal. Era amigo de Fidel, pero sabía que en su gobierno se cometían crímenes horrendos.

Le expliqué que la Plataforma Democrática Cubana intentaba reproducir en Cuba el fin del comunismo sin violencia ni sangre, como había sucedido en Europa del Este. Me escuchó con atención, pero con un gesto de incredulidad. Entonces me preguntó:

—¿Está toda la oposición unida en torno a la Plataforma?

—No —le respondí—. Jorge Mas Canosa decidió no participar.

Y le relaté la reunión que había tenido con él. Le conté a Jorge el diseño de la Plataforma: tres partidos con vínculos con sus respectivas internacionales (liberales, socialdemócratas y democristianos intentaban conducir a Cuba por el camino de la disolución del comunismo) y necesitábamos un cuarto, la Fundación Nacional Cubano Americana, que asumiera su rol como representante de la tendencia conservadora, algo que estaba a su alcance y que la sociedad cubana necesitaba desesperadamente desde su fundación en 1902.

—¿Y qué te dijo? —preguntó García Márquez.

—Me dijo que no había tiempo para eso porque el fin del régimen estaba muy próximo. Me dijo, exactamente: "Estás comiendo mierda; a *eso* le quedan seis meses". ("Comer mierda" es un cubanismo que quiere decir, entre otras cosas, "perder el tiempo").

—¿Y qué le respondiste?

—Que quien estaba "comiendo mierda" era él. A *eso* le quedan dos años.

—Los dos están comiendo mierda —agregó García Márquez—. A *eso* le quedan seis años.

Pronto se cumplirán treinta años de aquellos fallidos vaticinios. Jorge murió en noviembre de 1997, a los cincuenta y ocho años. Gabriel García Márquez, en abril del 2014, a los ochenta y siete. Fidel Castro, en noviembre de 2016, a los noventa. El régimen continúa, desmoralizado y fracasado en el orden material, pero continúa.

La segunda entrevista con García Márquez fue en su piso de Bogotá y la propició Plinio Apuleyo Mendoza. Fue una cena sin protocolo. Creo que García Márquez cocinó unos espaguetis o ya estaban hechos. No lo sé. El premio Nobel puso una sola condición: que no se hablara de política, sino de literatura. Plinio le sabía todas las contradicciones. Habían viajado juntos a los países socialistas a fines de los cincuenta, y Gabo le había confiado su sospecha de que el comunismo conducía a la opresión y su horror de que el mundo fuera en esa dirección. Plinio, además, lo había contratado para una agencia cubana de prensa y García Márquez había "desertado" en medio de la invasión de Bahía de Cochinos con el objeto de llegar a México con la ayuda económica de Plinio.

La cena transcurrió muy alegre y distendidamente. Él, pese a su negativa a hablar de política, me dijo, de pasada, algo que ya sabía: que Fidel no estaba dispuesto a iniciar ninguna suerte de transición. Hablamos, y muy bien, de Mario Vargas Llosa. Era obvio que Gabo quería enmendar las relaciones con el peruano, pero fue algo que el autor de *Conversación en la catedral* no estaba dispuesto a efectuar, de la misma manera que nunca quiso revelar las razones de la ruptura y del golpe severo que le propinó en la cara a Gabo cuando se encontraron en la puerta de un cine en la capital de México.

En el año 1994 recibí una llamada del periodista y buen amigo Jorge Dávila Miguel. La llamada telefónica se produjo a propósito del escritor Norberto Fuentes. Estaba en huelga de hambre en La Habana demandando su derecho a salir del país. Había hablado con él y Fuentes le dijo que era un prisionero de Fidel Castro. El único que podría sacarlo de Cuba, según Fuentes, era Gabriel García Márquez por la influencia que el escritor colombiano ejercía sobre Fidel. Jorge le contó que yo tenía buenas relaciones con García Márquez y que me solicitaría la gestión.

Antes de llamar a García Márquez, quise cerciorarme de que todo era como me decía Jorge. Llamé a Fuentes a La Habana. El aparato estaba en casa de una vecina. Finalmente, salió al teléfono y me corroboró todo lo que me dijo Jorge Dávila. Tan pronto colgué, llamé a Plinio y le expliqué la urgente situación. Plinio era el compadre y amigo de García Márquez. Incluso, le había bautizado a un hijo, a Rodrigo. Hicimos un *three line call* y dimos con García Márquez. Creo que estaba en México. Le explicamos la situación. Fuentes, aparentemente, estaba en huelga de hambre. Nuestro argumento era sensato: Norberto Fuentes tenía alguna notoriedad y, si se moría, era mucho más perjudicial para la Revolución que si lo dejaban largarse del país. García Márquez tomó nota del argumento. Hablaría con el Grande —así le llamaba— y le aconsejaría soltarlo. Sabía que invocar la compasión o los derechos humanos serviría de muy poco con Fidel.

Al día siguiente, quien hizo el *three line call* fue García Márquez. Acababa de hablar con el Grande. Fidel accedería, pero no sin antes hacerle una advertencia a su amigo Gabo: Fuentes le mordería la mano. Fidel pensaba que era un desagradecido nato. Un traidor contumaz. García Márquez suponía que el Grande exageraba. (Yo también lo creía. Sin embargo, al poco tiempo de estar en México, Norberto Fuentes denunció públicamente a García Márquez).

Inmediatamente llamé a La Habana y le conté a Fuentes que Fidel Castro le permitiría salir del país. Poco después lo llamó, eufórico, el propio García Márquez. El pasaporte se lo entregaría un coronel del "aparato" en el aeropuerto. García Márquez lo recogería en Cuba en un Mercedes-Benz negro. No necesitaría visa mexicana. Viajaba en un avión oficial mexicano bajo la protección de una de las personas más influyentes del mundo.

Cuatro años más tarde, ocurrió el encuentro fortuito. Sucedió en Bogotá, en 1998, en la toma de posesión de un amigo común: Andrés Pastrana. Vi en el *lobby* del hotel a García Márquez. Hablaba con una persona que estaba de espalda, así que no sabía de quien se trataba. Me aproximé afectuosamente a darle la mano. La persona que estaba con él era Carlos Lage, el segundo de a bordo en Cuba. Un médico que administraba el manicomio cubano. García Márquez se dio cuenta del embarazo que ambos sentíamos, pero instantáneamente salió del aprieto con una sonrisa:

—Te presento a Carlos Lage. Carlos, te presento a mi amigo Montaner, tu tocayo. Es bueno que se conozcan y aprecien.

—Encantado —me apresuré a decir extendiéndole la mano.

—Lo mismo —dijo Lage con una sonrisa forzada.

—Lage me acaba de dar una botella de buen ron, Havana Club, que te regalo —me dijo García Márquez.

Acepté la botella y me despedí, no sin antes darles la mano a ambos. Poco tiempo después, me preguntó un periodista de Radio Martí si era verdad que Carlos Lage me había regalado una botella de Havana Club. Le respondí que era una "ligera exageración" y le conté la historia.

64

Juan Suárez Rivas

Mediados los años ochenta trabé amistad con Juan Suárez Rivas. Teníamos diversos amigos comunes y hasta habíamos asistido a las mismas escuelas, aunque no habíamos cruzado palabras anteriormente. A su padre, el senador Eduardo Suárez Rivas, lo había conocido a principios de los sesenta en Miami, veinte años antes, vendiéndole una *Enciclopedia Británica*.

Eduardo era un personaje seductor de hombres y, sobre todo, de mujeres. En la República había sido un político exitoso, invariablemente en el lado correcto de la historia. Eduardo me contó, compungido, que tenía dos hijos presos en la invasión de Playa Girón de abril de 1961. Juan, que era el pequeño, tenía mi edad cuando desembarcó. Apenas dieciocho años. Tal vez por eso Eduardo fue muy deferente conmigo. Los dos hermanos, junto a casi todos los presos de Playa Girón, fueron excarcelados a fines del 62 como parte (aunque no se dijo) del desenlace de la crisis de los misiles.

Cuando lo conocí, Juan era un exitoso vendedor de seguros. Vivía junto a su familia —Marilú, la bella y notable mujer con la que entonces estaba casado, administradora puntual de la casa y de las actividades profesionales de su marido, y sus hijos: cinco muchachas y un varón— en una hermosa casona de Coral Gables. Juan tenía una gran capacidad analítica, pero ese no era su único talento político. Tal vez como parte de su adiestramiento como vendedor, o acaso por una virtud innata, Juan poseía una facultad de la que yo carecía casi totalmente: sabía leer a las personas. Anticipaba sus movimientos, y la mayor parte de las veces conseguía entender hasta sus silencios. Ese talento era clave en las actividades políticas en las que muy pronto nos veríamos involucrados y en las cuales fue totalmente leal y eficaz.

En Cuba, Fidel Castro estaba empeñado en la etapa de la *rectificación de errores*. Como era un personaje terco, incapaz de admitir que se había equivocado, atribuía los fracasos materiales del socialismo cubano no a la desaparición del mercado y de la propiedad privada, sino a la falta de más estatismo y de más "mano dura".

Brezhnev fue generoso con la Isla, mantuvo en pie todos los subsidios, le financió las intervenciones en África, pero le explicó que la solidaridad soviética no llegaba al extremo de inmolar a la URSS en una guerra contra Estados Unidos. Esa hubiera sido una disparatada carnicería. Cuba tendría que defenderse sola en caso de un ataque norteamericano, para lo cual la URSS le suministraba de antemano copiosos equipos militares —la Isla llegó a tener el sexto ejército del mundo—, mientras que Fidel y sus expertos tendrían que desarrollar una estrategia defensiva si se diera esa eventualidad, dado que gobernaba Ronald Reagan.

Pero Brezhnev murió en 1982, su sucesor, Andropov, en el 1984, y Chernenko, en el 1985. En ese año fue designado Gorbachov, quien también, como Fidel, tenía el propósito de salvar el comunismo y hacerlo eficiente y próspero, pero por otros procedimientos. Creía, por ejemplo, en suprimir o aliviar el costo de los satélites, incluidas las aventuras de conquista fidelista o la guerra civil nicaragüense, el carísimo sistema de bases militares *rusas* dentro del perímetro de Europa del Este, y la impopular guerra de Afganistán. Gorbachov había asimilado el mensaje de "salvar a Rusia del peso de la URSS".

Gorbachov también creía en descentralizar la autoridad (perestroika*)*, facilitar la circulación de las élites para estimular la llegada de los jóvenes al poder. Para eso era necesario generar una atmósfera democrática y tolerante en la que desapareciera el miedo a la crítica abierta (la glásnost). Sin esta característica, suponía Gorbachov, no sería posible la transformación de la URSS en la primera potencia del planeta.

Tan pronto Gorbachov accedió al poder y puso en marcha algunas de las medidas que rescatarían a Moscú de su retraso relativo, comenzó un debate entre los disidentes sobre las verdaderas intenciones del nuevo líder. En esa época prevalecía la desconfianza. Muchos, y yo entre ellos, pensábamos que esperar una rectificación de la cúpula dirigente soviética era inútil. Era cierto que se trataba del primer líder de la URSS que no había participado de la Revolución ni en la Segunda Guerra Mundial, pero eso no era suficiente. Prevalecía el viejo *dictum* español: "el que vive desconfiado es señal de que lo han jodido".

Recuerdo, por aquellos años, una larga conversación con mi amigo Xavier Domingo, un excelente periodista español antifranquista y, por razones paralelas, anticomunista, en la que llegamos a la conclusión de que mientras existiera la URSS no habría muchas posibilidades de que Cuba se liberara y retomara la senda democrática. Para los dos, el poder de Castro se sostenía en la ayuda material soviética que alimentaba un Estado totalmente improductivo. Los dos estábamos equivocados. El sistema era, en efecto, muy improductivo, pero el régimen era estable por la severidad de la policía política. No permitía que creciera la menor expresión disidente.

65

La revitalización del liberalismo cubano

El mundo comunista comenzaba a flaquear. Se había producido un cambio muy importante en el debate nacional e internacional con la impetuosa irrupción de la defensa de los derechos humanos. De alguna manera, esto había sido posible gracias al gobierno del presidente Jimmy Carter en Estados Unidos. Carter creía en una política basada en valores y principios y no en el pragmatismo de la era Nixon.

Ese cambio de actitud tuvo una consecuencia cubana muy notable. Ricardo Bofill, Emigdio (Eddy) López Castillo y la doctora Martha Frayde crearon el Comité Cubano Pro Derechos Humanos en 1976 y comenzaron a denunciar los excesos criminales de la dictadura, pero el movimiento se refuerza cuando son apresados nuevamente y van a parar a la cárcel, al Combinado del Este, en 1980. Ahí se consolidarían las relaciones con Gustavo Arcos Bergnes, exatacante del Moncada —donde fue severamente herido—; con su hermano, el dentista Sebastián Arcos, y con Tansito Arcos, hijo a su vez de Sebastián, quien también estaba preso.

No era la primera vez que la cárcel servía para perfilar las ideas de la oposición. Todos provenían de la izquierda revolucionaria y habían sido encarcelados por manifestar su inconformidad con el homicida curso revolucionario. Bofill había pertenecido al PSP, lo mismo que Eddy López, mientras Frayde formó parte del ala más radical del Partido Ortodoxo, probablemente practicando el *entrismo* que preconizaban los comunistas, como sucedió, afirman, con Eduardo Corona. Pronto se sumaron Adolfo Rivero Caro; Elizardo Sánchez Santa Cruz; Enrique Hernández Méndez; el novelista Reinaldo Bragado

Bretaña, muerto prematuramente en el exilio; y el jovencísimo escritor Juan Manuel Cao, quien pronto saldría a Panamá y de ahí a Estados Unidos, donde se convertiría en una estrella de la televisión miamense.

Lo importante del CCPDH fue el cambio de orientación de la oposición. De Cuba saltó a Estados Unidos y España, donde grupos anticastristas encontraron su razón de ser y una nueva estrategia. Por primera vez, los cubanos renunciaban a la violencia para lograr sus objetivos políticos y se enfocaban en el respeto a los derechos humanos. Lo trascendente no era la ideología, sino defender a las víctimas del poder y denunciar a quienes los atropellaban.

Mientras tanto, se sucedían los acontecimientos más dramáticos en el bloque del Este, como se solía llamar a los países comunistas. En 1978 ascendía al papado Juan Pablo II, el cardenal Wojtyla de los polacos. En Polonia, Solidaridad, un movimiento de origen sindical-católico dirigido por el electricista Lech Walesa, receptor del Premio Nobel de la Paz en 1983, estremecía los cimientos del régimen comunista. La visita del Papa a su país de origen y la resistencia de Solidaridad pusieron contra las cuerdas al régimen comunista.

En esa atmósfera de renacida esperanza, comencé a acariciar la idea de crear un grupo liberal en España —entonces no me atrevía a llamarlo "partido"— ante la eventualidad de que la ola de reformas pudiera llegar a Cuba. Lo analicé junto a Juan Suárez Rivas en Miami y estuvimos de acuerdo. Concluimos que, si nos dedicábamos a construir esa opción liberal, debía ser un grupo pequeño y funcional, con cierta coherencia ideológica en torno a las ideas modernas del liberalismo, pero destinado a crecer dentro de Cuba.

Si bien la corriente liberal recorría la historia central de la cubanía (José Martí, Ignacio Agramonte, Rafael Montoro y prácticamente todos los independentistas y autonomistas cubanos habían sido liberales en el sentido original del término), a fines del siglo XIX, cuando se pensaba en el liberalismo, lo primero que venía a la mente era la separación de la Iglesia y el Estado, la reivindicación de la masonería y los atributos de la república.

A fines del siglo XX, el liberalismo era eso mismo, que ya formaba parte del territorio conquistado, pero el foco de las reflexiones había cambiado. Los Premios Nobel concedidos en 1974 al economista austriaco Friederich Hayek, discípulo de Ludwig von Mises, a Milton Friedman en 1976 y a James M. Buchanan en 1986 marcaban una tendencia en las ciencias sociales que tendría un gran impacto en las medidas de gobierno defendidas por los liberales. Los también Nobel de Economía, Ronald Coase (1991), Gary Becker (1992) y Douglass North (1993) demostraron la importancia de las instituciones y del derecho en la evolución económica de los pueblos y las consecuencias nefastas del mal uso del *Estado de bienestar*. La plusvalía y el materialismo dialéctico de Marx no tenían la menor importancia para explicar el desarrollo de los pueblos.

Ante el fracaso relativo del *keynesianismo*, que en el caso de América Latina se mezcló con la peor corrupción, fueron reevaluados muy positivamente el mercado, las limitaciones en el gasto público y el tamaño del perímetro y las responsabilidades del Estado. Es decir, el liberalismo, que defendía la libertad por encima de todos los valores, tenía ante sí una nueva tarea: la defensa de la libertad del consumidor, la libertad del emprendedor, la libertad del empresario frente a los excesos de los burócratas y de la voracidad contraproducente del fisco.

El liberalismo, o protoliberalismo, que había comenzado como una reflexión filosófica entre los griegos, y había cobrado una gran fuerza política en los siglos XVII y XVIII de nuestra era, de la mano de John Locke y de los enciclopedistas franceses, a lo largo del siglo XX continuó perfeccionándose a partir del economista y sociólogo alemán Max Weber. Era falso que se trataba de una doctrina polvorienta del siglo XIX.

El problema que se nos planteaba, pues, era doble: por una punta había que rescatar la libertad para los cubanos, pero por la otra era indispensable revitalizar el liberalismo moderno entre los cubanos.

66

Surge la Unión Liberal Cubana con vocación internacional

Un buen economista y politólogo dominicano, Miguel Sang-Ben, de origen chino, me dio la clave. Debía acercarme a las estructuras liberales internacionales. Pero antes, lógicamente, era esencial crear el instrumento político. Fundé la Unión Liberal Cubana (ULC). Era un partido político que tenía el objetivo de acelerar el fin del régimen y lograrlo sin violencia. Nuestra intención no era crecer en el exilio, sino dentro de Cuba, creando las condiciones para que el desplome de la dictadura fuera esencialmente incruento, pactado y por medios electorales. Queríamos reproducir en Cuba lo que había sucedido en España y Portugal y comenzaba a ocurrir en el bloque del Este. Podía parecer ingenuo, pero era lo que sucedía el 90 % de las veces en el último cuarto del siglo XX.

Lo primero era cancelar mi trabajo dentro de las empresas periodísticas en las que las actividades políticas eran contrarias a la naturaleza del oficio. De manera que rechacé la dirección de *El Nuevo Herald*, que me habían ofrecido el editor y presidente, Roberto Suárez, y Gustavo Pupo Mayo, y renuncié a dirigir las páginas de "Opinión", una responsabilidad que ejercía desde España por fax y teléfono, aunque pasaba en Miami una semana al mes. Podía hacerlo con la ayuda de la periodista Araceli Perdomo y un equipo humano de primera en el que se destacaban Andrés Hernández Alende y Manuel Silverio.

El primer paso fue conversar con algunos amigos afines al pensamiento liberal, aunque en algunos casos no conocían la complejidad teórica del liberalismo contemporáneo. Muchos de ellos asociaban la palabra *liberal* al Partido de tal nombre, que en Cuba se había hundido con la dictadura de Gerardo Machado en 1933, o al erróneo sentido que se le da al vocablo en Estados Unidos, especialmente desde el gobierno de F. D. Roosevelt, pero se sintieron gratamente sorprendidos al percibir que eran, realmente, liberales sin saberlo.

Ya teníamos el esqueleto formado, presidido por mí y con Suárez Rivas como vicepresidente, y una dirección general en la que estaban: Roberto Fontanillas, Felícito Rodríguez, Miguel González Pando, Uva de Aragón, Fernando Bernal, Carlos Varona, Fernando Vega Penichet (quien consiguió que el bufete de sus hermanos se ocupara de las cuestiones legales en España), Leopoldo Cifuentes, Beatriz Bernal, Rafael Montalvo, Gilda Calleja y otros pocos más que siempre fueron leales y muy responsables. Luego se incorporaron Antonio (Tony) Guedes y el profesor Alex Medina. En Miami lo harían Ricardo Martínez-Cid, Rolando Béhar y el historiador Tony Ramos, liberal *in pectore*. Nos faltaba la financiación para las operaciones del grupo. Primero echamos mano de los recursos nuestros, pero eran insuficientes.

Pensamos en las Internacionales. Yo había visto lo importante que fue la Internacional Socialista en la transición española, y sabía que el gobierno alemán, avergonzado y maniatado por la experiencia nazi, le había asignado a cada partido político alemán con representación parlamentaria una cantidad de dinero sustancial para que defendieran la democracia en el planeta. No tenía idea sobre cómo funcionaba ese mecanismo.

Urs Schoettli me sacó de dudas. Se trataba de un periodista suizo muy bien formado y enormemente solidario, que había sido durante muchos años secretario ejecutivo de la Internacional Liberal y luego fue representante de la Fundación Friedrich Naumann en España y Portugal. Me acerqué a su despacho en Madrid y le planteé nuestra visión y nuestros objetivos.

Veíamos, por primera vez, síntomas de resquebrajamiento en el bloque del Este y pensábamos que era una magnífica oportunidad de extraer el conflicto cubano de la ecuación Cuba vs Estados Unidos, donde se encontraba empantanado desde 1959, y situarlo en una dimensión mucho más aceptable: Cuba vs los demócratas del mundo.

Nuestro propósito era acelerar el desmantelamiento ordenado de la dictadura cubana, tal y como había visto que ocurrió en España y Portugal, de manera que la sociedad cubana no se viera atrapada entre los escombros del derribo del fallido sistema comunista.

Incluso, nos parecía una buena oportunidad de utilizar las urnas para terminar con la maldición de la violencia y las revoluciones que habían infectado fatalmente la historia del país. Una transición pacífica hacia la democracia y la economía de mercado, acompañada de una reconciliación genuina de la sociedad, era una forma de romper el viejo maleficio de vencedores y vencidos que había lastrado la historia cubana durante siglos.

Schoettli me explicó que las Internacionales sirven para crear una fortísima red de apoyo diplomático, e incluso para acompañar la gestión, pero su función no era dar dinero. Incluso recababan un mínimo de apoyo económico de los partidos que la integraban. Para dar capacitación y dinero, en cambio, estaban las fundaciones vinculadas a los partidos y, en general, solo lo hacían para proyectos concretos. La Friedrich Ebert servía a los partidos socialdemócratas, la Konrad Adenauer a los democristianos, la Hanns Seidel a los conservadores y, finalmente, la Friedrich Naumann, la más pequeña y con menores recursos, a los liberales.

El Parlamento les asignaba cuotas económicas en función de los diputados que obtenían, y el Partido Liberal Democrático de Alemania apenas sacaba el 10 % de los votos. Era muy importante por la calidad de sus líderes, y porque a veces no se podía formar gobierno sin su colaboración, lo que le permitía contribuir a la estabilidad y moderación del país, dándole su apoyo a los democristianos o a los socialdemócratas de acuerdo con las necesidades de la nación.

Urs me contó, pacientemente, que Ebert fue un importante político socialdemócrata alemán, moderado, antinazi y anticomunista, que tuvo su momento de esplendor durante la Primera Guerra Mundial y tras el hundimiento del Imperio Alemán. Fue el primer presidente de la República de Weimar y debió enfrentarse a numerosos golpes de Estado encabezados por la derecha y la izquierda, y entre ellos, al intento de Adolfo Hitler de 1923, conocido como el Putsch de Múnich. Murió en 1925, a los cincuenta y cuatro años.

Como yo tenía una idea muy clara de quién había sido Konrad Adenauer y el rol que jugó en el renacimiento de Alemania después de la Segunda Guerra Mundial, especialmente tras el acertado nombramiento de Ludwig Erhard como ministro de Economía en 1949, un verdadero liberal afiliado a la Democracia Cristiana que se sacó de la manga el *socialismo de mercado* para no chocar de frente con los poderosos sindicatos alemanes, le pregunté, directamente, quién había sido Hanns Seidel.

Se trataba de un político bávaro conservador, católico, muy eficiente, muerto en 1959, de manera que en 1967 le pusieron su nombre a la fundación creada para reflejar el poderío político de la Unión Social Cristiana de Baviera, asociada por la derecha del Partido Demócrata Cristiano de Adenauer.

Nos quedaba Friedrich Naumann. ¿Por qué se llamaba así la fundación de los liberales? Naumann, un liberal de principios del siglo XX, además de autor de un par de *best sellers*, fue amigo de Max Weber y, en su momento, defendió la existencia de lo que llamaba el *imperialismo liberal*.

Sin embargo, había lo que los estadounidenses llaman un *catch 22*: un dilema sin solución. No podíamos participar de las ventajas que potencialmente nos podía ofrecer la Fundación Naumann sin formar parte de la Internacional Liberal, algo muy difícil de lograr para una organización fundamentalmente creada por exiliados que habían huido de una dictadura comunista y que, por lo tanto, carecía de representación parlamentaria.

El mismo Schoettli me dio la solución: se trataba de integrarnos en la Federación de Partidos Liberales de Centroamérica y el Caribe (Felica), iniciada en Honduras en 1986, bajo los auspicios de la Naumann, durante la presidencia del ingeniero José Simón Azcona, una persona con fama de honrada.

Fue entonces cuando trabé vínculos con el profesor Rafael Pineda Ponce, con Gloria Oquelí —luego una brillante diputada y presidenta del Parlacen—, con Ernesto Paz Aguilar, con Ramón Villeda Bermúdez, con Carlos Roberto Reina, Carlos Flores Facussé y Roberto Micheletti, los tres últimos, presidentes de Honduras. (En la década de los noventa, a instancias mías, Micheletti tuvo la generosidad de llevarle a la oposición liberal dentro de Cuba material de formación ideológica y alguna computadora).

Felica pertenecía a la Internacional Liberal, una federación de partidos creada en 1948 por Salvador de Madariaga en Londres, que hasta ese momento había sido fundamentalmente blanca y europea, pero había decidido expandir sus redes en América Latina, Asia y África. Al fin y al cabo, el liberalismo estaba al alcance de cualquier sociedad que suscribiera los principios básicos de esa corriente de opinión.

Entre otros, en la directiva de Felica figuraban Virgilio Godoy, del Partido Liberal Independiente de Nicaragua (quien en su momento sería vicepresidente del país junto a Violeta Chamorro, elegida presidenta); Billy Ford; Guillermo Casco Arias y César Arrocha, del Movimiento Liberal Republicano Nacionalista (Molirena) de Panamá; Jorge Carpio, de Unión del Centro Nacional; Marc Bazin, de Haití; y Andrés Vanderhorst, de La Estructura dominicana. Era un grupo de líderes nacionales verdaderamente impresionante.

Debo decir que la acogida del grupo a la Unión Liberal Cubana fue excelente, no solo por parte de los latinoamericanos, sino también de los alemanes. A veces la frase atribuida a Lord Palmerston: "Las naciones no tienen amigos o enemigos permanentes, solo intereses permanentes", no era cierta. Las personas con frecuencia se arriesgaban por simpatías democráticas al margen de sus intereses. El doctor Volker Lehr, en ese momento el hombre de la Naumann en Centroamérica y el Caribe, facilitó nuestro acceso a Felica. Para nosotros, el vínculo con el doctor Lehr fue una relación amistosa que se mantiene hasta hoy, como sucede con el español Juan Pina, exdirector de *Perfiles Liberales*, exvicepresidente de la Internacional Liberal, hoy a cargo de una fundación española liberal tremendamente útil: Fundación para el Avance de la Libertad, de la que soy presidente honorífico.

67

La "Primavera" en el bloque del Este

¿Puede hablarse de una "Primavera Europea"? Por supuesto, 1989 fue un año decisivo, increíble e inolvidable. Este epígrafe lo escribo tres décadas después, en marzo del 2019, pero no olvido la inmensa alegría que nos produjeron las noticias polacas y la influencia que tuvieron en nosotros.

Desde 1981, el Sindicato Solidaridad se atrevía a convocar constantemente a sus miembros a huelgas y a manifestaciones públicas. Su jefe era un electricista católico llamado Lech Walesa, que detenía la policía política constantemente, y que pasaba largas temporadas en la cárcel, cuyo nombre concitaba el respeto de la oposición cubana más lúcida.

El nombre del líder de los comunistas era casi impronunciable. Se llamaba Wojciech Jaruzelski y era general. El disidente soviético Vladímir Bukovski me contó que había encontrado y escaneado una correspondencia secreta entre Jaruzelski y Gorbachov en la que el polaco le sugería al ruso que sacara a los soldados soviéticos de sus bases en suelo polaco para reprimir las protestas callejeras de Solidaridad, pero antes debía repartir cuarenta mil toneladas de carne para que los polacos admitieran de buen grado la represión extranjera.

Gorbachov le replicó que no tenía disponible esa cantidad de carne ni siquiera para los rusos, y que no pensaba actuar en tierras polacas. No lo decía su carta, pero era obvio que suscribía la consigna de "salvar a Rusia del peso de la URSS". Si los comunistas polacos estaban dispuestos a mancharse las manos de sangre, allá ellos con sus decisiones, pero Moscú no pensaba sacarles las castañas del fuego.

El 6 de febrero de 1989 comenzaron las conversaciones formales con la oposición. Les llamaron los Acuerdos de la Mesa Redonda. Como los comunistas no podían doblegar a los trabajadores de Solidaridad, pensaban liquidarlos en las negociaciones. El 4 de abril anunciaron el fin feliz de las negociaciones con una convocatoria a elecciones a todo el Senado —cien senadores—, y a ciento sesenta y un nuevos escaños de la Cámara de Diputados o *Sejm*, porque los doscientos noventa y nueve restantes estaban en poder de los comunistas del Partido Obrero Unificado Polaco (POUP). Las elecciones serían el 4 de junio.

Las elecciones fueron transparentes y los resultados demoledores. Solidaridad obtuvo noventa y nueve de cien senadores, y ciento sesenta de los ciento sesenta y un diputados que se disputaron el Parlamento. El POUP y Jaruzelski, pese a que formalmente contaban con la mayoría, se desmoralizaron y prácticamente se desintegraron. Era evidente que el pueblo no los quería. Todos, a coro, habían gritado "el rey va en cueros" y el descubrimiento había demolido al gobierno comunista.

En agosto nombraron primer ministro provisional a Tadeusz Mazowiecki, de Solidaridad, quien integró un gabinete plural (los comunistas se reservaron el Ministerio de Defensa). Mazowiecki convocó a elecciones generales para mayo de 1990.

Para mí la lección era muy clara: se podía derrotar a los comunistas por la vía pacífica de negociaciones que desembocaran en elecciones, pero era inevitable, previamente, sentarse con el gobierno. Pensaba, incluso, que dentro de Cuba esa postura tendría eco y nos propusimos explorarla.

Tras la sorpresa polaca vino la alemana. Si bien los polacos conquistaron su libertad colectiva con huelgas y manifestaciones, los alemanes, temerosos de la poderosa Stasi, la policía política, la lograron huyendo hacia la libertad, que en el caso de ellos era llegar por cualquier medio a la Alemania Occidental. (No en balde, las últimas protestas callejeras que se habían visto en el país fueron en 1953 y el ejército y la policía de la Alemania comunista las liquidaron a sangre y fuego).

Las relaciones entre Gorbachov y Erich Honecker, el dirigente comunista de Alemania Oriental, no eran nada buenas. En cambio, sí fueron excelentes los vínculos entre el desaparecido Brezhnev y Honecker, al extremo de que uno de los afiches más hilarantes de los anticomunistas europeos era la foto del apasionado beso en los labios que se dieron los dos dirigentes cuando se encontraron una de las últimas veces.

En todo caso, Honecker renunció pocas semanas antes del derribo del Muro de Berlín (no se "cayó", lo derribaron). Se sentía asediado por las fugas hacia Hungría y Checoslovaquia de los alemanes, con el objeto de llegar a Austria y de ahí saltar libremente a la Alemania Occidental. Fue sustituido en octubre del vertiginoso 1989 por Egon Krenz, pocos días antes del hundimiento del régimen.

Sin embargo, la forma en que se produjeron los hechos es el típico "cisne negro" de que hablan los libros de historia: un suceso casual e inesperado. En medio de la crisis por la que atravesaba todo el bloque comunista de Europa, el 9 de noviembre, en conferencia de prensa, quien fungía de portavoz del gobierno, Günter Schabowski, afirmó que el gobierno anulaba los permisos de emigración de los alemanes, cuando lo que había sucedido era que estudiaban la medida.

En ese momento, un periodista de la agencia ANSA italiana, asombrado por lo que había oído, preguntó que cuándo entraba en vigor la medida. Schabowski, superando la irresponsabilidad previa, dijo: "Ya mismo, inmediatamente". La televisión oficial lo retransmitió, dando por sentado que era verdad lo que había asegurado el portavoz. Como esa señal se veía en la Alemania Occidental, la televisión lo reprodujo, los diputados del Bundestag se pusieron de pie y cantaron el himno, y a partir de ese punto se produjo el pandemónium. Miles de personas se dirigieron al Muro de Berlín y lo derribaron con picos y martillos. La policía vaciló. No le habían comunicado oficialmente el cambio de medida, pero también habían visto la televisión. Poco después se desmoronaba el gobierno comunista y la Alemania Oriental era tragada por la Occidental gracias, entre otras cosas, al liderazgo de Helmut Kohl, que tuvo su momento estelar en ese instante. Según había dicho poco antes, la reunificación tardaría una década, pero sucedió a las pocas semanas y Kohl tuvo en ello un desempeño admirable.

Hungría, Checoslovaquia, Bulgaria y Rumanía, cada una por su cuenta y dentro de su propia circunstancia, fueron alejándose del comunismo. Hungría, irónicamente, estaba en negociaciones secretas con Helmut Kohl para dejar pasar a los alemanes que marchaban a Austria, e incluso admitir el pluralismo político. El cambio fue dirigido dentro del Parlamento por diputados reformistas que pertenecían al Partido Comunista.

En Checoslovaquia, en pocas semanas, mi admirado Václav Havel pasó de la cárcel a la jefatura del Estado y el Foro Cívico se transformó en una cantera de políticos democráticos. La última vez que estuvimos juntos fue en la presentación de un admirable libro de Raúl Rivero: *Lesiones de historia*. Lamentablemente, pero dando muestras de una envidiable civilidad, en 1993 los checos y los eslovacos se separaron tras un pacífico, aunque doloroso, referéndum.

En Bulgaria hubo una especie de golpe burocrático. Separaron de su cargo al camarada Todor Zhivkov, dictador desde 1954, cuando aún vivía José Stalin, algo que no disgustó a Gorbachov, dado que este se había negado en redondo a la perestroika y mucho más a la glásnost. Mientras el Muro en Berlín era derribado, en Bulgaria, un comunista reformista, Petar Mlademov, sustituía a Zhivkov y comenzaba la andadura hacia la democratización del país.

Rumanía fue el único estado comunista europeo en el que corrió la sangre. Nicolae Ceaucescu ordenó la represión de unas manifestaciones efectuadas por las minorías húngaras en la ciudad de Timisoara. A partir de ese incidente, pocas semanas después, se produjeron los hechos que desembocaron en el fusilamiento del dictador y de su mujer, cuando el ejército y la *Securitate* dejaron de obedecerlo. Previamente, Ceaucescu había convocado a una manifestación pública de apoyo en la cual, sorprendentemente, había sido abucheado. Esa fue la señal para que sus enemigos dentro del régimen actuaran.

Pronto, en 1991, dejarían de funcionar los dos instrumentos en manos de Moscú —el económico y el militar: el Comecon y el Pacto de Varsovia—. Comecon eran las siglas del Consejo de Ayuda Mutua Económica, un mecanismo diabólico en el que perdían todos los participantes, especialmente Moscú, creado tras la puesta en marcha del Plan Marshall, una inversión inicial de once mil millones de dólares aportados por Estados Unidos para reconstruir Europa tras la devastación de la Segunda Guerra Mundial.

El Pacto de Varsovia fue una alianza militar entre Rusia y sus satélites europeos creada en 1955 para oponerla a la OTAN. La URSS y el Partido Comunista también serían disueltos. Los cubanos, como diría una canción de Willy Chirino muy popular en la época, pensábamos que las libertades y la democracia "ya vienen llegando". Parecía imposible que la dictadura comunista cubana pudiera sobrevivir a esa catástrofe.

68

La construcción de la institución idónea

Mi primera conversación fue con José Ignacio Rasco. Era importante comenzar en ese punto. El objetivo era coincidir en un propósito común. Rasco fundó en Cuba el Partido Demócrata Cristiano. Se trataba de alguien que era las dos cosas: un gran demócrata y, realmente, un gran cristiano. (Rasco bromeaba afirmando que era "cristiano de la cintura hacia arriba y demócrata de la cintura hacia abajo"). En las primeras semanas de la Revolución era posible crear un partido en la Isla. Unos meses más tarde, Rasco estaba clandestino en Cuba. Se había cerrado la cortina de bagazo.

Rasco, además, era condiscípulo y amigo de Fidel desde la adolescencia en el Colegio Belén de los jesuitas. Rasquito, como Fidel lo llamaba, había nacido unos meses antes, en 1925, y también era, como Fidel, un buen deportista, así que los dos muchachos simpatizaron, aunque Rasco logró la mayor distinción académica que Belén concedía. Luego coincidieron en la Universidad de La Habana, donde ambos estudiaron Derecho, aunque Rasco, simultáneamente, aprobó Filosofía y Letras. Fue en la universidad donde comenzaron a separarse, aunque continuaron siendo amigos.

Rasco vio como Fidel se acercaba a los comunistas y eso no le gustó. Según Rasco, fue en ese momento en el que el marxismo-leninismo lo atrapó. Con su memoria impresionante, Fidel recitaba páginas completas de ¿Qué hacer?, el manual para acceder al poder que Lenin había escrito. A lo que se agregaba la actitud frente al gansterismo universitario. Rasco se oponía vehementemente, mientras Fidel participaba con entusiasmo. Era uno de los "tira-tiros".

Ya graduados, tampoco coincidían en la fórmula para sacar a Batista de la casa de gobierno. Fidel quería hacerlo a tiros. Rasco, quien también era antibatistiano, por medio de unas elecciones pacíficas. Si Fidel llegó a encarnar a los *insurreccionalistas*, Rasco, aunque con mucha menos notoriedad, encabezaba el capítulo de los jóvenes *electoralistas* que, en su momento, impulsaron la candidatura de Carlos Márquez Sterling.

La conversación con Rasco fluyó fácilmente. Mi intención en ese momento era reproducir en Cuba lo que estaba sucediendo en el mundo comunista europeo. Acabábamos de crear la Unión Liberal Cubana y el diálogo fue más o menos así:

—José Ignacio, hay que propiciar que en Cuba suceda lo mismo que ha ocurrido en Europa del Este.

—De acuerdo —respondió Rasco—, pero hay que tener en cuenta el "factor Fidel". Es muy difícil que ceda y es el amo de Cuba.

—Ni siquiera Fidel puede oponerse a la realidad —le respondí.

Evidentemente, yo me equivocaba. A Fidel le importaban un bledo la realidad y el destino de los cubanos, pero en ese momento yo estaba convencido de que la dictadura entraría por el aro por el que habían pasado una docena de países europeos. A mi juicio de entonces, lleno de deseos, el cambio era inevitable.

El segundo objetivo fue atraer a la coalición a los socialdemócratas. Algo que conversé con el profesor Enrique Baloyra, muerto prematuramente a los cincuenta años, un politólogo muy distinguido, amigo mío desde hacía muchos años, profesor de la Universidad de Miami, de la que había llegado a ser decano. Convinimos en que él debía reunir en torno suyo a personas de su cuerda ideológica y retomar las relaciones con la Internacional Socialista (IS) aprovechando los excelentes vínculos que existían, fundamentalmente, con la española Elena Flores del PSOE y con José Peña Gómez del PRD dominicano, ambos absolutamente solidarios con la causa democrática cubana y personas prominentes dentro de la IS.

Mi idea, compartida con Juan Suárez Rivas y con la estructura de la Unión Liberal Cubana, era unir a las organizaciones que tenían representación y asiento en las instituciones internacionales, como seña de identidad, con el objeto de sacar "el problema cubano" de las coordenadas Estados Unidos vs Cuba y situarlo donde correspondía: los demócratas del mundo entero frente a la última tiranía comunista en Occidente.

Por otra parte, liberales, democristianos, socialdemócratas y conservadores conformaban lo que hoy se llama la *democracia liberal*. Nos distanciaban el monto de la presión fiscal, el perímetro y responsabilidad del Estado y el orden de los valores, pero era mucho más lo que nos juntaban: la convicción de que todos debíamos ser iguales ante las leyes, la estructura del Estado de derecho, el constitucionalismo, la defensa de los derechos humanos y la creencia de que el aparato productor debía estar en manos de la sociedad civil y no de una colectividad dirigida por el gobierno de turno.

La primera de las organizaciones con ramificaciones internacionales había sido la Democracia Cristiana cubana. Eran miembros de la Internacional Democristiana y de la Organización Demócrata Cristiana de América (ODCA), la organización regional de esa institución.

La segunda fueron los socialdemócratas cubanos, aunque nunca pasaron del todo la barrera ideológica de la Internacional Socialista debido a la hostilidad de movimientos y partidos miembros de la institución que simpatizaban con el régimen de La Habana, como el Partido Independentista Puertorriqueño o Al Fatah, de Palestina, y como sucedía con el Movimiento Popular para la Liberación de Angola (MPLA) y el Frente de Liberación de Mozambique (Frelimo), ambos en medio de una lucha feroz contra Portugal. No obstante, algunos cubanos mantenían una buena relación con personas de la IS.

Los terceros éramos nosotros, la Unión Liberal Cubana, quienes por medio de Felica pertenecíamos a la Internacional Liberal, pero ya, secretamente, nos proponíamos llegar a ser miembros de completo derecho a la IL cuando tal cosa fuera posible.

Nos faltaba la cuarta pata para armar el banco: los conservadores. Así que visité a Jorge Mas Canosa y le expliqué nuestro proyecto. Sería magnífico contar con un partido conservador como el que Jorge podía fundar sin ninguna dificultad. Una de las tragedias cubanas en el orden político era que, a lo largo de la República, creada en 1902, no había tenido verdaderos partidos liberales o conservadores, en el sentido real de los términos.

Jorge se negó a participar del esfuerzo. No me lo dijo directamente, pero su gestualidad era elocuente: no le gustaba la idea de figurar en una coalición de partidos en la que solo sería uno de los cuatro dirigentes. Al frente de la Fundación Nacional Cubano Americana se había convertido en la cabeza del exilio y no estaba dispuesto a ceder esa destacada posición. La Plataforma que estaba en gestación le parecía un obstáculo a su proyecto hegemónico.

Me dijo que nuestro plan de acción era extemporáneo porque a la dictadura le quedaban seis meses a lo sumo. Le repliqué que calculábamos dos años, pero los esfuerzos de la Plataforma serían dedicados más que al cuándo, al cómo. Creíamos que era un insoslayable deber intentar que la caída del régimen no condujera a un baño de sangre y se echaran las bases para una reconstrucción lo más rápidamente posible.

Tan pronto abandoné su residencia, lo primero que hizo fue lograr que Radio Martí me pidiera la renuncia. Me lo explicó, apesadumbrado, el entonces presidente de la institución:

—No tengo otro camino que eliminar tus programas y comentarios. Jorge me lo ha pedido con la excusa de que no es posible desarrollar esa labor y tener, al mismo tiempo, una gestión política directa.

Recuerdo que le refuté el argumento:

—Yo no soy empleado de Radio Martí, sino colaborador. Publico en decenas de diarios mi columna semanal, y si bien renuncié a dirigir las páginas de "Opinión" de *El Nuevo Herald*, porque sí había una incompatibilidad con la actividad política, ellos, como todos los periódicos que reproducen mis columnas, continuarán publicándolas.

—Lo siento, no puedo hacer otra cosa —dijo bajando la cabeza y el tono de la voz, como quien lamenta la acción que ha debido tomar.

—O sea, que si José Martí, un periodista que creó un partido político, estuviera vivo no podría hablar por Radio Martí —le rebatí a sabiendas de que naba iba a lograr.

—Yo no hago las reglas —me respondió apesadumbrado.

Nos despedimos y me fui sin acritud. La política a veces es así. En todo caso, Jorge no se limitó a sacarme de Radio Martí. Algunos de los comunicadores que estaban muy cerca de él pusieron en circulación el adjetivo *dialoguero* y nos lo endilgaron una y otra vez por radio y por escrito como sinónimo de *traidor*.

La amarga anécdota culminó en el aeropuerto de Miami. Yo llegaba de un viaje muy cansado de nueve horas desde Madrid y decidí tomarme un café cubano. Fui a la cafetería de siempre y lo pedí. La señora que debió habérmelo dado fue hiriente:

—Yo no les sirvo café a los *dialogueros* traidores —me dijo desafiante.

La señora se parecía a mi madre. Era rubia, de ojos verdes, de algo más de sesenta años, con cierto sobrepeso. Me dio mucha pena su incomprensión, pero supuse que estaba bajo los efectos de un barraje radial despiadado.

—¿Tampoco me daría un pastelito de guayaba? —le pregunté en tono de broma.

—Nada de nada —me respondió como si mi indagación hubiera sido en serio.

Esa tarde, el regreso a Miami fue muy desagradable.

69

La Plataforma Democrática Cubana

La fundación de la Plataforma Democrática Cubana fue en Madrid. Hubiera resultado más económico hacerlo en Miami, donde vivía la mayor parte de los participantes, pero queríamos hacer patente nuestra vocación internacional, a lo que se agregaba el hecho de que todas las internacionales políticas radicaban en Europa. Además, en Miami hubiera tenido un interés mínimo para la prensa, pero llevar a cabo la fundación en Europa despertó la curiosidad de muchos medios de comunicación.

Cada asistente se pagó su pasaje e hizo frente a sus gastos de hotel. En definitiva, fueron tres las organizaciones que participaron: el Partido Demócrata Cristiano, la Coordinadora Socialdemócrata y la Unión Liberal Cubana, más una formación obrera que tenía sus propios canales internacionales y un grupo que defendía los derechos humanos. En los casos de personas que carecían de recursos, abonamos la cuantía requerida entre los organizadores más prósperos de cada organización.

La declaración final, que yo redacté casi enteramente, reiteraba nuestra voluntad de buscar una solución pacífica a nuestro drama nacional mediante unas elecciones libres y transparentes. Podía parecer ingenuo por nuestra parte, pero era lo que había sucedido en todas partes, a la izquierda y derecha del espectro político, y lo que estaba ocurriendo precisamente en el campo socialista dominado por la URSS desde el fin de la Segunda Guerra Mundial. La firmamos en Madrid, el 14 de agosto de 1990, José Ignacio Rasco, Marcelino Miyares, Miguel González Pando, Emilio Martínez Venegas, Fernando

Bernal, Juan Suárez Rivas, René L. Díaz, Felícito Rodríguez, Ricardo Bofill Pagés, Roberto Fontanillas-Roig, Uva [de Aragón] Clavijo, Enrique Baloyra, Alfredo Sánchez Echeverría, Hiram Abi Cobas y yo, naturalmente.

La reacción del régimen de Castro fue tan predecible como decepcionante. Nos acusaron de ser otra cara de la CIA y reiteraron las consabidas acusaciones de terroristas. Hubo algún personaje que aprovechó para dar el "do de pecho" (o de testículo) y dijo que ellos "habían ganado el poder a tiro limpio y solo lo abandonarían a tiro limpio". Ricardo Alarcón, al frente de la Asamblea Nacional del Poder Popular, dirigió los ataques y los diputados firmaron una carta colectiva en contra nuestra.

Tras la creación de la Plataforma comenzamos a recorrer cancillerías y gobiernos en busca de apoyo y de presiones contra el régimen cubano. Obtuvimos el mayor respaldo diplomático en Praga y Varsovia, tanto de Havel como de Walesa, pero también en Moscú, ya bajo el gobierno de Boris Yeltsin y su canciller Andrei Kozirev. El escritor Yuri Kariakin, la economista Irina Zorina, el periodista Eugenio Bai y el diplomático costarricense Plutarco Hernández, radicado en Moscú, forjaron los nexos con el nuevo gobierno reformista que estaba enterrando el marxismo-leninismo.

En 1991, en el Congreso de la Internacional Liberal celebrado en Reykjavik, Islandia, pedimos nuestro ingreso directo en la organización y no a través de Felica. En ese momento presidía la institución Adolfo Suárez, pero su gran operador político era el profesor Raúl Morodo. Ambos fueron extraordinariamente comprensivos y generosos con nuestros objetivos. Al año siguiente, en 1992, en Mainz, Alemania, fuimos admitidos como miembros de pleno derecho y me eligieron vicepresidente de la IL, cargo que ocupé durante veinte años, hasta que el doctor Antonio Guedes me sustituyó.

Como habíamos previsto, las Internacionales —y la Liberal no era una excepción— nos brindaban un abanico de relaciones formidables. Se trataba de unos doscientos partidos e instituciones que funcionaban en todas partes. Curiosamente, fue en el seno de la IL donde nos relacionamos tanto con el International Republican

Institute (IRI) y con el National Democratic Institute (NDI), ambos de Estados Unidos, pues las dos instituciones son observadores de las principales internacionales, incluida la IL.

70

La Plataforma dentro de Cuba

La oposición en Cuba, en 1990, hace unos treinta años, además de la abundante penetración de la contrainteligencia cubana, padecía un alto grado de desinformación. Apenas sabía de la existencia de las Internacionales y mucho menos del respaldo que en ese momento existía para la democratización de la Isla. El régimen, como toda satrapía, se había dedicado a crear la sensación del rechazo generalizado. De ahí que yo intentara subsanar esa deficiencia con el envío de una carta sobre la creación de la Plataforma que llevó escondida en sus zapatos el periodista español Xavier Domingo, quien entonces escribía para *Cambio 16*. Xavier sabía que, si era descubierto, sería encarcelado irremediablemente.

En dicha misiva les contaba a los opositores que en Madrid habíamos creado la Plataforma Democrática Cubana y les pedía que estudiaran la reproducción dentro de la Isla de la institución. Les decía que la lucha moderna requería de la ayuda internacional para poder prevalecer y los alentaba a ello. No tenía sentido recurrir a los procedimientos nacionalistas propios de otros siglos. Inteligentemente, Xavier esperó varios días antes de darles la carta a los opositores. Lo hizo a punto de regresar a España. Antes de una semana, la carta estaba en poder de la policía cubana, que hizo, naturalmente, una gran alharaca.

Por aquellos días, me llamó Harriet (Hattie) Babbitt. Pertenecía a la dirección del NDI. Había estado con ella como observador en unas elecciones guatemaltecas y desde entonces éramos buenos amigos. Hattie hablaba español perfectamente y se disponía a hacer un viaje a La Habana. Se ofreció para echarle una mano a la oposición democrática. Nos reunimos y le pedí que viera a la escritora María Elena Cruz Varela, quien había creado un grupo político llamado Criterio Alternativo, de naturaleza ideológica liberal, y le sugiriera que redactara un manifiesto antitotalitario y recabara las firmas de muchos de los escritores y artistas que frecuentaban la UNEAC. El propósito era repetir en Cuba algo parecido a lo que había sido en Praga la Carta de los 77 impulsada por Havel.

Hattie tuvo éxito, pero la Seguridad del Estado no le perdió pie ni pisada. No solo se trataba de una persona importante dentro del Partido Demócrata, sino que su esposo, Bruce Babbitt, formaba parte del gabinete de Bill Clinton. Era el secretario del Interior. Con el tiempo, ella fue nombrada embajadora en la OEA.

Hattie me llamó tan pronto regresó de Cuba para darme la sorpresa: traía el documento firmado por diez valientes escritores que se habían atrevido a dar sus nombres a sabiendas de que eso los enfrentaba definitivamente al régimen: María Elena Cruz Varela, Raúl Rivero Castañeda, Bernardo Marqués Ravelo, Manuel Díaz Martínez, Manolo Granados, José Lorenzo Fuentes, Fernando Velázquez Medina, Roberto Luque Escalona, Víctor Manuel Serpa Riestra y Nancy Estrada Galván. El documento, sencillo, bien escrito y estupendamente razonado, había sido redactado por Fernando Velázquez y la propia Cruz Varela.

La contrainteligencia, orientada por Fidel Castro, enseguida comenzó a hostigar al grupo de firmantes, pero se ensañaron fundamentalmente con María Elena Cruz Varela, una brillante escritora que en el pasado había recibido el Premio Nacional de Literatura. Le imputaban la dirección de Criterio Alternativo y le hicieron un violento acto de repudio.

En el medio de la calle, mientras muchos vecinos miraban aterrorizados, la obligaron a tragarse los poemas que había escrito y en el forcejeo le rompieron la boca. La turba de la Seguridad del Estado gritaba, mientras eso sucedía, "que le sangre la boca, coño, que le sangre la boca". Luego, cínicamente, la condenaron a dos años de cárcel "por escándalo en la vía pública".

El gobierno cubano, por lo visto, nunca iba a ceder. Fidel Castro tenía la certeza de que la forma de sujetar el poder era la mano dura, el escarmiento, la constante difamación de sus adversarios y la estrecha vigilancia de sus propios partidarios para evitar cualquier desviación de la línea oficial. Su propósito era no permitir absolutamente ninguna reforma para que el resto de la sociedad no se contaminara. A los enemigos: "ni un tantico así", decían haciendo con los dedos un gesto mínimo.

En todo caso, fue tan brutal el maltrato a María Elena Cruz Varela que, en 1992, cuando la postulamos para el Premio Libertad, que concede anualmente la Internacional Liberal, y explicamos lo que le había sucedido, se lo otorgaron por unanimidad. Era un premio muy prestigioso, que antes habían recibido Václav Havel (1990) y Hans-Dietrich Genscher (1988), el legendario vicecanciller alemán. No pudieron entregárselo porque estaba presa. Hubo que esperar a que se exiliara definitivamente.

71

México lindo y querido

Aunque el ámbito de nuestro reclamo de libertad era universal, Juan Suárez Rivas y yo pusimos el acento en América Latina. Una de las visitas más interesantes que hicimos para recabar ayuda fue a Carlos Salinas de Gortari, presidente de México en el sexenio que transcurrió entre 1988 y 1994, periodo en el que ocurrió todo: desde la desaparición de la URSS hasta el quinto centenario del Descubrimiento y la consiguiente creación de las Cumbres Iberoamericanas de Jefes de Estado y de Gobierno. La primera fue, precisamente, en Guadalajara, México, en 1991, y la segunda, en Madrid y Sevilla en 1992.

Felipe González, entonces presidente del gobierno español, en su despacho de la Moncloa nos sugirió que viéramos a Salinas de Gortari. Le explicamos que hasta ese momento los presidentes mexicanos habían adoptado una posición ambigua con relación a Cuba. Públicamente tenían buenos vínculos con el gobierno cubano y se negaban en redondo a conversar con la oposición, aunque en privado criticaran con severidad la dictadura comunista. González se encargó de llamarlo y concertar la entrevista.

La cita fue en Los Pinos, la casa de gobierno de los presidentes mexicanos. Nos reunimos Salinas de Gortari y José Córdoba, un español que lo asesoraba en política internacional, y Juan Suárez Rivas y yo. A poco de sentarnos, Salinas nos contó la historia de su última y decepcionante reunión con Fidel Castro. Se había llevado a cabo en Isla Mujeres en 1991. Salinas convocó a los otros dos presidentes con que México había forjado un pacto petrolero para ayudar a los latinoamericanos: Carlos Andrés Pérez, de Venezuela, y César Gaviria, de Colombia.

Fidel Castro llegó tarde y con un pescado que se empeñó en cocinar para todos. (Esta anécdota me la contó Beatrice Rangel, ministra de la Presidencia venezolana. Ella estaba presente). Nadie supo nunca si su entusiasmo culinario era por miedo a que lo envenenaran o porque le gustaba experimentar en la cocina. Traía y anunciaba, además, PPG, unas píldoras que, supuestamente, aumentaban el apetito sexual y la calidad de las erecciones de quienes las ingerían. Eran producto de la ciencia cubana a partir, claro, de la caña de azúcar. Pero el propósito de la reunión no era hablar de las erecciones, sino de las elecciones. Salinas pensaba que ante la desaparición de la URSS y del subsidio soviético, Fidel debía encabezar la transición hacia la democracia organizando unas elecciones limpias y transparentes que seguramente —suponía el mexicano— él ganaría.

Fidel les escuchó pacientemente sus planteamientos a los tres presidentes. Querían ayudarlo a él y a los cubanos a salir del atolladero con que los dejaba la desaparición de la URSS y del comunismo. Lo habían convocado para echarle una mano en la hora más oscura. Pero —Fidel *dixit*— los tres repetían el guion de la CIA. En realidad, el comunismo no había muerto. Los que agonizaban y estaban a punto de desaparecer eran el capitalismo, la economía de mercado y las zarandajas de la democracia representativa. El modelo electoral cubano era el mejor del planeta y no pensaba calcar el sistema de las decadentes sociedades burguesas. Las elecciones solo se convocan para ganarlas. La URSS renacería y, si no fuera así, Cuba quedaría como vivero para la repoblación del mundo cuando este recobrara el sentido común y todos comprendieran que la salvación estaba en el marxismo-leninismo y en la dictadura del proletariado.

A Salinas, naturalmente (y supongo que a Carlos Andrés y a Gaviria), la respuesta del Comandante le pareció una estupidez anclada en el dogmatismo más absurdo, pero, como se trataba de un mexicano educado, nada le replicó. Cuando le hice la historia a Héctor Aguilar Camín —en medio de varias anécdotas sobre su abuelo pasando por Cuba, el asturiano Alfonso Camín, autor de "Macorina", el famoso poema cantado por Chavela Vargas—, movió la cabeza con desgana y creo que dijo: "genio y figura hasta la sepultura".

El próximo presidente mexicano que me recibió en Los Pinos fue Ernesto Zedillo. Era una persona muy amable que conocía totalmente al régimen cubano por dentro. Le pregunté y me contó el secreto de su sabiduría: había sido alumno en Yale de Carlos F. Díaz Alejandro, un excelente economista cubanoamericano, prematuramente muerto, que le había explicado en detalle las razones del fracaso del sistema impuesto por Fidel Castro.

A Zedillo le tocó celebrar las primeras elecciones abiertas y limpias en México en las que ganara el Partido Acción Nacional (PAN) de Vicente Fox. Fox nombró a Jorge Castañeda como su canciller, un joven procedente de la cantera revolucionaria que había girado hacia la razón y la democracia liberal.

72

América Latina nos ayuda

A lo largo de aquellos años, trabé relaciones con algunos presidentes y políticos latinoamericanos de gran calado, como eran Andrés Pastrana y Violeta Chamorro. En algunos casos, esos vínculos se convirtieron en una verdadera amistad. Los costarricenses fueron especialmente afectuosos y solidarios. El primero de ellos, José Figueres Ferrer, sentía la causa de la democracia cubana como propia. Cuando le tocó el turno de gobernar a Óscar Arias, se comportó de la misma manera. Almorzaba con él la tarde en que llegó una delegación del gobierno de Reagan a exigirle que cancelara su proyecto de paz centroamericano, conocido como Plan de Esquipulas. No les hizo el menor caso, continuó alentándolo y, a la postre, tuvo éxito. Incluso, obtuvo el Premio Nobel de la Paz por su gestión.

Luis Alberto Monge fue un tipazo. Era, en sus orígenes, un sindicalista. También pertenecía al partido Liberación. Pero el presidente *tico* con el que he tenido más afinidad ha sido el economista Miguel Ángel Rodríguez. Siempre ha sido mi amigo, en las buenas y en las malas. Cuando fungía como presidente, en abril del 2002, me invitó a una reunión en la que estarían varios cancilleres. Coincidió con el golpe de Estado a Hugo Chávez. Vi las caras de regocijo de numerosos diplomáticos latinoamericanos, luego desmentida en un documento en el que se oponían a la violenta remoción del mandatario. Pura hipocresía.

Cuando terminó su mandato, Miguel Ángel aceptó dictar un curso en una universidad madrileña. Como en esa época vivía en Madrid, lo acompañé de segundón. Por eso nunca creí las acusaciones que le hicieron de corrupción. Me consta que vivía muy modestamente, sin el menor síntoma de haber pasado impropiamente por la caja del tesoro. Por cierto, los ticos son tan poco presuntuosos que la presidencia radica en la antigua oficina de una empresa de seguros. Es una sociedad que rechaza cualquier expresión de lujo.

Entre los uruguayos he cultivado grandes amigos, unos "colorados" y otros "blancos". Entre los cubanos era una leyenda el expresidente Washington Beltrán, una persona guiada por fuertes convicciones morales, quien, aprovechando la presidencia temporal que le concedía la ley uruguaya de entonces, puesto que el Ejecutivo era colegiado, le advirtió a La Habana que Uruguay no toleraría un fusilado más sin romper relaciones. Exactamente lo que hizo en los sesenta cuando en La Habana ignoraron su aviso.

Uruguay es un país de magníficos oradores. Julio María Sanguinetti y su esposa, la historiadora Marta Canessa, son "colorados". Sanguinetti ha tenido la generosa cortesía de presentar en su país uno de mis libros (*Las raíces torcidas de América Latina*). Tiene (y admiro) una prodigiosa capacidad de improvisación. Lo sucedió en la presidencia Luis Alberto Lacalle, otro destacadísimo político capaz de imantar a los auditorios con su palabra. Durante la dictadura militar, había estado preso. Su mujer es la exsenadora Julita Pou. Los dos, claro, son "blancos". El hijo de ambos, Lacalle Pou, legislador, tiene grandes oportunidades de ser presidente del país por méritos propios.

Lacalle era el primer presidente "blanco" en muchas décadas y fue tremendamente eficaz, aunque la mayoría de la sociedad era socialdemócrata y, al menos provisionalmente, no apoyó sus reformas. Lacalle, hombre enérgico y decidido donde los haya, nos recibió públicamente en la casa de gobierno. Quería ayudarnos ostensiblemente. Ha sido un permanente aliado de las mejores causas. Lo mismo sucedía con Jaime Trobo, quien presidiera el Congreso. Los demócratas uruguayos no habían olvidado que los *tupamaros*, verdaderos destructores de la institucionalidad y causantes del golpe militar, se debían a la inspiración y asistencia de la dictadura comunista cubana.

En 1992, Jorge Serrano, presidente de Guatemala, posibilitó una reunión con todos los presidentes de Centroamérica. Fue en Madrid, dentro del marco de la Cumbre que conmemoraba el 500 aniversario del Descubrimiento. La convocatoria se la pidió y la organizó tras bambalinas mi amigo Julio Ligorría. Nuestro argumento era que había terminado la guerra en Centroamérica y solo quedaba el régimen cubano. Lo indicado era continuar la tarea de Esquipulas.

Comoquiera que Cuba no daba señales de admitir ningún cambio, y Fidel Castro continuaba como un demente repitiendo su consigna favorita ("Primero la isla se hundirá en el mar antes que abandonar el marxismo-leninismo"), nos parecía necesario y urgente que los centroamericanos nos convocaran a todos los cubanos, a los del régimen y a los de la oposición, al pueblo de Esquipulas, al pie del Cristo Negro o Señor de Esquipulas, para iniciar las conversaciones.

Nuestra estrategia era muy conveniente. Si se presentaba una delegación oficial cubana, aunque fuera a insultarnos, era una buena señal de la disposición del gobierno de La Habana a negociar una salida. Si no se presentaba y acusaba a los países centroamericanos de ser un instrumento de la CIA, como solía hacer, o si ignoraba la proposición de la región, nosotros participaríamos de todas formas y denunciaríamos al estalinismo cubano en una prestigiosa tribuna. Para los demócratas cubanos era un *win-win situation*.

El régimen cubano no se vio precisado a actuar. La demolición de nuestra estrategia fue llevada a cabo por "los americanos". El trabajo sucio fue ejecutado por la embajadora de Estados Unidos en Guatemala, una diplomática llamada Marilyn McAfee. Insensiblemente, le comunicó su desagrado al presidente Jorge Serrano y este se vio obligado a desistir de sus compromisos con la oposición democrática cubana. Nunca supe por qué lo hizo la embajadora McAfee, o si cumplía instrucciones del Departamento de Estado, pero desbaratar nuestros planes nos hizo un innecesario daño político que solo sirvió para subrayar nuestra real distancia de Washington.

73

Los españoles de centroderecha nos respaldan

Como relaté, la primera vez que estuve cerca de Adolfo Suárez fue cuando *ABC* premió mi artículo "Los hermanos Pinzones". Suárez acababa de transferirle la presidencia del gobierno al ingeniero Leopoldo Calvo Sotelo. Fue amable y sonriente, como solía ser. Pero fue después de la creación de la Unión Liberal Cubana cuando trabamos lazos políticos más estrechos, a comienzos de la década de los noventa.

Llegamos a Suárez junto con Raúl Morodo, en su despacho de la calle Antonio Maura. Suárez había sido elegido presidente de la Internacional Liberal de 1989 a 1992, a cuyo nombre le había agregado otro adjetivo innecesario: *Progresista* (acaso porque deseaba subrayar que con los españoles al frente se había remozado el liberalismo). Entonces se llamaba Internacional Liberal y Progresista. Cuando dejó la presidencia y se deshizo su partido, Centro Democrático y Social, la Internacional Liberal recuperó su viejo nombre, impuesto por Salvador de Madariaga cuando creó el organismo en 1947 tras redactar el Manifiesto de Oxford. No obstante, la desaparición del liderazgo español de la Internacional Liberal en modo alguno debilitó el apoyo y solidaridad que siempre encontramos entre los catalanes de Convergencia o entre los liberales andorranos.

Manuel Fraga Iribarne siempre tuvo una especial sensibilidad para los asuntos cubanos, tal vez porque había pasado parte de su infancia en Puerto Padre, un rincón del litoral oriental cubano. Era el líder nato de los conservadores españoles. Como había sido ministro en época de Franco (posición que obtuvo por sus méritos académicos), la izquierda lo odiaba. Incluso, le atribuía la responsabilidad indirecta de varios opositores muertos. No obstante, se trataba de un reformista persuadido de que la derecha debía hacer concesiones democráticas porque no era posible ni deseable prolongar el régimen franquista tras la desaparición del Caudillo.

Fraga, en 1977, creó el Partido Alianza Popular con los franquistas reformistas. En realidad, sin ellos y sin su compromiso, el desmantelamiento del franquismo no hubiera sido posible, pero el grueso de la sociedad española estaba dispuesta a integrar una fuerza de centroderecha, pero dejando atrás el franquismo y la Guerra Civil. En 1989 echó las bases del Partido Popular y respaldó a José María Aznar, una figura emergente dentro de la centroderecha española. Cuando le pedí ayuda para presentar *El radarista*, un libro que había escrito en las cárceles cubanas Eloy Gutiérrez Menoyo, me la dio inmediatamente.

Fraga, su cuñado Carlos Robles Piquer y su sobrino José María Robles Fraga, todos diplomáticos, deseaban, como nosotros, que fuera posible una transición en Cuba hacia la democracia y la libertad, como la habían tenido los españoles, y Fraga no perdió la oportunidad de reclamárselo en privado a Fidel Castro, que aceptaba el consejo, como él mismo se encargó de decir: "con la paciencia de Job y el semblante de la Mona Lisa", pero decidido a hacer lo que le viniera en gana, que era exactamente lo opuesto de la apertura política.

Conocí a José María Aznar en su despacho de la calle Génova. Seguía siendo muy joven, pero ya no era una figura más del Congreso de los Diputados, y ni siquiera el presidente de Castilla y León. Era el jefe de la oposición y se preparaba para llegar al poder. Le pedí ayuda para la oposición cubana. Inmediatamente llamó al joven historiador Guillermo Gortázar, diputado en el Congreso por Barcelona, como enlace directamente con él, y me aseguró que, si llegaba a la jefatura del gobierno, haría todo lo posible por contribuir a que en Cuba surgiera una forma de transición pacífica hacia la libertad.

Aznar, ciertamente, tenía grandes simpatías por nuestra causa. Cumplió ampliamente su promesa. Su padre y su abuelo habían vivido en Cuba exiliados. Su abuelo dirigió un periódico en la Isla. Su padre, muy niño, inauguró el nuevo edificio del colegio Belén, terminado en 1925, en el que veinte años después, en 1945, se graduaría Fidel

Castro. En 1996, a pocas semanas de ganar las elecciones generales, en el Consejo de Ministros de la Unión Europea, España planteó lo que se llamó "la posición común". Aunque los vínculos entre cada uno de los países de la UE y Cuba seguían siendo lo que decidiera cada cancillería, el trato entre la UE y la Isla estaría condicionado por la "cláusula democrática" que exigía respeto por los derechos humanos. El texto de esa valiosa "posición común" fue redactado, básicamente, por Miguel Ángel Cortés, diputado por Valladolid.

En 1999, cuando los jefes de Estado y Gobierno del mundo hispanoamericano celebraron la Cumbre en Cuba, Aznar llevó e hizo repartir en la Isla mi libro *Viaje al corazón de Cuba*. Siempre fue extraordinariamente solidario con los cubanos demócratas, como sucedió con su jefe de despacho, Javier Fernández Lasquetty, discípulo de Beatriz Bernal, una de las dirigentes de la Unión Liberal Cubana, catedrática de las facultades de Derecho de la UNAM y de la Complutense.

Lasquetty, más adelante, dirigiría la Fundación para el Análisis y los Estudios Sociales (FAES), el *think tank* del Partido Popular. En su momento, sería vicerrector de la Universidad Francisco Marroquín, una institución extraordinaria, liberal, que ha cambiado la vida intelectual de Guatemala, fundada por el Muso Ayau, un ingeniero convencido de que su país no mejoraría hasta tanto no se modificara el clima ideológico del país. La UFM tuvo la generosidad de conferirme un doctorado *honoris causa* en el 2007.

Esperanza Aguirre, una liberal muy bien formada junto al catedrático Pedro Schwartz, ha sido prácticamente todo en el Estado español. Concejal por Madrid, alcaldesa de la capital de España, presidenta del Senado, ministra de Educación y Cultura, presidenta de la Comunidad de Madrid. Lo único que le faltó fue presidir el gobierno central de España. ¿Por qué tuvo ese gran tirón electoral? Probablemente, porque no se ocultaba para defender las ideas de la libertad y los españoles le premiaban su franqueza. En el 2007, la Comunidad de Madrid, presidida por ella, me otorgó el Premio a la Tolerancia, distinción que agradezco profundamente, lo que le valió un ataque del gobierno cubano en el que la acusaban de "querer hacer otro Miami en Madrid". Realmente, lo que Esperanza Aguirre estaba decidida a hacer era a no callar sus verdades y a colocarse valientemente junto a las víctimas de la dictadura. Lo que no quería era que convirtieran Madrid en otra Habana.

En noviembre de 1996, ya con Aznar en el poder, Guillermo Gortázar crea y preside la Fundación Hispano Cubana (FHC) para contribuir a la libertad de la Isla. La embajada cubana en Madrid reaccionó con gran violencia por medio de los miembros del Partido Comunista español que responden a La Habana. En la ceremonia de fundación, realizada en la Casa de América, a la que asiste Mario Vargas Llosa, los estalinistas tiran huevos y agreden a algunos de los participantes. El gobierno cubano solo sabe hacer actos de repudio. Annabelle Rodríguez, exiliada, pero hija de Carlos Rafael Rodríguez, el tercer hombre en Cuba, es derribada y golpeada. Los castristas no respetan la edad o el género. Era entonces una señora de sesenta años.

Finalmente, se crea la institución. Funcionará muy bien durante bastante más de una década. El secretario general es Javier Martínez Corbalán. En los salones de la FHC se presentarán libros y se darán conferencias. Jorge Moragas y Alberto Recarte prestan su apoyo. Recarte, exdiplomático en Cuba, escribió el primer libro sobre la economía de la Isla publicado en España. Un texto muy ilustrativo y valioso. Desde esa sede, se publicará una revista con magníficos textos. La coordina, entre otros, Grace Piney.

74

Mi fracaso político

Llegó un punto, avanzados los noventa, en que se hizo evidente que la estrategia de la Plataforma Democrática Cubana no iba a tener el menor éxito, al menos cuando se planteó. Los gringos suelen utilizar una expresión sencilla que explicaba nuestro fracaso: *takes two to tango*. Fidel Castro no estaba dispuesto a ceder ni un milímetro de poder y la estrategia de la Plataforma, en la que yo había creído, estaba basada en la premisa de que en el régimen cubano había suficientes reformistas como para obligar a los dirigentes más recalcitrantes a negociar una salida con la oposición. Al fin y al cabo, eso fue lo que sucedió en doce satélites de Moscú, incluida Nicaragua, y en las dictaduras de derecha: España, Portugal, Argentina, Paraguay, Uruguay y Chile. Todos se habían visto obligados a pactar una suerte de apertura que, por medio de las urnas, había liquidado las dictaduras.

Cuba era casi la única excepción. ¿Por qué? Fidel Castro y sus gendarmes intelectuales formularon una explicación *ad hoc:* "porque el comunismo cubano no había sido impuesto por el Ejército Rojo tras el fin de la Segunda Guerra Mundial y no tenía que desaparecer fatalmente tras la desaparición del bloque del Este". Esa era la elaboración ideológica de algo mucho más simple: Fidel era un caudillo y Raúl, un subcaudillo, y ambos le daban sentido y forma al gobierno. Fidel y Raúl (este por delegación de su hermano) acaparaban todo el poder. En el Partido había reformistas, muchos reformistas convencidos de que la Revolución había tomado un camino equivocado, pero no podían crear nada parecido a una tendencia. Para sobrevivir dentro de la estructura de poder tenían que repetir milimétricamente el guion oficial.

Marx no lo había previsto, pero en el siglo XX había surgido el comunismo dinástico. A miles de kilómetros de distancia de Cuba, otro Estado permanecía aferrado al marxismo-leninismo ortodoxo: Corea del Norte. Y nada se movía en ese país por las mismas razones que en Cuba sobrevivía el comunismo: porque una familia, la de Kim Il-sung, con un caudillo al frente, se mantenía en el poder desde 1948. En 1994, cuando murió por un ataque al corazón, lo sucedió su hijo, Kim Jong-il, hasta 2011, muerto también por una crisis cardiaca. Tras este, asumió el poder su nieto Kim Jong-un, un joven obeso y homicida (ordenó los asesinatos de su medio hermano y de su tío), quien controla la autoridad a base del terror que todos le tienen, incluidos sus partidarios.

Como queda dicho, a esas alturas de la lucha sabíamos que el proyecto de la Plataforma no iba a derivar en nada práctico a corto plazo, porque el régimen incluso se negaba a hablar con nosotros, de manera que continuamos intentando cegarle todos los caminos a la dictadura: tratábamos de disuadir a inversionistas inescrupulosos, como algunos hoteleros españoles; denunciábamos las constantes violaciones de los derechos humanos; y no perdíamos una oportunidad de dar, y a veces ganar, batallas diplomáticas.

Una de esas tuvo que ver con la ONU y los checos. Anualmente se examinaba en Naciones Unidas, en Ginebra, el Estado de los Derechos Humanos en el mundo y se ventilaban las acusaciones. Para los cubanos de la oposición era una cita importante. Cuando Washington tenía interés en condenar a Cuba, se empeñaba en ello y el secretario de Estado o el propio presidente norteamericano se ocupaban de llamar a las cancillerías para asegurarse de que votarían conforme a la realidad: en Cuba se violaban los derechos humanos. Durante el tiempo que Armando Valladares ocupara el cargo de embajador de Estados Unidos ante esa instancia se consiguieron esas victorias diplomáticas, pero tan pronto renunciara a ese cargo comenzó a decaer el interés de Estados Unidos y Cuba conseguía salir indemne de la cota anual.

El embajador checo en Madrid nos invitó al doctor Antonio Guedes, en ese momento presidente de la Unión Liberal Cubana, y a mí a hablar con un enviado especial del Ministerio de Asuntos Exteriores de Praga de visita en la ciudad. Querían ideas. Querían ser útiles a la libertad de la última dictadura marxista de Occidente. Guedes tuvo una idea brillante que supo defender con elocuencia: que Praga reemplazara a los Estados Unidos en esa cita anual. Era absolutamente lógico que la patria de Václav Havel se ocupara de esas gestiones. Incluso, las naciones que no querían ser vistas como meros apéndices de Washington no tenían excusa para no sumarse a las denuncias. Y así fue durante varios años: los checos, debido a la iniciativa de Tony Guedes, asumieron con éxito la tarea de defender a las víctimas cubanas, algo por lo que les quedamos eternamente agradecidos.

75

Regreso a la ficción

Con el paso de los años y la evidencia de que la Unión Liberal Cubana no sería útil hasta más adelante, cuando se abriera una brecha en el monolito político cubano, volví poco a poco a mis actividades profesionales olvidadas durante mucho tiempo. Había incursionado en la televisión de la mano de Joaquín Blaya, un brillante chileno que dirigió Univisión y Telemundo en Estados Unidos, de alguna manera el arquitecto de la gran televisión en español en el país, quien me invitara a participar en unos minidebates de apenas un minuto con Sergio Muñoz, un periodista mexicoamericano de *Los Ángeles Times*. Ese intercambio de puntos de vista se incorporaba al noticiero de mayor *rating* para darle más vivacidad a las informaciones. Cierto día, el debate planteado fue que explicáramos la pobreza de los guetos puertorriqueños en Estados Unidos. En un minuto, apenas podíamos dar un solo motivo.

Yo relaté lo que había leído de un jesuita, profesor de Fordham University, en Nueva York: la cantidad de hogares monoparentales que existen en esas comunidades, donde muchachas muy jóvenes tienen hijos de diferentes padres sin que haya una figura paterna en la casa, problema que se agrava por los incentivos perversos del sistema de *welfare*, que estimula esta situación generando una verdadera cultura de la pobreza en esos grupos. Algo no muy diferente a lo que había hallado el sociólogo y senador Daniel Moynihan cuando estudió la pobreza entre los negros norteamericanos. El problema no era de los puertorriqueños, como se ha demostrado en el buen desempeño que muestran en Orlando, sino de los guetos.

Ardió Troya. Lo que era una simple y objetiva observación sociológica se convirtió en un linchamiento mediático en mi contra, azuzado, naturalmente, por el aparato de difamación del castrismo. Me acusaban de haber difamado a la mujer puertorriqueña. Quemaron muñecos con mi efigie, escribieron a los medios de comunicación que mantenían mi columna pidiéndoles que la cancelaran y hasta amenazaron a los anunciantes. En medio de ese artificial torbellino, los productos Goya de alimentos étnicos, empresa cuyos propietarios procedían de Puerto Rico, se creyeron obligados a protestar en mi contra y la trifulca llegó a la gran prensa escrita norteamericana: hubo un cruce de espadas entre el *NYT* y el *WSJ*. Joaquín Blaya, sin embargo, me respaldó totalmente en medio de la crisis, lo que requería un considerable valor de su parte, dado que sufrió actos de repudio en su propia oficina por parte de líderes prominentes que le pedían mi cabeza laboral, y yo me vi obligado a explicar que, aun cuando les pedía disculpas a quienes se sentían agraviados, porque no era mi intención herir a nadie, no podía hacer otra cosa que ratificar mis palabras de entonces.

Ambicionaba volver a la novela, pero la última que había escrito, *Trama*, sobre el hundimiento del acorazado Maine en la bahía de La Habana, hecho que dio lugar a la guerra hispano-americana y, finalmente, a la creación de la república independiente cubana, se había publicado en 1987 y temía, secretamente, no poder regresar al género. No obstante, me rondaba un tema interesante. En mi primera juventud, casi en la adolescencia, había conocido bastante bien a uno de los protagonistas, a Arturo, y luego, en la madurez, trabé amistad con un intelectual italiano que me sirvió de modelo para el otro.

La historia, trágica y sencilla, de *La mujer del coronel*, como acabó llamándose mi nueva novela, era la de un joven matrimonio formado por un audaz guerrero cubano, casi un sicópata, y una buena psicóloga habanera. Él se marcha a las guerras africanas mientras la contrainteligencia cubana vigila de cerca a su mujer para saber si se mantiene fiel al marido internacionalista.

Ella, Nuria, ronda los cuarenta años, y padece todas las sacudidas que en torno a esa edad sufren la mayor parte de los hombres y mujeres. Viaja a Roma a dar una conferencia y conoce a un viejo profesor italiano, libertino y seductor, con el que vive un romance de unos días, sin ánimo de abandonar a su esposo, al que realmente amaba.

Lo que Nuria ignoraba era que la contrainteligencia cubana la espiaba, así que, poco después, cuando ella ha regresado a La Habana, el "aparato" pone en las manos de Arturo, su marido, todavía en Angola, las pruebas fotográficas del adulterio de su mujer. En la carta del general que acompaña al "sobre amarillo" le dan dos opciones: o se divorcia de la mujer infiel o abandona el Partido Comunista y las Fuerzas Armadas. Los héroes cubanos no pueden ser cornudos. Pero Arturo, tras una amarga conversación con su esposa, se sentía incapaz de abandonarla e impedido de perdonarla, de manera que toma una drástica decisión.

Esa es, en síntesis, la historia de *La mujer del coronel,* pero hay mucho más que la anécdota de una situación habitual en Cuba, donde la entrepierna de las esposas de los dirigentes es vigilada por la policía política. Yo quería contar esa historia típica de la falta de libertad de un régimen que controla las emociones más íntimas de los ciudadanos y, simultáneamente, explorar el lenguaje erótico y el efecto sobre los lectores. Esa es la función del profesor italiano, un lingüista especializado. Él, de acuerdo con la psicóloga cubana, explora el efecto del lenguaje erótico en ella, lo que me permite someter al lector a esa misma experiencia vicaria.

Si con *Perromundo,* mi primera novela, me propuse narrar una historia que angustiara al lector; y con *Trama,* la segunda, quise intrigarlo, con esta tercera, la intención, no declarada, era excitarlo. Por otra parte, deseaba examinar a fondo dos temas universales, en ese caso fatalmente unidos: el de la libertad para elegir a quien amar y el de la exclusividad sexual. En la novela, Nuria era infiel, pero no desleal. ¿Era eso posible?

La redacción de esta novela me trajo una segunda oportunidad como escritor de ficción. Se publicó en el año 2012 y al año siguiente pude entregarle al editor *Otra vez adiós.* Una historia que tiene a un extraordinario retratista como protagonista: David Benda. Benda es un judío austriaco que, cuando era muy joven, le hace un retrato a Sigmund Freud, pero tiene que huir de su país ante el avance de los nazis y el asesinato de Inga, su novia. Se va a Cuba en el barco Saint

Louis y es uno de los pocos que consigue desembarcar en La Habana. Se queda en Cuba y funda una pareja junto a Mara, una joven cubana, pero de nuevo tiene que escapar tras la llegada de los comunistas al poder. Primero recala en Miami solo, sin su compañera, y finalmente se marcha a Nueva York, donde reencuentra a otra mujer, Rachel, a la que había amado fugazmente en el Saint Louis. De alguna manera, es la historia del siglo XX, una historia de desencuentros y dolores donde numerosas personas han debido emigrar sin recursos a destinos diferentes.

En el 2015 publiqué *Tiempo de canallas*, una novela sobre el origen de la Guerra Fría. Sus protagonistas son Rafael Mallo, un trotskista hispanocubano, y Sarah Vandor, una norteamericana; pero en el trasfondo del libro sobrevuela la sombra de Willi Münzenberg, el alemán, muy eficaz propagandista del comunismo durante las primeras décadas de la URSS, muerto en Francia enfrentado a Stalin tras el Pacto Ribbentrop-Molotov, que dio paso al ataque conjunto a Polonia en septiembre de 1939. Es un *thriller* político en el que la sorprendente historia de espionaje se revela al final de la obra. Fue un desprendimiento de *Otra vez adiós*. Escribía esa novela histórica y tomé un capítulo para una nueva ficción. Me di cuenta de que la subtrama merecía una novela completa. Eso es *Tiempo de canallas*.

Fue por esos años que me aficioné a hacer comentarios radiales. Primero me invitaron los Espaillat, Antonio y Montse, dueños de una cadena de radio en República Dominicana. Los había conocido en México, en una reunión de la SIP. Era un matrimonio muy creativo y entusiasta que pronto fueron mis amigos, incluidos los hijos de la pareja: Sofía y Ricardo. Inmediatamente descubrí que el lenguaje radial era algo diferente al de la prensa escrita, y los dos se alejan de la conferencia, otro de los medios de comunicación a los que recurro habitualmente.

Como conocía el método de *sindicalizar* las columnas periodísticas, lo apliqué a la radio y, con los años, fui agregando medios: uno de ellos fue *La hora de la verdad*, en Colombia, un espacio muy escuchado que dirige Fernando Londoño, exministro de Álvaro Uribe, y una de las cabezas jurídicas mejor organizadas de América Latina; lo que explica que los asesinos de las FARC hayan tratado de matarlo.

Tras él vinieron mi amiga panameña Mayín Correa y su sobrino Fernando, la guatemalteca Marta Yolanda Díaz-Durán, y así hasta 25 noticieros radiales.

Mientras escribía estas novelas, y aún antes, volví a la televisión, en la que había incursionado esporádicamente invitado y dirigido por Alfredo (Alfredito) Durán. En esta nueva etapa lo hice de la mano de Cynthia Hudson y de Eduardo Suárez. Acepté regresar a Miami tras cuarenta años en España, cuando ellos me hicieron una excelente oferta para formar parte de la revitalización de Mega, un canal local al que consiguieron poner a la cabeza del dial y sacar de los números rojos.

A Cynthia Hudson la había conocido cuando comenzaba en su profesión tras obtener un *Master* en Comunicaciones de la Universidad de Miami. Era evidente que triunfaría. Bilingüe y bicultural, tenía la habilidad de entender muy bien el mundillo de la televisión y el talento nato de comprender lo que deseaban ver y disfrutar los televidentes. La he visto defender a viva voz la causa de los venezolanos libres sin renunciar a la objetividad que se requiere para dirigir un canal de noticias.

Nacida en Estados Unidos, en un hogar extremadamente culto, Cynthia era hija de Ofelia (Ofelita) Martin, una ilustrada profesora de literatura, poeta, cubana de origen, con su doctorado de Emory University, que había llegado a Estados Unidos antes del aluvión de exiliados y se casó con el doctor Donald R. Hudson, con un doctorado de la University of Tulane, padre de Cynthia, veterano de Vietnam y excapitán de los *marines*.

A Eduardo Suárez comencé a tratarlo en Madrid en los años ochenta. Me lo presentaron Marcos Miranda y Norma Rojas. Era un magnífico realizador de televisión que dominaba la dirección, la cámara, las luces y todos los secretos de una buena producción. Llevaba poco tiempo en el exilio y me pareció inteligente y ponderado. Pese a haber sido, como todos, una víctima del régimen impuesto por los Castro, tenía la sensatez de juzgar imparcialmente cuanto sucedía en la Isla, algo poco frecuente entre los cubanos. Últimamente, Linda y yo solemos acudir junto a Eduardo y Betty —su mujer— a los *sabbath* que organizan en su casa Mario Kreutzberger (Don Francisco) y su esposa, unas interesantísimas ceremonias en las que todo se discute y pondera con altura.

Tan pronto Cynthia y Eduardo se apartaron de Mega, yo hice lo mismo y comencé a colaborar periódicamente con el noticiero colombiano NTN24, que dirigía Claudia Gurisatti. Pero, en el momento en que me hablaron de CNN en español, en el 2010, y de la posibilidad de ser uno de sus "analistas" permanentes, me pareció una oportunidad dorada de llegar a todo el ámbito latinoamericano. CNN, como decía Eduardo Suárez, era "el Cadillac de la comunicación en español". Tenía razón. A ese "Cadillac", en el que ya circulaban Xavier Serbiá, Juan Carlos López, Guillermo Arduino y una buena docena de profesionales, que no incluyo para no hacer enorme esta lista, fueron invitados Ismael Cala, Camilo Egaña, Fernando del Rincón, Andrés Oppenheimer, María Alejandra Requena, José Manuel Rodríguez, María Regina Bustamante y Elizabeth Pérez, ocho de los grandes comunicadores en español de Estados Unidos. Ello explica el creciente éxito y penetración de la cadena.

76

Al final del camino de mi vida

Estoy al final del camino de mi vida. Tengo setenta y seis años. Esa frase ampulosa es una derivación lógica de *Nel mezzo del cammin di nostra vita,* de la *Divina Comedia.* Mi mujer y yo, mientras nos amábamos intensamente, incluso en medio de graves desavenencias, como corresponde a las parejas de larga vida en común, hemos sido amigos, cómplices, colaboradores y mucho más. A ella, que ha sido el pilar central de nuestra familia, le debo el haber puesto orden en mi vida cotidiana, y me ha facilitado mi dedicación al mundo intelectual y político mientras criamos dos hijos estupendos, que a su vez, han sido muy buenos padres. De eso se trata la cadena generacional. Que nuestros hijos sean mejores que nosotros. Que estén mejor educados y mejor instruidos, pero, sobre todo, que sean buenas personas, solidarias y compasivas.

Gina es escritora. Siguió la tradición de una buena parte de la familia. Articulista original. Ha trabajado durante muchos años en cargos sensibles en los informativos de televisión, fundamentalmente en Telemundo. Novelista de una sola novela. (Debería escribir más ficción). Siempre la he leído con deleite. O la he escuchado, porque invariablemente tiene la cortesía de leerme sus textos. Es una mujer muy inteligente y con gran carácter. Carlos, cineasta, gran director de fotografía, con su *Master* de una magnífica universidad norteamericana, es también una persona talentosa. Autor, entre cientos de trabajos, de un par de excelentes largometrajes sobre la realidad cubana. Me gustó, especialmente, *Los nietos de la Revolución cubana.*

Desde la primera secuencia, se observa la enorme distancia emocional e histórica de los jóvenes con relación a la cúpula castrista. Una voz en *off* le pregunta a un muchacho qué hace o qué ha hecho por la Revolución. El muchacho mira extrañado por la pregunta y responde con un gesto: le enseña a su interlocutor el dedo medio de la mano.

A ninguno de los dos traté de atraerlos hacia el anticomunismo o el antifascismo. Llegaron por sus propias conclusiones. Ambos son liberales por su cuenta y con matices. Tanto Linda como yo hemos sido siempre muy respetuosos de las inclinaciones ideológicas, de los gustos y de los criterios de hijos y nietas. Pero, afortunadamente, estamos de acuerdo en lo fundamental, aunque a veces discrepemos respetuosamente en lo accesorio. No se puede defender la libertad en general y ser padres autoritarios.

Nos marcharemos de la vida muy contentos con las nietas Paola, Gabriela y Claudia. Las dos primeras son hijas de Gina. La tercera, Claudia, de Carlos. Paola es hija de Jorge Ramos, el periodista mexicano, gran padre, gran exyerno y gran exmarido, como corresponde a las buenas personas. Paola Ramos es una comunicadora notable. Tiene un *Master* de Harvard. Escribe, entrevista, filma. Llegará lejos. Gabriela Aroca es una magnífica estudiante de Derecho en la Universidad de Boston y pronto será una muy buena abogada. Ya tiene excelentes ofertas. Me ha ayudado en la corrección final de un par de novelas. Por lo pronto, toda la familia —yo incluido— le consulta los asuntos más peliagudos porque confiamos en su buen juicio. En cuanto a Claudia, la hija de Carlos y Karen (divorciados), escribe muy bien, es muy independiente, y se decanta por la fotografía y el periodismo, como su padre. Comienza ahora en la universidad, pero mi impresión es que será tan brillante como sus primas.

¿Qué hubiera hecho diferente si pudiera vivir otra vez? Tal vez habría insistido más intensamente en mi vocación de escritor de ficción. Es lo que más disfruto. Me produce mucho placer encontrar un tema, imaginarme a los protagonistas y desarrollarlo. Me encanta la novela histórica, con personajes reales a los que se incorporan entes de ficción que actúan dentro de escenarios que ocurrieron. Eso tiene el inconveniente de que debes adaptarte a los hechos conocidos. En *Trama*, por ejemplo, hay un suceso indiscutible: el acorazado Maine voló en la bahía de La Habana el 15 de febrero de 1898. ¿Por qué estalló dando lugar a la guerra hispano-americana? Existen docenas de teorías. Yo me afilié a una de ellas, basada en la existencia de una declaración jurada de principios del siglo XX en la que unos anarquistas aseguraban que habían sido ellos. Julio Lobo tuvo el documento. Tras publicar la novela recibí una carta de Perú, en la que un señor me contaba que su familia había suministrado la mina que se utilizó en el atentado.

Mi próxima novela será sobre la familia de Karl Marx. Concretamente, sobre su hija Laura y su yerno, el cubano Paul Lafargue. El matrimonio de Jenny y Karl Marx tuvo tres hijas que llegaron a la edad adulta. Dos se suicidaron: Eleanor y Laura. La mayor, Jenny, llamada como la madre, murió joven de un probable cáncer de vejiga. Karl tuvo, además, un hijo con la sirvienta de la casa, Helene *Lenchen* Demuth, aunque Friedrich Engels, su amigo del alma y del bolsillo, tuvo la cortesía de inscribirlo como suyo para evitarle a Marx una pelea conyugal estruendosa y definitiva. Marx ignoró toda la vida a ese vástago furtivo, a quien nunca quiso ver, que acabó llamándose con el apellido de la pareja que lo adoptó: Freddy Lewis Demuth.

¿Y que hubiese modificado de mi personalidad? Tal vez me habría gustado ser más ordenado y disciplinado. Esas carencias me han afectado tremendamente. También creo que fallé al no encajar definitivamente en Estados Unidos o España. Les transmití a mis hijos una injusta ambivalencia basada en la idea de que regresaríamos a una Cuba democrática a corto plazo. Como exiliados cubanos, mi mujer y yo no teníamos la menor duda de nuestras raíces, pero Carlos, nacido en Puerto Rico y trasladado a España antes de los tres años, y Gina, nacida en Cuba y llegada a Estados Unidos a los pocos meses, o a España a los diez años, podían haberse evitado ese calvario. Hubieran podido echar raíces en la madre patria de una manera más diáfana y definitiva. No obstante, la tercera generación, nuestras nietas, son fundamentalmente estadounidenses, y mi impresión es que esa circunstancia ha sido muy positiva para ellas.

Ahora le toca el turno a una especie de *disclaimer*. A los cincuenta y nueve años, en la Cleveland Clinic, en Ohio, me encontraron una obstrucción asintomática en las coronarias y me hicieron seis *bypasses* para evitar un ataque cardiaco. Mis amigos Mario y Annie Triay me prestaron su apartamento en Key Biscayne para la convalecencia. Según el médico, el 10 % de los problemas de las coronarias carecen de síntomas. A los quince días de la operación, mientras caminaba por Coconut Grove, en Miami, tuve mi primer infarto. La ambulancia me llevó al hospital Mercy. Al día siguiente, todavía sin abandonar el Mercy, me dio el segundo.

Tras esos dos episodios, el corazón se estabilizó. El médico me "consoló" con un dato estadístico: solo un 5 % de los operados sufren infartos. Corría el riesgo de morirme contra la aritmética, lo cual es una descortesía. De aquellos días solo recuerdo la visita de familiares y queridos amigos íntimos —Ela y Juan Manuel Cao, por ejemplo—, y el rostro de un *cubanazo* sonriente y desconocido que se asomó a la habitación y me hizo una sorprendente pregunta: "Hey, Montaner, ¿ensayando *El manisero*?". En efecto: ensayaba *El manisero*. Entre cubanos, "cantar *El manisero*" quiere decir morirse, acaso por la estrofa que dice: "Ay caserita, no me dejes ir, porque después te vas a arrepentir".

Yo pensaba que no estaba mal "irse" de un ataque al corazón. Era un final rápido, como de prestidigitador. Me preguntaron si quería que el capellán me visitase. Les agradecí el ofrecimiento, pero les dije que no tenía creencias religiosas. Era agnóstico. Pensaba morirme respetando todos los credos, porque racionalmente me declaraba incapaz de rechazarlos o suscribirlos, pero sin aceptar ninguno. Si existía un "más allá" vería cómo enfrentaba esa inesperada situación. En todo caso, evidentemente, no me morí (todavía) y poco a poco mis coronarias y los vasos colaterales surgidos abastecieron de sangre al corazón normalmente.

Sin embargo, a fines del 2017 el doctor Carlos Singer, de la Universidad de Miami, un gran especialista, me llamó al Interamerican Institute for Democracy. En ese momento yo presidía la institución. Quería decírmelo él mismo responsablemente: el escáner ordenado por él era inapelable: padecía la enfermedad de Parkinson. Mi cerebro apenas generaba dopamina, un importante neurotransmisor que regula múltiples funciones del cuerpo. Esa es la causa del párkinson. Por alguna razón desconocida, mueren las células que producen dopamina.

Había buscado a Singer porque no creía que el movimiento involuntario de la mano derecha (y mi hija Gina me había insistido en ello) era un simple "tremor", como me habían dicho otros médicos. Apenas tenía ese síntoma, porque el Parkinson puede afectar muy severamente o con total suavidad, y mi caso, hasta ahora, es de los segundos. No obstante, el pronóstico es que dentro de pocos años la rigidez se vaya apoderando de mi cuerpo hasta hacerlo totalmente inservible, a no ser que las investigaciones en curso encuentren una cura o una manera de regenerar el organismo, y parece que las vacunas o el tratamiento con células madre pudieran ser efectivos. En todo caso, no me hago demasiadas ilusiones. Al ritmo de deterioro del organismo, si no se acelera, o si no surge otra enfermedad "terminal", me quedan unos cuantos años de trabajo, así que no me desanimo. Lo probable es que viva, más o menos, el promedio que viven los *monos desnudos*, ochenta y dos u ochenta y tres años, como le llamó el etólogo Desmond Morris a nuestra curiosa especie en su célebre *best seller*.

¿Algún lamento especial antes de partir? Sí, no haber visto una Cuba libre y encaminada hacia la prosperidad. Me habría gustado cerrar los ojos por última vez en la isla en que nací. Para lograrlo "hice lo que pude", leyenda que el filósofo Julián Marías sugirió que le pusieran en su tumba. Me gustaría reproducir ese epitafio en la mía: "Hice lo que pude". Sin duda, no fue suficiente.

Índice onomástico

Los nombres que aparecen en cursiva son personajes ficticios de novelas y otras obras.

Carlos Alberto Montaner (La Habana, Cuba). Escritor, periodista y político. Ha publicado unos treinta libros y miles de artículos. Analista de CNN en Español y expresidente del Interamerican Institute for Democracy. Sus obras más recientes son las novelas *La mujer del coronel* (Alfaguara), *Otra vez adiós* (Suma) y *Tiempo de canallas* (Suma), y el ensayo *El presidente, manual para electores y elegidos* (Debate). Sus próximos libros serán una obra de teatro y una novela sobre Paul Lafargue y Laura Marx, una de las hijas de Karl Marx que se suicidara junto a su marido. En 2010 recibió en Madrid el Premio Juan de Mariana por una vida dedicada a la defensa de la libertad. En el 2019 le fue otorgado en México, por TvAzteca, el Caminos de la Libertad por las mismas razones. Fue durante veinte años vicepresidente de la Internacional Liberal.

Printed in the United States
by Baker & Taylor Publisher Services